BALLADE IN G-MOLL

KETIL BJØRNSTAD

BALLADE IN G-MOLL

Roman
über das Leben
von Edvard Grieg

Casimir Katz Verlag

Titel der Originalausgabe
„G-MOLL-BALLADEN"
Ins Deutsche übersetzt von
Lothar Schneider

Satz: Casimir Katz Verlag, Gernsbach
Druck: Clausen & Bosse, Leck
Buchumschlagsgestaltung: Zembsch' Werkstatt, München
ISBN: 3-925825-22-3

Der Weg zu einem Manuskript

An einem Apriltag zu Beginn der achtziger Jahre wollte es der Zufall, daß ich direkt hinter Arnljot Berg bei einer Ampel vor dem Stockholmer Theater „Dramaten" bremste. Ich kannte ihn nicht, hatte nie mit ihm gesprochen. Aber im Frühstückssalon des Grand-Hotel hatte ich ihn mit einer riesigen Kanne Kaffee gesehen. Er starrte zum Schloß und zu den Schwänen. Es war ein scheußlich kalter Frühling. Damals wußte ich weder, daß er an einem Manuskript über Edvard Grieg arbeitete, noch, daß ich es sein sollte, der *seine* Arbeit weiterführen würde, als er im Herbst verschwand.

Ich saß ziemlich lange an seinen Notizen sowie an meinen eigenen Exzerpten, die ich aus den Büchern von David Monrad Johansen, Hans Jørgen Hurum, Dag Schjelderup Ebbe/Finn Benestad und aus den Schriften von Grieg selbst gewonnen hatte. Dazu kamen all die Briefe aus den Bibliotheken Europas. Ich folgte seinen Spuren. Ich kam nach Stockholm, Kopenhagen, Berlin, Oslo, Deutschland, Rom, Paris, Amsterdam, London.

Arnljot Berg war gegen eine Mauer gerannt. Ich kam zur selben Mauer. Scheinbar unüberwindlich. Briefe, die unauffindbar waren oder verbrannt, Namen, die durchgestrichen waren.

Die Frau, die mir viel später dieses Manuskript an einer Ampel vor dem Theater Dramaten zusteckte, sagte nicht, wer sie war. Das spielt weiter keine Rolle. Sie redete in einer Sprache, die mir bekannt vorkam, die ich aber nicht verstand. Sie hatte grüne Augen, eine weiße Haut und dunkelbraunes, fast schwarzes Haar. Sie schien nicht von dieser Welt zu sein. Sie war eine Art Personifikation eines vergessenen Geschehens.

Erst lange danach begann ich darin zu lesen. Die Schrift war groß und vornehm, aber kaum lesbar, die Bogen waren vergilbt. Auch *sie* hatte Namen durchgestrichen. Vor allem ihren eigenen. Sie war Malerin. Sie hieß Leis Schjelderup, und sie starb 1935.

Fragst du mich nach Quellen, sage ich: geh' hin zu der Ampel vor dem Stockholmer Theater Dramaten. Frag' die, die ihn wirklich gekannt haben. Denn sie sind alle tot. Frag' die Bibliotheken. Sie haben Tausende von Briefen und Manuskripten.

K.B.
Sandøya, Januar 1986.

Anmerkungen des Übersetzers:
Arnljot Berg: Norwegischer Filmregisseur und Schriftsteller, der sich vor einigen Jahren das Leben genommen hat; wollte ein Buch über Grieg schreiben.

I

Der schwarze Hengst ist unruhig. Mit geblähten Nüstern wittert er die Stute, tänzelt unter der schwarzen Schabracke und dem goldbetreßten Geschirr, mit dem der glatte Seidenstoff befestigt ist, wird von der Sonne geblendet, die ihm mit ihrem grellen Frühjahrslicht für einen Moment wie mit Nadeln in die aufgesperrten Augen sticht. Der Kutscher hat die Situation nicht erfaßt. Er hat genug damit zu tun, den Trauerzug durch die Strandgate zu geleiten, über das Kopfsteinpflaster, das noch naß ist von den letzten morgendlichen Regenschauern, jähzornigen Wasserfällen, die eines schönen Tages die ganze Stadt ins Meer spülen werden. Jetzt kommt die Sonne wie sie immer im Frühling in dieser Gegend kommt, zuerst eiskalt und resolut, wie ein erregter Aufseher nach dem Großreinemachen: ist es sauber überall? Vaskerelven, Markensgate, Sandviksvei, Korskirkealmenningen! Herzeigen, herzeigen! Saubere Nägel! Blank geputzte Schuhe! Bergen, bevor die Kälte ins Gebirge flieht und die Wärme vom Meer, von fernen Ländern und unmöglichen Träumen, mit neuen Gerüchen herantreibt.

Hier beginnt meine Geschichte, etwa in der Mitte des vorigen Jahrhunderts, einige Jahre ehe ich geboren wurde, und trotzdem sehe ich es ganz klar vor mir, mit unzähligen Farben und Gerüchen, wahrgenommen mit Hilfe der Worte, die er mir später erzählen wird, wie ein geheimnisvolles Flüstern. Eine Geschichte, die eigentlich kein Tageslicht verträgt, weil sie aus den Bildern unseres tiefsten Innern zusammengesetzt ist, Bilder, die nie fertig und fixiert sind, die zu jeder Zeit beeinflußt werden von Menschen und Gefühlen, nie dazu geschaffen, um in Glas und Rahmen an der Wand zu hängen. Die Geschichte von meinem Edvard beginnt mit einem schwarzen Hengst.

Und jetzt hat er ihn erblickt, wird gleichsam überfallen von der plötzlichen Wärme des Tierkörpers, der an ihm vorbeistreicht mit einem sanften Rascheln schwarzer Seide und Glöckchen aus Messing. Oder ist es Gold? Auf dem Kopfsteinpflaster tönt der ohrenbetäubende Lärm frischbeschlagener Hufe, fast wie Kanonenschüsse, die er mit gewissen Franzosen in Zusammenhang bringt: Könige von Norwegen. Und dahinter: Tivoli, Straßentheater! Ein Regiment trauernder Krämer und Beamter. Vor den weißen, holzverkleideten Hausfassaden wirkt die aufgebaute Trauer makaber und plump. Edvard denkt an Krähen mit gebrochenen Flügeln und mustert die Damen und Herren, die er aus einer anderen Wirklichkeit kennt. Gesichter, die ihm früher gleichbedeutend waren mit Sahnekuchen und Punsch, haben Glasaugen bekommen. Aber am meisten faszinieren Edvard die Münder, von strammen Muskeln und Runzeln zu Grimassen verzerrt, so als würden sie eigentlich lieber lachen. Abgesehen von den Klageweibern. Sie erhalten ihre volle Rechtfertigung durch ihr Herunterleiern ohnmächtiger Beschwörungen. Kläglich! Kläglich! Jemand ist gestorben! Der Sarg ist in einen Stoff gehüllt, der aussieht wie eine Fahne. Ein deutscher Kaufmann für Heringstonnen scheint den Verstorbenen gekannt zu haben und knallt den Stock in abwesender Verdrossenheit auf das Pflaster, er wurde bei seiner Arbeit unterbrochen. Edvard lacht und stiehlt sich mit dem Zug hinein in die Stadt, betört von Dänemarks schwerstem Parfüm, verschwendet von den Jungfern Holstrup, die dem Verstorbenen zwanzig Jahre in Treue dienten. Der Verstorbene war Händler, mit drei gewaltigen Speichern unten bei den Anlegebrücken, hundert Mann in Arbeit, den größten Kronleuchtern in der Strandgate, den längsten Kalebassen-Pfeifen und dazu ein Fünfmaster! Edvards Begeisterung für das Trauerspiel wurde durch sein Wissen über die

Akteure geschmälert. Eine dicke Frauenhand streicht ihm über den Kopf. Frau Martens mit den Dobermannpinschern. Wo hat sie die gelassen? Edvard hat diese Hand mit Fleischstücken zwischen den Fingern gesehen, triefend vor Tierblut, hat gehört, wie die Stimme mit den knallenden Konsonanten das hungrige Hundegeheul in ein verhaltenes Knurren verwandelte. Direkt hinter ihr geht das Ehepaar Reimers, sie mit dem Kopf kraftlos an der Schulter des Mannes, er nervös damit beschäftigt, daß der Bart nicht zusammenfällt. Zu wenig Wachs, zu wenig Zeit zur Vorbereitung. Zu viel Regen, zu zeitiger Frühling! Edvard begegnet seinem Blick, sicher denkt er an Kohlfisch, neue Kartoffeln und Butter. „Edvard! Edvard!" Der vertraute Ruf. Edvard erblickt den Bruder zwischen den Wolff'schen Tonnen, bis oben gefüllt mit frisch eingesalzenem Fleisch für die Brigg Minde, Bestimmungsort Madagaskar. Eingesalzene Lebensmittel auch hinter den Fenstern, John hat die schnellsten Füße in ganz Bergen, wenn es um ein paar Würste geht. Jetzt ist ihm offenbar klar, was sich anbahnt, er macht eine warnende Handbewegung zum Bruder auf der anderen Straßenseite. „Weg da! Verdammter Bengel!" Das Pferd bäumt sich wiehernd auf. Edvard schlüpft rasch unten durch, die Hufe schlagen in die Luft. Der Kutscher ist außer sich: „Willst du zu Tode getrampelt werden?" Edvard feuerrot, das Herz pocht aufgeregt. „Das war knapp, du Idiot!" John packt ihn beim Genick. Edvard legt einen Finger auf die Lippen. „Psst, du störst den Toten." John kann ihm nicht widerstehen, sagt etwas besänftigt: „Letztes Mal hast du den Leichenzug bis zum Nachtisch begleitet." Edvard nickt. Karamelpudding. Multeparfait. „Schäm' dich!" Die Stimme des Bruders klingt resigniert, aber versöhnlich. Edvard ergreift eifrig seine Hand, behandelt den Bruder verständnisvoll und mit nachsichtiger Sympathie. Einer, der drei Jahre älter ist, kann das ja sowieso nicht verstehen. Ein Leichenzug. Das Wunderbare der Trauer! Ein Theaterstück, in dem die Akteure wie Perlen auf eine Schnur aufgereiht sind. Wie weit sind wir gekommen? Bis zu Richter Greipvoll, König der Fischer und Bauern, Messingschild an der Tür, aber nie den Schnupftabak zwischen den Zähnen. Das sind die Reichen. Die feinen Leute.

Edvard. Dies sind die Kulissen deiner Kindheit, nicht wahr? Nebenpersonen aus einer für immer verschwundenen Zeit. Sie standen dir nie klar vor Augen, als du mir viele Jahre später von ihnen erzähltest. Du bist auf meinem Bett gelegen und hast versucht, dich an einzelne Namen zu erinnern, wolltest die Sprachverwirrung in den Straßen des damaligen Bergen lebendig werden lassen, das Deutsche, das Dänische, das Englische, das Französische, den Bergenser Dialekt – und das Norwegische. Gleich vor den Stadttoren eine andere Sprache, für andere Menschen als die, die du in dem schwarzen Leichenzug gesehen hast. Fischer, Bauern, Leute aus den Bergen. Ich werde sie nicht vergessen. Bald wird von ihnen die Rede sein.

Aber zuerst kommt der Hengst. Der schwarze, der mit der schwarzen Schabracke. Dünnbeinig, frierend, obwohl es schon lange Tag ist und die Sonne die Spuren des morgendlichen Regens fast völlig getilgt hat. Er hat Schaum vor dem Maul, ein nervöser Dreijähriger aus den vornehmsten Ställen der Stadt, nicht geeignet für das Traben auf Kopfsteinpflaster sondern für wilden Galopp hinter jungen Araberstuten bei Ole Bull auf Osterøy. Sobald du ihn siehst, liebst du ihn. Du hast ihn bereits erschreckt, daß er vor Angst hochstieg. Nur weil du ihm zu nahe gekommen bist? Die nach hinten verdrehten Augen des Pferdes, zu dem in Schwarz gekleideten, pietätlosen Leichenzug der Krämer, in dem die Damen zu laut reden und die Herren zu schnell, und die Trauer nur ein Vorwand ist um neue, noch angesehenere Geschäftsverbindungen zu knüpfen. Bergen, Bergen – wir schreiben die Mitte des neunzehnten Jahrhunderts, aber wie lange hat es sich mit gespreizten Beinen den Seefahrern hingegeben, die mit gierigem Lachen in Vågen vor Anker gingen? Ich sehe dich auf dem Gipfel des Fløyen, Edvard. Viele Jahre später, als du alt genug bist, um zu wissen, was eine Frau ist. Du siehst sie, deine Stadt, die Stadt des Schreckens, wie du sie genannt hast, du siehst, daß sie schön ist, vielleicht schüchtern, und trotzdem mit gespreizten Beinen, die Schenkel angespannt in dem Verlangen, lieber Geld zu empfangen als Kinder. Bergen – für Leute, die vom weiten Meer kommen, ist es der Anfang eines Kontinents. Aber am Anfang eines Kontinents gibt es immer einen Hafen und eine Hure.

Edvard und der schwarze Hengst. Er geht dicht neben dem Bruder und beobachtet den geheimnisvollen Rhythmus des Tieres, das Muskelspiel unter der glänzenden Pferdehaut ist ebenso blank wie die schwarze Seide. Er sieht, daß das Tier kein Arbeitsgaul ist. Nicht geschaffen für große Anstrengungen, für Wagenladungen mit gesalzenem Fleisch und Kopfsteinpflaster für neue Straßen. Nein, das ist ein überspannter Träumer, auch Menschen können so werden, wenn sie zu wenig Kontakt mit der Natur haben und sich die Welt denken müssen. Der schwarze Hengst ist in einer unmöglichen Situation: er schleppt den Tod in einer viel zu engen Straße, er zieht eine schwarze und zischelnde Schlange zwischen weißen Häusern hinter sich her. Keiner hat die Gefahr bemerkt. Direkt hinter den Klageweibern gehen die Krämer und besprechen den Export von Austern.

„Wie ängstlich er ist!" Edvard streckt die Hand aus, hält sich neben dem Pferd. „*Du* hast ihn doch erschreckt!" John stolpert und stößt gegen den Bruder, er wird mit der Situation nicht fertig. „Sollten wir nicht nach Hause gehen?"

Da ist es bereits passiert. Die Stute ist von Torvalmeningen her mit dem Wind im Rücken eingebogen. Gutmütig und kurzsichtig trabt sie direkt auf den schwarzen Hengst zu, der haarscharf erkennt: das andere Geschlecht! Zusammen mit der Angst, der Vorsicht, dem ungewohnten Eingeklemmtsein zwischen Häusern und Trauernden und mit einem Sarg hinter sich führt die neue Herausforderung zu übertriebenen Reaktionen in dem nervösen Tier. Edvard blickt hinein in das grundlose Dunkel, das wir Lust nennen.

Die größte Feindin der Angst. Die Stute hält jäh an, klar über die Situation, panisch. Edvard flüstert seinem Bruder zu: „Sieh' doch mal, John!" Sie ist schwerfällig und verunsichert um die Augen, eine Mähne mit wirrem, langem Haar. Aber sie hat eine ganze Ortschaft hinter sich, und ebenfalls einen Sarg, aber ohne fremde Flagge, und sie selbst ist nur mit dem Zaumzeug geschmückt, auf dem Weg zum Armenfriedhof auf Nordnes. Edvard reckt den Kopf, ist sich nicht klar darüber, was passieren wird. Aber John begreift es und legt beschützend seinen Arm um den kleinen Bruder, zieht ihn eine Treppe hinauf, die schon voller Schaulustiger ist. Sie blinzeln in die grelle Sonne. Der Zug der Bauern, Fremde, die vor den Stadttoren leben, hat hier keine Rechte. Edvard betrachtet die Vordersten, während die Stute in ihrer Angst etwas fallen läßt. Die Bauern sind auch in Trauerkleidung, aber die ist aus Wolle. Die Gesichter sind ernst auf den Sarg gerichtet, roh zusammengezimmert in der hilflosen Wut über eine Trauer, die sprachlos macht. Die Pferde prallen aufeinander. Die Stute hat keine Möglichkeit, zu wenden. Sie wird an die Hauswand gedrängt und wiehert verzweifelt, als sie merkt, daß sie gefangen ist. Eine Peitsche saust durch die Luft und trifft den schwarzen Hengst, der völlig blind ist von seinem Trieb.

„Paß' auf!" Der Kutscher des Krämerzuges muß gewußt haben, daß der Hengst wild und unbändig ist. Er springt vom Wagen und wirft sich mit einem mutigen und furchtlosen Satz auf das Tier. Das seidene Zeug ist kein Sattel. Er flucht wie ein Verrückter und peitscht in die Luft, hin zum Kutscher des Bauernzuges. „Bring' sie um Gottes willen weg!" Der Wagen hinter ihm droht umzukippen. Der Hengst wird von der Peitsche erschreckt und sieht als einzigen sicheren Punkt die Stute. Die Tiere prallen mit einem gewaltigen Knall zusammen, der Krämerzug ist verwirrt, und der Hengst erhebt sich mit lautem Gewieher, das zu der jungen Stute dringt. Jetzt hat er sie geweckt! Jetzt hat er sie herausgefordert! Selbstbewußt wirft sie den Kopf zurück, nimmt sie sein Werben an, Edvard spürt es mit brennenden Wangen. Ihre Schönheit ist von anderer Art, sie wirkt versöhnt mit ihrem Körper, ist stolz auf ihre Fülle, vertraut ihren Kräften, ist schüchtern bis die Abmachung klar ist. Dann bricht die Leidenschaft willig aus ihr, und nun ist es der Hengst, der jäh innehält. Die Hufe schlagen auf das Kopfsteinpflaster. Das ist die Chance der Kutscher, und sie zögern nicht. Der Kutscher der Bauern, überzeugt, daß die Stute den Zügeln gehorchen wird, während der Kutscher der Krämer zusammen mit der Seide von dem Hengst heruntergerutscht ist und mit wilden Drohungen am Halse des Tieres hängt. Der Kampf zwischen Mensch und Tier. Das Ehepaar Reimers ist der Ohnmacht nahe. Das schwarzgekleidete Gefolge der Reichen wird von Panik ergriffen. Alle verwandeln sich plötzlich in Individuen, losgerissen von Sitten und Gebräuchen, die sie Jahr um Jahr aneinander binden. Edvard sieht für einen Augenblick ihre Gesichter, die den Pferden ähnlich sind, die aufgerissenen Augen wirken genauso verdreht, die Bewegungen ebenso ungezügelt und gewagt. Das, was sich hier abspielt, ist absolut unverfälscht, und mein Edvard versucht, es zu begreifen, ist aber nicht in der Lage, die volle Bedeutung des Ganzen zu verstehen.

Nur der Zug der Bauern bewahrt Ruhe, so als sei nichts im Leben überraschend, so als sei nicht einmal der Zeitpunkt des Geschehens unpassend.

Der Hengst stampft schäumend, gedemütigt, erregt, und der Kutscher findet den Weg zurück zum Wagen. Die Krämer haben sich an die Wände gedrückt. Der Zug der Bauern kann ungehindert in die Strandgate einbiegen. Die Klageweiber aus der Gegenrichtung haben ihr Lamento vergessen. Mißtrauisch beobachten sie, daß ihre Arbeitgeber diesem Bauernpack den Weg freigemacht haben.

Und mein Edvard steht vor einer gewaltigen Entscheidung.

John versucht sie ihm abzunehmen. „Komm', wir gehen mit hinein in die Stadt." Aber Edvard hat das Dessert der Reichen wegen eines Blickes vergessen. Der Bauernkutscher, der Mund wie ein gefühlloser Strich, aber die Augen wie ein St. Hans-Feuer. Was muß er von Pferden verstehen! *Er* hat die Zügel in der Hand behalten. Als der Zug der Bauern eben vorbeifährt, dreht sich der Kutscher um und Edvard wird den Blick immer in Erinnerung behalten, wie eine Warnung, oder ein Versprechen des Ungewissen. „Komm'", versucht John es nochmal. Da wird Edvard unwillig. „Warum denn? Wir kennen ja diese Leute in- und auswendig." Sein eigener Stand. Beamte und Krämer. Der Hengst gehörte nicht zu ihnen. Wegen des schwarzen Hengstes wäre er ... Aber der Bauernkutscher hat sich ein letztes Mal umgedreht. Und die Wollust der Stute hat sich in seine Knabenwelt eingebrannt. Was ist mit ihr, daß sie den Hengst so erregt hat? Er will der blonden Stute folgen.

Ich schreibe diese Worte und merke, daß sie zu einfach sind, zu schematisch. Edvard hätte mich mit einer Anekdote von einem rotbraunen Wallach abgefertigt. Und trotzdem wird er durch dieses Bild von den zwei Pferden so deutlich. Ich habe sie viele Jahre später gesehen, denn ich bin in der gleichen Stadt aufgewachsen.

Edvard ist auf dem Weg hinaus nach Nordnes, mit John auf den Fersen. Sturkopf. Leichtsinniges Bürschchen. John wäre den andern Weg gegangen, aber er muß auf seinen Bruder aufpassen.

„Ehrfurcht vor den Toten ... Verneigt euch vor dem Tod ... Ohhhh ..." Hinter den Rücken von Edvard und John setzen die Klageweiber nach der Unterbrechung mit gekränkter Kraft erneut an. Vor den Handelshäusern und Geschäften der Strandgate haben sich die Kaufleute versammelt. Sie stoßen mit den Bäuchen aneinander, fuchteln mit Pfeifen und Schnupftabaksdosen, spucken Ausrufezeichen in den Rinnstein. „Das ist doch nicht zu fassen! Ist das Bauernpack jetzt völlig verrückt geworden?" Eine rossige Vestlandstute. Bergen liegt eingezwängt zwischen sieben Gipfeln, und es dröhnt, wenn die Bergenser miteinander reden. Die Wörter entfliehen den Menschenmündern, sind voller

Freude darüber, Worte werden zu dürfen. Die Konsonanten sitzen tief in der Kehle, doch die Vokale kommen weiter oben aus dem Gaumen. Und trotzdem hören sie sich nicht und müssen rufen: „Was? Was? Was?" „Was hast du gesagt?" „Was hab' ich gesagt?" „Was zum Teufel ..." Edvard hat John bei der Hand gefaßt, auf die Liebe und das Verständnis des Bruders kann er sich verlassen. Dem Zug der Bauern werden Schimpfworte nachgerufen, den breiten, ein wenig gebeugten Rücken, die der unglückseligen Stute hinaus zum Armenfriedhof auf Nordnes folgen. „Dieses Pack hat nichts unter gebildeten Menschen zu suchen. Was?" Tonnen, die man in aller Eile in die Häuser gerettet hatte, werden wieder auf die Straße gerollt. Ruhe und Ordnung ist wiederhergestellt, und Ruhe und Ordnung ist in der Stadt meines Edvard gleichbedeutend mit Handeln und Feilschen. „Was? Fünfhundert? Niemals!" „Du bist ein gerissener Fuchs, Jakob!" Edvard hört es von ferne, wie eine Begleitung zu Johns zunehmender Besorgnis: „Edvard, Edvard. Wir müssen doch nach Hause! Was sollen wir denn bei diesen Bauern? Was? Was? ... Wir sind zu alt, um hinterher zu schleichen ..." Edvard nickt eifrig, möchte seinen Bruder immer verstehen. Der kluge John, wie groß und stark er geworden ist, fünf Fischkisten kann er mit ausgestreckten Armen hochheben und trotzdem Cello spielen! „Was? Was? Edvard? Hörst du mich nicht?" Edvard nickt erneut. Er hört, es fällt ihm aber nicht ein, sich danach zu richten. Hinaus zur Spitze von Nordnes. Zum Armenfriedhof. Der Blick des Kutschers hat ihn verhext. Ein Trollmann hat ihn angeschaut. In den Augen war die unfaßbare Trauer über die Verrücktheit der Menschen. Edvard hat John mit sich gezerrt zu dem Zug der Bauern. Eine seltsame Schar. Keine Klageweiber.

„John? Warum sind sie so traurig?"

„Weil einer gestorben ist, du Idiot!"

John blickt finster vor Zorn. Die größte Ohnmacht auf der Welt: ein jüngerer Bruder. Der Sarg liegt hoch oben auf dem stabilen Wagen, schaukelt schwach auf dem Weg aus hartgestampfter Erde. Edvard spürt die Sonnenwärme auf seinem Gesicht. Vor ihm liegt das Meer.

„Wer ist denn gestorben?"

John bekommt Antwort. Ein Knecht. Ein Felespieler.

„Was? Ein *Felespieler*?"

Ein Felespieler. Ein verarmter Gefolgsmann des Tanzes und des Zechens, der Trunkenheit und der Leidenschaften. „Ist eine Fele das gleiche wie eine Violine?" Edvard fragt mit echtem Interesse, sieht irgendwo das Bild des Satans, mit Hörnern und Schwanz und einem behaarten, kleinen Huf, der böse auf den erdigen Boden stampft. Der Geruch nach Kobolden! Der Spielmann Knut-på-haugen-Væstafæ. Knecht, bis die Frau abgehauen ist mit einem Lensmann[1], der Franzose war und eigentlich gar kein Lensmann sondern Seemann! „Was?" sagt John mit Trauer im Blick. Der hinterste Bauer in dem Leichenzug fährt bedächtig mit seiner Geschichte fort. Ein halbes Jahr Trinken und Saufen und die seltsamsten Heultöne von der Fele zur Nachtzeit. Bis hinauf nach Løvstakken konnte man ihn hören, der ewige Refrain eines unfertigen Springtanzes. Springtanz? „Was? Hat er Springtanz gesagt?" Dahergelaufene Mädchen. Landstreicher und Gesindel. Wer erinnert sich noch daran, daß der Spielmann Knut-på-haugen-Væstafæ ein maßvoller und ordentlicher Mensch war? Ein feuchter Wind von Askøy macht die Geschichte noch trauriger. „Und all sein Geld hat er verschwendet, oder?" „Das Geld? Das ist mit dem Franzosen verschwunden."

„Dem König?" wundert sich Edvard.

„Dummkopf. *Der* ist ja Norweger. Und Schwede."

„Aber er *war* Franzose, nicht wahr?"

„Er ist aber kein Seemann, du Schlauberger!"

„Doch, er hat ja ein Schiff!"

Der schwarzgekleidete Bauer bedeutet den Jungen, still zu sein. Ein blendender und klarer Frühlingstag. Der Wind kommt von Westen, und der Spielmann Knut-på-haugen-Væstafæ soll begraben werden. Auf dem Armenfriedhof ist eine tiefe Ruhe und das ewige Rauschen des Meeres.

Schneeweiße Wolken treiben über den blauen Himmel auf die Berge zu. Edvard blickt in die Höhe. Hält jedesmal Ausschau nach den zwei Löchern, auf die seine Mutter Gesine in einer Neujahrsnacht gedeutet hatte, um ihm zu zeigen, wo sie die blaue Farbe für seine Augen gestohlen hat. Jetzt muß er beim Anblick der weißen Wolken an Leinenwäsche, Federbetten, Sonntagsfrieden und das Bibelwort denken. Das Bibelwort ist so feierlich. Er würde so gerne Pfarrer werden.

„Hat er dich erschreckt?" Johns Stimme ist unsicher, die Bewegungen unbeholfen. Edvard begreift, daß *er* ängstlich ist.

„Der Spielmann? Der Tod? Überhaupt nicht."

Der Kutscher hat angehalten. Jetzt heben sie den Sarg von dem Karren. Nicht ein Wort wird gesagt. Jeder weiß, was er zu tun hat. Aber eine Frau, deren Gesicht Edvard nicht sehen kann, fängt plötzlich zu schluchzen an. Sie versucht sich zu verbergen. Schämt sie sich ihrer Trauer? Edvard fällt ein, was die Mutter über Spielmänner gesagt hat. Sie sind musikalische A-nal-pha-beten. Das ist Edvard zu lang. Er läßt die erste Silbe weg. Nalphabeten. „He, John ..."

Aber der Wind unterbricht ihn. Der feuchte Westwind, der den Himmel so blau und die Wolken so weiß und die Menschen so bleich und die Kleider so schwarz macht. Das Grab ist ausgehoben. Die Erde ist dunkel und warm. Die Rinde an den Bäumen ebenso grau wie das Kopfsteinpflaster auf der Strandgate. So steht mein Edvard, plötzlich den Hut in der Hand. Er merkt, daß ihn der Kutscher wieder ansieht, wagt ihn aber nicht anzuschauen. Edvard errötet. John auf einmal so vernünftig:

„Aber Edvard, was wollen wir hier, was?"

Es ist eine schlechte Angewohnheit meines Edvard, daß er immer bei Leichenzügen mitgehen muß. Um die Mitte des vorigen Jahrhunderts ist das noch nicht zur Plage geworden, seine Welt ist so jung, und er kann seinen Instinkten folgen ohne Angst vor Strafe oder Spott. Ich muß ihn länger Kind sein lassen als ich Geschichten zur Verfügung habe, denn die Silhouette der sieben Gipfel soll sich ihm einprägen, und der Geruch von Tyskerbryggen soll sich in der soliden Kleidung, die seine Mutter, Gesine, jedesmal genauestens inspiziert, festsetzen. Aber wenn ich zu viel über die Straßen und die Architektur der Stadt spreche, verrate ich ihn. Das sind äußere Details, um die er sich nie besonders gekümmert hat. Er weiß kaum, welche Farbe sein Geburtshaus in der Strandgate hat. Da weiß er schon eher die Farbe der Augen des Bruders, die nicht so blau ist wie bei ihm. Gesine muß sie woanders gestohlen haben, vielleicht in einem Wald im Østlandet, wo finster blickende Leute sich angesiedelt haben. Ich weiß, daß in dieser Geschichte auch Frauen vorkommen, drei Schwestern, für die ich eigentlich keinen Platz habe, solange Gesine mit all ihrer unausgelebten Weiblichkeit so viel Platz beansprucht. Als Edvard und John von der Begräbniszeremonie auf Nordnes nach Hause kommen, zieht sie alle Aufmerksamkeit auf sich, schimpft und zetert viel zu lange, weil die Brüder mit dem Bauernpack gegangen sind. In meiner Erinnerung ist sie alt, eine Frau, die alles getan hat, um das Leben zu vergessen, das sie nicht leben durfte, obwohl es den lebendigen Tod bedeutete. Wußte sie, daß so etwas einen eigenen Geruch verbreitet, gegen den keine Seife ankommt?

Aber halt, sie ist ja erst um die dreißig. Gesine Judithe Hagerup Grieg, mit den Töchtern Maren, Ingeborg Benedicte und Elisabeth Kimbell, drei züchtige Mägdlein auf dem allzeit frisch gescheuerten Fußboden. Als Edvard das Haus betritt, sieht er, wie das sanfte Gesicht der Mutter, das für Trost, Verzeihen und Tränen geschaffen ist, zu einer Grimasse erstarrt.

„Und während ich mich hier abrackere, treibt ihr euch mit Gesindel und Lumpenpack herum! Wer von euch hat denn zum Beispiel heute geübt? Und was ist mit den Rechenaufgaben?" Sie spricht mit der wirksamsten Waffe der Aristokraten: zusammengebissene Zähne. Diese Eigenheit hindert die Konsonanten nicht, wie giftige Insekten hinter einem Gitter zu summen.

„Sing, Mama. Sing!" Edvard möchte, daß sich der kräftige Mund öffnet, er wirkt dann sanfter. Aber Edvards Aufforderung ist eine unerträgliche Frechheit. John und Edvard werden mit den wüstesten Flüchen, die Gesine auszusprechen wagt, hinauf in das Schlafzimmer gejagt. Die bleichsüchtige Benedicte steht auf dem Treppenabsatz und sieht aus, als wohne sie einer herzergreifenden Tragödie bei. Dann kommt der Regen.

Kalter Frühlingsregen gegen das Fenster. Edvard preßt sein Gesicht an die Scheibe und weint. „Kümmere dich nicht um sie", versucht John ihn zu trösten, unsicher, inwieweit er schuld ist. „Das ist nicht wegen ihr", erwidert Edvard und schleckt sich das Salz vom Mund. „Es ist wegen dem toten Spielmann." „Wegen *dem* ?" John zwirbelt eine Vorhangschnur und begreift gar nichts. „Dieser Knut-wie-hieß-er-doch-gleich." Pause. „Aber du hast ihn ja überhaupt nicht gekannt." „Eben darum!" Edvard läßt den Tränen mit dem gleichzeitig zunehmenden Regen freien Lauf. Er läßt sich völlig von seinen Gefühlen mitreißen, von einer hoffnungslosen Trauer. „Und jetzt ist er tot!" heult er. „Jetzt kann ich ihn *nie* mehr kennenlernen! Nie, John!"

Gesine in der Tür, der Mund jetzt halb geöffnet: „Heul' nicht so, das halte ich nicht aus."

John gereizt: „Edvard kann seine Gefühle nicht beherrschen."

Edvard merkt nicht einmal, daß sie miteinander reden. Er schaut hinunter auf das Kopfsteinpflaster der Strandgate. Etwas Trostloseres kann er sich nicht vorstellen. Die Stute trottet teilnahmslos zurück. Nicht einmal ein Sarg auf dem Wagen. Nur die gleichen schweigenden, krummgebeugten Bauern. Immer noch ruft man Schimpfworte hinter ihnen her. „Oh nein!" brüllt Edvard. „Das ist so trostlos, so entsetzlich trrr ..."

Er wird von einem Schluchzen an der Tür unterbrochen. Jetzt ist Gesine soweit, daß sie zusammenbricht. John versucht das Ganze aufzufangen, so gut er kann: „Ja, was sind denn das für italienische Zustände?" Aber John ist erst zehn Jahre und nicht imstande, seine Mutter auf dem Weg in eine abgrundtiefe Verzweiflung festzuhalten. Vom Fenster aus sieht Edvard, was passiert und sieht ein, daß er seine Trauer aufgeben muß.

„Mama! Mama!"

Sie hat sich auf das Bett gesetzt, und das weiche Kinn ist völlig in ihrem Hals verschwunden. Die Augen sind vor Verwunderung und Schrecken kreisrund. Sie könnte die Klageweiber von zehn Begräbnissen ersetzen, sie wankt von einer Seite zur anderen als versuche sie, ein krankes Kind zu beruhigen, aber ihre Hände sind leer. Sie versucht, ihre eigenen Brüste zu umklammern und nur ein einziges Wort kommt über ihre Lippen, aus ihrem halboffenen Mund: „Willie ... Willie ..."

Kaum ist das Wort ausgesprochen, ist das Zimmer erfüllt von Glockengeläute, wie die Glocken des Domes, die man in der ganzen Stadt hören kann. Ohrenbetäubend. Gesine wirft ihren Söhnen einen erschreckten Blick zu, dann legt sie einen Finger vor den Mund. Edvard mit den Spuren seiner Tränen, wie eingetrocknete Flüsse über das Kinn: „Aber wir haben gar nichts gesagt, Mama?" John sofort schlau und vernünftig: „Wer ist Willie?"

Gesine, ich liebe diesen Augenblick in deinem Leben, obwohl er sich nie hätte ereignen dürfen. Edvard wollte mir nie von dir erzählen. Gereizt meinte er, daß er nichts weiter wisse, nur daß du einmal einen Seemann geliebt hättest und daß dein Vater, der Stiftsamtmann, dir diese Liebe untersagte und dich mit Konsul Alexander Grieg verheiratete, aus angesehenem Geschlecht in Bergen, seit John Grieg im vorigen Jahrhundert aus Schottland kam – ein Glücksritter wie wir alle, aber manche haben eben mehr Talent. Du hattest keines, Gesine. Du hast dich geweigert, hast versucht, dich zu weigern. Aber ich weiß, daß er zurückkam. Nach Bergen kommen so viele Schiffe. Nach wie vor sind die Speicher zum Bersten gefüllt mit Tonnen, Meterware, Öllampen, gesalzenem Fisch. Du versuchtest, dein Schicksal zu verstecken, hast die Leere mit Klavierspiel, Musikabenden, Konzerten und Schülern gefüllt. Wie wunderschön deine Hände waren. Bin ich schlimm zu dir? Wenn ich dich auf ein Bett setze, um deinen Söhnen dein trauriges Schicksal zu verraten. Wie hätten sie es sonst erfahren sollen? Einmal hast du losgelassen, einmal löste sich eine Masche in deinem viel zu strammen Strickzeug. Und ich schätze es, denn es macht deinen Fleiß zu einem Vorwand und nicht zu einer Krankheit des Geistes. In dem Augenblick hole ich dich herein in meine Geschichte, wie du so auf dem Bett sitzt, ohne dich den noch zu jungen Söhnen anvertrauen zu können, aber trotzdem so dünnhäutig, daß der Name durchsickert. Da bist du meinem Edvard so nahe wie später nie mehr, denn du hast ihm von dir erzählt.

Er ist nur noch nicht alt genug, um es zu begreifen. Vom Fenster aus beobachtet er die Gestalt seiner Mutter mit Abscheu, ein plötzlicher Verfall, gegen den sie machtlos ist, ihre wirren Bewegungen, die Kiefer, die den Mund nach unten fallen und das Kinn verschwinden lassen. Sie riecht nach Salz. „Wer ist Willie?" wiederholt John. Und Gesine ist bereits vom Bett aufgestanden. Nun tastet sie sich fieberhaft zurück zu dem Versteck, das sie sich nach fünf Kindern eingerichtet hat – fünf Einsätze des Kummers. „Willie? Habe ich Willie gesagt?" Die Kiefer klappen mit einem Knall zusammen. Sie ist wieder die Tochter des Stiftamtmannes. „Hier gibt es soviel ich weiß keinen Willie." Und um einiges barscher, während die letzten Tränen eintrocknen: „Ihr wollt mich wohl zum Narren halten, was?" Edvard antwortet auf die mütterlichen Stirnfalten mit einem breiten Lächeln. „Mama, *du* treibst deinen Spaß mit uns."

„Frechheit." Sie ist schon auf dem Weg zur Tür, ihr Schritt ist schwer. Mit der Hand auf der Türklinke dreht sie sich rasch um und mahnt mit strenger Stimme: „Papa hat einen Kapitän zu Besuch ... Eine sehr wichtige Geschäftsverbindung aus England. Ich verbiete euch, ihn zu stören.

Haltet euch bis zum Essen hier oben auf. Und die Rechenaufgaben, wehe ihr vergeßt sie!"

Edvard schnappt nach den zerplatzenden Vokalen, er fühlt sich leicht und befreit von seinem Weinen. Jetzt kann die Sonne wiederkommen. „Was war mit Mama?" Er macht sich keine Sorgen deswegen. Landstreicher kommen in die Strandgate. Das Fensterbrett ist ein guter Beobachtungsplatz. Nur John steht ratlos da.

„Was ist los, John?"

Der Bruder blickt ihn an. „Willie?" sagt er prüfend. „In *unserer* Familie heißt doch keiner so?"

Die heile Welt der Kindheit hat einen Riß bekommen, aber Edvard weiß es noch nicht. Er sitzt am Fenster im ersten Obergeschoß und schaut den Regentropfen zu, die mit geheimnisvoller Schrift auf die Fensterscheibe schreiben, und er möchte der Tatsache entgehen, daß sein drei Jahre älterer Bruder John bereits am Rande steht und sie mit seinen ernsten Augen anblickt. Bis jetzt sind die Legenden von einer anderen Welt als der sichtbaren nur Legenden gewesen, ebenso unwirklich wie der Nebel, wenn er vom Meer hereintreibt oder von den Bergen herunterkommt. Diese Einsicht ist es, die wir Erwachsene berücksichtigen müssen. Deshalb beginne ich meine Geschichte an dem Tag, an dem sich ein schwarzer Hengst vor einer Stute aufbäumte und der zerbrechliche Schutz einer Mutter vor sich selbst für einen Augenblick zusammenfiel. Besteht unsere edelste Eigenschaft darin, daß wir verstecken und verdrängen, ist unsere Seele verflucht zu Uneinigkeit und ewigem Streit? Meine Geschichte erzählt von dem Versuch eines Menschen, sich und seine Welt zu umarmen.

Edvard am Fenster. Unruhig, aber nicht schwermütig. Er betrachtet die finstere Miene des Bruders mit einem prüfenden Lachen. „John, du sieht so komisch aus, irgendwie zu lang und zu groß!" Aber der Bruder geht weg, hinunter zu dem Raum mit den Instrumenten. Das Cello, sein treuer Begleiter in den dunklen Wäldern, in denen er bereits wandert. Ein riesiges, braun lackiertes Monstrum mit Saiten, die die Finger gerade eben greifen können. Edvard hört, daß er es noch nicht schafft, rein zu spielen. Gesinde fegt in den Raum und ermahnt ihn kurz: „G, John, nicht Gis! Hörst du nicht, daß du mit dem Zeigefinger zu weit oben bist?" Edvard verfolgt horchend ihre Schritte. Gesine wieder in der Küche. Da ergreift Edvard die Gelegenheit. Mit keinem Fußtritt auf die Treppe. Er saust das Geländer hinunter, daß die Oberschenkel trotz der Baumwollstrümpfe brennen. Die Bluse mit den kurzen Ärmeln. Ein Kind. Seine Welt ist das Haus in der Strandgate, dazu ein variabler Radius bis hinaus zur Spitze von Nordnes, hinunter zu den Anlegebrücken, hinüber zu Torvalmenningen, hinaus nach Engen. Der Mittelpunkt des Kreises sind die Kelleräume seines Vaters, des Konsuls. Ein Handelshaus mit Buchhalterei, dazu das Lager für die Schiffsfrachten, zehntausend Hummer von Bergen nach New Castle. Manchmal liegen Kisten mit Hummer und Fisch im Keller, bereit ins Haus der Vornehmen geliefert zu werden. Boten mit wackligen Karren kommen an und rufen: „Grieg? Zehn Kilo Hummer für Apotheker Bull!" Edvard spürt den kühlen Modergeruch, als er lautlos die Tür zu Geschäft und Büro öffnet. Ist er bis hierher unentdeckt geblieben, ist er gerettet. Buchhalter Arentz sitzt im Hinterzimmer und bekämpft den Modergeruch mit einer Stummelpfeife, die wie ein Schneckenhaus aussieht. Die dünne Stimme leiert monoton. „Holländische Mischung. Riecht wie Heidehonig, was? Fünfhundert Grammn für ... wieviel *war* das gleich wieder?" Sonst sagt er nichts, außer seinem ewigen: „Ich sollte wahrscheinlich eine kleine Pause machen", wenn die Luft zu dick wird oder der Bauch zwickt oder was auch immer in ihm vorgeht. Edvard flüstert von hinten: „Psst, Arentz, ich bin eigentlich gar nicht hier." Arentz sieht aus wie eine knorrige Eiche, die nicht frei wachsen durfte. Er akzeptiert alles, was Edvard zu ihm sagt, wenn er mit komplizierten Rechnereien beschäftigt ist, und das ist er fast immer.

Edvard wird schwindlig von dem Tabaksgeruch, und er

versteckt sich hinter der Tür. Vom äußeren Raum mit den Fenstern zur Strandgate hört er Stimmen. Er erkennt die weichen und schwerfälligen Vokale des Vaters. Sie kämpfen tapfer gegen die Konsonanten, die sich ganz oben in der Nase bilden. Jetzt spricht er englisch, und man kann kein Wort verstehen. Durch eine andere Stimme entsteht plötzlich eine zweistimmige Fuge, alles, was der Vater gesagt hat, scheint wiederholt zu werden, aber in einer dunkleren, bedrohlicheren Lage. In dem Moment merkt Edvard, daß das Cello im Musikzimmer aufgehört hat. Er spürt einen warmen Atem im Nacken, dreht sich rasch um und sieht John mit aufgesperrten Augen und zusammengepreßten Lippen, so als würden sie Fangen spielen. Aber das ist kein Spiel, das ist eine Stimme in einer Fuge, die Gesine ihnen verboten hat, anzuhören, und das Verbotene ist immer das beste oder jedenfalls das spannendste. Deshalb stehen zwei Jungen versteckt hinter der Tür bei Buchhalter Arentz, zusätzlich geschützt von den undurchdringlichen Rauchschwaden der holländischen Mischung. Da passiert etwas in Edvards Lungen. Er fährt in die Höhe, dreht sich mit tausend Entschuldigungen zum Bruder um, aber die Katastrophe ist unvermeidbar. Er hustet. Schnappt nach Luft. Arentz' Rechnungen fallen in den Staub. John weiß, daß sie jetzt aufgeben müssen. Sie können sich nicht länger versteckt halten. Er schiebt Edvard vor sich her in das Zimmer des Vaters.

Für Edvard wird er später immer der Seemann sein, auch wenn John, der es genauer nimmt, ihn Kapitän nennt. Welchen Namen soll ich ihm geben? Willie. Ich nenne dich William Woodsworth, Kapitän auf dem Vollschiff Aurora von Cardiff. Das ist ein schöner Name, und du sollst ihn bekommen, denn später werden deine Erscheinung und dein Namen unbestimmter werden. Du bist bereits ein schwarzer Hengst gewesen und eine weißbraune Stute, ein Kutscher und ein Zug von Bauern, vielleicht auch eine schneeweiße Wolke im Westwind. Aber erst als Kapitän William

Woodsworth wirst du etwas Konkretes für meinen Edvard. Erst jetzt wirst du sichtbar.

Die Geschäfte des Kapitän Woodsworth mit Konsul Grieg werden bei einer Flasche und zwei Gläsern abgewickelt. Sobald die Herrn der Knaben ansichtig werden, ist Edvard sicher, daß es Prügel gibt, aber Alexander Grieg, der einem verwunderten Tiefseefisch gleicht, den man auf einen Stand des Fischmarkts gelegt hat, winkt sanft und freundlich seine Söhne heran, so als wäre er fast froh um die Unterbrechung.

„Mama hat gesagt ..." stammelt Edvard bevor John sein „Nein!" schmettert.

„My sons", sagt Alexander zu Kapitän Woodsworth. Er ist schwammig und weich, der Kapitän ist wettergegerbt und schlank. Der Kapitän nickt freundlich, riecht nach Schnaps und Teer. Das Schnapsglas ist leer. Er trinkt aus Lust, der Konsul aus Pflicht. Nachdem John und Edvard Guten Tag gesagt haben, ziehen sie sich hinter die Hummerkisten zurück, die hinter einer riesigen Waage gestapelt stehen. Die Aufschrift Henly & Co. ist auf der Kiste zu erkennen und weist auf New York hin. Dort haben sie ihr Reich, ihre selbstverständliche Freistatt in der Welt der Erwachsenen, während ihr Vater mit einem auffälligen Knick im Rücken auf und ab geht und Arentz Rechnungen diktiert, die er nie versteht, die aber den Tag vergehen lassen. Alexander Grieg ist selbst ein gewaltiger Raucher, aber mit süßlichen holländischen Mischungen kommt er nicht klar. Deshalb versucht er mit mildem Schnauben – stärker ist sein Protest nicht – Arentz' Rauchschwaden von seinen trockenen, türkischen Wolken zu trennen. Das Schnapstrinken mit den Kunden ist das einzige, was Alexander Grieg aus Pflicht tut. Alles andere sind Freuden, solange Gesine das Unangenehme für sie beide erledigt. Er ist nicht nur der Meinung, daß der Spaß das Leben verlängert, auch die Sorgen werden so auf Distanz gehalten. Deshalb lächelt er Woodsworth zu mit einer Unterlippe, die schwer ist von jovialen Witzigkeiten, Handelsgeschichten von Hummern auf Abwegen, oder wie jetzt: die umwerfend komische Geschichte von zwei Leichenzügen, die Opfer eines unfreiwilligen Paarungsversuches geworden sind. Der Alkohol ist ihm in den Kopf gestiegen. Er beugt sich hinüber zu Kapitän Woodsworth mit der gestikulierenden Begeisterung, der Bergen unterscheidet vom übrigen Norwegen: „Did you see it! Did you *really*?!"

Edvard hört, wie die Stimme des Vaters fistelartig wird. Er bemerkt, daß der Bruder seinen Blick nicht von Kapitän Woodsworth losreißen kann und sucht nach dem Objekt für das Interesse des Bruders. Der ungepflegte rote Bart? Die Mütze mit den Verzierungen? Die blanken Stiefel, die Edvard an Schiffskanonen und Schlägereien denken lassen? Alexander Grieg schenkt eifrig dem Gast nach. Sie haben Papiere vor sich liegen. Edvard gefällt es nicht, daß der Vater lächelt. Ein Lächeln für einen Unbekannten. Was will er? Auch er schwarz gekleidet. Wie der Hengst bei dem Leichenzug. Und dazu: eine rastlose Unruhe, etwas Angespanntes, Abwesendes, so als höre er gar nicht, was der Konsul sagt.

Edvard – in dem Augenblick siehst du die Augen. Ein Laut, der dir entschlüpft, bewirkt, daß sich Kapitän Woodsworth der Tür zuwendet, wo du stehst. Aber nicht dich sieht er an, es ist Gesine, und bevor du ihre Hand spürst und sie dich hinüberschleudert zu Arentz und der holländischen Mischung, fällt dir auf, daß die Augen einen ganz anderen Ausdruck haben als du ihn jemals zwischen Menschen gesehen hast. Du windest deinen kleinen Körper, um Gesines Griff zu entkommen, aber es ist zu spät. Aber deine Wahrnehmung kann sie nicht stoppen, und ihre plötzlich brennenden Augen verraten dir, daß der Blick von Kapitän Woodsworth erwidert wird. Ist das deine Mutter? Ist das die Gesine, bei der du aufgewachsen bist, die mit nach Lavendel duftenden Händen Beethoven so brillant spielt, wie kein zweiter in der Stadt Bergen? Du fühlst, daß das ein vollkommen anderer Mensch ist als der, den du zu kennen glaubtest, als sie dich in das Hinterzimmer schleudert, um dann mit derselben brutalen Kraft John zu packen.

„Habe ich es euch nicht verboten!" schluchzt sie, als habe sich eine Tragödie ereignet. Und weil nichts tragisch ist und Konsul Grieg weiterhin lächelt, versteht Edvard, daß hier etwas wirklich Furchtbares ist, etwas Unbegreifliches auf dem Grunde eines jeden Menschen, etwas, das alle Wörter überflüssig und falsch macht und das ihm sagt, daß er, wenn er je etwas ausdrücken will, nach einem anderen Mittel als Sprache suchen muß.

Zwischen Gesine und Kapitän Woodsworth wird kein Wort gewechselt.

Konsul Grieg hat sich halb erhoben. „Mr. Woodsworth, my wife ..."

Aber Gesine hat in jeder Hand den Nacken eines Knaben und einen Fuß auf der Treppe.

„Alexander, ich habe wirklich keine Zeit."

Edvard und John sehen, daß nichts passiert ist.

Und trotzdem ist alles verändert.

Verändert bereits beim Mittagstisch, wo Konsul Grieg gutgelaunt von Kapitän Woodsworth erzählen will, der jetzt die Hummerfracht nach England übernimmt, unterbrochen von Gesines Lamentieren über das Essen. Ja, Synneva Karoljussen aus dem nordnorwegischen Troms, so wirst auch du ein Teil meiner Geschichte, weil du, falls du die bist, für die ich dich halte, weit gereist bist auf der Suche nach deinem Glück, es kann eine Staffelei, ein Piano, ein Liebhaber sein – oder eine Küche. Ich überschütte dich mit Gesines ungerechten Verwünschungen, um schon in diesem frühen Stadium meiner Geschichte festzuhalten, wie verschlossen und versiegelt eine Menschenseele sein kann, und weil du als Haushaltshilfe fleißig in den Hinterzimmern agierst, wo du Gesine mit dem Korsett behilflich bist und Gespräche hörst, die du nicht hören sollst und wo sich das Drama des Lebens abspielt.

An diesem Tag wird dir der klebrige Rotbarbe zur Last

gelegt, aber nicht der Fisch ist klebrig, es ist die Luft im Speisezimmer. Du nimmst den Rüffel entgegen, errötend und mit einem Knicks. Dann verschwindest du wieder in der Küche.

Alexander Grieg meint, seine Frau zur Rede stellen zu müssen. Er wagt es mit einem freundlichen: „Was ist mit dir, Gesine?"

Sie kaut. Die Stimme ist hohl, denn in ihr ist eine große Leere: „So eine Familie einigermaßen im Griff zu haben, ist bei Gott mehr als genug."

Und dann, als sie merkt, daß das zu fadenscheinig war: „John und Edvard sind mit dem Bauernpack mitgelaufen, aber du von *deinem* Fenster hast natürlich nichts gesehen."

Alexander lacht leise in sich hinein und nimmt sich reichlich von der Eiersoße.

„Ich finde diesen Vorfall ja sehr amüsant."

Er hat noch nicht gemerkt, daß das Haus umzustürzen droht. Oder, noch schlimmer: *Hat* er es gemerkt? War ihm übel, bevor die Mahlzeit begann? Quillt der Fisch und die Kartoffeln und die Eiersoße in seinem Mund zu einem Kloß, den er mit Wasser hinunterzuspülen versucht?

Meine Frage wird nie beantwortet werden. Gesine unterbricht mich mit einem knappen Tischgebet und einer erneuten Erinnerung der Knaben, ihre Rechenaufgaben zu machen.

Früher als sonst zieht die Familie Grieg in diesem Frühling auf den Landsitz „Landås", den Gesine von ihrem Vater, dem Stiftsamtmann Edvard Hagerup, geerbt hat. Er ist kurz nachdem ich meine Geschichte begonnen habe gestorben, und seine Frau Ingeborg Benedicte war schon nicht mehr da. Friede sei mit ihr. Das Gut auf Landås hat zehn Fenster an der Längsseite. Vielleicht schien dieses Geschenk Stiftsamtmann Hagerup ein angemessener Trost zu sein für die Liebe, die Gesine nicht bekam.

Als der Frühling endlich Fuß gefaßt hat, kommt die feuchte Wärme. Die Knospen an den Rhododendronbüschen sehen aus wie die geschlossene Hand eines Zauberkünstlers, bevor er sie vor dem Publikum öffnet. Die Erde ist durchweicht vom Winterregen, das Gras von einem so scharfen Grün, daß es in den Augen schmerzt, wenn die Sonne zwischen den Bergen hervorbricht. Familie Grieg aus der Strandgate fährt mit Wagen voller Kleider, Spielen, Noten, Musikinstrumenten und Konserven, die Konsul Grieg sich aus England besorgt hat. Gleich außerhalb der Stadttore ahnt Gesine einen kühlen Windhauch aus dem Osten. Sie kontrolliert, ob der oberste Knopf an Edvards blauer Bluse geschlossen ist. Die faltige Frauenhand mit den schlanken Klavierfingern streicht den Nacken des Knaben mit verstohlen wirkenden Bewegungen. Nicht weit entfernt sitzt John, aber die Hand der Mutter scheint nie bis zu ihm zu kommen, obwohl sie den Söhnen und Töchtern zugewandt ist und abgewandt von dem Mann, der auf der anderen Seite sitzt und auf den Ulriken starrt mit Augen, die so rund sind, daß man nicht weiß, ob sie Fröhlichkeit oder Verzweiflung ausdrücken. Aber ein Zug auf der Stirn ist immer ein bißchen ironisch, auch als er ausruft:

„Uns geht's doch gut, was?"

Benedicte und Elisabeth tuscheln und flüstern über einige Jungs, die sie in Haukeland kennen. Die dritte Schwester, Maren, kann ich nicht sehen, obwohl ich weiß, daß sie auch dabei ist. Vielleicht bereitet sie sich auf das Weggehen vor. Sie ähnelt unheimlich der Mutter, die schmerzliche Klarheit eines anderen Lebens, das sie nicht leben darf.

Gleich außerhalb der Stadttore sind sie auf dem Land. Nur die reichsten Familien Bergens haben Häuser auf dem Land, haben sich Höfe angeschafft und daraus herrschaftliche Güter mit Blumenpracht und Weinkellern gemacht. Die Mitgift des Stiftamtmanns Hagerup ist Edvards Glück. Er spürt die Hand der Mutter am Nacken und empfindet einen wunderbaren, sanften Frieden, hat das Gefühl, auf einer langen und wichtigen Reise zu sein, obwohl der Abstand vom Haus in der Strandgate bis zu dem Gut Landås nicht viel mehr als fünf Kilometer beträgt.

Das Tal breitet sich unter ihm aus, als sie den Haukelandsweg hinaufsteigen, ein Landschaftsbild mit scharfen Kontrasten, gemildert von runden Hügeln und Laubbäumen, und vom Løvstakken, der, von dieser Seite gesehen, nie ein richtiger Berg wird. Er blickt hinunter auf einen ziemlich verfallenen Hof, der Hofplatz ist angefüllt mit Gegenständen, die aus dem bescheidenen Wohnhaus getragen werden. Möbel und Kleider und Waschtischchen stehen nebeneinander wie Zeugen einer verschwundenen Kultur. Edvard erkennt den Kutscher des Bauernzuges wieder und begreift, daß es sich um Knut-på-Haugen-Væstafæ's irdische Hinterlassenschaft handelt, die versteigert werden soll. Eine neue Familie ist zum Einzug bereit. Sie haben sich neben ihren Wagen aufgestellt und warten darauf, bis sie an der Reihe sind. Edvard, du bist Zwilling. In dir sind zwei Wege, zwei Landschaften, zwei Himmel, zwei Abgründe. Du sitzt in einem herrschaftlichen Wagen und sehnst dich hinunter zur Wohnung des Verstorbenen, aus der sie ein Instrument mit acht Saiten tragen, das sie Fele nennen. Deine Mutter greift dich fester um den Nakken und zwingt deinen Blick weg von dem, was dort unten passiert.

„Edvard möchtest du einen Kampferdrops?"

Als sie endlich unter den Bäumen des Gutes Landås aus dem Wagen steigen, ist dein Kopf von jubelnder Musik erfüllt.

Die Schwestern sind bereits beim Auspacken, zusammen mit Synneva Karoljussen und einem oder vielleicht zwei Dienstmädchen, ich sehe das nicht so genau. Edvard hat seine Noten auf den Flügel gelegt, hat den Staub von den Messingleuchtern geblasen, morgen werden sie von Gesine oder den Dienstmädchen geputzt. Unter den Saiten im Instrument liegen dick die Staubknäuel. Selbst der *Tritonus*, das Intervall des Teufels, kann sie nicht in Bewegung bringen, und Gesine kommt mit der Hand nicht hin. Jetzt fleht sie Edvard an:

„Versuch' es doch bitte mit diesem dünnen Pinsel. So ..."

Edvard mit der Hand im Flügel, mürrisch: „Ich bin schließlich auch ein bißchen gewachsen!"

John kommt herein in die tiefrote Wohnstube. Ein kalter Schauer von dem Instrument und den Möbeln schlägt ihm entgegen. Die Winterluft ist noch nicht draußen.

„Es ist Frühling", kreischt Gesine, der Reisemantel ist über einen Stuhl geworfen. „Ich habe morgen ein Schülerkonzert, und ich will es *sauber* haben."

John mit dem Hintern auf dem Salontisch: „Ihr macht das Instrument kaputt."

Gesines Zeigefinger trifft ihn wie ein Blitz, so als wäre er allein verantwortlich für den Staub, die Kälte in den Möbeln, die Löcher in den Gardinen. „*Du* reinigst den Flügel, John. Hinaus in die Sonne mit dir, Edvard. Hier ist es zu kalt."

Edvard in der Sonne. Konsul Grieg unterhält sich mit dem Gärtner über den Schnitt des vorigen Jahres. Edvard besichtigt seine Bastionen und Aussichtspunkte. Sein Lieblingsbaum scheint gewachsen zu sein. Die Gartenbänke bilden zwischen den Linden ein Viereck. Edvard legt sich hin.

Vom Instrument im Salon kommt ein Knall und ein Fluch. Dreigestrichenes a, murmelt Edvard bei sich, überzeugt, daß die Saite gerissen ist. Jetzt verfolgt er die Schritte der Mutter von der Küche in die Wohnstube.

„Habe ich es nicht geahnt!"

Johns Stimme wie ein Heulen: „Aber Mama, du hättest nie ..."

„... dir diese Aufgabe übertragen sollen? Das stimmt. Weißt du, was du tust? Du zerstörst unser täglich Brot! Wie soll ich ohne Instrument unterrichten? Glaubst du, wir können uns dieses Leben hier leisten, wenn ich nicht unterrichte? Interessiert dich vielleicht nur dein Cello? Und an Edvard denkst du nicht? Oder an mich? Womit sollen wir üben? Was!"

Durch die offenen Fenster flieht die Winterkälte, mischt sich mit der warmen Frühlingsluft. Es dämmert. Steigt man auf den Felsen gleich hinter dem Haus, liegt der blaugrüne Abend in einem hellen, irgendwie selbst leuchtenden Licht. Die Stille senkt sich über das Tal. Die Menschen setzen sich vor ihre Höfe und verfolgen den Zug der letzten Wolkenfetzen hinaus zu den Inseln und dem Meer. Die Sonne wird von den salzigen Wogen verschluckt.

Nur drunten bei Knut-på-haugen-Væstafæ ist noch Lärm und Getriebe. Und droben bei Griegs.

„Wo sind die Sachen der Jungs? Und Synneva, das Rattengift, hast du vergessen, *das* mitzunehmen? Wann kann *ich* endlich anfangen zu üben? Ihr lebt ja nur in eurer eigenen Welt? John, du willst wohl heute das Cello schwänzen? Was sitzt du hier herum? Kannst du nicht deinem Vater im Garten helfen? Du bist jetzt ein großer Junge. Als ich in Leipzig Klavier studiert habe, mußte ich all das lernen. Wenn wir Landås behalten wollen, müssen wir arbeiten. Darüber gibt es *keine* Diskussion."

Alexander Grieg hört die aufgeregte Stimme seiner Frau im Haus und beendet sein Gespräch mit dem Gärtner. Als er in den Flur tritt, kommt ihm der Geruch von Kernseife entgegen. Er blinzelt freundlich in das Halbdunkel der Räume.

„Stimmt etwas nicht, hm? An einem so schönen Abend wie diesem?"

Gesine zieht Edvard an sich, der seinen Vater auf den Fersen gefolgt war. Sie schluchzt.

„Hast du nicht mitgekriegt", antwortet sie ihrem Mann, „daß eine Saite im Flügel gerissen ist?"

„Eine Saite im Flügel?" fragt der Konsul leicht verwundert. „Aber das können wir doch morgen reparieren. Außerdem kommst du nun besser unter die Saiten und kannst endlich den Staub entfernen, der dich jedesmal so stört. Da gibt es keinen Grund zu heulen."

Edvard weiß nicht, wie er sich verhalten soll. Sie streicheln wagt er nicht. Er sieht, daß die Schwestern jetzt auch dastehen. Warum weint sie so? Er spürt, wie ihre Tränen rinnen. „Mama ...", versucht er es vorsichtig. Das passiert nun zum zweitenmal. Er glaubt nicht mehr, daß es etwas ist, das vergeht. Das ist etwas, das gekommen ist, um zu bleiben.

Die Schwestern stehen bewegungslos und durchsichtig. Edvard blickt durch sie hindurch in den dämmrigen Salon. John bemüht sich, mit seinen verkrampften Knabenhänden den Staub unter den Saiten des Instruments zu entfernen.

John im Dunkeln, Edvard dachte, er würde schon lange schlafen: „Edvard? Edvard. Ich habe nämlich einen Schatz ... ein Geweih. Von einem Kronhirsch! Oben auf dem Ulriken. Ganz oben. Fast auf dem Gipfel... Ich hab' es gestern gefunden... hörst du, Edvard? ... Als die andern meinten, ich würde Tante Adeline helfen. Morgen können wir hinaufgehen und es holen. Ich habe es zwischen einigen Büschen versteckt ... Du hast doch keine Angst vor ein bißchen Klettern, oder Edvard? Glaubst du nicht, daß sich Mama über so ein Geweih freuen würde, direkt über dem Flügel?"

Ein Geweih? Edvard kann sich das nicht vorstellen. Er hat Hirsche nur von weitem gesehen. Aber John läßt nicht locker:

„Eine richtige Krone, weißt du. So ein Baum oben auf dem Kopf!"

„Und *das* soll etwas sein?"

„Mama freut sich. Ganz sicher!"

Am nächsten Morgen ist es, als hätte er das alles geträumt. Dicker Nebel, der Gipfel des Berges ist nicht zu sehen. Aber John sitzt bereits am Fenster, mit seltsamem Gesichtsausdruck, und sagt mit belegter Stimme: „Jetzt ist es schön da droben. Die weiche Luft ..."

Ich glaube, daß es so ungefähr gewesen sein muß, denn Edvard wollte nicht darüber reden. Zuerst müssen wir uns die blauen Kleider vorstellen. Zwei Brüder. Der eine groß und schwer. Der andere klein und leicht. Aber durch die Kleider sehen sie aus wie Zwillinge, und beide *sind* sie Zwilling. Kinder des Merkur.

Sie verbringen die Hälfte ihrer Kindheit am Fuße eines Berges. Deshalb muß ich den Berg schildern. Ich höre das Geräusch von Wasser. Schnee schmilzt auf den Gipfeln, das Schmelzwasser sucht sich seine uralten Wege ins Tal. Edvard starrt auf die steilen Bergwände, die im Nebel noch gewaltiger aussehen. Die Sonnenstrahlen mit ihrem hellen Licht öffnen gleichsam die drohenden Felsblöcke. Die saftigen Moospolster mildern den Anblick. Edvard starrt in eine grüne Seligkeit von weichen Betten, das Gefühl von Schläfrigkeit überkommt ihn.

Beim Frühstück vergißt John zu essen. Gesine ist in die Stadt gefahren, wegen der Reparatur des Klaviers. Heute ist keine Schule, und Konsul Grieg unterhält sich behaglich zurückgelehnt mit seinen Kindern.

„Jetzt geht's uns gut, was? Ich habe gestern beim Gärtner zwanzig neue Rosen bestellt. Sie sind zur Zeit billig. Oder hätte ich vielleicht mehr bestellen sollen?"

John und Edvard schnüffeln den trockenen Tabaksgeruch der Meerschaumpfeife und warten darauf, daß Konsul Grieg endlich in sein Büro geht. Aber er bleibt sitzen, und ich weiß nicht recht, was ich mit ihm tun soll, wie er so nett und gutgelaunt die Herrlichkeiten des Hauses kommentiert, von den russischen Kerzenleuchtern bis zu dem französischen Schrank. Die Schwestern lieben ihn, tun alles Erdenkliche für ihn. Er ist ein verwöhnter Mann. Und trotzdem werden meine Worte wehmütig, sobald ich anfange, ihn zu schildern, sobald ich anfange, die zusammengekniffenen Augen zu studieren. Da entdecke ich eine wachsame Furcht, die sonst kaum einer sieht, ein Schauspielern, das in der einsamen Gewißheit über den eigentlichen Charakter des Stückes gründet.

Und als er sich endlich vom Tisch erhebt, höre ich, daß seine Stimme lauter und munterer ist, als sie es in dieser Situation sein müßte. Er möchte so gerne, daß die Kinder eine glückliche Kindheit haben. Er möchte es so gerne schön haben. Er möchte so gerne vierhändig mit seiner Frau Klavier spielen und hinterher ein gutes Glas Punsch trinken. Jetzt ist er auf dem Weg zu seinem Büro, um Hummer zu verkaufen.

Sobald Konsul Griegs Landås verlassen hat, schlüpfen John und Edvard aus dem Haus, um den Ulriken zu besteigen. Die Sonne wärmt durch den Nebel. Sie nehmen den üblichen Weg über die ersten Felsbuckel. Endlich ist John der erste, und die Freude ist so groß, daß sie ihn behindert, er strengt sich mehr an als nötig. Er weiß, daß Edvard schneller ist als er, kleiner, geschmeidiger. Aber Edvard kennt den Weg nicht. John kann stehenbleiben und sagen: „Nein Edvard, nicht da. *Hier*!" Edvard lacht. „Kannst du mir denn nicht sagen, wo das Geweih liegt, John? Ich verspreche dir, daß ich warte." „Meinst du, daß du zuerst oben bist?" keucht John, bereits atemloser als der Bruder. „Du mußt *mir* folgen, Edvard. Ich kenne den Ulriken, und der Ulriken ist gefährlich ... Weißt du nicht mehr, wie viele hier im Winter umgekommen sind?" „Ja, aber das war im Winter, John. John, schau her, ich klettere auf diesen Felsen hier!" Edvard steht oben auf einem kleinen Aussichtspunkt, er hat den vom Bruder vorgeschlagenen Weg verlassen, kehrt aber zurück, bevor er gescholten wird. Außerdem ist nichts zu sehen, nur der Nebel und die plötzlichen, verwirrenden Sonnenstrahlen, die Himmel und Erde zu verschmelzen scheinen, die es schwierig machen, zwischen oben und unten zu unterscheiden. John folgt zielbewußt seiner eigenen, unsichtbaren Spur. Ab und zu bleibt er stehen und prüft das Gelände. Ein steiler Abhang scheint ihn zu überraschen, er muß einen andern Weg gehen als den ausgedachten. Edvard spürt das plötzliche Zögern des Bruders, sagt aber nichts. Erst nach einer Weile: „Weißt du nicht, wo wir sind?" John späht hinauf in den Nebel. „Warte, Edvard, warte." Und aus Angst, die Führungsposition zu verlieren, fügt er rasch hinzu: „Das ist ja ein Schatz, weißt du. So ein Geweih. Meinst du, ich lege so etwas einfach offen hin, damit jeder, der vorbeikommt, es mitnehmen kann? Du weißt, wieviele auf den Ulriken gehen!" Edvard nickt, möchte den Bruder nicht mit neuen Fragen reizen, aber John *ist* schon gereizt, ist verschwitzt und unsicher. „Hier!" ruft er. „Hinter diesem Stein ... Paß auf, Edvard ... da ist es steil. Stehst du auch sicher?" Er ist vor Anstrengung rot im Gesicht, packt einen Ast, um einen besseren Standplatz zu finden. Dort ist es nicht mehr so steil. Edvard ist zu ihm heraufgekommen. Mit einem Riesensatz ist er vor dem Bruder. Zehn weite Sprünge. Dann setzt er sich hin und wartet. „Aber Edvard, du wirst naß!"

Johns Tonfall erinnert an den der Mutter. „Nein, ich habe mich auf meine Hände gesetzt. Schau' her!" Da wird der Nebel dichter, und John kneift die Augen zusammen. „John? Was ist denn, John?" „Psst!" Der Bruder ist gereizt. „Ich muß überlegen. Kapierst du das nicht? Glaubst du, ich habe das erstbeste Versteck genommen?" Die Berge wälzen sich über die beiden. Sie können das Tal nicht sehen, ja nicht einmal Landås mit dem leuchtend weißen Haus. „Es ist noch ein ganzes Stück." John beißt sich auf die Lippe. „Bist du erschöpft, Edvard?" Er zieht den Bruder zu sich, wie sie es gewohnt sind. Schüttelt ihn ein bißchen. Lacht. Nein, Edvard ist nicht erschöpft, aber in John passiert etwas. „Du, vielleicht ist es am besten, wenn wir umkehren. Ich mag ehrlich gesagt diesen Nebel nicht." „Was? Umkehren?" Undenkbar. Edvard will nicht umkehren. Ihm gefällt es, so allein mit John zusammen zu sein. John, der sonst keine Freunde hat und so viel für sich ist und so tut, als sei er zehn Jahre älter. „Mama ist den ganzen Tag in der Stadt. Könnten wir nicht doch noch das Geweih finden, John? Sie wird sich sehr darüber freuen." John nickt, schluckt, blickt sich um, blickt nach oben, kann nur einen Steinwurf weit sehen. „Psst!" sie hören den Bach, das Wasser, das mit seinen langen, glänzenden Streifen bis hinunter ins Tal den Berg ziert. Ulriken wird eine Frau, eine Elfe, mit langem glänzendem Haar, herabwallend von einer weißen Krone. Sie steigen wieder aufwärts. Sie müssen den Bach mehrmals überqueren, gehen jetzt im Zickzack. Edvard rutscht. „Edvard? Sollen wir nicht umkehren ..." Aber Edvard ist bereits vor ihm, er meint, ein Geweih zwischen den Steinen gesehen zu haben. „Ist es das, John?" „Nein, nicht das. Meines ist viel größer. Von einem *gewaltigen* Tier." Sie achten nicht mehr auf den Nebel, sie haben sich ihren eigenen Berg geschaffen, ihre eigene Landschaft. Sie klettern nebeneinander, reichen sich die Hände, helfen sich gegenseitig über Bäche und Felsen. „Komm', John." „Wart' auf mich, Edvard." Und sie sehen nicht, daß der Nebel bleich wird wie ihre Haut, spüren nicht, daß es kälter wird, merken nicht, daß es steiler wird, sehen nicht den Schnee.

Ich erkenne sie genau, so als bilde der Nebel die Umrisse der Knaben deutlicher ab. Edvard ist übermütig geworden, gleitet aus im Schnee und fällt, rollt mit einem Schrei den steilen Abhang hinunter.

John ist sofort bei ihm. „Edvard, du bist wohl verrückt, was? Das ist nur passiert, weil du so leichtsinnig bist."

Edvard antwortet nicht. Er ist völlig benommen. John steht über ihm mit seinem warmen Atem. Er versucht ihn hochzuheben. Edvard kommt bei dem Schmerz im Knie zu sich. „Au ... das ist verdreht. Ich glaube nicht, daß ich gehen kann, John."

Er setzt sich auf einen Stein. Der ist kalt. Johns Stimme klingt dünn: „Ich muß Hilfe holen, hörst du ..."

„Nein, John, geh' nicht weg. Ich habe Angst."

Hat Edvard Angst? *Edvard*? Edvard hat den steilen Abhang hinuntergeschaut und gesehen, daß es ein Felsabsturz ist.

„Du hast doch keine Angst vor dem Berg, Edvard?"

„Nein, John. Aber du gehst nicht weg von mir, oder?"

Das erste Stück trägt John den Bruder auf dem Rücken. Er muß im Zickzack den Berg hinuntergehen, kann nicht über den Bach springen, er geht mitten im Wasser, und erbarmungslos umklammert das eiskalte Wasser seine Füße. Die Kälte überträgt sich auf Edvard.

„Edvard, ich kann nicht mehr."

„Aber du mußt, John. Ich will heim."

„Wir *sind* fast daheim. Ich laufe und hole Hilfe."

Edvards Weinen steckt den Bruder an. Er hat das Geweih vergessen, das ihn die halbe Nacht wachgehalten hatte. Er ist durchnäßt, und wenn er in den Nebel blinzelt, sieht er keinen Steinwurf weit. Wie weit ist es noch? Er lauscht, aber Edvards Schluchzen und das Rauschen des Wassers sind das einzige, was er hört.

„John ... John ..."

„Edvard!" John hat sich vom Bruder losgemacht und rennt mit verzweifelten Sprüngen den Berg hinunter.

Edvard – du wolltest mir nie erzählen, warum du Angst vor der Natur hast, warum du nie mit der Natur allein sein konntest, warum du dich so leichtfertig, fast wahllos an Menschen geklammert hast, wie es später noch oft passierte. Ich sehe dich dort an dem Felsabhang liegen, vielleicht nur ein paar hundert Meter von deinem Elternhaus. Und es scheint, als hättest du bis jetzt eine Nabelschnur zum Ursprung gehabt, die dich daran gehindert hat, zu weit zu gehen, die es dir leicht gemacht hat, zurück zu finden. Ich glaube, daß die Angst, die erwachsene Angst, allein mit sich eingeschlossen zu sein, mit den Jahren herangeschlichen kommen kann. Aber in deinem Fall muß sie plötzlich gekommen sein, jäh und brutal, so, daß du später immer versuchst, ihr zu entfliehen und daß das mindeste Anzeichen dieser Angst dich zusammenzucken läßt.

Er ist völlig besinnungslos, als sie ihn endlich finden. Aber der Nebel ist weg, und die Nachmittagssonne wärmt. Sie nehmen ihn zwischen sich, der Gärtner und John. Sie sagen nichts. Nicht einmal das Geräusch des plätschernden Wassers dringt an Edvards Bewußtsein. Er war lange, allzu lange, tief in seinem Innern. Er ist nicht imstande, das Erlebte einzuordnen. Er greift nach der Jacke des Bruders, und John gleicht plötzlich einem Erwachsenen, wichtig, besonnen und müde.

„John, wir haben das Geweih nicht gefunden."

Der Bruder antwortet nicht. Er hat das Schlimmste noch vor sich. Als sie hinunter nach Landås kommen, wartet Gesine schon. Sie schickt John mit ihrer schärfsten Stimme hinauf in das obere Stockwerk. „Komm' mir bloß nicht mehr unter die Augen." Dann läßt sie für Edvard ein heißes Bad vorbereiten. Edvard hat das Gefühl, daß es leicht gegangen ist, die Strafe ist mild. Er versteht nicht, daß Strafe nicht immer sichtbar sein muß, daß die strengste Strafe ein Wort, eine Betonung, ein Blick zu viel oder zu wenig sein kann – und das Tag für Tag aufs neue. Er greift nach ihren Händen, voller Freude, da zu sein. Nimm' mich mit, sagen die Hände. Nimm' mich mit in eine Welt von Mendelssohn und Rossini. Sei nicht böse auf John. Er hat es ja so gut gemeint. Und jetzt ist alles wieder vergessen, nicht wahr? Gib' mir meine Nabelschnur ...

So entschwindet langsam eine Kindheit. So beginne ich meine Ballade mit dem ältesten aller Themen. Sie ist einfach wie ein Volkslied, sie kann ein Geflecht aus Improvisationen und Variationen sein und wieder zum selben Thema zurückkehren. Die Töne umschlingen mein Leben.

Das Cello im Haus. Aus einem der Zimmer im oberen Stockwerk kommen die Töne, gräßlich und unberechenbar, als sei zu viel Harz auf dem Bogen.

John übt. Ermüdende Tonleitern, auf und ab, dieselben Töne auf der Suche nach einem anderen Motiv. Eine Tonleiter ist keine Musik, aber aus einer Tonleiter kann Musik entspringen. Die Tonleiter ist ein Werkzeug. John ergreift das Werkzeug und hält es fest. Die Hände sind verkrampft und weiß, die Zähne zusammengebissen. C, d, e, f, g, a, h, c. Er korrigiert die Intonation. Das F darf nicht zu tief sein. Das D darf nicht zu hoch sein. Edvard hört den Kampf des Bruders mit dem Instrument von der darunterliegenden Küche aus, wo Synneva Karoljussen einen Käsekuchen aus dem Ofen holt. Gesine überwacht die Prozedur und knickt dabei ihre Finger nach hinten, dehnt und streckt sie nach allen Richtungen, damit sie später am Abend Mozart spielen kann. Stellen wir uns eine vierhändige Darbietung der Haffner-Symphonie vor. Die Gäste haben sich eingefunden, alle haben Platz genommen außer John. Konsul Grieg übernimmt den Bass, Gesine den Diskant. Der Flügel ist ihr nicht markant genug im Klang. Aber ihr Mann findet ihn gut so. Die Zuhörer sitzen auf hohen, mit Plüsch und dunkelrotem Purpur überzogenen Eichenstühlen im Salon. Es sind Gesines Schüler aus der Stadt. Bergens höhere Töchter in allen Altersstufen. Edvard sitzt bei einer von ihnen fast zwischen den Beinen, seine Schwestern stehen aufgereiht an der Wand, schwankend, stumm und bleich wie Tranlampen bei Windstille. Konsul Grieg setzt sich mit einem gutmütigen Knall auf den zweisitzigen Klavierhokker und meint mit unschuldigem Blick nach oben:

„Ich bin sicher ein bißchen zu schwer."

Gesine tut, als hätte sie es nicht gehört. Sie ist bereits dabei, die Noten aufzuschlagen, der Mund ist ganz ohne Lippen, die Brüste pressen sich gegen das Kleid, das bis an den Hals geschnürt ist. Das Haar ist in einem gewaltsamen Knoten gebändigt. Dann ein gebieterischer Blick auf Alexander, der sich noch nicht auf dem zerbrechlichen Hocker zurechtgefunden hat. Er windet sich, zieht ein bißchen an seinem Hosenbund, schnauft und schnaubt, reckt den Hals. Er blinzelt einer der Damen auf dem Sofa zu, amüsiert sich über Gesine, die streng auf die Noten starrt. Noch eine Sekunde und sie wird fauchen wie eine Katze. Da sagt der Konsul:

„*Jetzt* bin ich soweit, Gesine."

Eine der jüngeren Klavierschülerinnen kichert. Sonst ist es mäuschenstill. Kein Cellolaut von oben, wo John ist. In der Küche stehen Synneva Karoljussen und die anderen Dienstmädchen an der Tür, wagen es nicht einmal, ein Ei aufzuklopfen. Edvard wirft einen erwartungsvollen Blick durch den Raum. Herr und Frau Grieg sind bereit. Mozarts Haffner-Symphonie. Gesine hat die Arme erhoben, Maren läuft zu dem Stuhl neben dem Konsul, um die Noten umzublättern. Sie versucht, sich unsichtbar zu machen, aber das sollte ihr erst viele Jahre später gelingen. Gesines Gesichtsausdruck verändert sich. Die Augen wechseln die Farbe. Die Wangen erröten wie Rosen. Ein letzter Blick auf ihren Mann, plötzlich voller Liebe. Alexander sieht aus, als hätte er gerade um sie gefreit. Ein unmerkliches Kopfnikken. Gesine hebt die rechte Hand, beschreibt einen eleganten Boden durch die Luft. Dann fangen sie an.

Die Haffner-Symphonie. Parampampampampam. Nein, nicht so. *Pa*-ram. Parampam*pa*rampampam *pa*-ram. Gesines Handgelenke werden weich, kokett legt sie den Kopf schräg. Alexander runzelt die Stirn, so als könnte er die Noten nicht richtig sehen. Klopft unüberlegt mit der linken Hand, trifft aber. *Pa*-ram. Und dann: *tutti*! Die Finger arbeiten wie rasend auf den glatten Elfenbeintasten. Sie riechen nach Lavendel. Gesines Taschentuch, mit dem sie kurz vor Eintreffen der Gäste das Instrument abwischte. *Pa*-ram. Jetzt kommt das zweite Thema. Tamtam, taramram ... Gesine fängt an, ihren Oberkörper zu bewegen, beugt sich vor zum Instrument, stößt leicht an die Schulter des Ehemanns. Ein Lächeln huscht über beide Gesichter. Der Konsul einen Augenblick unkonzentriert. Edvard zuckt zusammen auf seinem Platz zwischen den Frauenknien. Im Bass hätte es „d" sein müssen. Der Konsul runzelt noch mehr die Stirn. Sie haben mit der Durchführung begonnen. Einsam rinnt eine Schweißperle von der Schläfe und verliert sich in dem dichten Kinnbart. Gesine hat ihre Lippen befeuchtet, der Mund ist halb geöffnet, sie nähern sich der Reprise. *Pa*-ram. Ein Hüsteln im Salon breitet sich plötzlich in niederträchtiger Weise aus. Sie fühlt sich überrumpelt. Sie schließt die Augen in der Hoffnung, es möge sich nicht wiederholen. Aber es wiederholt sich. Diesmal kommt es von den vorderen Stühlen und dann auf einmal das Flüstern auf dem Sofa:

„Du, solche Hauskonzerte sind doch etwas Tolles, was?"

„*Ich* finde, sie machen ihre Sache gut."

„Das ist Mozart, oder?"

„Ja. Das Haffner-Konzert."

„Symphonie! Hat sie nicht Symphonie gesagt?"

„Ich dachte, es war Konzert."

„Ist auch egal, wenn es nur schön klingt."

Edvard ist vor Schreck von den Frauenknien gerutscht. Er dreht sich zu den Flüsternden um und sieht, daß es die Frau des Großhändlers Bech ist, mit dem Spitznamen Kartoffelknödel, und die Frau des Webereibesitzers Wulfsberg, ihre Busenfreundin seit undenklichen Zeiten. Keine von beiden hat es weiter gebracht als bis zur F-Dur Tonleiter. Und da wagen sie es, ein Konzert durch ihr Getuschel zu stören!

„Psst!"

Edvard feilt die Zunge, daß sie scharf genug ist, um zu töten.

Die Frau des Großhändlers Bech lächelt zurück. „Ist er nicht süß, der kleine Junge?"

Pa-ram. Das zweite Thema in der Reprise. Eine andere Tonart. Edvard wendet den Verrätern mit Tränen in den Augen den Rücken zu. Er wirft einen Blick auf seine Mutter. Ihr eben noch liebevoller, hingebender Ausdruck hat einem gebieterischen Platz gemacht, der sich in der Musik äußert. Haffner wird nicht mehr als ein heimlicher Liebhaber, sondern als ein Gläubiger behandelt. Als der erste Satz zu Ende ist, klatschen Bech und Wulfsberg. Konsul Grieg ist besänftigt. Er scheint zufrieden zu sein mit seiner Leistung. Gesine sitzt mit geschlossenen Augen da. Der zweite Satz kann beginnen.

Und für mich beginnt ein anderes Thema. Wie soll ich es am besten einflechten? Eine Ballade soll nicht so kompliziert sein. Die Ballade besteht aus Variationen über ein einziges Thema. Vielleicht irre ich mich? Vielleicht ist es nur das erste Thema in neuer Form? Diesmal geht es um eine Frau, und alles wird plötzlich schwieriger. Ich möchte noch warten, möchte es verschieben, möchte den dramatisch günstigsten Zeitpunkt finden. Aber Nina Hagerup hat sich bereits an der Gartenpforte von Haukeland postiert. Um sie zu beschreiben, muß ich alles vergessen, was mir mein Edvard später erzählen wird. Wenn überhaupt jemand, dann sollte ich doch wissen, wie ungenau er sein kann.

Es ist eine schreckliche Sache, die Kindheit eines erwachsenen oder verstorbenen Menschen zu schildern. Schrecklich deswegen, weil man ihr Schicksal kennt, weil man ihre kindliche Unschuld immer darauf beziehen wird. Nur ein Lächeln der achtjährigen Nina, die auf der Gartenpforte von Haukeland hängt, berührt mich mit tiefem Schmerz. Sie ist bereits den Menschen begegnet, die für das Schicksal ihres Lebens bestimmend sein werden, aber sie weiß es noch nicht. Sie spielt mit John und Edvard wie eine Kusine eben mit ihren zwei Vettern spielt, dabei ständig ermahnt von ihrer verrückten Mutter, die auf sämtlichen Bühnen Skandinaviens gespielt hat. Adelina Falck, jetzt Hagerup, mit den markanten Augenbrauen, durch die der Eindruck unberechenbarer, geistiger Kraft entsteht. Ihr Mann, Gesines Bruder, Herman Hagerup, mit Hut und gepflegtem Bart, ist seiner Schwester gar nicht so unähnlich, wie es auf den ersten Blick aussieht. Er zieht sich auf sich zurück, betrachtet mit ständig resignierteren Augen seine Frau, die Schauspielerin, Restaurantbesitzerin, Bergen-Hasserin. Sie stammt aus Dänemark, und sie achtet peinlich darauf, daß die Konsonaten der Tochter entsprechend weich werden. Und Nina vergißt ihrerseits nicht, daß sie Statistin im Theaterstück ihrer Mutter ist, obwohl sie und ihre Schwestern Namen für Hauptrollen haben. Auf diese Weise lernt sie jedenfalls Theater spielen, hängt an der Gartenpforte, starrt vorbeigehenden Männern, am liebsten Knaben nach, in der Absicht, zu einer Hauptrolle zu kommen, der Ritter in der glänzenden Rüstung vor ihr auf den Knien.

„Knie dich hin, Edvard! Sag', daß du mich begehrst."

Nina kichert entzückt. Jetzt weiß sie, wie sie ihren Vetter aus der Fassung bringen kann. Klein-Edvard im Kittel, immer zu spät dran, wenn er von Landås hinunter in die Schule rennt.

„Nina ... bitte." Die Stimme des Vetters ist flehend, als er versucht, vorbeizukommen.

„Die Glanzrolle meiner Mama", fährt Nina unbeeindruckt fort. „Ein ganzer Chor von Männern, und der Ritter, der vorne am Pro ... Pro ..."

„Proszenium."

„Genau. Also *dort*. Mama singt: 'Frieden gibt es nur im Toooode ...' Dann kommt der Schauspieler Henrik Klausen mit dem Schwert und befreit sie."

Edvard malt mit dem Fuß Figuren auf den Boden. Kann sich für diese Art des Dramas nicht begeistern. Das ist zu peinlich. „Wie heißt das Stück?"

„Weiß ich nicht mehr."

Nina greift nach dem Ast einer Fichte neben ihr. Sie kippt nach vorne. „Oh Edvard! Hilfe! Ich schwebe über dem Abgrund! Willst du mich den Wölfen zum Fraße vorwerfen?"

„Nina ..." Edvard ist bis zum Bersten gespannt vor Ungeduld. Nina hört seine verzweifelte Stimme und läßt die Maske fallen.

„Ich langweile mich zu Tode, verstehst du? Kannst du nicht auf dem Rückweg ein bißchen bleiben?"

„Vielleicht."

Sie muß ihm nachrufen: „Ich werde mich erkundigen, wie das Stück heißt!"

Das bewirkt nichts. Dieser Junge ist einfach zu brav und anständig.

„Mamabubi."

Edvard fährt herum. *Das* will er nicht auf sich sitzen lassen.

„Was hast du gesagt?" Mit steifen Knien nähert er sich wieder der Gartenpforte, weiß nicht, wie er sich in Gesellschaft von Mädchen benehmen soll. Sie schaut ihn mit graublauen Augen an. Pfui Spinne, so etwas Freches! Sie formt einen Kußmund! Pah!

„Mamabubi! Mamabubi, Mamabubi, Mamabubiiiii ...!"

Er reißt sich von der Gartenpforte, ruft mit der kräftigen Stimme, die er von der Mutter geerbt hat: „Weibsstück!

Hexe!" Er spürt den warmen Körper unter dem Kleid, die geschmeidigen Beine, die ihn mit aller Kraft wegstrampeln wollen, die Hände, die ihn an den Schulterblättern packen, als sollten sie gebrochen werden. „Au! Hör' auf! Mistvieh!"

„Mamabubi! Tut immer, was die Erwachsenen sagen!"

Er hat sie bei den Haaren gepackt, hält es aber für schmählich, sie wirklich daran zu ziehen. Sie riecht nach Milch, Frühlingsblumen, Butterblumen. Nein, Maiglöckchen. Er starrt hingerissen auf ihren Mund und faucht:

„Schmierenkomödiantin!"

Sie bäumt sich auf unter ihm, umklammert ihn mit den Beinen. „Jetzt laß' ich dich nicht mehr los!" Sie ist stark, das kleine Biest. Eine Welle der Lust flutet durch ihn bis in den Kopf, als sie ihn besiegt, als sie ihn auf den Rücken wirft und sich auf ihn setzt. „Flehe um Gnade!"

„Gnade! Gnade, Gnade ..."

Er ist vollkommen fertig, aber sie hat es schon vergessen, hält seine Hand. „So feine Finger, Vetter Edvard. Soll ich sie dir brechen? Dann brauchst du nicht mehr Klavier spielen."

Er benützt ihre Unaufmerksamkeit und befreit sich mit einem Ruck. Sie knallt gegen die Gartenpforte. „Nina! Das wollte ich nicht!" Ihre Augen sind vor Tränen verschleiert, aber sie weint fast nicht, und das ist das Schlimmste.

„Hau' ab, du Dummkopf."

„Du hast doch angefangen, oder?"

Er meint sie streicheln zu müssen. Das gefällt ihr, dem Biest, sie schmiegt sich an ihn wie es die Erwachsenen tun. Komödie, auch das. Er traut ihr nicht.

„Können wir nicht einfach so liegenbleiben, Edvard? Wir suchen uns ein Versteck."

„Und die Schule? Ich muß zur Schule. Wie spät ist es?"

„Ich meine ja nachher."

„Da muß ich Klavier spielen."

„Wie langweilig du bist. Dein Bruder ist viel netter. Ein richtig lustiger Vetter ist er."

„Wieso?"

„Er ist ein Schauspieler. Wie ich. Wir machen eine Theatertruppe, wenn wir groß sind."

„Pah."

„Frag' ihn doch. Er wird der griechische Gott sein, der auf einer Wolke vom Schnürboden hereinschwebt. Ich werde auf dem Pro ... Pro ..."

„Proszenium."

„... und dann wird er, nein halt, das ist ja vorläufig noch geheim."

Zeichne ich dich zu stark, Nina? Ich habe nie deine Klauen gespürt, obwohl du die Krallen gezeigt hast. Ich sehe dich vor der Gartenpforte Haukelands mit meinem Edvard liegen, bereits *da* so intim mit ihm, so selbstverständlich im Umgang mit ihm. Ihr seid so unschuldig, und ihr paßt so gut zueinander. Ihr seid zerbrechlich, alle beide. Du hast ihn dazu gebracht, die Schule zu vergessen. Wie in aller Welt hast du das geschafft? Dein Kleid ist hochgerutscht bis zu den Schenkeln. Die Knie sind zwei große Scheiben und lassen die Form des Skeletts ahnen. Du bist viel zu dünn. Ein achtjähriges Gör, flachbrüstig und blaß, mit dänischen Wörtern und Wendungen, durch die du für Edvard älter wirkst als du bist. Bald mußt du zurück nach Kopenhagen. Du hast etwas Unberechenbares an dir. Du bist die Tochter einer Schauspielerin. Einer Schauspielerin! Was würden der Kartoffelknödel und Frau Fabrikbesitzer Wulfsberg dazu sagen? „Wie bitte?" sagst du und blinzelst, weißt du, daß du zu weit gegangen bist mit deinem Vetter? Jetzt setzt es Prügel. Das Kleid ist zerknautscht.

Und Edvard läuft in die Schule. Tanks Schule, und der Regen steigt herauf vom Meer und treibt herein über Stadt und Tal. Er hat ihr versprochen, auf dem Rückweg vorbeizuschauen. Was soll er dem Lehrer sagen? Zu spät, zu spät. Eine Kusine hat ihn mit einem gemeinen Trick aufgehalten.

Ein verstohlenes Lächeln fährt über sein Gesicht. Er spürt, wie die Kratzer brennen.

Ich stelle mir das Schulgebäude vor, das etwas zurückgesetzt hinter dem Hafen liegt, und ich stelle mir vor, wie die Sonne unerträglich auf die Fenster scheint. Vom Fløyen her blinken die Fensterscheiben nach der Nässe des Regens. Edvard wurde von dem Regenguß, der ihn kurz vor dem Schultor erwischte, klitschnaß. Dem freundlichen Dr. Crawford verdankte er es, daß er nicht den Rohrstock zu spüren bekam. In dem zweiten Klassenzimmer sitzt John, er wird nicht getadelt, er ist rechtzeitig gekommen, ist schon kurz hinter Landås von Edvard weggelaufen. Jetzt zeichnet er geometrische Figuren. Die Augen sind konzentriert, der Mund zusammengekniffen. In der Mittagspause fragt ihn sein Bruder, wie in aller Welt er denn aussieht. Der Kittel, als hätte er in einer Scheune übernachtet.

„Meine Kusine Nina", sagt Edvard verdrießlich.

„Schäm' dich, Bruder."

John redet wie ein Pastor. Edvard würde selber gerne so reden. Menschen, die so reden können, haben ein vertrauliches Verhältnis zum Jenseits. Sie haben nie Angst, und sie weinen nie bei Begräbnissen.

„Sie hat gesagt, ihr wollt eine Theatertruppe machen?"

Er wirft dem Bruder, der nicht antwortet, einen eifersüchtigen Blick zu. John hat den Korb mit dem Mittagessen hervorgeholt. Über *den* darf Edvard nicht verfügen. Nur Schülern mit besonders langem Schulweg ist es erlaubt, etwas Mitgebrachtes zu essen und das nur bei schlechtem Wetter. John macht sich immer Sorgen wegen des Wetters.

Sie sitzen im Klassenzimmer und essen Synneva Karoljussens Brot und Fleischpastete. Edvard schlenkert mit den Beinen, ist unglücklich, weil der Bruder so abwesend wirkt. „Fragst du mich bitte im Englischen ab, John? Papa meint, daß ich nichts kann. We are told that Sultan Mahomed by his perpetual wars abroad and his tyranny at home has ruined his states."

Unvermittelt hält er inne.

„John, hörst du mir überhaupt zu?"

Die Stimme des Bruders zittert vor innerer Bewegung:

„Ich will keine Theatertruppe machen, Edvard. *Das* kannst du mir glauben."

„Aber was willst du dann, John?"

„Mama soll *mich* einmal richtig begleiten dürfen, Edvard."

„John?„

„Es wird ihnen nicht nochmal gelingen, mich davon abzuhalten. Ich habe ein Cello, verstehst du! Ich will *Musiker* werden. Ich will nach Leipzig, dorthin, wo Mama studiert hat. Stell' dir vor, Felix Mendelssohn ... und Johann Sebastian Bach."

„Ja, John."

„Die Welt besteht aus Namen. Wieviele Namen kennst du, Edvard?"

„Ich weiß es nicht. Du mußt mich die Kriege abfragen."

„Ja, ist gut. Zähl' die größten auf, die allergrößten!"

„Dybbøl ... Olaf Rye ..."

„Die größten, Edvard."

„Lord Rogland! Und Malakow und Gortsjakov!"

„Die *Musiker*, Edvard."

„Weber, Gluck, Beethoven, Mozart, Gade, Schubert ..."

„Weitere Namen, zähl' die *Könige* auf!"

„Olav Kyrre, Magnus Berrføtt, Sigurd Jorsalfare!"

„Und die Cellisten!"

Edvard zögert. „Ich *kenne* keinen, John."

Der Bruder schaut ihn mit blanken Augen an. „Richtig, Edvard, das ist noch offen."

Edvard schlenkert mit den Beinen. John verspeist beide Portionen.

Ich mag dieses Zimmer nicht mehr, die zwei Brüder allein in der stillen Mittagszeit. Draußen die Sonne, im Korridor entfernte Schritte. Ich sehe sie beide einige Stunden danach beim Turnen unter der Führung des späteren Generalmajors Gills. Fechten mit dem Florett. Edvard in Position, vollkommen furchtlos. Oder seine dünnen Beine in den Schwimmstunden. Das kalte Wasser. Die bleiche Haut. Ich lasse mich durch diesen verwirrenden Stundenplan treiben, große Namen und Ereignisse schwirren durch den Raum, und der liebenswürdige Doktor Crawford kippt eine Flüssigkeit von einem Reagenzglas in ein anderes und verursacht eine kleine Explosion. Der alljährliche Marsch des Schulbataillons nach Aarstadvolden, wo die militärischen Übungen stattfinden. John und Edvard die ganze Zeit unzertrennlich. Die Zensuren. John tendiert nach oben. Edvard nach unten. Das Pensum steht in den Büchern oder in den Köpfen von Adjunkt Brømel und den Lehrern Holmboe, Sagen und Steen. Edvard paukt die norwegischen Könige, bis sie dänisch und schwedisch werden. Er kapiert die norwegische Geschichte nicht. Er schließt die Augen und hört zu, wie Adjunkt Steen einen Satz anfängt, der sich zu einer Belehrung so rhetorischer Art entwickelt, daß Edvard verzweifelt nach einem Hauptsatz sucht, ohne ihn zu finden. Der Adjunkt erzählt von dem kürzlich verstorbenen norwegischen König Karl III. Johan, der gleichzeitig der schwedische König Karl XIV. war und außerdem Jean-Baptiste-Jules Bernadotte aus Pau in Frankreich. Edvard spitzt die Ohren und versucht, unter die Schaumkronen der Redewogen des Lehrers zu kommen. Ein Mann, der gleichzeitig drei Personen sein konnte! Drei Vaterländer! Drei Sprachen! Nein, norwegisch oder schwedisch zu sprechen habe er allerdings nie gelernt, berichtet Adjunkt Steen mit vielen Hilfsverben. Edvard hat die Augen wieder geöffnet. In der bösen kleinen Luke in der Korridortür sieht er das Gesicht des Rektors, die aufgerissenen wachsamen Augen. Im Klassenzimmer ist es mucksmäuschenstill. Die meisten haben geschlafen.

Aber mein Edvard hört zu. Er hat sich auf seinem Stuhl bequem zurechtgesetzt und schlenkert nur leicht mit den Beinen. Der französische Offizier, später General, dann König, ist der Vater von Norwegens derzeitigem König Oskar I. Eine Liebesgeschichte ist im Anmarsch. Adjunkt Steen befeuchtet mit seiner spitzen, kleinen Zunge die Unterlippe, wühlt sich durch Hilfsverben und Verben im Futur um schließlich zu Désirée Clary zu kommen, der späteren Königin Desideria von Schweden, die in der Geschichte des Lehrers allerdings noch mit Napoleon verlobt ist. Aber man höre und staune! Kein Napoleon kann einen Bernadotte aufhalten. Im Jahre 1798 heiratet unser Jean-Baptiste die Désirée, und zwölf Jahre danach ist er König Karl und sie Königin Desideria von Schweden. Aber kaum hat sie ihren Fuß auf schwedischen Boden gesetzt, mißfällt ihr das Land, und sie geht zurück nach Frankreich, wo sie sich ausnehmend wohlfühlt. Inzwischen versucht ihr Mann, Karl XIV. von Schweden, noch Karl III. von Norwegen zu werden, aber *diese* Nuß ist schwer zu knacken. Verschiedene Drohungen sind nötig, bis er endlich seine Desirée mit dem Versprechen zurück nach Schweden locken kann, daß sie jetzt auch Königin von Norwegen ist. Voila! Edvard entnimmt aus dem von komplizierter Grammatik strotzenden Bericht des Adjunkten, daß es sich hier um die reinste Räubergeschichte handelt, und er bricht mit seiner dünnen Knabenstimme in ein herzliches Gelächter aus.

„Darf ich fragen, worüber der junge Grieg lacht?"

Der Adjunkt mißt seinen Schüler mit ausdruckslosem Blick.

Grieg antwortet treuherzig: „Das ist ja eine Räubergeschichte, Herr Steen. Sind alle Königsgeschichten Räubergeschichten?"

Der Adjunkt ist freundlich, denn noch ist kein Trotz in den Augen des jungen Edvard. „Die Geschichte Norwegens ist blutiger Ernst, mein Junge."

Edvard zögert. Er weiß, daß er sich auf der Grenze zum Rohrstock, zum Lineal oder zum „Nachsitzen" befindet. Aber er kann es nicht lassen: „Ist das die Geschichte Norwegens, Herr Adjunkt? Ist das nicht eher die Geschichte von einem Franzosen?"

Adjunkt Steen fixiert seinen Schüler mit ironischem Blick. Die andern Schüler sind aus ihrem Dahindämmern erwacht. Der Rektor steht immer noch draußen im Korridor und guckt durch die böse, gläserne Luke herein.

„In dem Fall, mein lieber Grieg, wäre es mit der Geschichte Norwegens im Jahre 1319 mit Magnus Eriksson aus gewesen."

Edvards Stimme ist vorsichtig: „Genau."

Drohende Stille. Adjunkt Steen spricht noch leiser.

„Und was, mein lieber Grieg, sollen wir *damit*?"

Edvard weiß keine Antwort. Während der Bestrafung, Lineal auf die Handfläche, denkt er fieberhaft über die Frage nach. Kann die Geschichte eines Landes einfach verschwinden? Kann eine ganze Nation ausradiert werden? In den Straßen Bergens hört er französisch, holländisch, deutsch, englisch, dänisch und schwedisch. Diese Sprachen versteht er besser als die komplizierten Dialekte der Fischer und Bauern. Die Geschichte des Franzosen Jean-Baptiste findet er lustig, aber niemand soll ihm weismachen, daß sie norwegisch ist.

Ich sehe sie auf dem Heimweg, Edvard und John. Edvard zu stolz, um zu heulen, aber mit Tränen in den Augenwinkeln. John schüttelt den Kopf.

„Wie konntest du nur ... die *Geschichte* in Frage stellen?"

„Ich habe sie nicht in Frage gestellt, John. Ich habe nur darauf hingewiesen, daß sie nicht norwegisch war."

John ist entsetzt. „Was wäre aus Norwegen geworden ohne die Franzosen? Ohne die Schweden und Dänen? Ohne die Deutschen? Hast du vergessen, daß unsere Familie aus Schottland stammt?"

„Ich bin keine Schotte!" protestiert Edvard. „Ich habe immer hier gelebt. Aber der Franzose Jean-Baptiste hat Norwegen nur zwölfmal besucht."

Er weint jetzt. Fühlt sich alleingelassen mit seinen Gedanken.

„Du bist ein alter Grübler", sagt John sanft und legt einen Augenblick dem Bruder den Arm um die Schulter. „Was du so alles zusammenphantasierst."

Sie kommen an der Gartenpforte von Haukeland vorbei. Die Pforte, die Fichte, das Haus, die Sonne, der Wind.

Aber keine Nina.

Für einen Augenblick lang bin ich wieder ich selbst. Ich schlafe in einem Mansardenzimmer in Bergen. Es ist Nacht. Der Wind heult. Die Kette an der Tranfunzel unten scheppert. Und ich liege allein im Bett. So sieht *meine* Kindheit in Bergen aus. Die Luft ist rauh. Im Zimmer ist es kalt und ungemütlich. Eine Hyazinthe steht auf dem Fensterbrett. Sie stirbt. Die weisen Tüllvorhänge erschrecken mich. Vor dem Mond treiben schwere Wolken. Da höre ich den Nachtwächter kommen:

„Die Glocke hat drei geschlagen. Wind aus Süd-Südwest."

Die Tranfunzel beleuchtet das Kopfsteinpflaster. Es scheppert. Ich erwache.

Einen Augenblick lang bin ich wieder ich selbst gewesen. Edvard weiß nicht, daß er mit einem lebenslangen Kampf begonnen hat, der weitergehen wird, auch wenn die quälenden Schulstunden mit Adjunkt Steen vorbei sind. Der Adjunkt geht heim in sein stilles Kämmerlein zu seinen Büchern. Er lebt pünktlich und kümmert sich nicht um seine schlechte Verdauung, die er vielleicht seiner übertriebenen Lust an Butterkringeln zuzuschreiben hat. Er hat ein Ziel in seinem Leben, und das ist allem übergeordnet. Er will Politiker werden. Er sucht nach Gesinnungen, die diesem Ziel dienlich sind. Er wird einer der vielen Lehrer in Edvards Leben, die die allgemein anerkannte Geschichte über das Leben der Menschen auf der Erde und in Europa überliefern. Der Krim-Krieg ist noch nicht zu Ende. Der Kampf um Territorien wird durch den Kampf um Königstitel erklärt. Edvard hört den Adjunkt sagen: „Einst war Norwegen ein Ort der Verbannung. Die Schweden und die Dänen schickten Verbrecher hierher." Wenn Adjunkt Steen heimgeht zu seinen Büchern, geht Edvard heim nach Landås und zu Pontoppidans Erklärung einer natürlichen Geschichte Norwegens. Er ist nicht imstande, sich zu konzentrieren. Das Geräusch von Johns Cello übertönt die Erklärungen. Aber später am Abend hat er Klavierstunde bei Gesine. Sie unterweist ihn in Mozart, Beethoven und Chopin. Eine Barkarole dringt durch das Fenster und bis hinunter zum Hof von Knut-på-Haugen-Væstafæ. Edvard schließt beim Üben die Augen und sieht Bilder vom Schweineschlachten auf Haukeland, sieht, wie sie die Tiere über den Platz zerren, hört die Schreie. Grelle Sonne. „Halt' du sie fest, Eilif. Sie ist störrisch." Die raschen Schnitte des Messers. Das Blut quillt aus der Kehle. Die Augen brechen, erstarren in leerem, bewegungslosem Schmerz. In einem halben Jahr ist Schlachtzeit. In einem halben Jahr wird es im ganzen Tal, in der ganzen Stadt nach Blut riechen. Bergen ist eine Stadt, die im Regen ertrinkt. Trotzdem ist Bergen eine Stadt ohne Wasser. Wie das Blut wegwaschen, wenn man das Wasser beim Nachbarn kaufen muß? Die Tonnen vor dem Haus sind für den Fall eines Brandes. „Bækken" ist kein fließendes Wasser sondern wie ein Brunnen, aus dem in kleinen Eimern Wasser geholt wird. Bergen ist eine Stadt ohne Badezimmer. Wenn kein Regen kommt, gerinnt das Blut in den Straßen.

„Was spielst du da, Edvard?"

Gesine in der Küchentür. Edvard reißt erschreckt die Augen auf. Kann nicht antworten. Probiert es vorsichtig: „War das Mozart?"

„Die Mutter lächelt. „Nein das war nicht Mozart, mein Junge."

„Verzeihung, Mama."

Er reicht eben zu den Pedalen, wenn er auf der Kante des Klavierhockers sitzt. Er nimmt sich wieder Mozart vor, fängt von vorne an.

„Nicht so schnell, Edvard! Geh' in die Töne."

Gesine und Synneva schneiden Austern auf, die Konsul Grieg aus der Stadt mitgebracht hat. An diesem Abend soll deutscher Weißwein und französischer Rotwein auf den Tisch, englische Musik wird gespielt werden, es kommen dänische Freunde! Bruder Hagerup und die anstrengende Schwägerin Adelina, die Primadonna der Familie, die behauptet, sie sei ebenso beliebt wie Frau Heiberg in Kopenhagen. Es wird Poetisches gelesen werden von bleichen, französischen Dichtern, die schon lange Selbstmord begangen haben, und John wird, gemeinsam mit seiner Mutter, Beethovens Cellosonate Nr. 2 darbieten.

„F, Edvard! Nicht Fis!"

Edvard zuckt zusammen und geht einige Takte zurück. Die Mutter hat immer recht, sie hat immer recht, sie hat in Hamburg Klavier studiert, sie hat in Leipzig gastiert und auf dem gleichen Flügel gespielt wie Felix Mendelssohn, sie hat dem berühmten Robert Schumann die Hand gegeben und vielleicht auch seiner späteren Frau Clara Wieck. Sie hat mit Reinecke Kuchen gegessen. Edvard schließt erneut die Augen. Jetzt haben sie das Schwein am Baum aufgehängt. Jetzt kann die Fele gespielt werden.

„Das *ist* nicht Mozart, mein Junge."

„Aber was ist es dann, Mama?"

„*Der Tritonius*, Edvard. Töne, die Tiere zum Heulen bringen."

Nina reist im selben Jahr mit ihrer Familie nach Kopenhagen. John vergräbt sich mit seinem Cello. Für Edvard ist es schwierig, mit ihm in Kontakt zu kommen. Auf dem Weg zur Schule reden sie fast nicht miteinander. John paukt die Könige, die Kriege und die Generäle. Er will der Beste in der Schule werden. In den Schwimmstunden des späteren Generals Gill sieht er aus wie ein panischer Ochse mit wild aufgerissenen Augen, wenn er schnaubend das Salzwasser aus seiner Nase bläst.

Ich weiß, ich sollte weitergehen, aber ich möchte eine letzte Szene mit Nina haben, ein Hauskonzert auf Landås. Ich möchte sie zusammen mit Edvard und John und den Schwestern sehen, und mit ihren eigenen Schwestern Antonia und Yelva, die beide das Theater im Blut haben. John hat für sie alle ein Auge. Er hat im Gesicht Pickel bekommen und einen Haarkranz um das Geschlecht. Seine Hüften sind breiter und seine Augen dunkler. Als Edvard vorschlägt, Fangen mit den Schwestern Hagerup zu spielen, zieht John Antonie, die Älteste von allen, in einen Winkel und zeigt ihr ein Buch mit Bildern der größten Städte der Welt, seine Mutter hat es von dem berühmten Geiger Ole Bull aus Amerika geschickt bekommen.

„Ole Bull in Amerika? Was macht er in Amerika?"

John wird unsicher, vertraut der Geschichte noch nicht, die er stückweise von dem Gespräch der Erwachsenen aufgeschnappt hat.

„Er baut dort drüben Norwegen auf."

„Norwegen dort drüben? Warum baut er es nicht *hier* auf?"

„Dort drüben ist es bestimmt leichter. Oleana in Pennsylvania."

„Ist dort drüben Norwegen?"

John nickt bedeutungsvoll. „Es ist bestimmt noch größer als das Norwegen hier. Große Berge, riesige Seen und überall Eisenbahnen!"

„Und da drüben sind Norweger? Oder Dänen?"

„Norweger, glaube ich. Oleaner."

„Reden sie so wie wir?"

„Sie reden wohl so wie Ole Bull, denke ich."

John und Antonie in dem tiefroten Musikzimmer. Bald kommen die andern zurück von ihrem Spiel. Sie sind außer Atem. Nina hat rote Backen, Maren flüstert streng mit ihrem Bruder. Niemand hört, was es ist. Antonie erzählt von Ole Bull. John muß Nina und Yelva das schöne Buch mit den größten Städten der Welt zeigen. „Seht euch die Eisenbahnen an. Und die Boulevards!"

„Mama ist sicher da gewesen! Das ist so wie in Kopenhagen." Nina kichert, ihr kann man nicht imponieren. Sie läuft zum Klavier und schlägt einen Akkord an. Dieser Augenblick ist es, von dem ich erzählen möchte. Müßte ich es malen, würde ich den Flügel ein bißchen weiter links haben wollen. Ich würde versuchen, die tiefrote Farbe an den Wänden zu betonen, die in dem sparsamen Nachmittagslicht eine unheimliche, flackernde Stimmung erzeugt, dazu der Kronleuchter an der Decke. Die Erwachsenen sind noch nicht aus dem Nebenzimmer hereingekommen. Nur die Kinder. Der Raum wirkt viel zu groß. Ninas Schwestern muß ich etwas undeutlich machen, sie stehen links und rechts von John. Er sitzt auf einem Stuhl mit einem Körper, der noch nicht erwachsen ist.

Aber die Augen sind die eines alten Mannes. Die dunklen Augen. Er blickt auf die zierliche Gestalt am Flügel. Nina. Weiß gekleidet, zerbrechlich, mit großen, frohen Kinderaugen. Sie schlägt einen Akkord an, etwas nachlässig mit der rechten Hand. Und auf der anderen Seite des Instruments: mein Edvard. Seine graublauen Augen sind am schwierigsten zu treffen. Er schaut Nina an, und ich muß darauf achten, daß er eben noch gelacht hat, daß er außer Atem ist, daß er eben noch Fangen gespielt hat. Jetzt lacht er nicht mehr. Jetzt hört er einen Akkord. Einen dünnen Akkord, angeschlagen von einer unbekümmerten Kinderhand. Er ist der einzige im Raum, der dem Septimakkord zuhört. Sie lehrt ihn ein neues Intervall, eine neue Harmonie, ohne es zu wissen. Diese Harmonie bringt keine Tiere zum Heulen. Aber sie kann Menschenherzen zerspringen lassen.

Mein Edvard ist fünfzehn geworden. Ich sehe ihn am Flügel auf Landås sitzen, immer noch in dem blauen Kittel, der ihn jünger macht als er ist. Der stramme Kragen reizt die Haut, sie wird rot und empfindlich. Seine Mutter schmiert den Hals mit Salben ein. Er bittet darum, das stramme Kleidungsstück nicht mehr anziehen zu müssen, aber sie möchte seine Kindheit noch festhalten.

„Du mußt üben, Edvard. Im Sommer kommt Ole Bull zu Besuch."

Wenn John gekrümmt über dem Cello sitzt, kommt sie mit strengen Ermahnungen zu ihm hinauf. „Zu kraftlos, John, Du mußt mehr Etüden üben."

Johns Etüden. Wenn Edvard mit seinen Hausaufgaben fertig ist, geht er hinauf zum Bruder und legt sich bei ihm auf das Bett, lauscht der düsteren Leidenschaft des Cellos, während draußen gleichmäßig der Regen fällt. Der Ulriken ist in tiefliegenden Nebelwolken verborgen. John sieht es nicht. Er starrt mit unergründlichem Blick durchs Fenster hinaus. Wenn er hinaufklettert zu den höchsten Tönen des Instruments, überlaufen ihn Zuckungen, so als würde er täglich beim Üben von fast unerträglichen Schmerzen heimgesucht. Edvard kann stundenlang daliegen und lauschen. Der Bruder hat ihn vergessen. John ist in einer Welt von Tonleitern, Bogenstrichen, Klangfarben. Er kommt mit ganzen Beethovensonaten im Kopf zu den Mahlzeiten. Er antwortet auf konkrete Fragen mit Bruchstücken aus Seitenthemen und Finalsätzen. Er ist ein Wörterbuch für italienische Tempobezeichnungen. Adagio, Andante, Moderate, Allegro und Presto. Er fragt seine Mutter nach dem Leipziger Konservatorium und dessen Geschichte. Er will wissen, wie Europas berühmte Komponisten und Interpreten leben, für welche Könige sie gespielt haben, welchen Herzoginnen sie die Hand geküßt haben. Gesine erzählt von Europas Schlössern, so als hätte sie in allen Ballsälen schon getanzt und hätte mit dem König von Preußen die Polonaise angeführt. Wenn sie zu schnell redet, wird John gereizt und bittet:

„Andante, Mama. Andante cantabile." Bald weiß er besser über Mozarts Kindheit Bescheid als Gesine selbst. Er fragt und löchert jeden Besucher, der aus dem Ausland kommt: „Ist Prag noch, was es war? Und wie sieht es mit der Oper in Wien aus? Gibt es etwas Neues über den französischen Kaiser?" Er ißt Synneva Karoljussens Kartoffelknödel und weist dem Hause Hohenzollern haarklein irgendwelche Fehler nach. Er horcht Bergens größten Spezialisten für Ohrenkrankheiten darüber aus, inwieweit Beethovens Taubheit ein Irrtum sein könnte. Er bittet seinen Vater, sich zu erkundigen, ob neue Musiker in England aufgetaucht sind. Und ist von Richard Wagner eine Cello-Sonate in Aussicht anstelle der langen Opern? Edvard lauscht fasziniert der Wißbegier des Bruders und läßt sich gerne von Ballsaal zu Ballsaal mitnehmen, nachdem Johns Kenntnisse über die europäischen Höfe immer bedeutender und detaillierter werden. „Vivace, Mama! Die Verbindungen zwischen dem Adel und uns sind das Beste für beide Teile. Mit „uns" meint er den Stand der Musiker, dem er sich bereits als selbsternanntes Mitglied zurechnet. Ohne auch nur im geringsten die Schule zu vernachlässigen, hat er den Schritt in das Konzertleben getan. Er versteht es hervorragend, auf Gesines Klavierschülerinnen Eindruck zu machen, läßt sich einen kleinen Bart sprießen, wie es der Achtzehnjährige eben zustandebringt. Das lange, über die Ohren reichende Haar ist eine gewagte Kopie von Franz Liszt, der nach Johns Meinung das perfekte Gleichgewicht zwischen Musik, Religion und Frauen gefunden hat. Bei den Hauskonzerten der Mutter unterhält er gerne sein weibliches Publikum, das manchmal bereit ist, ihn bei einfachen Stücken und Albumblättern zu begleiten. Edvard registriert, daß der Bruder nach solchen Abenden oft vor dem Spiegel steht, wenn er sich unbeobachtet glaubt. Edvard hat den Eindruck, daß er den „Leidenden" probt, einen Ausdruck, den er sonst nur bei der Darbietung seiner Lieblingskompositionen annimmt. Edvard merkt, daß der Bruder dabei ist, vor seinen Augen ein Mann zu werden, obwohl Gesine ihn fast noch öfter an sich drückt und murmelt: „Mein Junge", dann Edvard heranwinkt: „Meine Jungen", und das mit einem Blick, der für einen Moment daran erinnert, wie sie einmal Kapitän Woodsworth in der Strandgate angesehen hat.

Edvard und John, immer noch gemeinsam auf dem Weg zur Schule, im Winterhalbjahr von der Strandgate aus, im Sommer den langen Weg von Landås herunter. John verläßt Edvard bereits auf halbem Wege. Er hat keine Zeit zu warten. Er muß pünktlich in die erste Geschichtsstunde kommen. Er umklammert den Eßkorb, als würde er jeden zufälligen Passanten verdächtigen, ihm Synnevas sorgfältig zubereitete Fleischpastete entreißen zu wollen. Er hat etwas Entschlossenes und Selbstsicheres an sich, wenn er ausschreitet, um das Stadttor auf die Minute genau wie geplant zu passieren. Edvard hängt hinterher, bleibt stehen, ohne daß es der Bruder bemerkt. Nicht die Natur ist es, die ihn ablenkt, Edvard erkennt kaum den Unterschied zwischen einer Kiefer und einer Linde. Er dreht und wendet einen Nonen-Akord, den er in eine Mozart-Sonate einschmuggeln will, ohne daß es die Mutter merkt. Die Stunden mit der Mutter sind die absoluten Höhepunkte der Woche. Er möchte sie keinesfalls enttäuschen. Er weiß, daß er zuviel der genau zugemessenen Übungszeit zu Experimenten mit Klängen und Harmonien verwendet, die er kaum imstande ist, in Notenschrift umzusetzen. Gelegentlich hört er Musik von unten im Tal. Bei Knut-på-Haugen-Væstafæ ist ein neuer Fele-Spieler eingezogen. Als Edvard sieht, daß der Bruder ihn vergessen hat, macht er einen Umweg zur Schule, um dem Hof näher zu kommen, aus dem die Töne dringen. Er hört Quinten und Quarten und Obertöne, wie sie nie von einer gewöhnlichen, viersaitigen Violine kommen können. Es ist ein Spielmann in dem verfallenen Wohnhaus, der sich nie um seinen Hof kümmert, der kaum genug Schafe und Kühe hat und zu wenig Erde für sein Korn und der am hellichten Vormittag Fele spielt.

„Geh' nicht da hinunter", sagt Gesine streng. Dort riecht es nur nach Branntwein."

Aber Edvard hat einen Umweg entdeckt, und ihn zu gehen, ist für ihn eine wunderbare Freude. Sich an dem Haus vorbeischleichen, in dem die Menschen anders leben, in dem sich die vielen Düfte des Frühlings mit dem Geruch von Branntwein vermischen und ihn für einen Augenblick trunken machen, bis er merkt, daß er zu spät zur Schule kommen wird.

Dann bittet er um Regen, gewaltige Regenschauer von den Bergen oder vom Meer, die ihn durchnässen und für den Unterricht untauglich machen würden. Er weiß, wie er sogar den späteren Generalmajor Gill erweichen kann, obwohl der in Eiswasser badet und unfähig zu irgendeinem körperlichen Mitleid ist. Mein Edvard hat eine Dachrinne gefunden, die ihm auch an Sonnentagen Regen beschert.

Nach einem phantastischen Frühling mit Rhododendronbüschen, die mit weißen, roten und rosa Blumenfächern geschmückt sind, kommt der Sommer mit schweren Wolken und einem gleichmäßigen, stillen Regen. Alexander Grieg geht mit seinem Gärtner durch den Rosengarten und murmelt besorgt:

„Was fällt diesem Wettergott bloß ein. Jedes Jahr dasselbe ... Man sollte ihn erschießen."

Drinnen im Haus auf Landås sitzt Gesine am Fenster und hört zu, wie ihre beiden Söhne üben. Die exakten Tonleitern des Cellos vermischen sich nie mit den undisziplinierten Sonaten des Klaviers. Die Brüder sitzen jeder in seiner Etage, jeder in seiner Tonart. John arbeitet daran, das Register des „Schmerzensreichen" auszubauen. Im Konzert hat er beobachtet, daß es dem Publikum um das *Leiden* des Virtuosen geht. John ist auf der Suche nach allem, was mit Leiden zu tun hat. Er sitzt in einer kalten und dunklen Bodenkammer und hört, wie der Regen gleichmäßig und still auf das Dach trommelt. Unten sitzt Edvard und ist, trotz seines Alters, auf den Schoß seiner Mutter am Fenster gekrochen.

„Heute kein Mozart mehr, Mutter. Bitte. Schreiner und Wahl, dieser widerliche Petzer, haben mich seinetwegen geneckt."

„Was haben sie gesagt, mein Junge?"

„Sie sind mit schleimigen Fischköpfen hinter mir hergelaufen und haben geschrien: 'Mosak!' Nur weil ich etwas über Mozarts Requiem gewußt habe."

Gesine streicht ihrem Sohn über den Ausschlag an seinem Hals. „Das sind Menschen ohne Kultur. Wahl und Schreiner? Ihre Eltern denken nur an Pudding und eingesalzenes Fleisch, das sie zu Wucherpreisen verkaufen. Sie stammen aus Østlandet. Du kannst nicht erwarten, daß sie Mozarts Requiem kennen, Edvard. Behalte dein Wissen für dich. In einigen Tagen wird einer kommmen, der es versteht."

„Wer denn, Mama?"

Edvard merkt, daß die Mutter bewegt ist, als sie den Namen ausspricht: „Ole Bull."

„Der hat doch Norwegen aufgebaut, oder?"

Gesine lächelt gerührt. Der Gedanke an Ole Bull zaubert ein sanftes Rot auf ihre Wangen. Sie summt eine Strophe, die er komponiert hat, erinnert sich an eine Gesellschaft, einen Abend, an dem der Wein geflossen ist und die Tiere als ganze gebraten wurden.

„Nein, Edvard, nicht so ganz ... Nur ein Stückchen davon. Drüben in Amerika."

„Warum kommt er hierher?"

„Weil er ein enger Freund deiner Eltern ist. Weil er der größte Geiger der Welt ist. Weil er dich und John spielen hören will."

„*Uns?*"

Gesine merkt nicht den Schrecken des Sohnes. Sie spricht, mehr für sich:

„Paris und London und New York lagen ihm zu Füßen. Wenn er sich auf der Straße zeigt, fallen die Damen in Ohnmacht, und die Pferde fangen an zu galoppieren."

Edvard blickt forschend die Mutter an, versucht das Bild des Mannes, von dem sie spricht, festzuhalten.

„Er reitet auf weißen Arabern", fährt sie fort. „Ich habe ihn eines Morgens gesehen, draußen am Valestrand. Mit rotem, flatterndem Mantel."

Nun spürt sie die Erregung ihres Sohnes und besinnt sich.

„Seine Frau, die Arme ..."

„Was ist mit ihr?"

Gesine antwortet nicht. Die Lippen werden dünner, die Haut bleicher. Sie sieht ihren Mann draußen im Rosengarten. Der schwere Körper ist auf einen Spaten gestützt. Sie murmelt für sich: „Er sollte sich wärmer anziehen." Sie öffnet das Fenster. „Alexander! Alex! Hörst du? Warum ziehst du dir nicht mehr an? Das würde gerade noch fehlen, daß du krank wirst, wenn Ole Bull zu Besuch kommt."

Edvard hört den Vater fluchen. Er hat Probleme mit den

Rosen in diesem Jahr. Jetzt legt er den Spaten mit einem versöhnlichen „Was soll's" aus der Hand. Ole Bull? Tja, für *den* Burschen will er gerne auf seine Gesundheit achten.

Edvard rutscht vom Schoß der Mutter. Er sieht es Gesine an, daß sie andere Dinge im Kopf hat. Gleich als Alexander hereingekommen ist, überfällt sie ihn mit konkreten Fragen. Ole Bull kommt zu Besuch, aber haben sie eigentlich genügend Wein im Keller? Und wie steht es mit Hummer? Und mit den Austern? Und wo ist Geld für all das? Sie haben ihn viele Jahre nicht gesehen, und in der Zwischenzeit hat er versucht, Norwegen aufzubauen. Edvard läuft hinauf zu seinem Bruder. Er sitzt in seiner Bodenkammer, hat vergessen, Licht anzumachen. Im ersten Moment erschrickt Edvard vor der schwarzen Silhouette des Bruders im Halbdunkel. Dann entdeckt er die glühenden Augen. John muß gerade das „Schmerzensreiche" geübt haben.

„John, John! Hörst du, John!"

„Psst, ich bin mitten in einer Tonleiter, Edvard. Du kannst dich wohl nicht benehmen, was?"

„Aber Ole Bull kommt zu Besuch, John. Mama redet schon davon, welches Essen wir servieren sollen."

John senkt den Bogen. „Ole Bull? Essen? ... Dann kann es nicht mehr lange dauern."

„Nein."

John blickt seinen Bruder lange an, zupft nervös an den Saiten. Dann zuckt er plötzlich ängstlich zusammen. Er beugt sich hinüber zu Edvard. Flüstert: „Dann sollen wir wahrscheinlich vor ihm spielen?"

„Ja natürlich."

John schüttelt vorsichtig die Hand. „Au! Die hier ... ein bißchen steif, verstehst du. Mein Gott, hoffentlich bin ich nicht verletzt, Edvard! Hoffentlich kann ich überhaupt spielen!"

Edvard möchte lachen, da sieht er, daß sich der Bruder übergibt.

„John, John! Was ist denn, John?"

John antwortet nicht. Er steht in einer Ecke mit dem Handtuch in der Hand und spuckt in einen Eimer.

„Ich habe", japst er, „darauf fünf ... Jahre ... lang ... gewartet ..."

John in der Ecke einer dunklen Kammer. Der Regen trommelt auf das Dach. Der Ulriken ist im Nebel verborgen. Edvard weiß nicht, was er sagen soll. Aber er hat begriffen, daß Ole Bull zu Besuch *kommt* und damit erneut das Ungewisse auftaucht.

Die Sonne vergoldet die Blätter der Linden. Das Tal ist noch naß von einem leichten Sprühregen am frühen Morgen. Jetzt kommt ein fönartiger Wind aus Südwest, und Edvard sitzt an der Sonnenseite von Nordnes an der Klostermauer. Von dort aus kann er beinahe das offene Meer sehen, jedenfalls bis zur Insel Askøy, auf der er noch nie gewesen ist.

Gemeinsam mit seiner Mutter ist er in der Stadt beim Einkaufen gewesen, neue Kleidung für den Besuch von Ole Bull. Sie waren in einer Konditorei und haben Kuchen gegessen, sie haben einen Probst, einen Amtsrichter und einen Adjunkten begrüßt, letzterer hat sogar gerade ein Buch herausgegeben über Sitten und Gebräuche in Romsdal. Jetzt ist Gesine in den Klavierladen gegangen, um sich wegen eines neuen Instruments zu erkundigen, und Edvard wurde ermahnt, sofort heimzugehen nach Landås.

Edvard sitzt an der Klostermauer auf Nordnes. Manchmal fehlt ihm das Leben in der Strandgate. Draußen auf Landås ist es oft unerträglich friedlich. Jetzt schließt er die Augen und hört die Geräusche des Verkehrs und der Handwerker, die scharfen Schläge des Schmiedes, die lauten Rufe der Gipser auf den wackligen Gerüsten, das unregelmäßige Hämmern aus der Böttcherwerkstatt.

Öffnet er die Augen, sieht er die Schaumkronen der Wellen, die von den Schären heranrollen. Ein Fünfmaster firt die letzten Segel und gleitet lautlos in den Hafen. Ist es das Schiff von Kapitän Woodsworth? Edvard kneift die Augen zusammen und meint den Kapitän zwischen den Schiffsjungen, die achtern den Anker auswerfen, zu erkennen. Englische Worte bohren sich in den Werktagsfrieden:

„Watch out! Blast! You bastard! ... *Here* ... Damn it ...."

Der Gedanke an den Kapitän erregt ihn. Der Gedanke an das Verbotene. Edvard hat sich erhoben. Jetzt geht er in Richtung Tyskerbryggen, um dort am Kai einen besseren Überblick zu haben. Er huscht die Treppen hinunter, schlüpft unter Windfänge, kennt in diesem Stadtteil jeden Winkel, und kommt hinaus auf den Fischmarkt, wo lebensfrohe, kräftige Kerle mit roten, geschwollenen Händen das weiße Fischfleisch zerschneiden. Edvard schlängelt sich zwischen den Ständen hindurch und ist fast draußen an der Brücke, als die Mutter ihn entdeckt:

„Edvard?! Hab' ich dir nicht gesagt, daß du nach Hause gehen sollst, was?"

Edvard krümmt sich zusammen, als er die erzürnte Stimme der Mutter hört, versucht es mit dem Unmöglichen: „Aber ich bin doch gerade auf dem Weg dorthin!"

Er zwingt sich, dem Blick der Mutter zu begegnen, merkt zu seiner Verwunderung, daß *sie* es ist, die ausweicht.

„Ich habe mich verspätet. Ich werde jetzt in den Klavierladen gehen."

Warum rechtfertigt sie sich? Edvard versteht nicht, warum sie so aufgeregt ist, fast ängstlich und mit flackerndem Blick. Er will ihr nicht erzählen, daß Kapitän Woodsworth in der Stadt ist, denn dann wird sie vielleicht wütend. Jetzt bedeutet sie ihm mit ihrem Regenschirm, zu verschwinden. Dann dreht sie sich um zu einem Marktstand und verlangt zwei Dutzend Eier. Aber da verkaufen sie keine Eier, sie verkaufen Fisch. Aus den Augenwinkeln sieht Edvard gerade noch das errötende Gesicht der Mutter, dann verläßt er verstohlen den Fischmarkt.

Draußen Stadsporten, das Stadttor. Der Geruch nach Fisch und Teer und Menschen verschwindet. Der Geruch von nassen Laubbäumen, die in der Sonne dampfen. Der Geruch von einem einzelnen Pferd mit Wagen, das an ihm vorbeizieht. Edvard ist innerlich voller Unruhe. Er kann jetzt nicht nach Hause gehen.

Er hat die Sonne fast im Rücken. Der Wind nimmt zu, er ist warm und ruhelos wie er selber. Er hält sich unten im Tal, folgt den schmalen Wegen zwischen den Bauernhöfen, sieht den Ulriken, hocherhobenen Hauptes wie eine stolze und unnahbare Kapitänsfrau aus England, mit weißem Puder in dem fast farblosen Haar. Er geht hinter einigen Schafen her, die ein Bauer gerade auf andere Weideplätze treibt. Der Bauer nickt kurz, sagt aber nichts zu ihm. Schweigend gehen sie nebeneinander, die Augen jeder auf seinen Berg gerichtet.

Mein Edvard ist fünfzehn geworden. Er trägt die Kindheit als kratzenden Reiz um den Hals. Ein enger Kragen auf der dünnen Haut. Seine Sinne erwachen, er nimmt wahr. Als er neben dem schweigsamen Bauer mit der Schafherde geht, sieht er einen Hofplatz, auf dem ein Mädchen in seinem Alter steht und Wäsche in einem Schaff spült. Er sieht ihre reifen Brüste, die im Takt mit den Armen schaukeln. Er sieht das dunkle und unbändige Haar, das neben ihrem Gesicht herunterhängt. Er sieht ihre helle, leicht braune Haut und stellt sich vor, daß sie sicher nach Seife riecht. Er sieht die schlanke Hand, die die Wäsche aus dem Schaff holt und die vor Nässe und Seifenschaum glänzt. Und neue, plötzliche Gedanken setzen sich wie ein sanftes Erröten in sein Gesicht. Er stellt sich vor, wie ihre Hand durch sein Haar fährt, ihn behutsam am Nacken faßt. Er versucht sich vorzustellen, wie es wäre, sie um die Mitte zu fassen, und in dem Moment hebt sie ihren Kopf und schaut ihn an, fast so als hätte sie seine Gedanken gelesen. Der dunkle Blick trifft ihn wie eine Woge. Er kann hineingehen, sich davon mitreißen und in die Tiefe ziehen lassen. Erschreckt zuckt er zusammen und schaut weg, begegnet dem aufmerksamen Blick des Bauern: *War* da etwas? Nein, nichts, nur ein dunkelhaariges Mädchen, das auf einem Hofplatz Wäsche spült. Die weißen Schafe blöken gutmütig. Sommerliche Laute.

Der Bauer mit den Schafen nimmt den Weg Richtung Haukeland. Edvard folgt seinem eigenen, verschnörkelten Weg Richtung Landås, vorbei an dem Hof von Knut-på-Haugen-Væstafæ. Der neue Spielmann sitzt an der Sonnenseite und repariert das Zaumzeug für eine alte Vestlandstute, die mit gebeugtem Kopf im Schatten steht und eine große, schwarze Wunde auf dem Rücken hat. Der neue Spielmann ist mager und sehnig, mit rotem, struppigem Bart und hellen, fast grünen Augen, die nie stillstehen, sondern irgendwie hinter die Dinge schauen wollen, um nicht unangenehm überrascht zu werden. Edvard spürt seine Skepsis, als er ihm plötzlich gegenüber steht, und er kommt sich dumm vor in seinem schönen, dunkelblauen Kittel, auf dem Heimweg von einem Stadteinkauf.

„Na, wer ist denn da unterwegs?"

Sie haben nie miteinander geredet, aber Edvard merkt, daß man ihn kennt.

„Der junge Grieg, stimmt's?"

Edvard nickt, starrt hypnotisiert auf die dünnen Finger, die noch dünner sind als die seiner Mutter, die aber eine riesige Nadel halten, groß genug, um damit Elefanten zu töten. Edvard weiß, daß die Familie arm ist, daß sie den Hof nicht hochbringen, daß er sowohl seine Frau wie die beiden Töchter nur selten sieht, die kochen für feine Leute in der Stadt oder sind landeinwärts gefahren, um vielleicht dort Arbeit zu finden. Manchmal hat er nachts Schreie gehört. Dann weiß er, daß der Rothaarige allein im Haus ist und daß er betrunken ist. Nun legt er die Nadel beiseite und fixiert Edvard mit zwei von der Sonne geblendeten, zu Schlitzen gewordenen Augen.

„Sie sind ein Spielmann, nicht wahr?"

Edvard hört seine eigene Stimme.

„Jooo ..."

Der Bauer mustert Edvard mit deutlicher Skepsis. Edvard wäre froh, wenn er jetzt nicht in dem strammen, feinen Aufzug wäre, wenn er sich einfach hinsetzen könnte, ohne Angst zu haben, sich schmutzig zu machen.

„Sind Sie verwandt mit Knut-på-Haugen-Væstafæ?"

Der Bauer reißt die Augen auf. „Knut? Haben Sie *den* gekannt?"

Edvard fühlt sich unbehaglich bei dem abschätzenden Blick, weiß, daß er nur ein kleiner Wichtigtuer aus reicher Familie ist. „Ja", sagt er schnell. „Das heißt, ich war auf seinem Begräbnis."

Da stimmt der Bauer ein Lachen an, das wie eine Teersiederei klingt. Heraus kommt ein beachtlicher Auswurf aus grünem Schleim und Kautabak. Danach greift er zu einer Pfeife, die wie durch ein Wunder die ganze Zeit nicht ausgegangen ist. Edvard wartet auf eine Fortsetzung des Gesprächs, aber da kommt nichts. Er sucht nach neuen Fragen, um es wieder in Gang zu bringen.

„Dürfte ich bitte ... eben mal ... Ihre Fele anschauen, Herr ..."

Ein grünliches Glitzern zwischen den roten Sommersprossen. „Meine Fele?" Die Stimme des Bauern ist dunkler, als man es ihm zutraut. „Meine Fele, Sie? Was?"

„Ja? Sie sind doch ein Spielmann, oder?"

„Jooo ..."

Nicht schon wieder. Edvard ist nahe daran, aufzugeben. Da erhebt sich der Bauer, langsam und schwerfällig. „Meine Fele", murmelt er. „Warum nicht."

Er geht zur Scheune. Edvard folgt ihm erstaunt mit den Augen, wagt es aber nicht, sich zu bewegen. Eine solche Achtsaitige ... Er hat nur Zeichnungen davon gesehen. Er hat sie nur gehört, von weit weg, wie einen sanften und saugenden Protest gegen sein pedantisches Pianospiel. Die offenen Klänge ziehen ihn an. Die Quinten. So als träfen sie ganz tief in seinem Innern einen Nerv. Sie machen ihn unruhig.

Er vergißt die Welt, vergißt die Sonne, vergißt den Wind, vergißt Gesine, die ihn nicht mithaben wollte im Klavierladen, vergißt Landås, wo er schon lange zurück sein sollte. Er steht auf einem Hofplatz neben einem alten, abgerakkerten Gaul, der eine riesige Wunde auf dem Rücken hat, und sieht zu, wie ein rothaariger Bauer eine Fele, die er in der Scheune versteckt hat, holt.

„Wie heißen Sie, Herr ..." Edvard für einen Augenblick übermütig. Der Bauer hat mit ihm gesprochen wie mit einem Herrn, nicht wie mit einem Kind. Das ist eine Genugtuung wie sie nur ein Fünfzehnjähriger aus reichem Hause gebührend schätzen kann.

Der Bauer lacht. Edvard weiß nicht, was er Lustiges gesagt haben soll.

„Sie nennen mich Ole-Olsen-i-Dalen."

Er kommt zu ihm mit der Kostbarkeit, trägt sie als sei es eine Violine aus Genua, aber es ist eine Fele aus einem engen Tal zwischen sieben Bergen. „Ich hab' sie selber gebaut." Der Bauer gibt Edvard das Instrument. Die Fele ist hellbraun, wie ein Pferd. Mit seltsamen Ornamenten und acht Saiten. Und als Edvard sie anfaßt, spürt er, daß sie warm ist, daß sie lebt. Ein Schauder überläuft ihn. Der Bauer lacht.

„Sie tut dir doch nichts?"

Edvard zupft vorsichtig ein bißchen, hat Angst, sie würde kreischen und fauchen, und eine Saite würde reißen und sich um seinen Hals winden. Er gibt sie zurück an Ole-Olsen-i-Dalen, der sie behutsam streichelt, sie in die Halsgrube legt, sie sich zwischen Wange und Schulter klemmt. Sie *ist* ein lebendiges Wesen.

„Ole Bull wollte sie mir mal abkaufen."

„Was? Ole Bull?"

„Ja, der Geiger. Der berühmte, der nach Amerika gegangen ist. Der jetzt größer ist als der große Paganini."

Edvard nickt.

„Er hat mir drei junge Pferde geboten", fuhr der Bauer fort. Er hat mich spielen gehört und mich lauthals seinen Namensvetter genannt. Ja, ja, der große Ole Bull. Größer als der große Paganini. Er ist so reich, daß er ganze Städte kaufen kann, wenn er will. Ganze Länder, ganze Erdteile. Er hat angefangen, Felen zu sammeln. Er hat auf dieser hier gespielt, wollte sie bei einem Konzert mit Myllargutten persönlich benützen. Schon mal von Myllargutten gehört? Er durfte im Nationaltheater von Bergen spielen, dieser Torgeir Augundson. Hinterher wurde er wie ein König durch die Stadt getragen. Draußen auf Engen standen die Leute und haben geklatscht. Da hätte meine Fele dabei sein können ... Aber ich ... was soll ich mit drei Pferden?"

„Weinen Sie doch bitte nicht, Herr Olsen."

Edvard sieht zu seinem Schrecken, daß große Tränen über die Wangen des Spielmanns kullern. „Was Sie erzählen, ist doch nicht traurig ... Ich treffe Ole Bull in den nächsten Tagen ... Sie könnten hinaufkommen und zusammen mit uns spielen ..."

Der Bauer hat sich umgedreht, hat sich in den Schatten zurückgezogen und fummelt an dem Zaumzeug des Pferdes herum.

„Ich muß mich um diesen Hof kümmern. Gehen Sie bitte jetzt, junger Herr Grieg. Ich will mit dem Pferd wegfahren."

Edvard nickt, weiß nicht, was er sagen soll. Ole-Olsen-i-Dalen geht mit dem Instrument zurück zur Scheune. Als er wieder herauskommt, weint er nicht mehr.

„Kommen Sie ruhig vorbei ... ein andermal."

Edvard nickt wieder, fühlt sich in dem strammen, blauen Kittel wie ein hilfloses Kind. Oben von Landås her hört er plötzlich die Töne von dem Cello des Bruders. Beethoven. In dem Augenblick spürt er den Wind. Er ist viel zu warm. Wie ein Fieber. Ole-Olsen-i-Dalen geht hinüber zur Hauswand und holt eine Flasche. Edvard weiß, daß er sich auf den Weg machen sollte, aber er steht stocksteif da.

„Vielleicht einen kleinen Schluck ..." Der Bauer schaut ihn nicht an. Edvard nickt daß ihm der Nacken schmerzt. Ole-Olsen-i-Dalen reicht ihm die Flasche.

Aus der Flasche? Aus der *Flasche* trinken? Das hat Edvard noch nie erlebt. Er nimmt sie mit beiden Händen, hat Angst, sie fallenzulassen. Sie ist warm, hat in der prallen Sonne gestanden. Der Bauer hat ihm den Korken herausgezogen. Edvard führt sie zum Mund. Trinkt.

Es schmeckt herb. Wie Harz. Oder wie die Flüssigkeiten

von Dr. Crawford in der Schule, die immer explodieren. Edvard hat irgendwie das Gefühl, als lege sich eine Hand auf seinen Kopf.

„Danke ..."

„Kommen Sie ruhig vorbei ..."

Edvard auf dem Weg hinauf nach Landås. Er hat den Spielmann Ole-Olsen-i-Dalen besucht. Jetzt fangen ihn die Töne von Johns Cello ein. In seinem Kopf braust es. Er kann nicht klar denken. In einem Wagen ganz unten bei Haukeland sieht er die Mutter sitzen. Sie ist in dem Klavierladen gewesen, um sich wegen eines neuen Instruments beraten zu lassen. Edvard läuft die letzte Steigung hinauf und sieht den Vater im Rosengarten stehen. Die roten Rosen gelingen ihm einfach nicht. Sie zerfallen schon, bevor sie richtig aufgeblüht sind. Aber der Geruch der weißen steigt ihm entgegen, reichlich, schwer, ein süßlicher, verschlossener Duft. Er muß an etwas Feierliches denken. An eine Hochzeit. Oder an den Tod. Von Ole-Olsen-i-Dalen kommen plötzlich Töne herauf. Die unverwechselbaren, rohen Quinten. Dann wollte er doch nicht mit dem Pferd wegfahren. Dann wollte er nur Fele spielen. Die Töne vermischen sich mit Johns leidendem Cello. Beethoven und Ole-Olsen-i-Dalen. Alexander Grieg hebt den Kopf, läßt die Rosen. Was in aller Welt ist das? Edvard steht mucksmäuschenstill da. Eine wahnsinnige Musik. Man würde sie nie aufs Papier bringen können. Sie lebt nur für diesen einen Augenblick und stirbt, sobald einer der beiden das Instrument aus der Hand legt. Das ist eine Fuge für Eingeweihte, für die Verrückten. Und Edvard ist völlig verzaubert, ist überwältigt von der plötzlichen Schönheit, der beinahe unanständigen Vermischung der Töne. Er versteht nicht, daß sie ihn verfolgt haben, daß er sie bereits seit langem in sich trägt. Er weiß nicht einmal, daß er Zwilling ist, daß er genau dafür geschaffen ist. Denn bei Griegs glaubt man nicht an die Sterne.

Jetzt hört Edvard das Knirschen der Wagenräder. Gesine ist aus der Stadt zurückgekommen. Johns Cello bricht sofort ab. Jetzt sind nur noch die Quinten da. Edvard begegnet dem Blick seines Vaters. Alexander Grieg hat eine zerfallene Rose in der Hand. Seine blinzelnden Augen sehen ihn mit düsterer Verzweiflung an.

Er kommt auf einem weißen Araber, mit einer Mähne wie von einer überirdischen Frau, aber es ist ein Hengst – männlich und weiblich zugleich, vereint in ein und demselben glänzenden Körper. Edvard steht zusammen mit seinem Bruder am Fenster. John mit neuem Hemd, neuem Jackett, frischgekämmt. Edvard in einem neuen Kittel. Noch strammer als der vorige. Der Kragen schließt sich ganz eng um den Hals und droht ihn zu ersticken. John drückt seine Nase aufgeregt an die Fensterscheibe.

„Ole Bull! Mama ... Papa ... Schau, Edvard! Ole Bull kommt."

Und es ist nicht schwierig, ihn auszumachen, in vollem Galopp die Hügel nach Landås herauf, ein Halbgott, der sich seine eigene Welt auf der anderen Seite des Ozeans geschaffen hat und zurückgekehrt ist, Schöpfer von Tönen und Königreichen, ein Norweger mit breiten Schultern und glattem, blondem Haar. Kenner von Champagner und französischen Frauen! Bezwinger der italienischen Alpen! Spezialist, wenn es darum geht, Baronessen in Ohnmacht sinken zu lassen! Trapezkünstler ohne Netz! Akrobat mit halsbrecherischen Seitensprüngen! Großzügigster Gast in den Restaurants von Paris! Bester Freund der Bauern! Nordeuropas schnellster Reiter! Der am wenigsten seekranke Passagier auf dem Atlantik! Kenner der ältesten Armagnacs! Neuester Beitrag zur römischen Mythologie!

„Seine Frau heißt Alexandrine Felicité Villeminot", flüstert John. „Eine echte Pariserin ... ihr Vater war Page unter Napoleon. Jetzt sitzt sie auf Osterøg mit dem größten Weinkeller Norwegens! Sie ist mit einem Gott verheiratet ... deshalb sieht sie ihn fast nie ..."

Edvard merkt, daß dem Bruder die Hände zittern. Er ist vor Erregung rot im Gesicht, zieht an dem steifen Hemdkragen, um Luft hereinzulassen. Massiert die Finger, obwohl es weder Winter noch kalt ist.

Jetzt hört Edvard das Getrappel der Hufe. Das Tier hat vor Anstrengung Schaum vor dem Maul. Ole Bull sitzt aufrecht und jagt das Tier die letzte Steigung hinauf. Er hat weiße Puffärmel, die zu den Handgelenken hin wie eine geräucherte Lammkeule schmäler werden. Die Weste aus Seide. Die Hemdbrust mit Diamanten. Gestreifte Hosen mit Leipzig-Krinolen drunter. Beine wie ein Ballon! Wenn er will, kann er vom Pferd abheben und schweben, fliegen. Ein Zylinder mit schmaler Krempe, und die Schleife, mein Gott, ich hätte fast die Schleife vergessen – wie ein seltener rotbrüstiger Vogel aus exotischen Wäldern, aus dem Amazonas!

Edvard und John laufen zu den Flügeltüren, die Gesine und Alexander bereits weit aufgemacht haben. Alexander einen Schritt hinter seiner Frau, die in diesem Augenblick in einen Ballsaal tritt voller Kapricen, Extranummern und Ohnmachten.

„Ole!"

„Gesine!"

Edvard guckt verstohlen durch den Spalt zwischen den Eltern. John steht in Habacht-Stellung wie bei den militärischen Übungen in der Schule. Der Gott steigt aus dem Sattel. Edvard wird Zeuge, daß der Gott seine Mutter umarmt und küßt.

„Ma petite tigresse. Und Alexander. Gott wie reizend!"

Edvard reißt die Augen auf vor Erstaunen. Er spricht französisch und bergensisch gleichzeitig. Eine raffinierte Kombination, die seine Mutter sichtlich beeindruckt. Wo ist die Geige? Nirgends. Sie kommt sicher vom Himmel heruntergeschwebt. Alexander, noch aus dem Gleichgewicht von der Umarmung des Gottes, wankt zu dem weißen Araberhengst und fällt ihm um den Hals.

„Ein prächtiges Pferd. Nicht wahr, Gesine?"

Aber Gesine hört ihn nicht. Gesine ist schon mit dem Gott hineingegangen. Edvard steigt ein Geruch in die Nase, den er mit den allerfeinsten Konditoreien verbindet. Marzipankuchen, Rosenduft, Framboise-Likör.

„Ole, kannst du dich an sie erinnern? Edvard und John."

Der Gott kommt herunter aus den Wolken. Ein irdisches Antlitz mit Falten und blasser, ungesunder Haut offenbart sich Edvard.

„Schon so richtige Cowboys, was? Wie reizend. Ich bin Ole. Ihr seid beide mal auf meinem Schoß gesessen."

Er wirft den Zylinder auf einen Haken. Zwinkert. Alexander kommt hinter seiner Frau und dem Gast herein.

„Ja, es ist lange her, Ole ..."

Gesine hat in jeder Hand den Nacken eines Knaben. „Edvard spielt Piano, und John spielt Cello."

Mein Edvard drückt Ole Bull die Hand. Er hat es später beschrieben wie einen elektrischen Schlag. Ich beschreibe es als einen Fall. Er fällt. Mein Edvard fällt in das Ungewisse. Er spürt die Kraft dieses Mannes. Er ist von der Art wie Kapitän Woodsworth. Er kommt von außerhalb und wird wieder verschwinden. Er bringt Menschen dazu, ihre Namen zu vergessen und in neue Körper zu schlüpfen.

Edvard verbeugt sich und stottert: „Sehr erfreut ..."

„Mich zu sehen, ja?" Ole Bulls Lachen ist eine Steinlawine. „Das hoffe ich!"

Sie gehen in die Wohnstube. Ole Bull macht eine weite Handbewegung, ein Kronleuchter fängt an zu vibrieren und Synneva Karoljussen zerbricht draußen in der Küche sechs Kristallgläser, bestimmt für Alexander Griegs feinsten Sherry. Im Wohnzimmer knallt ein Champagnerkorken, eine Schüssel mit Austern wird hereingetragen. Gesine hat zwei volle Wochen an diesen Details gearbeitet. Jetzt sieht sie mit Befriedigung, daß Ole Bull mit seinen weißen, zarten Virtuosen-Händen nach den geöffneten Tieren greift und sie mit einem saugenden A-Dur Laut verzehrt. Er ist ein Mann. Er wirft den prickelnden Champagner gegen die Decke und fängt ihn wieder in seinem Glas auf.

„Ein Trick, den ich von einem hinkenden Neger aus

Manhattan East Side gelernt habe", rühmt sich der Gott mit einem Fingerknipsen. „Er war einmal der Sklave des größten Baumwollmillionärs der Südstaaten und hat diese Darbietung etwas zu oft vorgeführt. Er bekam eine ernste Entzündung im Oberarm."

Alexander Grieg blinzelt dem Virtuosen leutselig zu. „Erzähl' uns von Amerika, Ole", bittet Gesine. Sie haben sich in den roten Salon gesetzt, Edvard und John sitzen auf den Stuhlkanten, nach strengen Ermahnungen der Mutter. Die Schwestern sind wahrscheinlich nicht da. Ich kann sie jedenfalls in diesem Gruppenbild nicht sehen, auf dem *ein* Mann alles beherrscht und den gesamten Raum verschlingt. Betrachte ich ihn aus der Nähe, verstehe ich nur schwer, daß er bei den Italienern erfolgreich ist. Augen, Nase und Mund wie bei einem typisch norwegischen Laienprediger. Sein Aussehen ist ein Irrtum. Dieses Gesicht wurde ausgeteilt, als Gott die Menschen ermahnte, züchtig und enthaltsam zu sein. Stattdessen wurde er zu einer Kapazität für Europas exklusivste Bordelle: die Musik-Salons.

Aber die Abmachung mit Gott gewährte ihm gewisse Vorteile: das Ausbleiben eines physischen Verfalls, das auch sein Inneres auszeichnet. Er besteht aus norwegischem Granit, norwegischem Wald, norwegischem Wasser. Seine Stirn ist ein zehntausend Jahre alter Gletscher. Dahinter ist glühende Lava. Jetzt lehnt er sich in Gesines bestem Stuhl zurück und zündet sich eine Kalebassenpfeife an, die er aus dem einen Jackenärmel gezaubert hat.

„Amerika ist ein Theater", sagt er als Antwort auf Gesines Aufforderung. Sie schauen sich herzlich in die Augen, wie alte Geliebte. Edvard begreift, daß die Mutter alles für diesen Mann tun würde. Sie starrt auf seine Hände, während er redet, als seien es Rubine. Als sei jede Fingerbewegung durch die Luft ein Pinselstrich von Michelangelo. „In Pennsylvania erlebte ich eine Schönheitsoffenbarung: die größten siamesischen Zwillinge der Welt, Edward und Lou. Sie waren an den Hüften zusammengewachsen, das verlieh ihnen eine eigenartig schlängelnde und verlockende, symmetrische Art zu gehen. Wenn sie aßen, fütterten sie sich gegenseitig mit genau den gleichen Handbewegungen. Man hat den Versuch gemacht, sie zu trennen, indem man zweihundert Arbeiter einlud, sie aufteilte und an je einem Arm ziehen ließ. Aber da begannen Edward und Lou Stephen Foster-Melodien zu singen und änderten augenblicklich ihre Hautfarbe von weiß zu schwarz. Ich hielt das für so aufsehenerregend, daß ich ihnen hier im Nationaltheater von Bergen ein Engagement anbot, aber sie haben abgelehnt, weil sie allergisch gegen Salzwasser sind. Habe ich übrigens von der kleinsten Frau der Welt erzählt? Ich traf sie bei einem Konzert im mittleren Westen und packte sie in meinen Geigenkasten. Ich nahm sie mit nach New York, denn sie wollte furchtbar gerne ein paar Zentimeter wachsen, und ich kannte einen Arzt, der Spezialist für Zwerge war. Wenn ich geübt habe, ist sie auf meiner rechten Schulter gesessen und hat mir den Nacken massiert. Wir haben uns so aneinander gewöhnt, daß sie mir schließlich bei meinen leidenschaftlichsten Konzerten half, die Geige zu halten und die Pferdehaare vom Bogen zupfte, wenn er zu rauchen anfing. Denn mein Bogenspiel ist so kompliziert und hat sich zu einer richtig akrobatischen Nummer entwickelt, die so sehr den Geschmack des Publikums traf, daß es zu gewaltigen Ohnmachtsreaktionen kam bis weit über den eigentlichen Konzertsaal hinaus. Wollen wir Amerika verstehen, müssen wir zuerst unsere eigenen Kräfte verstehen. In den Stüdstaaten traf ich einen früheren Negersklaven, der davon lebte, seinen eigenen Schweiß zu verkaufen. Er hatte einmal eine Flasche mit einem tausend Jahre alten französischen Champagner, den er aus Präsident Fillmores persönlichem Vorrat gestohlen hatte, ausgetrunken. Die Gärung setzte sich in seinem Körper fort. Sein Schweiß war perlend, von herrlichem Geschmack. Leider hatte er selbst nichts von diesem medizinischen Wunder, denn die Luft und die Gärbakterien verursachten ihm ein chronisches Kopfweh."

Edvard sieht, daß der Bruder nicht zuhört. Er schwitzt an den Fingern und ist ausschließlich beschäftigt mit seiner Beethoven-Sonate. Ole Bull lehnt sich zufrieden im Stuhl zurück. Auf allen Tischen hat Gesine leckere Kleinigkeiten und Süßes bereitgestellt. „Bist du nicht hungrig, Ole?" „Nein danke, ich habe gerade gegessen." Und das sagt er im selben Moment, in dem Synneva fertig ist mit der Hummersuppe, den Krebsschwänzen, dem Sorbet, dem Hirschbraten, dem Käse, dem Brombeerparfait und der Schokoladenpyramide. „Gesine verzieht keine Miene. Sie sagt: „Dann wirst du uns sicher stattdessen mit deinem Spiel erfreuen?"

Ole Bull schüttelt abwehrend den Kopf. Spielen? Er? „Nein, verschone mich. Ich habe Ferien. Ich bin auf dem Weg in ein Sanatorium, um mich zu erholen und mir ein paar neue, interessante Felen anzuschauen."

„Herr Geigenvirtuose ... kennen Sie den Herrn Spielmann Ole-Olsen-i-Dalen?" fragt Edvard mit plötzlichem Eifer.

„Ole-Olsen-i-Dalen?" Nein, an den kann sich Ole Bull nicht erinnern. „Wo wohnt er?"

„Gleich unterhalb von uns."

„In diesem Tal gibt es nur schlechte Fele-Spieler, fürchte ich. Aber ich habe ja auch Torgeir Augundson, den *Myllargutten* persönlich, als Maßstab. So einen Spielmann gibt es kein zweites Mal. Neben ihm werde sogar ich zum armen, unbegabten Anfänger." Ole Bull wendet sich an alle im Raum: „Was machen wir aus dem norwegischen Musikleben, liebe Freunde. Wir wollen es nicht einmal entdekken. Eine Schatzkammer von freimütigen Tönen, von tiefempfundenen Phrasierungen. Drunten in Europa sind sie *hingerissen*, wenn ich mit meinen Quinten anfange. *Da* verstehen sie, welche Schätze in der norwegischen Landbevölkerung verborgen liegen. Aber auf dem Fischmarkt in der Stadt Bergen? Dort verkaufen sie nur lebendigen Kabeljau in Scheiben."

Gesine lächelt angestrengt. „Du wirst doch nicht sagen

wollen, lieber Ole, daß dir diese ... Quinten mehr wert sind als unser lieber Mozart, unser lieber Beethoven ..."

„Mir sind sie mehr wert als alles andere, Gesine. Sie sind der Klang meines Herzens. Ich stamme aus Norwegen, und diese Musik ist mein Ursprung. Hast du das Konzert vergessen, das ich mit Myllargutten gegeben habe? Die Leute hätten beinahe das Theater angezündet und uns auf dem goldenen Thron in die Berge getragen."

„Welche Berge, Herr Geigenvirtuose?"

Ole Bull schaut Edvard mit bekümmertem Erstaunen an. „In welche Schule gehst du denn, mein Junge? Hat dir das niemand beigebracht? Die stolzesten und wildesten unserer Gebirge. Die Musik, der du *dort* begegnest, würde dich um den Verstand bringen. Und die Frauen ..."

„Na, na, Ole, der Junge ist erst fünfzehn."

Alexander Grieg hat sich eine Makrone in den Mund gesteckt. „Aber er hat bereits seine eigene Musik gefunden, wenn du mich fragst. Und wenn sie auch nicht so wild wie das Gebirge ist, so ist sie doch in jeder Hinsicht eigentümlich genug."

„Wirklich?" Ole Bull wirft einen interessierten Blick auf Edvard, so als hätte er erst jetzt bemerkt, daß der Junge anwesend ist.

Gelingt es mir, das richtig wiederzugeben? Die Brüder, nebeneinander, jeder auf seinem Stuhl. Edvard verlegen über die plötzliche Aufmerksamkeit, weiß nicht, was er mit seinen Händen tun soll, John und seine hektischen Verrenkungen, mit denen er versucht, in den Gesichtskreis des Meisters zu kommen. Mit seinem ganzen Körper möchte er ausdrücken, was er nicht auszusprechen wagt: „Ho ho, Herr Halbgott, ich bin auch noch da. Ich brenne darauf, Beethovens Cello Sonate Nr. 2 in g-Moll vorzuführen, wenn Sie nichts dagegen haben ..."

„Magst du für uns spielen?"

Edvard wirft einen vorsichtigen Blick auf seinen Bruder. „John und ich haben etwas eingeübt ... Beethovens ..."

„Beethoven? Glaubst du, ich will *Beethoven* hören?" Der

Gott sieht aus, als hätte er die Austern mit Hafergrütze verwechselt. „*Dich* will ich hören, mein Junge!"

So geschieht es. Im Laufe von nur ein paar Sekunden. Jahre, Schicksale, Leben werden besiegelt. Edvard erhebt sich von dem roten Samtstuhl und geht hinüber zum Flügel, den auszuwechseln Gesine plötzlich nicht mehr erpicht ist. Der Knabe, klein und dünn. Drinnen im großen Wohnzimmer liegen dicke Rauchschwaden. John ist schwarz gekleidet. Er folgt dem Bruder mit den Augen, bewegt keinen Muskel. Auf dem Sofa sitzt Alexander allein, und er lächelt aufmunternd seinem Sohn zu, während er die Hand nach einer weiteren Makrone ausstreckt. Gesine sitzt in strammer Habacht-Stellung auf ihrem Königinnenthron und versucht, Edvard mit den Augen zu hypnotisieren. Ole Bull zurückgelehnt mit der Kalebassenpfeife wie auf eines Kaisers Stuhl. Die Diamanten auf seiner Hemdbrust funkeln in der heißen Augustsonne, die durch die leichten Tüllgardinen hereinfällt. Die Türen zum Garten sind geschlossen. In der Küche hat es Synneva Karoljussen aufgegeben, das Essen warm zu halten. Sie steht da und weint lautlos. Nur ihr Schluchzen ist hörbar. Nur die Töne von Ole-Olsen weit unten im Tal sind hörbar. Aber Ole Bull, der Geigenvirtuose, will davon nichts hören. Er will hören, was sich ein fünfzehnjähriger verwöhnter Bengel ausgedacht hat, und er tut das nur aus dem Grund, weil er ein alter Freund von Gesine ist. Einer Frau, mit der er vielleicht einmal im Heidekraut gelegen ist, die er aber nicht gewinnen konnte, weil *er* noch kein halbes Königreich gewonnen hatte und ihr Vater Stiftsamtmann mit bestimmten Ansprüchen war.

Dann sitzt Edvard am Klavier. Mit geradem Rücken. Er ist so klein. Seine Beine reichen eben zu den Pedalen. Der Mund geschlossen und ernst. Er schwitzt nicht an den Fingern wie der Bruder, denn er weiß nicht, weshalb er nervös sein sollte, für ihn ist das Leben keine lange Linie hin auf ein großes und allem übergeordnetes Ziel. Er ist erfüllt von Bewunderung für die Mannigfaltigkeit des Lebens. Die fernen Töne von Ole-Olsen-i-Dalen erinnern ihn an die verrückte Fuge zwischen dem Spielmann und John. Er versucht sie sich wieder ins Gedächtnis zu rufen. Eine Quinte, eine Tritonus, eine Septime, eine None. Ganz weich schlägt er die Tasten an. Er schließt die Augen und wird von einer Frauenhand voller Seifenschaum überrascht, die die frischgewaschene Wäsche aus einem Schaff zieht. Er spürt den herben Geruch des Branntweins und sieht den grünen Teufel in Ole Olsens Gesicht. Dann denkt er an Bruder John und das „Schmerzensreiche". Er denkt an einen Fünfmaster, der in den Hafen von Bergen gleitet und an das aufgeregte Gesicht der Mutter. Er denkt an einen schwarzen Hengst und eine Stute. Er denkt an seinen Vater im Rosengarten. So weiß er nicht, daß er alles spielt, was er erlebt hat. Und die Töne sind schmächtig und besänftigend wie ein schwanzwedelnder Hund, ungeheuer ängstlich, verletzt zu werden, und nichts daran ist grandios oder großartig. Es ist im Gegenteil sehr still, obwohl die Bilder in Edvards Kopf rasen. Wie Tranfunzeln, die im Wind schaukeln. Wie ein Nachtwächter, der singt: „Die Uhr hat zwölf geschlagen, der Wind kommt aus Nord-Ost." Wie siamesische Zwillinge, die Stephen Foster Melodien singen. Wie Kusine Nina Hagerup, die an einer Gartenpforte hängt und gerne eine Hauptrolle spielen möchte. Wie Edvard Grieg, der die Augen schließt und spürt, daß sich alles in der Welt ausdehnt ... ausdehnt ...

Ich sehe zwei Brüder einen Hügel hinuntergehen, weg von einem Haus am Fuße eines Berges. Es sind Edvard und John Grieg an einem Spätsommertag auf Landås im Jahre 1858. Oben am Berg rötet sich das Heidekraut. Auf der Hardangervidda hat es schon zum erstenmal geschneit. In einigen Wochen wird die Familie Grieg für den Winter in die Strandgate zurückkehren. Gesine hat mit dem Packen begonnen. Aber ich habe für einen Augenblick das Interesse an ihr verloren. Ich sehe nur die beiden Brüder, fünfzehn und achtzehn Jahre alt, einen Nachmittagsspaziergang in der warmen Sonne machen. Ein fast unmerklicher aber kühler Wind kündigt den Herbst an. Edvard sagt: „Psst! Das sind die Töne von Ole-Olsen-i-Dalen. Hörst du sie? Die Quinten, John!" Ja, John Grieg hört sie. Sein dunkles Bärtchen ist dichter geworden. Das Gesicht ist noch verbissener. Er hat die Hände beim Gehen auf dem Rücken verschränkt, wie ein Adjunkt. Edvard fürchtet sich vor der bedrückenden Stille in dem massigen Körper des Bruders. Er sagt:

„Weißt du, warum Ole Bull will, daß ich nach Leipzig gehe, John?"

„Weil ihm deine Musik gefallen hat."

Johns Stimme ist tonlos. Er blickt über das Tal, ohne etwas zu sehen. Er ist bleich. Auf seiner Stirn sind winzige Schweißtropfen, obwohl er abwärts geht und der Wind kühl ist. Edvard begreift nicht. Und begreift trotzdem alles. Vorsichtig sagt er: „Du ... ich glaube, daß er mir eigentlich nicht besonders gefallen hat ... Seine Pfeife hat zu viel nach Arentz gerochen, und warum wollte er nicht, daß wir Beethoven spielen?"

„Beethoven spielt er selber", sagt John still. „Du Edvard, sprich bitte nicht mehr darüber, ja?"

Sie reden nicht mehr darüber. Sie gehen wie zwei erwachsene Herrn. Gesine hat sie rausgeschickt an die Luft. „Auch Musiker brauchen frische Luft!" hat sie ihnen in der Tür stehend nachgerufen.

Sie wollten bis Haukeland gehen und wieder zurück.

„Wirst du im Winter Papa im Geschäft helfen?" Edvard schaut den Bruder nicht an, als er redet.

„Muß ich wohl."

„Wenn ich nach Leipzig gehe, John ... dann kommst du nach."

„Ist das so sicher, daß du nach Leipig gehst, Edvard?" Der Bruder ist stehengeblieben. „Da mußt du viel können, ist dir das klar? Was weißt du zum Beispiel über den Sonatensatz? Was kommt nach dem ersten Thema?"

„Aber John ..." Edvard wird verlegen. „Du weißt doch, daß ich das weiß. Das zweite Thema."

„Und danach?"

„Die Wiederholung, manchmal ein drittes Thema und die Durchführung."

„Und danach?"

„Die Reprise."

„In der gleichen Tonart?"

„Selten. Jedenfalls nicht das zweite Thema."

„Falsch."

„Aber John, denk an Schubert!"

„Falsch, sage ich! wie soll das mit dir gehen, Edvard? Du kannst ja überhaupt nichts." John blickt wütend seinen Bruder an. Edvard erschrickt vor der plötzlichen Brutalität in den dunklen Augen.

„John, bitte rede nicht so mit mir."

„Du wolltest ja nie etwas lernen! Hast dich nie um etwas gekümmert, außer um dich selber!"

„John!"

In dem Moment kommt ein Hund auf der Straße daher. Edvard sieht, daß der Bruder total verkrampft ist. Plötzlich tritt er nach dem Tier, das sofort nach Johns Knöchel schnappt.

„Au! Edvard!"

John stürzt vor Schreck. Die Angst des Tieres verwandelt sich in Wildheit, es geht alles sehr schnell. Edvard hört die gurgelnden, wütenden Laute aus dem Hundemaul.

„Hilf mir, Edvard!"

Edvard packt den Hund und kann ihn herausreißen aus der Balgerei mit dem Bruder. Heulend verschwindet der Hund hinunter zur Stadt, bleibt in sicherem Abstand stehen und kläfft wütend. John weint.

„Hast du gesehen, was das Vieh mit mir gemacht hat? Hast du es gesehen, Edvard?"

Er ist völlig aufgelöst. Ganze Kaskaden von Krämpfen wollen heraus durch Mund, Nase und Augen.

„Jetzt ist er weg, John. Er kann uns nichts mehr tun."

„Er hat mich *gebissen*. Du mußt mich nach Hause bringen, Edvard. Schaffst du das?"

Edvard legt sich den Arm des Bruders um die Schulter. Dann humpeln sie heimwärts.

„Was machen sie nur mit mir ... was denn ... was machen sie ... mit mir ..."

„*Sie* ... John? Da war doch bloß dieser *eine* ... Hund ..."

Aber John hört ihn nicht. Er kann kaum gehen.

„Bist du verletzt, John?"

John schüttelt energisch den Kopf. Will nicht reden. *Versteht* er das denn nicht? Langsam versteht er. John, der große, schwere John, will nach Hause, will in Gesines Schoß weinen. Ein Hund hat ihn gebissen. Ein riesiger Köter.

Da fängt es zu regnen an. Ein gewaltiger Guß. Und danach: ein Blitz nach dem andern zerreißt den Himmel. Ungeheure Donnerschläge hallen zwischen den Bergen wider, zertrümmern Fünfmaster zu Kleinholz, lassen Berge einstürzen. Johns Weinen vermag solche Laute der Natur nicht zu übertönen. Johns Weinen verschwindet in einem großen Schlund von Wahnwitz, Trauer und Ungerechtigkeit. Aber ich habe nicht die Absicht, ihn loszulassen. Mein Edvard hat nicht die Absicht, ihn loszulassen, als er ihm hineinhilft in das Landhaus auf Landås, wo das Verständnis und der Trost der Familie ihn verwunden, schmerzhaft wie scharfe Süßigkeiten auf der Zunge.

Gesine und Edvard. Sie probiert ihm die neuen Sachen an. Sie sind in ihrem Schlafzimmer. Sie waren zusammen in der Stadt einkaufen, und Gesine ist wieder einmal allein in den Klavierladen gegangen. Jetzt sind alle Pakete heimgebracht worden. John hat eine extra feine Seidenweste bekommen, die er im Herbst in der Schule brauchen kann. Edvard sieht ihn vom Schlafzimmerfenster aus. Er steht unten im Rosengarten, zusammen mit Alexander. Edvard sieht, wie Alexander sich mit seinem Sohn über das Beschneiden unterhält. Alexander bespricht alles mit seinem Sohn. John nickt und hört zu, die Hand einen Moment am Kinn. Dann ist es auf einmal, als würde er Edvards Blick im

Nacken spüren. Er dreht sich um zum Fenster. Edvard begegnet seinem Blick und winkt, wirft ihm seine blauen Augen zu wie zwei Murmeln, schickt ihm ein Lächeln. Ich sehe, wie John das Lächeln erwidert. Enttäuscht, resigniert. Als wolle er sagen: „Du kannst ja nichts dafür, Edvard." Er hat seit dem Besuch von Ole Bull das Cello nicht angerührt, aber Edvard weiß, daß Gesine ihn mit allen Mitteln wieder dazu bringen wird, sobald Edvard abgereist ist.

Ich möchte das Bild festhalten. Das weiße Haus. Edvards junges, unschuldiges Gesicht hinter der gewellten Fensterscheibe in der oberen Etage. Gesine wie ein Schatten im Dunkeln etwas weiter hinten. Und die beiden schwarz gekleideten Gestalten unten im Rosengarten. Maren ist nun nicht mehr sichtbar für mich. Ebenso wie die zwei anderen Schwestern. Sie sind drinnen im Haus, in der Küche, im Wohnzimmer. Wenn sie ganz selten einmal draußen sind, nehmen sie einen Sonnenschirm, um sich vor der Sonne zu schützen. Sie sind blaß. Durchsichtig. Und ich kann sie nicht mehr erkennen. Aber ich höre die Geräusche, Gläserklirren, das Zuschlagen des Küchenschranks, jemand, der Zwiebeln hackt ... Es ist September. Der letzte Spätsommertag vor den Herbststürmen. John und Edvard, die sich anschauen. Edvard bereits von der Hand der Mutter eingefangen. Sie schlingt sich um seinen Hals und zieht ihn wieder ins Zimmer. Er soll einen neuen Kittel anprobieren. Sie hilft ihm, den alten auszuziehen. Edvard ist für einen Augenblick von dem starken Sonnenlicht draußen geblendet, kann Gesine nicht sofort klar sehen. Aber er spürt ihre kräftigen Finger. Er wirft einen Blick auf das große Bett und wird schwermütig bei dem Gedanken an Gesines und Alexanders kleine, runde Körper, wie sie nachts nebeneinander unter der Decke liegen.

„Muß ich wirklich diese ... Kittel ... anziehen, Mama?"

„Du siehst so hübsch darin aus, mein Junge. Du wirst einen solchen Erfolg haben bei den Studenten."

„Aber John zieht diese Dinger nicht mehr an ... schon

lange vor seinem fünfzehnten Geburtstag hat er damit aufgehört. Nur Kinder laufen damit herum, Mama."

Sie kneift ihn leicht in die Wange. Lächelt abwesend, als höre sie gar nicht richtig, was er sagt: „Mein unartiges, eitles Söhnchen. Vertrau' ein bißchen mehr deiner Mama. Denke daran, ich habe in Deutschland studiert. Ich glaube, ich kenne mich besser aus in den Sitten und Gebräuchen dort unten als du. Sei nicht so ungeduldig, mein Kind. In einem Jahr weißt du mehr vom Leben. Dann kannst du dich anziehen wie ein richtiger, junger Herr. Wenn du das *jetzt* tust, lachen die Leute nur über dich."

Er nickt unwillig, während sie ihm über das Unterhemd streicht und seine nackte Haut über dem Schlüsselbein berührt, bevor sie ihm hineinhilft in den neuen, dunkelblauen Kittel. Er spürt ihre kalten Hände. Ein unangenehmer, abgestandener Geruch kommt ihm aus ihrem Mund entgegen. Er sieht, daß sie glücklich ist, daß es etwas gibt, was sie über den Alltag erhebt, wie zum Beispiel, wenn sie den Klavierladen aufsucht oder wenn ihr Ole Bull einen Besuch abstattet. Er wird ihr Gesicht nie vergessen, als der Gott sagte, er solle nach Leipzig. Da kullerten große Freudentränen über ihre Wangen. Sie wollten sich gar nicht auflösen. Sie fielen als glänzende Glasperlen zu Boden. Synneva mußte sie zusammenkehren. „So Edvard. Jetzt bist du hübsch."

Er spürt, wie der Kragen in die Haut einschneidet. Sie schließt die letzten Knöpfe, zieht den Gürtel zu, knüpft ein Tuch um den noch übriggebliebenen Hals. Gerade noch, daß er Luft kriegt, aber er steht in strammer Habacht-Stellung und sagt nichts, wagt es nicht, sie zu enttäuschen, weiß, wie lange sie auf diesen Augenblick gewartet hat, diesen Augenblick, in dem er ernannt wird zum Botschafter ihrer Erwartungen. Sie küßt ihn weich und unerwartet auf die Wange, fast auf den Mund. Er spürt ihre Lippen auf seiner Haut wie lauwarme Bratäpfel.

Sie hat erreicht, was sie wollte. Er sieht aus wie ein kleines Kind. Unter ihren sorgenden Händen wird er nie wachsen. Sie blickt ihn streng an und sagt:

„Du bist ja mein Junge, Vardo. Nur meiner."

Er geht ein letztes Mal zu Ole-Olsen-i-Dalen, um sich zu verabschieden. Er möchte ihm so gerne von Ole Bull erzählen und von dem Großen, das jetzt mit ihm geschehen wird. Aber Ole Olsen ist nicht da. Das Scheunentor ist verschlossen, das Pferd ist weg.

Viele Jahre später wird er mir von der Reise erzählen. Er war ein Paket voller Träume. Ich sehe, wie er einen nach dem anderen hervorholt und sie vor das Gesicht hält, wie einen Regenschutz. Die Nordsee im Sturm. Eine Barke kämpft sich durch die Wellen. Sie bäumt sich auf, fällt und bäumt sich erneut auf, schüttelt sich unwillig über das Wetter, und Edvard sitzt unter Deck, gemeinsam mit einem der Geschäftsfreunde Alexander Griegs, dem aufgetragen worden war, den Jungen bis nach Leipzig zu bringen. Wir wollen ihn Rivertz nennen. Georg Anton Rivertz aus Modum. Spezialist für deutsche Beinprothesen, für die er hier in Norwegen eine Agentur hat. Er beobachtet den Weltfrieden mit einer steilen Kummerfalte auf der Stirn. Im geheimen wünscht er sich einen Krieg. Nicht einen grausamen und schrecklichen, am liebsten ein nettes, kleines Scharmützel an der Grenze zwischen Schweden und Norwegen, das geeignet wäre, das Wissen der Ärzte über Amputation zu erweitern. Ich erzähle von Georg Anton Rivertz, weil Edvard vergessen hat, mir von ihm zu erzählen. Aber jeder Augenblick im Leben eines Menschen ist heilig, und für einige Tage ist Georg Anton Rivertz ein Teil im Leben meines Edvard. Ist sein Begleiter und Beschützer auf dem Weg ins Ungewisse. Für mich ist er ein zurückhaltender, beleibter Mann, der gern ein Gläschen trinkt und mit dem Vergrößerungsglas in alten Büchern große Schlachten studiert. Dabei schaut er in regelmäßigen Abständen zu Edvard hinüber und fragt ihn, ob er hungrig sei und ob er Saft wolle. Ab und zu gehen sie hinauf an Deck und sehen sich den Sturm an. Sie halten sich im Türrahmen fest, wagen es nicht, hinauszugehen auf die glatten Planken. Rivertz hält Edvard hinter sich. Möchte nicht riskieren, daß der kurzfristige Pflegesohn ausrutscht und in den Wellen verschwindet. Salzwasser spritzt auf Rivertz' Brille. Wegen der Runzeln auf der Stirn sieht er immer unglücklich aus. Er spielt Bratsche in einen Amateurquartett. Er liebt Beethovens Rasumovsky Quartette, aber sie sind eine Prüfung für seinen schwachen Zeigefinger.

Abends sitzen der Alte und der Junge beisammen und unterhalten sich über die Welt. Rivertz erzählt Edvard von Deutschland, von den Städten, den Kirchen, den Pasteten, den Generälen, den Schnäpsen und dem Bier. Er besäuft sich in aller Ruhe vor Edvards blauen, unschuldigen Augen. Er beginnt jede Geschichte mit:

„Verstehst du, mein Kind ..."

Als sie schließlich nach Hamburg kommen, haben beide Neptun geopfert. Rivertz deutet auf die Kathedralen und Paläste. „Schau, mein Kind. Schau!" Sie gehen in das überwältigende Bahnhofsgebäude, und Edvard sieht zum erstenmal die großen Lokomotiv-Ungetüme, hört sie schnaufen und stöhnen, während sie lange Schwänze hinter sich herziehen, in denen Menschen sitzen. Für Edvard ist der Unterschied zur vertrauten Strandgate nicht allzu groß. Die scharfen deutschen Konsonanten. Die vielfältigen Gerüche. Die dicken Bäuche. Die Frauen! Mit kurzen Jäckchen und Krinolinen mit Seidenröcken. Schleifen mit verzierten Blumensträußen und Caméebroschen. Edvard erkennt den Geruch nach „Rowlands Macasseroil". Auch Rivertz nimmt die Düfte wahr, bleibt an einem hängen und murmelt: „*So* hat sie gerochen, meine selige Eline ..." Mit einem schmutzigen Taschentuch wischt er sich eine Träne ab und faßt Edvard am Arm, damit sie sich in dem Gewimmel auf dem Bahnsteig nicht verlieren. Auf großen Schildern stehen exotische Namen. Paris, Prag, Köln, Berlin, Dresden, Leipzig. Sie steigen in einen Wagen. Erster Klasse.

Gegen Abend kommen sie nach Leipzig. Edvard hat sich die Stirn am Zugfenster plattgedrückt und hat gesehen, wie eine flache und fremde Landschaft mit wahnsinniger Geschwindigkeit von dem Zug erobert wurde. Er hört das gewaltige Schlagen der Räder beim Überfahren von Weichen, er sieht deutsche Bauern auf ihren Äckern, die Frauen mit großen Kopftüchern und die Körbe voller Früchte. Er sieht Kartoffelfeuer weit weg in der diesigen Luft, durch die die Sonne nicht zu dringen vermag. Der Rauchgeruch kommt durch die Zugfenster herein und vermischt sich mit Rivertz' süßlichem Pfeifentabak. Der Zug hält in kleinen, engen Dörfern, Krüppel laufen auf der Station herum und brüllen mit Schaum vor dem Mund. Edvard muß an die siamesischen Zwillinge denken und an die Zwerge. Er hält Ausschau nach Negern, aber er sieht keine, nur rotbackige, deutsche Gesichter mit den gleichen zwinkernden Augen wie sein Vater. Papa! Ein Stich von Heimweh macht alle Eindrücke zunichte. Alexander Grieg im Rosengarten. Gesine am Klavier. John am Cello. Die Schwestern mit dem Nachmittagstee unter den Gartenschirmen. Mit verzweifeltem Blick schaut er Rivertz an. Der alte Mann versteht und tätschelt ihm die Hand.

„Na, na. mein Kind. Das wird dir schon noch gefallen ... warte nur ..."

Aber Leipzig ist ein dunkles Labyrinth. Sie steigen aus dem Zug, und Edvard wittert die fremden Geräusche hinter den dicken Mauern. Die Häuser sind hoch und düster. Die Straßen eng. Der Laut klappernder Pferdehufe auf dem Pflaster läßt ihn schwindlig werden. Er muß an Begräbnisse denken.

Rivertz kennt sich aus. Irgendwo in dieser fremden Welt ist eine Adresse, wo er neue Beinprothesen holen soll. Aber zuerst nimmt er Edvard am Arm und führt ihn in die Altstadt. Eine rauhe Luft zwischen den Mauern, die Menschen unterwegs zu ihren Häusern. Ab und zu ein eiliger Beamter mit Akten unter dem Arm im Schein der Laternen. Botenjungen mit riesigen Karren, mit denen sie kaum um die Straßenecken biegen können. Reich verzierte Türschilder. Gasthaus. Café. Hotel. Pensionat.

Pensionat. Rivertz bleibt mit einem Zettel in der Hand stehen. Edvard betrachtet das Gebäude. Hoch und schmal, schwere Gardinen in den Fenstern. Dunkle Zimmer. Nur in der Rezeption brennt Licht.

Ich kann meine Augen nicht abwenden von dem fünfzehnjährigen Edvard in der finsteren Straße. Ich glaube, seine Augen glänzen wie im Fieber. Er ist müde von der Reise. Verdreckt. Er gähnt, obwohl er angespannt ist und ängstlich. Ist dieses kleine Haus in der engen Gasse das Ziel der Reise? Sie gehen hinein.

Ein Haus mit gelben Tapeten. Mit halbhohem, dunklem Holzpaneel. An den Wänden hängen Jagdtrophäen, Bilder von Enten im hohen Schilf, ein Fuchspelz. Im Kamin flakkert es schwach.

Der Herbst kommt nicht mit dem Wind. Der Herbst kommt aus der Tiefe unserer Häuser, aus den dunklen Ekken hinter den Stühlen, aus den dicken, roten Samtgardinen. Der Herbst, das ist nicht Kälte. Der Herbst, das ist Einsamkeit.

Ein Mann kommt aus einem Hinterzimmer. Wie soll ich ihn beschreiben? Ich weiß, daß er ein echter, sächsischer Oberpostsekretär ist, aber dieser Titel sagt mir nichts. Deutlicher ist das Hemd, das er trägt, die Haut seiner Handflächen. Ich sehe, daß er dick ist, ein Anhänger von Eisbein mit Kraut, von Fett und Pfeffer, dazu das stärkste Bier Leipzigs. Er hat ein grobes Mundwerk, aber er ist nett zu seiner Frau. Wenn er getrunken hat, bläst er deutsche Lieder auf dem Horn. Dazu trampelt er den Takt, daß man die Abdrücke auf dem Fußboden sieht. Unter seinem Rezeptionstisch oder in der Küche hat er den Hund, eine Mischung aus Schäfer und Dobermann, die aussieht wie eine Blutwurst und schlecht aus dem Maul riecht, aber Katzen mag.

Und das Hemd? Und die Haut auf den Handflächen? Und die Nase?

Das Hemd ist weiß, unter einer fleckigen, braunen Weste. Die Haut der Handflächen ist fett und schrundig. Der Handrücken dicht bewachsen mit schwarzem Haar.

Ich beschreibe ihn so genau, weil er viele Jahre ein Teil von Edvards Alltag ist. Jetzt streckt er den Arm aus und drückt die Hand des Jungen mit einer gefühllosen Kraft, daß es weh tut.

„Willkommen. Ich habe den Brief Ihres Vaters erhalten. Das Zimmer Nummer 12 ist für Sie gerichtet. Mein Name ist Schrinke. Der Hund heißt Lodl. Wir hoffen, daß Sie sich hier wohlfühlen werden."

Rivertz geht noch mit Edvard hinauf, um das Zimmer zu besichtigen, aber er hat wenig Zeit, er muß seine Beinprothesen holen und am selben Abend weiterfahren nach Berlin.

Diese Ankunft. Die Geräusche aus dem Speisezimmer, in dem die anderen Pensionsgäste sitzen und den Nachtisch schlürfen. Edvard wagt es nicht, einen Blick hineinzuwerfen. Er ist satt, fast ist ihm übel, aber Schrinke hat das Essen für ihn aufgehoben. Zimmer Nummer 12. Schrinke hat für seinen neuen Gast eingeheizt. Es ist viel zu warm. Die Tapete wieder gelb. Das Holzpaneel wirkt schmierig. Ein Tisch, ein Stuhl, ein Bett, eine Kommode mit Waschschüssel und Kanne. Ein hoher, dunkel lackierter Eichenschrank.

Rivertz verabschiedet sich. Streicht Edvard über den Kopf. Edvard in dem blauen Kittel. Schluckt, dienert, dankt für die Begleitung. Schrinke und Rivertz verlassen Edvard. Jetzt ist er allein in seinem Zimmer. Jetzt sind nur noch die fremden Geräusche um ihn. Auf der Straße die Laute von Menschen, von Wagenrädern, manchmal ein Pferd. Er ist unfähig, den Koffer auszupacken, den er und Rivertz durch die Straßen geschleppt haben. Das Zimmer verschwindet im Nebel. Er heftet seinen Blick auf irgendetwas oben an der Wand, begreift zuerst nicht, was er sieht, aber als er es begreift, bricht endlich der Damm, und Weinkrämpfe kommen wie eine Wohltat. Auf der gelben Tapete hängt ein Geweih. Ein Hirschgeweih.

Über Edvards Kindheit habe ich nichts mehr zu erzählen. Nur das noch: am nächsten Tag zieht er den hübschen, dunkelblauen Kittel an, den Gesine ihm vor seiner Abreise aus Bergen gekauft hat. Er hat fast die ganze Nacht geweint, doch schließlich fiel er in einen tiefen Schlaf und wurde davon geweckt, daß Schrinke an die Tür pochte. Das Frühstück ist fertig. Jetzt hat er gegessen und festgestellt, daß an einer Stelle über den Hausdächern die Sonne ist. Er hat nicht mehr so viel Angst. Er ist bereit für seinen ersten Tag auf dem Konservatorium. Der Gedanke, daß seine Mutter auch hier gewesen ist und vielleicht genau das gleiche erlebt hat wie er, hilft ihm. Gestern sagte Schrinke tröstend:

„Sehen Sie, mein lieber Grieg, das ist ja dieselbe Sonne, derselbe Mond, derselbe liebe Gott wie bei Ihnen zu Hause!"

Edvard in den Straßen von Leipzig. Eine Karte, von der Mutter gezeichnet, weist ihm den Weg zum Konservatorium. Er sieht die hoch aufragende Thomaner-Kirche, und er denkt an Bach, der hier gelebt hat. Dann denkt er an Mendelssohn, und an Reinecke, von denen Gesine so viel geredet hat.

Er sieht aus wie ein kleiner Junge, von bescheidenem Wuchs, kindlich. Die steife Anmut der Kinderkleidung. Das Haar nach hinten gestrichen. Eine Mappe mit unberührten Notenblättern unter dem Arm. Eine Schreibfeder, die ihm Gesine geschenkt hat, ein Taschentuch, Löschpapier, ein Buch über Musiklehre.

Er folgt den Pfeilen auf der Karte, rennt gegen gewaltige Frauenzimmer, die schwere Körbe auf dem Rücken tragen und scharf nach Schweiß riechen, gegen gebrechliche Schreiber mit Ekzemen und schmierigen Schnurrbärten, die mit ihren Skeletten daherklappern und „Au" schreien, wenn ihnen Edvard mit der Karte vor den Augen in den Bauch stößt. Zerstreut blickt Edvard ab und zu auf, um zu überprüfen, ob er noch richtig ist. Es ist nicht sehr viel anders als in Bergen, denkt er. Es ist ein eigener Geruch in diesen Straßen. Der Geruch nach Fleiß, Handel und dreckigem oder blank geputztem Geld.

Er geht durch ein Tor und kommt hinaus auf einen Platz. Ist *das hier* das Konservatorium? Ein ländliches Haus mit Holzzaun vor einem kleinen Garten? Vor der Haustüre in der Sonne eine Katze, ein Apfelbaum mit roten Früchten? Edvard stellt mit stiller Freude fest, daß Gesine falsch gezeichnet hat. Er dreht sich um und da, etwas weiter drüben auf dem Platz, liegt das große, vierstöckige, weißgekalkte Gebäude, das ihm zeigt, daß Leipzig eben doch absolut nicht Bergen ist. „Conservatorium der Musik". Ein Königsschloß ohne Himmelbetten, Gobelins und militärische Wachen, aber mit Musikinstrumenten, Notenblättern und Professoren! Er hört die Laute aus den Übungsräumen. Eine Sprache, die er versteht. Beethovens opus 10 Nr. 3. Mendelssohns Klaviertrio in d-Moll. Wenn er weiter nach links geht: Mozarts spätes B-Dur Konzert, ein bißchen zu schnell gespielt, hoi, da ist er drausgekommen. Um die Ecke: Arien von einem tiefen Bariton. Aus dem dritten oder zweiten Stock? Das Lied vermischt sich mit ... Quartett? Eine einsame Klarinette von einem der Räume oben unter dem Dach, und *da*! Irgendwo im Gang! Schumann!

Ich bin kein Musiker. Einer, der kein Musiker ist, kann unmöglich diese einzigartige Sprache beschreiben, in der sich Musiker unterhalten können. Die Sprache der Töne, der Harmonien. Edvard hat versucht, mir den himmelweiten Unterschied von Mendelssohn und Schumann zu erklären, aber ich kann ihn nicht hören. Ich weiß nur, daß Edvard einmal, als wir uns gestritten hatten und schlechter Laune waren, Schumann zitierte. Er sagte: „Verdammt nochmal, du ... du ... Ich hätte gute Lust, jetzt zitiere ich Schumann, es mit Musik zu sagen. Nur die Musik vermag unser inneres Leben auszudrücken." Ich beruhigte ihn mit einer Liebkosung. Die Hand, das war mein Trumpf, sie gewann jedesmal über die Musik. Oh Verzeihung, ich schweife ab. Das große, weißgekalkte Haus. Edvard geht hinein, läßt sich von Schumanns symphonischen Etüden lenken. Er hat sie selbst gespielt. Was zieht ihn so sehr zu diesem Komponisten, der zwei Jahre zuvor sein Leben in einem Asyl für

Geisteskranke beendet hatte, der sich in seine neunjährige Schülerin Clara verliebte, auf sie wartete, bis sie alt genug war und der große Streit losbrach, als Claras Vater, Friedrich Wieck, das Verhältnis entdeckte und vor Wut schäumend gegen eine undurchdringliche Mauer der Liebe anrannte. Fünf Jahre lang! Schumanns Geist, von diesem Konflikt zerrüttet, seine zunehmenden Gehörhalluzinationen, der Ton „a", der ihn dauernd verfolgte, seine Wut gegen leere Phrasen und Redensarten, die ungewöhnlichen Harmonien, die in seiner Musik lagen, als er über seine Schmerzgrenze getrieben wurde, sich in den Rhein stürzte, es überlebte, ohne aber je wieder ein Teil der Welt zu werden. Edvard ist überschwenglich vor Begeisterung. Sein erster Tag allein in Leipzig. In der Welt. Er steigt langsam ein paar Treppen hinauf, kommt in einen Gang. Ein Schwall von Tönen um ihn, aber er hört nur Schumann, Schumann, Schumann, so als hätten nur diese Harmonien die Kraft, seiner eigenen, inneren Zersplitterung Geborgenheit zu geben. Er steht völlig abwesend vor der Tür, aus der die Töne kommen, wird in die Töne hineingezogen, wieder dieses Gefühl, zu fallen. Da öffnet sich eine andere Tür, auf der anderen Seite des Ganges. Gelächter, Zigarrenqualm, aufgeregtes Summen. Ein Oktett von Studenten verläßt den Aufenthaltsraum. Edvard dreht sich zu ihnen um, die Mappe gegen die Brust gedrückt. Wie klein er ist. Wie blaß. Blaue Augen wie bei einem Säugling.

„Ein Kind!" rufen die Studenten, und ein wüstes Gelächter fegt durch den Korridor. Der letzte Rest von Robert Schumann geht darin unter. Edvard wird umringt von deutschen Musikstudenten, Essenskrümel hängen ihnen noch in den dünnen Schnurrbärten.

„Ach wie ist er niedlich in seinem Kleidchen."

„Ein neues Wunderkind aus Salzburg? Ha ha ha!"

Sie nehmen ihn bei der Hand und führen ihn in das Musikzimmer.

„Wie heißt du denn, Kleiner?"

Edvard unterscheidet keine Gesichter, er sieht nur acht

weiße Puddinge, die vor seinen Augen einen Kriegstanz aufführen. Was soll er zu acht plappernden Puddingen sagen?

„Edvard ... ich heiße Edvard Grieg."

Die Puddinge sind entzückt. „Ja so etwas, sprechen kann der Knirps auch! Wo hast du denn das gelernt! Sooo ein kluuuges Kerlchen!?"

Ein Pudding hat ihn sich auf den Schoß gesetzt. Edvard spürt, wie der Kragen um seinen Hals enger wird. Er bekommt kaum Luft. Es wird ihm schwarz vor Augen. Der Pudding hat spitze Knie und Fischbein, er wippt ihn auf und ab.

„Hoppe hoppe Reiter, wenn er fällt dann schreit er ...!"

Das Gelächter schlägt über ihm zusammen wie das schmutzige Hafenwasser in Bergen. Er hört die Laute von Tanks Schule. Wahl und Schreiner haben ihn bis nach Leipzig verfolgt. Er sieht ihre Münder, er hörte ihre Stimmen: „Mosak! Mosak! Mosak!"

Er ist zwar jung, aber nicht so jung, um nicht gelernt zu haben, daß das Alte immer wiederkommt. Leipzig *ist* Bergen. Die Stadt des Schreckens. Alles ist nur viel größer. Ein Oktett aus Puddingen. Aber er will nicht heulen, er will nicht. Eine Stimme durchdringt das Schreien und Lachen:

„Schluß jetzt."

Edvard kann wieder sehen. Die Stimme war dänisch. Er dreht sich um.

Da steht Christian Frederik Emil Horneman.

Horneman und Edvard in den Straßen von Leipzig. Sie waren in einem Geschäft für Herrenkonfektion. Edvard hat sich ein weißes Hemd, Seidenweste, Wolljacke, Manschettenknöpfe und Schleife gekauft. Gesines Kittel ist auf dem Weg zu einem Bauernhof vor der Stadt, ein altes, abgerakkertes Weiblein hat ihn mitgenommen für einen neunjährigen Buben, der auf dem Hofplatz mit seiner Schwester spielt und nur ein sackähnliches Gebilde anhat.

„Trinkst du Bier?" fragt Horneman, dieser kraftstrotzende Bursche, und legt einen Arm um die Schulter seines neuen Freundes.

„Ja", sagt Edvard ernst. Dann fängt er plötzlich an zu lachen.

„Was lachst du denn, du verrückter Norweger?"

Edvard kann nicht antworten. Er schwebt auf einer Wolke. Er spürt das weiße Hemd auf der Haut. Kleider, die atmen! Die Schleife ist lässig um den Hals gebunden. Die Jacke paßt ausgezeichnet.

Ich möchte an dieser Stelle die Geschichte von Edvards Kindheit abschließen. Horneman und Edvard auf dem Weg zu ihrem ersten gemeinsamen Bier in einer der Kneipen von Leipzig. Es ist Oktober geworden. Niedrige, schwere Wolken ziehen über die Dächer der Stadt. Der Wind ist frisch. Horneman und Edvard haben tausend Dinge zu bereden. Ein kleiner Norweger und ein breiter Däne. Ihr erstes Gespräch sollen sie ungestört führen können.

II

Im Laufe der Nacht hat es geschneit. Wie mit Mehl bestäubt sehen die Hausdächer aus. Edvard kann jedenfalls nicht glauben, daß der Schnee echt ist, wie er so am Fenster seines Pensionszimmmers Nr. 12 steht und hinaufblickt zum Himmel, dann hinunter auf die Straße, wo man die übriggebliebenen Flaschen, Fackeln und sonstigen Freuden der Neujahrsnacht noch nicht vom Pflaster entfernt hat. Menschen sind unterwegs, sie wollen hinaus aus der Altstadt, zum Marktplatz und in die Parks. Die soliden Bürger der Stadt wollen das neue Jahr mit einem Spaziergang beginnen. Es ist das Jahr 1860. Die ganze Welt scheint nach Leipzig zu strömen. Die Stadt wächst unaufhörlich. An ihren Rändern werden große Fabriken für neue Industrien gebaut. An diesem Morgen, an dem Edvard hinter der Fensterscheibe seiner Pension steht und das Leben auf der Straße beobachtet, verlassen viele sächsische Bauern ihre Höfe und begeben sich in die Stadt. Hier ist Arbeit, hier sind die Häuser geheizt, hier ist ein Weinkeller, den der Teufel persönlich besucht hat, wie man in Goethes Faust nachlesen kann. Und in weit entfernten Ländern sitzen ganze Familien um den Frühstückstisch und erörtern die hoffnungsvolle, musikalische Zukunft ihrer Sprößlinge. Leipzig ist das Wort, die Formel, der Weg zum Glück. Hier wandelte der große Meister Johann Sebastian Bach mit seinen vielen Kindern und begleitete das Kirchenjahr mit seinen wöchentlichen Kantaten. Hier saßen die Professoren und wußten mehr über Beethovens Musik als der Meister selbst. Denn Leipzig ist auch eine Stadt der Bücher. Alles, was Bedeutung hat im Leben, ist aufgeschrieben in dem einen oder anderen Buch. Edvard wohnt jetzt hier ein Jahr und hat selbst das Gefühl, an zunehmender Kurzsichtigkeit zu leiden. Trotzdem erkennt er Horneman dort unten auf der Straße. Er hat einen viel zu schweren, bis zu den Knöcheln reichenden Wintermantel an und sieht aus wie ein gutmütiger, aber etwas heruntergekommener Bernhardiner. Edvard merkt an seinem Gang, daß er von einem Neujahrsfest kommt. Er lächelt still und zieht sich zurück ins Zimmer, holt eine Flasche Wein aus dem Schrank. Dazu zwei Gläser, die er auf das kombinierte Arbeits- und Salontischchen stellt.

Horneman auf der Treppe. Was für ein Getöse! Dann stürmt er herein in Griegs Zimmer, noch umgeben von dem verlockenden Duft nach Champagner, wirft Schal und Hut, Schweiß und Wärme von sich, umarmt den Freund mit seinen haarigen Pfoten:

„Gutes Neues Jahr, mein geliebter Norweger."

Danach läßt er sich auf das noch nicht gemachte Bett fallen. Schwenkt die Arme. „Wein, lieber Freund. Sorg' dafür, daß dieser Rausch mich noch nicht verläßt. Geschwind, geschwind!" Edvard schenkt ein und reicht ihm das Glas. Schüttelt den Kopf, versucht sich scherzend mit Gesines Leier.

„Du solltest dich schämen."

„*Du* solltest dich schämen", gröhlt Horneman zurück. Versucht, den Wein im Liegen zu trinken, verschüttet, flucht, erhebt sich wieder. Trinkt aus, gießt sich selbst wieder ein, trinkt. Edvard starrt fasziniert auf seine üppigen, feuchten Lippen. „Wo warst denn *du* heute Nacht? Was? Wie bitte? Bist *hier* gesessen? Verrückter Bauernschädel. Und *ich* in der Forelle, zusammen mit den Puddingen und ein paar von diesen Philistern. Was tut man in einer so langweiligen Gesellschaft? Man trinkt Sekt, mein Freund. Oder Weißwein, die mit den süßen, obszönen Namen. Meine Mitreisenden auf der Ballonfahrt waren natürlich nicht bereit, über etwas anderes zu reden als über das Stimmen von Klavieren oder über vierstimmige Fugen. Pfui Teufel nochmal. Du hättest mich sehen sollen, du kleiner Bauernschädel, als ich ungefähr um drei Uhr nachts eine Freudenkantate auf die unendlichen Weinkeller Leipzigs zu komponieren begann, zu Ehren des Herrn Professor Mephisto. Der Professor für menschliche Freude, Ausschweifung und Untergang. Amen! Und ich ... ich ... hast du keinen Wein mehr? ... das Ganze instrumentiert mit vierzehn weiblichen Harfen, vierundzwanzig französischen Violinistinnen, drei italienischen und ebenso weiblichen Bratschen und einem vollständigen norwegischen Männerchor von der Sorte, wie du mir erzählt hast. Dazu ein schöner, römischer Jüngling mit Flöte, wie findest du das?"

„Großartig", sagt Edvard und versucht, mit dem Freund Schritt zu halten. Er hat noch nicht gefrühstückt, und der Wein steigt ihm direkt in den Kopf. Horneman schmollend:

„Du hättest mir bei der Notation helfen können, du aufgeblasener Bergenser."

„Halt den Mund, Bierbauch. Mir war das in dieser Nacht schon genug." Edvard reicht ihm ein Notenblatt. „Freilich nicht so pompös wie *deine* Kantate, aber immerhin gedacht für eine weibliche Stimme."

Horneman brummt, jetzt ernsthaft. Ich kenne nichts Komischeres als Musiker, die Notenblätter in der Hand halten, lesen, summen, sich gebärden. Griegs Versuch eines deutschen Liedes, „Siehst du das Meer". Leise murmelnd und mit dänischem Akzent.

„Gar nicht schlecht, aber überhaupt nicht norwegisch. Verdammt, hast du wirklich keinen Wein mehr?"

„Richter akzeptiert nur deutsche Musik. Notfalls einige italienische Opern. Mir geht das hier alles auf die Nerven. Diese verstockten, alten, konservativen ..."

„Weiter, weiter", grinst Horneman. „Endlich hast du etwas gelernt."

„Ja, daß ich nichts *gelernt* habe, daß ich auf diese Weise weder etwas lernen will noch kann."

Mein Edvard ist bereits betrunken. Der zarte Körper braucht nur ein paar Schluck Wein, um an Bord des „Ballons" zu kommen. Seit über einem Jahr hat er jetzt sein Kindsein abgelegt, hat sich buchstäblich aus der Puppenlarve befreit. Der drei Jahre ältere Horneman ist zu seinem geistigen Führer geworden. Jeden Nachmittag nach dem Unterricht unternehmen sie lange Spaziergänge und reden über die Zukunft der Musik mit dem ihrem Alter gemäßen Ernst. Hornemans Vater ist ein Komponist, der Schumanns Anerkennung erhalten hat. Horneman fühlt sich im Zentrum des Geschehens, dieser gewaltige Kampf im deutschen Musikleben zwischen dem Alten und dem Neuen und bald auch der Kampf zwischen dem Neuen und dem Neuen, zwischen Brahms und Wagner, der zu Massenaufzügen in den Straßen führen sollte.

„Ich würde es hier nie aushalten, wenn nicht das Gewandhaus wäre." Horneman versucht, ein letztes Tröpfchen Wein aus dem Glas zu holen. „Weißt du, daß heute Matinee ist!"

Edvard hellwach: „Welches Programm?"

Horneman mit einem sarkastischen Lachen: „Schumann. Der Geisteskranke."

„Ja, dann gehen wir doch und hören uns ein bißchen geisteskranke Musik an."

Horneman lacht wieder, gewöhnt sich nie an die eigentümlichen Intervalle in Edvards Bergenser Dialekt. Übt sie, so oft er kann. Zieht die Vokale bis zur Unerträglichkeit in die Länge. Edvard findet sich damit ab. Er hat sich in Hornemans Arme geworfen so wie er sich vor nicht langer Zeit an Gesine klammerte. Er lebt für diese Augenblicke der Vertraulichkeit. Horneman und Edvard allein gegen die übrige Welt. Zu später Nachtstunde haben sie ihr Blut vermischt:

„Ich schwöre, bei dem heiligen Geist, daß ich nie meinem Ruf untreu werde, den Geist von Robert Schumann hier auf Erden weiterleben zu lassen."

Und kurz darauf, unter lautem Gelächter: „Damit wir schließlich alle unzurechnungsfähig werden." Und sofort wieder ernst: „Auf daß nur der eine, schmerzensreiche Ton bleibt."

Dann haben sie sich in einer noch innigeren Zusammengehörigkeit vergraben, eine Erweckung für Edvards inneres Leben. Er hat einen Menschen getroffen, der sich über die gleichen Dinge freut wie er, den die gleichen Dinge traurig machen, obwohl er aus einem ganz anderen Land stammt, einer ganz anderen Natur, ohne hohe Berge und Felespieler mit grünen Augen. Flüchtig fällt ihm ein, daß seine Kusine Nina und ihre Familie jetzt in Dänemark leben. Er hat sie sich in einem Pfefferkuchenhaus vorgestellt, mit einer Stickerei in den Händen, artig mit ihrer Mutter konversierend. Jetzt, nachdem er Horneman getroffen hat, stellt er sich vor, daß sie eine herumreisende Primadonna beim Theater ist, daß sie auftritt in einer viel diskutierten Version von „Et Fjeldæventyr"[2].

Matinee im Gewandhaus. Die sechs Kronleuchter mit den runden Kugeln sind angezündet. Oben in den Logen, die den Saal umkränzen, sitzen mit vom Weihnachtsbraten prallen Bäuchen die Kaufmanns- und Beamtenfamilien. Unten im Saal sitzen junge, blasse Frauen und fächeln mit kleinen weißen Taschentüchern. Alle warten auf ein Klavierkonzert von Schumann, um da ihre eigenen inneren Gefühlsstürme in den Tönen verstecken zu können. Oder um an Torten zu denken, die sie noch nicht gegessen haben. Als Edvard zum erstenmal diesen Saal betrat, war er überrascht von der Disziplin des Publikums. Sie redeten nicht während der Sätze. Sie kommentierten nicht lautstark Anzug und Aussehen des Solisten, sie hatten kein Strickzeug mitgebracht. Sie hörten zu. Gewiß, einige schliefen. Aber wenn sie zu schnarchen anfingen, gab es immer einen Nebenmann, der darauf achtete, sie zu wekken. Gewandhaus. In diesem Saal hat Edvard schon große Begegnungen mit sich und der ihn umgebenden Welt gehabt. Die Musik hat ihn über die körperliche Begrenztheit erhoben. Er hat Beethovens neunte Symphonie mit vollem Orchester und Chor gehört. Er hatte den Eindruck, mit der ganzen Menschheit zu verschmelzen, repräsentiert durch all die, die an diesem Abend den Saal füllten. Er stieg empor und über sich hinaus. Er war gebannt von einem größeren Ernst, von einer größeren Freude. Und als er sich zu Horneman drehte, merkte er, daß der Freund es ebenso empfand. Sie nahmen sich bei der Hand.

Diesmal ist es anders. Diesmal ist es Schumann. Horneman ist seit zwei Tagen betrunken und überdreht, voller Unruhe. Edvard gerade betrunken auf leeren Magen. Das ist fast dasselbe. Diese Musik ist nicht großartig, nicht geeignet, die Menschheit zu vereinen. Diese Musik ist der Weg hinein in eine große Einsamkeit. Sie ist Ausdruck des Lebens, das nicht leben darf. Des beschmutzten Lebens, des Lebens im Verborgenen. Warum wird Edvard von diesen Tönen angezogen, diesen kühnen Harmonien und Modulationen? Was hat er erlebt, das ihn befähigt, einen solchen Ruf aus der steinigen Landschaft des Schmerzes zu verstehen, zu empfinden?

Hinter der Absperrung ist der Konzertflügel geöffnet, wo die Musiker sitzen, Clara Wieck kommt herein, begleitet von Skandal und Bewunderung. Ich weiß, daß Edvard sie viele Jahre später getroffen hat, als sie mit eisernem Griff den unglücklichen Brahms festhielt, der sie auch fleischlich liebte, aber vergebens, und der, weil *er* nicht geisteskrank wurde, ihr unerreichbares, körperliches Vorhandensein jahrezehntelang aushalten mußte.

Clara Wieck, ich will sich nicht Clara Schumann nennen, ist schön, wie man es von Personen auf einem dunkel gewordenen, getönten Gemälde kennt. Sie hat über ihn, ihren geisteskranken Mann, die letzten beiden Jahre nach seinem Sturz in den Rhein gewacht. Sie setzt sich an das Klavier, ohne auf das Wohlwollen des Publikums zu reagieren. Sie nickt dem Kapellmeister zu und schlägt die ersten Akkorde des a-Moll-Konzertes an.

Horneman ist bereits hinüber. Er verschließt gepeinigt das Gesicht. Beim erstenmal, als er diese Musik hörte, rief er aus: „Von wem ist das? Schu-mann? Na das ist doch ..." Und dann: ein völlig veränderter Gesichtsausdruck. Wie ihn Edvard jetzt sieht, das allzu Nackte und Wahrhaftige im Gesicht des Freundes. Die Sehnsucht, alle Schmerzen dieser Erde kennenzulernen, ein ganzer Mensch zu werden.

Durch diese schönen und wehmütigen Töne hört Edvard die Schreie aus einem Irrenhaus. Es ist der Neujahrstag 1860. Edvard und Horneman in ihrem geliebten Gewandhaus. Clara Wieck am Klavier, in einem schwarzen Satinkleid, die Hände weich und bestimmt, die Augen auf eine Stelle des Instruments geheftet, ohne sie aber zu sehen. Sie ist völlig darauf konzentriert, einen Geist zu beschwören. Sie ist darauf konzentriert, den Schmerz wirklich werden zu lassen.

Und hinterher, in der Forelle, wo die vom Champagner geprägten Ausschweifungen der Neujahrsnacht ersetzt werdern durch schwere Krüge mit hellem und dunklem Bier, wo die blassesten Puddinge des Konservatoriums und die talentiertesten Philister nie hingehen. Betäubt von all dem Staub der Professorenmäntel sitzen nun Edvard und Horneman in einem erregten Gespräch vertieft, rauchend und leidenschaftlich gestikulierend, vor ihrem Bier. Edvard klein und bleich von dem gewaltsamen Leben, aber tapfer bemüht, Horneman ebenbürtig zu sein, mit den wilden Armbewegungen und mit der gleichen Sehnsucht nach Rauschmitteln zur Dämpfung der inneren Aufgewühltheit.

„Hast du sie in der Durchführung gehört? Mein Gott Edvard, was ist bloß an dieser Musik, das ..." Horneman führt den Satz nicht zu Ende. Er versucht stattdessen, das eben Gehörte zu summen. Um ihn werden deutsche Lieder von Lotte und Heinz gesungen. Oben auf einem Podium macht sich ein kleines Orchester bereit für eine Neujahrspolka. Der Saal platzt fast vor gärendem Bierdunst. Horneman gibt sein Singen auf und muß jetzt fast schreien, damit Edvard ihn versteht:

„Dieser unerträgliche Druck ... hier oben ... im Kopf. Hast du das nie, Edvard? Und da wird es enger ... immer enger ... und du ... hast keinen Platz mehr ... wirst hinausgedrückt ...

außerhalb ... und da ... bleibt nichts .... übrig ... nur ein glänzender ... runder Ton ... der nicht ... der nie vergeht ... der immer ... in dir bleibt ..."

Edvard schüttelt verzweifelt den Kopf. Er hat das nicht so erlebt, aber er will seinen engsten Freund nicht belügen. Horneman schaut ihn an, völlig abgekämpft im Gesicht.

„Genau so, Edvard! Ein glänzender, runder Ton ... der mit dem Kopf schüttelt, der sagt ... nein ... du wirst nie ..."

Das Bierglas, das er in der Hand hält, zersplittert. Edvard sieht, aus nächster Nähe, Hornemans Finger, die Glassplitter, die sich in die Haut zwischen den Fingern bohren, das Blut, das sich mit dem Bier vermischt.

„Sag' etwas, Emil! Herrgott, so sag' doch etwas!"

Aber Horneman sitzt nur da, die Hand in der Luft, und schaut zu, wie das Blut herausläuft, wie es auf die Tischplatte tropft und sich die Glassplitter rot färben. Vom Nachbartisch ruft einer dem Orchester zu:

„Fangt an, Kameraden. Spielt einen ordentlichen Walzer!"

Edvard hat plötzlich den riesigen Atlantik im Kopf. Unerträglich salzig, spiegelblank und still. Er versucht zu lächeln, begreift nicht, warum er rutscht, rutscht, merkt nicht, wie die Tischplatte die Stirn trifft.

Edvard hat die Augen geschlossen. Am liebsten würde er für immer in diesem dunklen Wald bleiben. Es riecht nach Moos, genau wie auf Landås. Der Wind spielt in den riesigen Kronen der Laubbäume. Rauschen, Wind. Rauschsch ... Schlägt da jemand? Mit dem Keilhammer auf Granit? Die Bäume fallen um. Vom Himmel herunter fällt das Licht. Und da, direkt vor ihm, beinahe unter ihm, sitzt Plaidy. Louis Plaidy. Ein pedantisches, kleines, glatzköpfiges Männchen. Edvards Lehrer für Kammerklavier. Verwundert guckt Edvard hinunter zu ihm, sieht, wie er gestikuliert und sich aufführt, der Mund mit den farblosen, etwas zu straffen Lippen öffnet und schließt sich. Edvard hat plötzlich das Gefühl, daß er versteht. Nach siebzehn Monaten mit Czerny-Etüden und Plaidys ewigem Bibelspruch: „Immer langsam, stark, hochheben, langsam, stark, hochheben!" Edvard sieht das jetzt ganz klar. Das ist nichts anders als Krämpfe, nachlassende Dünung, Leben, das versickert. Der Mund, der sich öffnet und schließt, öffnet und schließt. Die dicken Finger, die so emsig die Tasten bearbeiten. Rasende Tonleitern. Auf und ab. „Stark! Hochheben!"

Das kleine Männchen erhebt sich, deutet auf die Noten, tritt zur Seite, und Edvard setzt sich auf den Stuhl, aufgewärmt von Plaidys Hintern. Eine Sonate von Clementi. Edvard hat jetzt den dunklen Wald vergessen. Er befindet sich jetzt ausschließlich im zweiten Stockwerk des Leipziger Konservatoriums, wo der Klavierunterricht stattfindet. Edvard beginnt, nach Plaidys Anweisungen zu spielen. Eine Sonate von Clementi. Edvard versucht die Noten aufzufassen, aber er sieht nur die straffen Lippen und den Mund, der sich öffnet und schließt, und sucht nach einem Hauptthema. Aber ein Hauptthema gibt es keines. Nur Lippen, Nägel, Augenbrauen, kurze, kleine Härchen auf weißer Haut. Die Tasten fühlen sich fettig an. Edvard spielt.

Ratti ratti tatti ratti.

Plaidys eiförmiger Kopf wirkt hart gekocht und unbeweglich. Der Mund öffnet sich nicht mehr. Vielleicht hat er endlich ... denkt Edvard erleichtert.

Ratti ratti tatti ratti, noch einmal.

Muß darauf achten, das Tempo zu halten. Eins zwei drei vier eins zwei drei vier. Nie vier und einhalb, nie fünf. Nie zwei drei eins vier, oder umgekehrt. Plaidys Augen weiten sich.

Ratti ratti tatti ratti. Hoppla! Da greift er daneben. Ein Zeigefinger trifft ein G statt ein Gis. Plaidys Reaktion ist fürchterlich, unbeherrscht. Sein Körper bebt. Plaidy läßt eine Hand auf das Notenstativ niedersausen, packt mit einer Hummerklaue die Clementi-Sonate und wirft sie in hohem Bogen durch den Raum. Edvard fühlt sich unsäglich erleichtert. Plaidy ist äußerst erregt. An seinem Hals springt eine Ader hervor. In ihm geschieht irgendetwas mit gewaltiger Geschwindigkeit. Eine sehr schnelle Etüde, gemacht für das Üben des Zeigefingers oder des zweiten Fingers, wie es in der Sprache des Fingersatzes heißt.

„Geh' heim und übe! Geh' heim! Heim! Hören Sie!"

Heim. Das Wort trifft Edvard voller Geruch und Geschmack. Ein Tal zwischen sieben Bergen. Eine Stadt. Gesine und Alexander Seite an Seite am Klavier. Die fürchterlichen Cellotöne des Bruders. Was in aller Welt macht er *hier*? Er schaut Plaidy an und nickt. Plaidy ist Ausdruck der absoluten Vernunft.

„Sie müssen ein Erzfeind von Schumann sein", sagt Edvard ruhig, viel zu ruhig.

Plaidy fertigt ihn ab. „Schumann ist doch tot."

Edvard nickt. Wieder die Vernunft. Natürlich. Schumann ist tot. Er erhebt sich von dem Klavierhocker, geht durch den großen Übungsraum und holt die Noten. Dann schaut er Plaidy ein letztes Mal an. Plaidy wird durch Edvards Ruhe nervös. Er versucht ein Lächeln.

„Aber Sie begreifen doch, daß Sie üben müssen?"

Edvard nickt wieder. Das ist weder eine Katastrophe noch ein besonderes Ereignis. Das ist eine ganz normale Klavierstunde auf dem Leipziger Konservatorium, auf das er knapp zwei Jahre gegangen ist.

Zwei Jahre. Edvard schlendert am Gewandhaus vorbei. Es ist Abend. Er hat keine Lust hineinzugehen. Die Türen stehen weit offen. Er bleibt einen Augenblick stehen und lauscht der Musik. Horneman gesellt sich zu ihm.

„Was ist los, Edvard?"

Edvard blickt seinen Freund an, und in seinen Augen ist ein neuer Ernst, außerdem ein Glanz, der sich auf seine matten Pupillen gelegt hat. Ein Gefühl von Fieber. Er spricht leise und langsam:

„Ich sehne mich nach Hause ... Da gibt es eine Musik, die ich einmal gehört habe. Kennst du übrigens Ole Bull?"

Horneman ausweichend und verständnislos: „Nur vom Hörensagen. Warum?"

„Ach nichts." Die Straßenlaternen werden mit einer langen Stange entzündet, eine nach der anderen. Ein diesiger Frühlingsabend in einer deutschen Stadt. Das warme Licht von drinnen aus dem Gewandhaus. Deutsche Musik. Edvard fährt fort: „Ole Bull hat ja auch hier gespielt, soviel ich weiß. Und trotzdem besitzt er all dies andere ... glaube ich."

„Was denn?"

„Das, wonach ich suche."

Horneman lacht und gibt dem Freund einen Klaps auf den Rücken. „Nicht so ernst, mein kleiner Norweger. Sind es nur die norwegischen Quinten, von denen du redest?"

Edvard nickt, will auf den lockeren Ton nicht eingehen.

„Ja, Emil, genau die. Aber sie müssen ja von innen kommen. Sie müssen dieses ..."

„Du redest wie im Fieber." Und während er das sagt, sieht Horneman den blassen Glanz in den Augen des Freundes. „Aber Edvard! Mein Freund ..."

Ich habe das Gefühl, daß ich ihre Schritte durch die menschenleeren Straßen hören kann. Horneman begleitet Edvard in seine Pension.

Edvard merkt selber nicht, was in ihm vorgeht. Er ist noch keine siebzehn Jahre. Trotzdem hat der Körper seine Form gefunden. Die Schultern werden nicht breiter, die Beine nicht länger werden. Er wird nie so groß werden wie Horneman. Was er die ganze Zeit versucht hat. Erwachsen zu werden. Groß zu werden. Fieberhaft hat er sich angehängt an die Trinkerei, das Nachtleben, das Rauchen. Er hat versucht, das Äußere nachzuahmen. Nachts hat er, allein in seinem Bett, von Clara Wieck im schwarzen Satinkleid geträumt. Der gerade, weiße Rücken. Den einmal zu küssen ... Er hat die Glocken vom eckigen Turm der Thomanerkirche eins, zwei und drei schlagen hören und über die kurze Berührung mit der blonden, üppigen Bedienung in der Forelle phantasiert. Ihre Brüste, wenn sie sich beim Abwischen des Tisches nach vorne beugt.

Nein, er merkt nicht, was in ihm vorgeht, daß sein Sehnen nach Erfahrung und Alter ihn allmählich aufzehrt. Er träumt von der Strandgate in diesen Fiebernächten, wenn die Geräusche vom Nachtleben der Altstadt durch die Straße und zu ihm herauf durchs Fenster kommen und sich mit den Geräuschen seiner Kindheit mischen. Wo ist er nicht überall hinterhergelaufen! Leichenzüge, Hochzeitsprozessionen, Pärchen, die sich heimlich liebten ... Alles in einer quälenden Sehnsucht, dabei zu sein, hineinzuschlüpfen in menschliche Gesellschaft, in ihr Lachen, in ihr Weinen, in die zärtlichen, unhörbaren Worte, die sich zwei Liebende in einer Frühlingsnacht auf der Landzunge von Nordnes zuflüstern. Und zwischen all dem hört er Hornemans helle, dänische Stimme, sein nervöses Klappern mit Worten und Begriffen, seine Ideen von Opern und endlosen Symphonien, seine Hände, wie Zauberstäbe in der Luft. „Mußt du gehen, Edvard? Aber doch noch nicht richtig?" In der Forelle scheinen sie nie zu schließen. Edvard bleibt sitzen, zwinkert mit den Augen, bekommt nur noch Satzfetzen mit, aber bleibt sitzen, bis er entdeckt, daß es Horneman ist, der mit der Stirn auf der Tischplatte eingeschlafen ist. Nun ist es Edvards Aufgabe, den Freund nach Hause zu bringen.

Am nächsten Tag ... Harmonielehre, Kontrapunkt, Komposition, Klavierspiel, Richter, Hauptmann, Papperitz, Wentzel, Moscheles. Muß ich sie alle beschreiben? Muß ich mich aufhalten mit den winzigen Nuancen in ihren Temperamenten, den fast nicht feststellbaren Unterschieden in der Kleidung, die braunen, fleckigen Westen und Hosen, die weißen, schmutzigen Hemden mit Brandmalen. Die zerstreuten Stimmen. Die Fugen und die Koda, die aus den farblosen Mündern purzeln und bums auf dem Boden landen oder im letzten Moment festhalten und im Gehirn eines Schülers zu einer Idee für einen übermütigen Allegro-Satz werden. Edvard hört zu, schreibt, versucht zu verstehen. Um ihn sitzen die Puddinge. Sie sind so weich und leicht zu formen. Einige von ihnen haben bereits die Gesichtszüge und die Gerüche ihrer Lehrmeister adoptiert. Andere sitzen zugeknöpft da und trampeln den Takt zu allem, was kommt, unbestechlich für jedes echte Gefühl glauben sie nur an das, was auf dem Notenblatt steht und von einer entsprechenden Kapazität für gut gefunden wurde.

Das Musikkonservatorium. Ein eigener Geruch in den Gängen. Nach Harz, Rauch und Tinte, nach Möbelpolitur und Duftdosen. Ein eigentümlich bleiches und farbloses Licht. Wie anders sieht da nicht im Vergleich dazu eine Kunstakademie aus! In einem Musikkonservatorium gibt es keine Farben oder Augenfreuden, die den innersten Dialog zwischen den Menschen stören könnten. Die Gänge sind grau. Die Fußböden schmutzigbraun. Dazu die blassen Gesichter. Ein Vorzeichen für künftige Medizinfläschchen. Spaziergänge im Park, die nie gemacht werden. Der eine Krug mit Bier für viele. Musik. Etwas, um die Einsamkeit dahinter zu verstecken. Eine Vorahnung von Tuberkulose ...

Und die ganze Zeit die Töne. Aus allen Räumen. In allen Stockwerken. Eine geräuschvolle Sprache, und trotzdem so intim, daß kein Außenstehender sie verstehen kann. Edvard läuft zwischen diesen Räumen und Übungssälen herum und ist schließlich nicht mehr imstande, Fugen zu schreiben. Die Sehnsucht nach dem Mehrstimmigen.

Aber das Fieber verschwindet nicht. Es sitzt im Körper. Folgt ihm abends in die Pension, wo Schrinke und der Hund Lodl in der Küche sitzen und sich um das Eisbein kümmern, das auf dem Herd kocht. Der Dampf schlägt ihm schon an der Tür entgegen. Der Geruch nach Fett. Erbsenpüree. Schwarzbrot. Schlechter Atem von zu viel Bier. Schrinke zwinkert freundlich und fragt, wie es geht. Der Hund ist zu fett, um mit dem Schwanz zu wedeln, aber die Augen blicken freundlich. Als fragten sie Edvard: Warum willst du nicht lieber so ein Leben? Hier beim Ofen. Genügend gutes Essen. Schlaf. Ich kann träumen, was ich will. Frag' mich nach den Hündinnen dieser Welt. Ich habe sie alle geträumt.

Edvard gibt eine höfliche Antwort auf Schrinkes Frage,

krault Lodl, der zufrieden knurrt. Die anderen Pensionsgäste meidet er, versucht, so rasch wie möglich auf sein Zimmer zu kommen. Er vergißt regelmäßig einzuheizen. Der Raum wird schnell kalt. Er setzt sich mit den Notenblättern hin und versucht zu schreiben, aber die Musik, die in ihm war, ist fort. Er hört nur Czerny und Clementi, die Spießbürgertöne mit Stock und Schleife, die immer stehenbleiben, um über das Wetter zu reden. Erwarten sie von ihm, daß er so etwas schreibt? Ratti ratti tatti ratti? Edvard schaut aus dem Fenster. Weiß, daß er auf die Noten schauen sollte. Hinter dem Fenster schräg gegenüber, auf der anderen Straßenseite und im gleichen Stockwerk wie er, wohnt, das weiß er, ein Mädchen in seinem Alter. Sie hat gewelltes Haar, fast wie schwarzer Satin. Es ist etwas Ernstes an ihr. Er hat sie ganz zufällig entdeckt, als sie vor dem Spiegel stand und vergessen hatte, die Gardinen herunterzuziehen. Sie erinnert ihn an Clara Wieck. Später sind die Gardinen heruntergerollt. Aber er hört plötzlich Töne von dort, öffnet das Fenster, lauscht. Töne von einem Klavier. Das dunkle Mädchen. Czerny und Clementi.

Eines Morgens erwacht er, ohne wach zu werden. Er spürt es. Ist er Schumann geworden? Hat er versucht, sich das Leben zu nehmen und ist er dem Rhein entstiegen? Nein. Jedenfalls wartet keine Clara auf ihn. Unter großen Anstrengungen steht er auf. Wäscht sich. Tritt zu den Notenblättern und sieht, daß Czerny und Clementi immer noch daliegen. Welcher Tag ist heute? Er geht hinaus auf die Straße, die Geschäfte sind geschlossen. Warum sind sie geschlossen? Ist jemand gestorben? Angst packt ihn. Ist zu Hause jemand gestorben? Er geht zum Konservatorium. Die Türen sind verschlossen. Auf dem Vorplatz schreiten Czerny und Clementi mit ihren Stöcken und klopfen Etüden auf das Pflaster. Die Sonne ist sehr grell. Edvard blinzelt. Wo ist Horneman? Horneman! Edvard läuft durch die Straßen zu der Pension, in der Horneman wohnt. Horneman ist ausgegangen. Edvard hat den Eindruck, daß es heller wird. Hört das jetzt nicht bald auf? Die Forelle! Er stolpert in das Lokal. Da ist Horneman, direkt vor ihm, am Stammtisch. Er unterhält sich mit einer jungen Frau mit roten Wangen und roten Lippen. Sie antwortet ihm auf schwedisch.

„Warum sind alle Geschäfte geschlossen?"

Horneman und das fremde Fräulein blicken den fiebernden Edvard mit erstaunten Augen an.

„Aber Edvard, es ist doch Sonntag, der Tag des Herrn, sogar hier in Deutschland."

Er betrachtet sie, während sie reden. Horneman und Therese Berg. Er liebt die beiden. Sie sind so schön zusammen. Therese Berg hat rote Wangen wie rote Äpfel. Oder sind es Lippen? Wenn sie spricht, kommen kleine Drops aus ihrem Mund. Horneman ist aus Marzipan. Sein Haar besteht aus Pferdeschwänzen.

„Was für ein schönes Pferdehaar du heute hast, Emil!"

Sie schauen ihn an und lachen. Wie er die beiden liebt. Er fragt die Dame mit den Früchten und den Dropsen: „Darf ich ein Kuchenstück für Sie schreiben?"

„Du meinst wohl ein Klavierstück, Edvard?" sagt Horneman freundlich.

„Ja natürlich, ein Pianoglück. Für zwei. Ihr seid schön. Und ihr verlaßt mich auch nicht? Ihr dürft nicht spazierengehen wie Czerny und Clementi! Ich bin ihrer so überdrüssig."

Nein, sie werden nicht spaziergehen. Edvard bewundert Hornemans Brille. Sie ist aus Dorsch-Schleim. Aus dem Mund von Therese Berg ragt eine Banane. Edvard nippt am Bier und sagt:

„Ihr seid so nett zu mir. Ich bin so glücklich."

Sie begleiten ihn in seine Pension, kümmern sich darum, daß er ins Bett kommt, ziehen ihn aus und versorgen ihn, fragen Schrinke beunruhigt, wie lange das schon so geht.

Es ist Frühling in Deutschland, Frühling über Europa, aber die Wärme kommt nicht zwischen die Hausmauern der Altstadt, wo Edvard immer tiefer in seiner Fieberwelt versinkt. Dauernd erscheint ihm Louis Plaidy, auch dann, wenn Horneman sich über sein Bett beugt und sagt:

„Es wird wieder gut werden, mein kleiner Norweger, ich habe deiner Mutter geschrieben ..." Und als er nicht antwortet: „Es ist so leer in der Forelle ohne dich. Ich habe einen Brief von Therese bekommen, sie ist wieder in Schweden, ich soll dich grüßen ..."

Edvard ringt nach Luft. Der linke Lungenflügel wird von der Rippenfellentzündung zusammengedrückt. Er sagt:

„Es ist dieser Luftmangel ... wie ein Fisch, der schon einen Schlag ... auf den Kopf bekommen hat."

„Wie bitte?"

„Wie dieser Plaidy ... ich kann ihn nicht leiden ... er schnappt nach Luft ... das ist ein anderes Element ... sonst nichts ... ich möchte in ein ... anderes ... Ele ..."

Ein Eilbrief geht nach Norwegen, wo Alexander Grieg nicht im Rosengarten steht, sondern über seinen Büchern sitzt und sieht, daß eine einzige falsch kalkulierte Hummerfracht das Geschäft ruinieren kann, wo John Grieg nach dem Winter gerade wieder nach Landås gezogen ist und sich in einem Zimmer mit seinem Cello eingerichtet hat und Etüden übt, die Czerny und Clementi geschrieben haben könnten, wo die Schwestern Maren, Ingeborg Benedicte und Elisabeth Kimbel entdecken, daß diese Welt nicht für Frauen ist, daß sie wählen müssen zwischen blutrot und dem Unsichtbaren, und daß *dies* die einzige Wahl ist, die sie haben, und wo Gesine, die weiß, daß nur die Kinder sie sichtbar machen können, obwohl sie nie eine Wahl gehabt hatte, einen vom Eilboten gebrachten Brief liest, in dem steht, daß ihr Jüngster krank ist.

Eine Woche später nimmt sie sich gar nicht die Zeit, Schrinke oder Lodl zu begrüßen. Sie hat selbst in dieser Pension gewohnt und kennt Nr. 12. Hier ist sie nächtelang gesessen und hat die zärtlichsten Briefe an einen Seemann namens Woodsworth geschrieben und den Briefumschlag geküßt, ehe sie ging und ihn abschickte. Jetzt kommt sie zurück, denn alles wiederholt sich, und sie möchte ihr ganzes Leben auf den zarten Körper ihres Edvard übertragen, will, daß er lebt, was ihr nicht vergönnt war.

Mich erfaßt eine so wehmütige Stimmung. Damals war ich erst ein Kind daheim in Bergen. Ich hatte sie noch nicht kennengelernt, diese Czerny- und Clementi-Typen, die dienernd über den Marktplatz gingen. Ich habe geglaubt, das müsse so sein. Ich habe geglaubt, daß so das Erwachsensein aussieht. Ich wußte noch nicht, daß Erwachsensein nur eine besimmte Art ist, um das eigene kindliche Gemüt dahinter zu verstecken.

Ich möchte über ein kleines Mädchen schreiben, das Gesine heißt und ängstlich und unglücklich ist. Sie reckt sich mit einem klein geratenen, runden Körper, der immer etwas Säuglinghaftes haben wird, dem Leben entgegen. Ich möchte über ihre fürchterlichen Tränen schreiben, die sie weint, als sie sieht, daß ihr lieber Junge den dunkelblauen Kittel abgelegt hat, in dem sie ihn so gern sah, daß ihr zartes Püppchen eine eingesunkene Brust hat, daß die linke Lunge nicht mehr existiert. Es macht sie verlegen, ihn in diesen erwachsenen Kleidern zu sehen, und der Anblick der Weingläser auf dem Tisch. Während er im Fieber liegt, blättert sie in seinem Almanach und stutzt bei fremden Adressen. Sind das Bordelle? Ist es wirklich so schnell gegangen? Ist er nicht mehr ihr Eigentum? Er lächelt sie an vom Bett her, ein abwesendes und müdes Lächeln. Er ist ihr kleiner Engel. Sie ist überzeugt, daß er sterben wird.

Aber der Engel hat sich festgebissen in dieser Welt. Als sie ihn dann im Sommer mitnehmen kann nach Bergen, fällt ihr sein feines Gespür für die Freuden dieser Welt auf, für Wein und Austern und türkischen Tabak. Sie weiß, daß das Hornemans Werk ist. Dieser Däne kommt ihr grob und unausgeglichen vor, und sie mag ihn nicht, obwohl er während ihres Aufenthaltes in Leipzig ein getreuer Laufbursche gewesen ist.

Edvard und Gesine durch Europa, vom Königreich Sachsen durch das Königreich Preußen, durch Anhalt, durch das

Herzogtum Braunschweig, durch das Königreich Hannover, durch das Herzogtum Lauenburg, durch die Herzogtümer Holstein und Schleswig. Sie erkennt Teile von Hegels Europa wieder, die ihre Jugend prägten. Eine Welt des Wortes, in der die Arbeiterklasse noch keine Rolle spielte, in der die Fürstentümer und die Königshäuser bestimmten, was wert war, gedacht zu werden, in der es keine Sehnsucht nach Freiheit gab, wie sie glaubte, sondern nur die Sehnsucht nach Größe, und der Kampf um die Landesgrenzen war ein Zeitvertreib ohne einschneidende soziale Folgen. Vom Zugabteil aus sieht sie die gleichen Bauern auf den Äckern wie damals, die gleichen Werkzeuge und Verhaltensweisen. Sie sieht die gleichen Städte, entdeckt nur hier und dort ein paar neue Fabrikgebäude. Aber aus ihrem Blickwinkel ist es sowieso unmöglich, zu verstehen, was hinter deren Mauern vor sich geht. Sie hat ihre Vorstellung von Europa in sich, und an diesen Bildern hält sie fest. Ihr Europa ist nicht das Ludwig I. von Bayern oder Friedrich Wilhelms III. von Preußen. Wenn die Rede auf Könige oder Fürsten kommt, interessiert sie sich ausschließlich für die musikalischen Höfe, wo man ihre Lieblingskomponisten als Genies verehrte. Sie verzeiht den Österreichern nie, wie sie Mozart behandelt haben. Ein guter König ist nicht ein König ohne Kopf, wie die Franzosen sagen. Ein guter König ist ein *musikalischer* König.

Aber der junge Edvard hat die Geschichte des jungen Ludwig I. von Bayern und seinem Verhältnis zu der kreolischen Tänzerin Lola Montez gehört. Er hat unzählige Geschichten von Friedrich Wilhelm IV. gehört und von seinem Weg durch romantische Mittelaltersehnsüchte und vergangene, christliche Rituale bis hin zu Verstandestrübungen. Nacht für Nacht ist er mit seinem geliebten Horneman dagesessen und hat sich begeistern lassen von den sozialen Resultaten, die diese Menschen und ihre Schicksale für Europa hervorgebracht haben. Für ihn ist der Kampf um Landesgrenzen kein Zeitvertreib. Er hat mit Schrinke über die März-Revolution 1848 gesprochen. *Wer* ist da in einem plötzlichen Haß gegen die Mächtigen auf die Barrikaden gegangen? Und Schrinke erzählt ihm, daß es tatsächlich die deutschen Ausgaben von Czerny und Clementi, vielleicht auch von Plaidy waren, diese Spießbürger, die auf einmal nicht mehr mit den Stöcken auf das Kopfsteinpflaster, sondern mit den Waffen gegen die Fürsten und Königshäuser losgingen! Wo sind sie geblieben? Edvard hat nach dieser Unruhe, diesem Aufruhr, dieser Kraft, die die Geschichte vorantreibt, gesucht. Er hat sie nicht gefunden. Er merkt nichts von Marx und Engels. Im Leipziger Musikkonservatorium hört er nicht die Dampfhämmer der Fabriken. Edvard befindet sich auf dem Weg in sich, über die Gesellschaft hinaus. Er ist wie ein Baum, der sich nach allen Himmelsrichtungen reckt. Er ist, in diesem Sommer 1860, auf dem Weg heim nach Norwegen. Das von seiner Mutter so geliebte Sachsen und Preußen kann ihm nicht imponieren. Er hat die Musik gefunden, einen Haltepunkt in seiner Wahrnehmung von Wirklichkeit, aber er erträgt es nicht, daß die Töne wie Mathematik behandelt werden. Er ist nicht imstande, sich dem Logischen unterzuordnen. Er liebt die Kreolin Lola Montez im Leben von Ludwig I. Er liebt die eigentümlichen geistigen Verfinsterungen Friedrich Wilhelms IV. Er liebt Schumann, der dem Rhein entsteigt. Zu seiner Mutter sagt er, plötzlich voller Trotz:

„Ich will nicht in einer Welt leben, in der für Schumann und Montez kein Platz ist." Gesine, die ihm gegenüber im Zugabteil sitzt, legt lächelnd den Zeigefinger auf den Mund:

„Psst, mein Junge. Der Arzt hat es deutlich gesagt. Du bist noch nicht kräftig genug für große, seelische Belastungen. Schlaf' doch ein bißchen. Magst du nicht?"

Alexander Grieg ist gleich fertig mit seinen Rosen. Die Schwestern Maren, Ingeborg Benedicte und Elisabeth Kimbell werden sich gleich vom Teetisch erheben und einen Nachmittagsspaziergang in der warmen Sonne machen. Synneva Karoljussen wird gleich fünf nach Gesines Rezept gebackene Schwarzbrote aus dem Ofen holen.

Gesine hat ein paar Freunde aus Bergen zu einem Abend unter den Linden eingeladen. John hört plötzlich auf mit den Etüden aus dem neuen Heft.

Vielleicht ist es genau der gleiche Augusttag, an dem der Schwedenkönig Karl XV. in Trondheim zum norwegischen König Karl IV. gekrönt wird und ein Arzt nach Landås geritten kommt. Es ist einer von Alexanders Freunden aus dem Streichquartett. Ich möchte ihn gerne Hans Christian Koren nennen, und ich kann ihn mir nicht anders vorstellen als eine äußerst mittelmäßige, schrille zweite Geige.

Aber sobald er seine medizinischen Instrumente in der Hand hält, scheinen seine dicken Finger zu wachsen, scheinen lang und selbstbewußt zu werden, und ein enormes Wissen über die Beschaffenheit der Luftwege bringt einen dunklen Glanz in seine Augen.

Edvard hat vielleicht ein bißchen Fett angesetzt. Gesine hat ihn mit Kümmelkohlsuppe gefüttert, mit mehrschichtigen Sahnekuchen und mit Malzextrakt. Sie hat ihn in einen großen, schwarzen Wollmantel eingepackt und ihn an die Sonnenwand gesetzt, weil sie in der Zeitung gelesen hat, daß ein Forscher in Amerika sensationelle Dinge über die Wirkung von Sonnenstrahlen herausgefunden hat.

Edvard spürt Hans Christian Korens kalte Finger, die ihm über die nackte Brust streichen. An der Tür haben sich zusammen mit Alexander John und die Schwestern aufgestellt, während Gesine dauernd mit ihren Händen dem Doktor in die Quere kommt.

„Er ist doch gesund, was? Nicht wahr, er ist gesund?"

Freundlich versucht Alexander, Gesines Einmischung mit vorsichtigen Gesten zu dämpfen.

„Laß' ihm doch Zeit, Gesine, laß' ihm Zeit."

Doktor Koren nimmt sich genau die Zeit, die ein Hausarzt sich nehmen sollte, ohne dabei die Aussicht auf ein gutes Glas Wein mit den Eltern zu vergessen.

Edvard übt am nächsten Tag gemeinsam mit John. Die Fenster zum Garten stehen weit offen. Gesine und Alexander sind mit den Schwestern in die Stadt gefahren. Synneva und der Gärtner führen ein auffallend langes Gespräch beim Gartentor.

Edvard betrachtet Johns Gesicht, während er spielt. Beinahe zwei Jahre ist es her, seit er nach Leipzig gegangen ist. John hat in der Zwischenzeit fleißig das „Schmerzensreiche" geübt. Es hat sich als Falte zwischen seinen Augen eingegraben. Er sieht sowohl erzürnt wie ängstlich aus.

Beethovens g-Moll-Sonate. Wieder einmal. John kommt von dieser Tonart nicht los. g-Moll. G für Grieg. Moll für Schmerz. Edvard empfindet das nicht so. Er hört ein anderes, eher verborgenes Leiden in den Dur-Tonarten, das ihn ergreift. Ab und zu schauen sie sich beim Spielen an. Die Musik ist irgendwie zu alt für sie. Diesen Schmerz haben sie nicht erlebt. Warum werden sie davon angezogen?

„John?"

Edvards Stimme ist vorsichtig. Sie sind fertig mit dem ersten Satz, aber John sitzt nur da und stiert vor sich hin. „Freust du dich nicht, John?"

John antwortet nicht. Erst später, als sie einen Spaziergang in den Hügeln unterhalb von Landås machen, kommt es. Er spricht mit toter, tonloser Stimme.

„Das ist Mamas Entschluß, das weißt du ja, Edvard. Papa wäre nie auf diese Idee gekommen. Aber du kannst nicht alleine zurückfahren, nach dem was Hans Christian Koren gesagt hat. Ich soll nach Leipzig mitkommen als dein ... Kindermädchen."

Schuld. Edvard liegt in seinem Bett auf Landås und denkt über dieses Wort nach. Er hat es schon früher gehört, von Kanzeln herab, aber nie überlegt, was dahinterstecken könnte. Jetzt weiß er es. Es bedeutet, daß man nicht den Mut hat, sich von der Freude überwältigen zu lassen. Es bedeutet, daß man die großen Blumen in sich abschneidet und zusieht, wie sie zu einer ausgetrockneten und farblosen Heide verdorren.

„Ich will nicht ... will nicht ... will nicht ..."

Edvard fühlt plötzlich den Drang, brüllen zu müssen. Er hat noch eine Lunge, und die kann er benützen, um damit zu brüllen. Als er in Leipzig war, hatte er stets ein Gefühl von zu großer Enge gehabt. Aber hier ist überhaupt kein Platz mehr für ihn.

Die Krankheit hat ihn abgehärtet. Er erlebt den Widerspruch, der darin liegt, bemitleidet zu werden. Er hat eine Lunge verloren. Das ist geschehen, damit er sich bewußt wird, was es heißt, zu atmen. Er will nicht zurück nach Leipzig. Aber er weiß, daß er muß. Das ist er John schuldig. Schuld. Da haben wir das Wort wieder. Einem etwas schuldig sein. „Ich tue etwas, weil ich es dir schuldig bin. Aber wessen Schuld ist das?!"

Edvard hält die Augen geschlossen und ruft sich die Szene mit Doktor Koren ins Gedächtnis. Er spürt, wie Gesine ihn anfaßt, wie sie ihre scharfen Nägel in ihn bohrt, wie sie zum Tier wird:

„Aber Hans Christian, es ist doch nicht dein Ernst, daß Edvard nicht zurück nach Leipzig gehen kann?"

Alexander ist wieder zum Fisch geworden, und Fische mischen sich nicht ein bei Gesprächen. Fische verhalten sich schweigend.

Abgesehen davon, daß Alexander in diesem Sommer ein starkes Bedürfnis verspürt, über England, Gladstone und Disraeli zu reden.

Im Sommer 1860 versteht Edvard nicht die alte Bedeutung des Wortes Heim. Für ihn ist das Heim zu einem Haus geworden, in dem jeder allein ist.

Ich könnte von Johns und Edvards gemeinsamer Zeit in Leipzig berichten, er selbst wollte nie darüber reden. Vielleicht gibt es da auch gar nichts zu reden. John kam nach Leipzig als Spezialist für königliche und herzogliche Stammbäume, adelige Familienfehden und Cello-Etüden. Er war der am besten vorbereitete Student, den das Leipziger Konservatorium je gehabt hatte.

Den ganzen Sommer hatte Edvard in seinem schwarzen

Mantel verbracht und an schlechten Tagen nach Luft gejapst, und John hat ihn über die Eigenheiten der verschiedenen Lehrer ausgefragt. Wer ist der erste Mann am Cello? An dem Abend, nachdem Johns Studium in Leipzig beschlossen worden war, hörte Edvard, wie er seine verrücktesten Etüden mit noch größerer Geschwindigkeit spielte. Edvard hörte es weit unten im Tal, wo er sich um den Hof des Spielmanns Ole Olsen herumschlich. Das Pferd stand im Schatten der Scheune, genau wie vor zwei Jahren. Die Wunde auf dem Rücken war größer geworden. Edvard guckte durch das Fenster in die Stube des Wohnhauses. Er sah Ole Olsen auf dem Bett liegen, eine Flasche vor dem Mund. Für einen kurzen Moment trafen sich ihre Augen, aber die grüne Farbe war fast verschwunden. Ole Olsen erkannte ihn nicht wieder. Edvard schlich davon wie ein feiger Hund.

Wenn ich von John und Edvard in Leipzig berichten soll, muß ich von einem Bild erzählen, einer Photographie, wahrscheinlich in Bergen am Tag vor der Abreise aufgenommen. Ich sehe Gesine mit ihren Söhnen im Schlepptau über den Marktplatz Torvalmenningen kommen, Alexander sitzt in seinem Büro und stiert in die Luft. Wer soll ihm jetzt im Geschäft helfen? Er hat, was seine Söhne betrifft, nicht den Ehrgeiz seiner Frau. Er würde sie gerne in sicheren Positionen in einem soliden Handelshaus sehen, mit festem Tagesablauf und ab und zu ein bißchen Musizieren.

Aber Gesine hat ihnen in ihrer besonderen Traumwelt andere Positionen zugedacht. Das ist eine freigebige Welt, in der die Fürsten Konfetti über die Wunderkinder streuen. Anders kann ich es mir nicht erklären, warum sie den in sich zusammengesunkenen und keineswegs gesunden Edvard in einen neuen Wollmantel packt, den Kragen hoch um den Hals gezogen, auf daß die scharfe Herbstluft nicht ihre Klauen in seine gesunde Lunge schlage. Für Gesine ist die Musik das einzig Freigebige, das sie kennt. Die Musik war einst die Antwort gewesen auf ihre leidenschaftlichsten Gefühlsstürme, so wie sie jetzt die Antwort ist auf ihre allmähliche Resignation. Sie möchte den Söhnen eine Position sichern in einer solchen Welt, kann nicht einsehen, was ihnen Schlimmes widerfahren sollte, solange sie von der Musik umgeben sind, geschützt vor der Einsamkeit, die sie in der ersten Zeit mit dem armen Alexander verspürt hat. Deshalb hat sie kein Auge für Edvards eingesunkene Lunge. Musiker *sollen* gar nicht so gesund aussehen. Daß er noch mit siebzehn Jahren aussieht wie ein elfjähriger Knabe, immer noch mit kindlich verklärtem Gesichtsausdruck, nimmt sie als Zeichen, daß er zu den Großen gehört. Schubert war auch klein.

Gesine mit John und Edvard unterwegs zum Photographen. Sie haben neue Hüte bekommen. Es ist schwer zu sagen, ob es Hüte mit schmaler Krempe für gutes Wetter sind, die die Sonne nicht ganz abweisen, oder ob die breite Krempe als Regenschirm dienen soll. Photograph Meyer ist ein schmieriger Wichtigtuer mit Kugelbauch, unablässig damit beschäftigt, die Nachkommen der großen Kaufleute, der Stiftsamtmänner, der Amtsrichter und der Pastoren zu verewigen. Er ist angestellt in der Welt der Illusionen und dienert zu allem, was Gesine sagt, so als hätte er genau denselben Gedanken gehabt. Edvard und John im Studio des Photographen Meyer. Es hat eben geregnet. Edvard hat einen Schirm. John hält sich ein wenig abseits, will für sich sein, ist unsicher über das, was ihn erwartet. Gesine hat ihm die Verantwortung übertragen, Edvard draußen in der großen Welt zu beschützen. Und wer soll *ihn* beschützen? Er ist ja erst zwanzig Jahre alt.

John, ich liebe diesen Augenblick in deinem Leben, deinen Trotz, deine Unsicherheit, deinen zugeknöpften, neuen Mantel. Alexander, dein Vater, hat dich mit milden Tabaken und vertraulichen Gesprächen bei einem guten Glas Portwein verlocken wollen. Bist du nicht besser dazu geeignet, Hummer zu verkaufen? Nein, sagen deine zornigen, trotzigen Augen auf der Photographie. Das „Schmerzensreiche" ist für dich nicht nur eine eingebildete Glanznummer. Du spürst genau wie Gesine, daß nur die Musik imstande ist, das auszudrücken, was wirklich in dir vorgeht. Du bist der große Bruder, immer zu alt oder zu jung. Dir fehlt das engelhafte Aussehen Edvards. Du bist nicht dazu geschaffen, in hohen Kirchen weißgepudert und mit Schwanenflügeln zu schweben. Du bist dazu geschaffen, dich mit dem Photographen über die Beleuchtung zu streiten. Du bist gereizt wegen dem schweren Mantel, der zu warm ist, auf den du aber zugleich ungeheuer stolz bist. Du wirst hinausgeschickt in die Welt, um auf deinen kranken, begabten und reizenden kleinen Bruder aufzupassen. Du hast dir ein Musikinstrument ausgesucht, für das es kaum Noten gibt. Es ist zu spät, jetzt umzukehren. Du bist zwanzig Jahre lang unterwegs mit deiner Rolle als John Grieg. Eine Lampe flammt wie ein Blitzlicht auf. Du hältst die Hand unter den Mantel und spürst Edvards Hand um deinen Arm. Meyer schnauft angestrengt hinter der Kamera. Gesine beobachtet euch mit schmalen Augen.

„Den Mund geschlossen halten, meine Herren! Hierher schauen, auf meine Hand, so ja!"

Es blitzt wieder. Die Hand des Photographen ist fett und schmutzig. Edvard hält den Regenschirm wie einen Bogen über der Schulter. Es ist ziemlich warm. Du schwitzt, John. Dein Magen ist voller Aufruhr. Du mußt hinaus in die Welt, um auf deinen Bruder aufzupassen. Aber dein Bruder war bereits zwei Jahre lang in dieser Welt, und er spricht besser deutsch als du.

Er ergreift deinen Arm, etwas widerwillig. Du sollst seine Stütze sein, sein Wegweiser durchs Leben. Gesine nickt zufrieden und sagt:

„Gut, Herr Meyer. Sehr gut. Das ist so rührend, wenn sie so dastehen, Arm in Arm."

Ich sehe ein kleines Pensionszimmer in Leipzig, größer als „Nr. 12", aber trotzdem nicht groß genug für John und Edvard, von den Studenten „Großer Grieg" und „Kleiner Grieg" genannt. John hat sein Cello, Edvard seinen Notenbogen. Am Nachmittag liegt John auf dem Bett und liest in der Zeitung über die große preußische Heeresreform. Die Armee soll verstärkt werden durch 117 Infanteriebataillone und 72 Kavallerieschwadrone. Dreijährige Wehrpflicht für die reguläre Armee. Er liest von einen Mann namens Otto von Bismarck, der die Ansicht vertritt, daß ihm der Haß genauso wichtig ist wie die Liebe. Er liest über Kriegshandlungen in anderen Ländern, von Revolutionen, von Garibaldis Einzug in Neapel. Alles beunruhigt ihn. Er hört nicht gerne von Systemen, die zusammenbrechen. Er mag nicht diesen plötzlichen Schmerz im Kopf, über den er mit Horneman gesprochen hat. Er mag nicht morgens aufwachen und nicht in den Tag hineinfinden können, weil alles in einem tot ist. Er will ein System aufbauen, das ihn gegen alles Unsichere wappnet. Er teilt nicht Edvards Interesse für Komposition. Er klammert sich an die Musik, die bereits geschrieben *ist,* an Gefühle, die gefühlt *sind,* an Gedanken, die gedacht *sind.* Beethovens Cellosonate in g-Moll kann nicht zusammenbrechen. Sie wird ewig bestehen bleiben und trotzdem nicht erstarren und sterben, sondern lebendig sein wie Blut. Er findet sich auf dem Konservatorium ausgezeichnet zurecht. Es ist ganz in seinem Sinn, daß keiner der Lehrer sich mit dem Neuen beschäftigt, sondern nur die bereits bestehenden, absoluten und unwiderlegbaren Werte beachtet. Er fängt an mit dem Üben von Bachs Cello-Suiten und hat das Gefühl, ein Heim zu gründen, in dem ihm nichts unbekannt sein wird, in dem alles seinen Platz und seine Ruhe hat.

Die Brüder gehen selten aus. Edvard hat viel weniger Geld zur Verfügung, der Beitrag des Vaters muß jetzt für zwei reichen. Deshalb sieht er auch Horneman nicht mehr so oft. John kann sowieso nicht besonders viel mit ihm anfangen, trotz des „Launischen", über das sie beide lachen. Horneman ist unberechenbar, zu wenig systematisch. John fürchtet jeden, der sein Leben nicht unter Kontrolle hat. Er denkt mit Schrecken an das Schicksal von Ludwig I. Zu Edvard sagt er:

„Stell' dir mal vor, alles zu verlieren durch die Schuld ... einer Frau."

Edvard erwidert nichts. Edvard verfällt in eine Lethargie. Czerny und Clementi hämmern auf ihn ein bis zur Erschöpfung. Das war es nicht, was er wollte. Warum ist er hier? Die Tage, genau gleich, nur verschieden in der Tonart. Er ist unfähig, sich in den Unterrichtsstunden zu konzentrieren. Er versucht, alte deutsche Choräle mit traurigen, chromatischen Abläufen in ein harmonisches System zu bringen. John beobachtet ihn voller Sorge:

„Du mußt üben, Edvard, nicht aufgeben. Herrgott, du willst doch hoffentlich nicht aufgeben? Das darfst du nicht ... du bist es mir schuldig ... Ich bin ja hier ... um *deinetwillen* ..."

Edvard schaut seinen Bruder mit müden und dabei doch so kindlichen Augen an. Dann schüttelt er den Kopf und sagt mit zitternder Stimme:

„Ich gebe nicht auf John. Weil du es willst."

John hat das Gefühl, vor einem Durchbruch zu stehen. Die Musik bietet ein System mit klaren Gesetzen und Grenzen. In der Musik gibt es keine Revolutionen, die das Alte umwälzen könnten. Das Neue kommt nur als Beigabe, und es kommt nie plötzlich. Er weiß, daß er in allen Musikakademien der Welt auf besonnene Lehrer treffen wird. Sie legen alles Neue auf die Waagschale und wägen es bedächtig und in aller Ruhe. Die Professoren, die Kapazitäten bestimmen letztendlich, sie können ablehnen oder ihre Zustimmung geben. John weiß, daß es für ihn in einer solchen Welt keine Bedrohung gibt. Er arbeitet sich Blatt für Blatt durch die niedergeschriebenen Gefühle. Bestehendes neu schaffen und bewahren – das ist der edle Sinn des Lebens. Vielleicht braucht Preußen die Heeresreform. Sachsen sollte auch eine durchführen, damit das Militär die Paläste und Kirchen schützen könnte und nichts Heiliges geschändet würde.

Das erklärt er dem Bruder, und Edvard nickt, das Medizinfläschchen in der Hand und mit den Augen auf einer

Orchesterouvertüre, mit der er nicht weiterkommt. Edvard wagt nicht, gegen seinen Bruder aufzubegehren. John wird sofort wütend, wenn er merkt, daß Edvard sein Studium nicht ernst genug nimmt. Er blickt seinen Bruder mit weit aufgerissenen, gekränkten Augen an, in denen auch das „Schmerzensreiche" liegt. Edvard resigniert, versinkt in der Gelehrsamkeit, die ihm ohne Fragen, ohne Proteste und ohne Freuden vermittelt wird. Gemeinsam mit seinem Bruder bewegt er sich zwischen Pension und Konservatorium und läßt sich abhören in Kontrapunkt und Harmonielehre. Er lernt die Meinungen des Bruders und macht sie zu seinen eigenen. Er ist nicht verbittert. Er empfindet eine starke, lebendige Zärtlichkeit für John. Dieser John – der endlich besser Deutsch gelernt hat als sein Bruder und der offensichtlich auf gutem Fuße mit sämlichen Professoren des Konservatoriums steht. Er hat neue Etüden zum Üben bekommen. Er geht mit Edvard ins Gewandhaus und schließt die Augen in Übereinstimmung mit den vertrauten Harmonisierungen der alten Meister. Abends sitzt John am Schreibtisch des Pensionszimmers und schreibt lange Briefe nach Hause: „Es geht uns ausgezeichnet. Edvard bleibt gesund. Wird sind beide hier unten recht erfolgreich."

Zwei Jahre. Zwei Jahre mit John. Zwei Jahre, um ein System zu finden. Aber die Systeme in der sie umgebenden Welt scheinen einzustürzen, selbst die, in denen man Ruhe und Ordnung vermuten sollte. Was passiert in Frankreich, im Zweiten Kaiserreich? Eugénie, die die Krinolinenmode wieder eingeführt hat, um ihre Schwangerschaften zu verdecken, möchte wahrhaftig das alte Europa auferstehen lassen. Aber sie ist eine Frau. John verläßt sich nicht auf Frauen. Da zieht er Bismarcks hitziges Gemüt und seinen übertriebenen Haß vor. John verfolgt die Weltpolitik so erregt, als beträfen ihn die Auseinandersetzungen um Fürsten, Könige, Kaiser persönlich. Er hat eine Heidenangst vor allem, was seine Studien gefährden könnte. Warum hat das Preußische Heer neue Uniformen bekommen? Edvard hört seinen Ausführungen zu und hält dabei krampfhaft das Medizinfläschchen in der Hand. Ich will über Edvard schreiben, aber ich sehe ihn nicht, höre ihn nicht. Er ist Schüler auf einem ihm verhaßten Konservatorium. Horneman fährt nach Dänemark. Er ist alleine mit den Ermahnungen des Bruders:

„Übst du nicht? Wieviel hast du heute geübt? Und wie steht es mit der Theorie?"

Nach vier Jahren Leipzig kehrt Edvard heim nach Landås, kleiner als bei seiner Abreise und ohne die Quinten von Ole-Olsen-i-Dalen im Kopf. Er hat keine besonderen Septimkombinationen im Kopf, aber er hat ein Zeugnis in der Hand, das bestätigt, daß er ein pflichtbewußter, fleißiger und aufgeweckter Schüler war. John nimmt seinen kleinen Bruder stolz in den Arm und lobt ihn anerkennend:

„Du bist eine harte Nuß, Edvard, aber du kannst, wenn du willst."

Zwei Jahre. Eine Wüste. Mit einer einzigen Oase, die mittlerweile nur noch eine Luftspiegelung ist. Das Konzert in Karlshamn mit der schönen Therese Berg im Saal. Therese mit der dünnen, weißen Hand, die ihn einmal, als er Fieber hatte, streichelte. Therese, von der zu träumen er zu müde war. Jetzt ist sie bereits zu einem unbeweglichen Bild an der Wand geworden. So sehr ich mich auch bemühe, es gelingt mir nicht, sie lebendig werden zu lassen.

Nun ist Alexander an der Reihe, so sehr er auch seine Rolle haßt, schwitzend und kurzatmig. Es gibt so viele Freuden hier auf Erden. Alexander ist dazu geschaffen, von allem zu kosten und liebt es, mit kleinen, rundlichen Damen zu konversieren und ihnen Kuchen in den Mund zu stopfen. Er ist dazu geschaffen, vierhändig mit seiner Frau zu spielen und sie mit dem knarrenden Klavierhocker zu ärgern. Er ist geschaffen für Punsch und lange Pfeifen, für das Vorlesen von Dickens-Romanen. Stattdessen muß ich seine Buchhaltung hervorholen, den langweiligen Arentz mit seinem übelriechenden, süßen Tabak und den aufgeschlagenen Büchern. Korrekte Handschrift. Rechnungen über die letzte Hummerfracht mit zwei Strichen unter dem Saldo.

Diese Fahrt ist als eine Lustreise gedacht. Alexander mit John und Edvard in London und Paris. John mit dem Cello, das er überall mitschleppt, aber das tut der Stimmung keinen Abbruch. Alexander mitten auf dem Picadilly Circus, dem Trafalgar Square, im ältesten Pub der Welt. „Schaut! Schaut! Wollt' ihr ein Bier trinken, Jungs?" Alexander, John und Edvard in Kirchen und Konzertsälen. Georg Friedrich Händel! Music for the Royal Fireworks! Lange Nächte, mit schwankendem Schritt weg von Covent Garden. Blumenmädchen, Yorkshirepudding. Endlich, endlich ... Alexanders geliebtes England, die Wiege des Geschlechts. Nachdem Gesine jahrelang mit österreichischem Akzent auf ihn eingehämmert hat. Alexander englisch redend und allein mit seinen Söhnen. Das ist so rührend. Ich muß weinen. Alexander sucht die Adressen von alten Verwandten und Bekannten heraus, inzwischen Polizeibeamte und Weinhändler. Edvard bekommt ein bißchen Farbe im Gesicht. Er hört das Schlagen von Big Ben. War das nicht die Andeutung einer Quinte? Sie wohnen beengt bei Verwandten oder Freunden mit vielen Kindern. In Paris sehen Edvard und John für einen Augenblick Rossini! Wie er leibt und lebt, auf offener Straße! Welche Umgebung soll ich nehmen? Warum nicht ein Tischchen vor einem Café direkt gegenüber des Hotels, in dem die Griegs in Paris wohnen? Es ist Sommer. Kaiserin Eugénie weiß nicht, daß sie drauf und dran ist, ihr Land in einen Krieg gegen Deutschland und in eine weitere Revolution zu treiben. Alles wirkt friedlich. Alexander ist für einen Moment hinüber ins Hotel gegangen, um zu sehen, ob Post gekommen ist. Edvard und John sitzen bei ihren Croissants und ihrem Café au lait und beobachten das Straßenleben.

„Ich weiß nicht, ob ich mich hier wohlfühlen könnte", sagt John übermütig. „Die Frauen sind natürlich ... hm ... aber ich sehne mich nach Leipzig, noch ein Jahr. Stell' dir vor, Edvard, mein letztes Jahr! Nächstes Jahr um diese Zeit habe ich alle Examina hinter mir. Dann können wir allen Ernstes anfangen, zusammen zu spielen."

Edvard nickt. Er hat die Sonne im Gesicht. Es ist warm. Auf der anderen Straßenseite sieht er den Vater aus dem Hotel kommen. Er bewegt sich direkt auf sie zu. Die Sonne macht ihn zu einer schwarzen Silhouette ohne Gesichtsausdruck. Trotzdem spürt Edvard die Katastrophe, lange bevor sich der Vater schwer auf den kleinen Kaffeehausstuhl zwischen die Söhne gesetzt hat und die grausame Wahrheit zwischen den trockenen Lippen hervorpreßt:

„Die letzte Hummerfracht. Gesunken. Gesunken. Verschwunden im Meer!"

John kommt mit einem verletzten Finger nach Hause. Um die Schuldgefühle des Vaters zu dämpfen? Er denkt: „Ein Jahr aussetzen, nichts weiter." Er kann sich die Realität nicht vorstellen, kann sich nicht vorstellen, daß er jetzt allen Ernstes den Holland-Mixture von Buchhalter Arentz kennenlernen wird, daß sich von nun an die großen Ereignisse seines Lebens in Bergen abspielen werden. Er ist zu jung, um zu begreifen, daß auch die kleinste Kleinstadt nicht zu klein ist für die große Tragödie.

Die Brüder sind eben nach Bergen zurückgekehrt, und die Familie versucht, mit dem Schock fertigzuwerden, ohne zu ahnen, daß dies nur der Anfang ist für eine ganze Serie von wirtschaftlichen Schwierigkeiten. Da erwacht Edvard allmählich, Schritt für Schritt. Als wären diese Jahre nur ein Ausruhen nach der Krankheit gewesen. Als wäre er erst jetzt bereit, zu beginnen. Morgens wird er von Fabriksirenen weit unten in der Stadt geweckt. Er sieht den Rauch der Dampfschiffe draußen bei Sotra. Er hört, daß Ole-Olsen-i-Dalen die Fele hervorgeholt hat.

John wird in die Bilanzen des Vaters hineingezogen und Edvard in die Arme von Gesine. Ihre Stimme ist sanft, weich und fordernd:

„Was wollen wir uns *jetzt* vornehmen, mein Junge?"

Der Frühling ist kalt, aber er läßt sich nicht unterkriegen. Die Winde aus Sibiriens riesigen Steppen können die Narzissen nicht wegblasen. Die Baumkronen, die einen Kreis um Kongens Nytorv bilden, haben bereits ihre tiefgrüne Farbe, ein Kontrast zu den roten und weißen Hausfassaden. Irgendwie fühlt sich Edvard an London erinnert. Eine Gastfreundlichkeit, die gleichzeitig verschlossen ist. Nicht wie in Paris, wo das Wohnzimmer und die Küche und beinahe auch das Schlafzimmer auf die Straße gezogen werden und die Cafés nie schließen. Wenn Edvard hier in Kopenhagen nachts unterwegs ist, hört er das Gelächter und das Gemurmel aus den Weinlokalen und den Privathäusern, aber die Plätze sind menschenleer, und über das Kopfsteinpflaster huschen nur dunkle Schatten hierhin und dorthin.

In einer solchen Nacht ist es, in der die Katzen von Dachfirsten und Fenstersimsen miauen, geheime Signale von Tier zu Tier, ein einsamer Flötenton weit weg von Vimmelskaftet[3] her, orientalische Töne aus einer Mansarde und ein zugeknöpfter Herr mit blanken Stiefeln und tief ins Gesicht gezogenem Hut, der über den Nikolaj Plads hastet. Halbgeöffnete Fenster, Menschen, die hinter Geranienreihen oder hinter Porzellannachbildungen von Königen und Königinnen schlafen. Und über den Kirchtürmen, den Dachziegeln, den Kaminen und den grünen Parks: der Nachthimmel, ohne Mond, aber wie selbst leuchtendes Türkis. So weit im Norden wird es nie ganz Nacht. In St. Petersburg, zwei Tagesreisen mit dem Schiff von Kopenhagen entfernt, gibt es die *weißen* Nächte, die die großen Dichter hervorbringen. Noch weiter im Norden ziehen die Samen von den Hochebenen hinunter zu den Fjorden und ans Meer. Edvard schlendert die Købmagergade hinauf, und ihm fällt ein, daß in Norwegen die Bauern und Senner die Kühe in die Berge treiben, dorthin, wo er noch nie gewesen ist.

Aber er ist in Kneipen gewesen. Einige Bier mit Horneman in verräucherten Kellern, wo sich die Kutscher und die Künstler am liebsten treffen. Edvard hat noch die langen und mahlenden Sätze des Freundes im Kopf. Eine Oper über Aladdin, völlig anders als das, was früher geschrieben worden ist. In der Kneipe wird eine Zukunft ausgebreitet aus Symphonien, Kantaten und dreiaktigen Opern.

Edvard zieht die Uhr aus der Tasche. Sie zeigt zehn Minuten nach eins. Da schlägt die Uhr der St. Nikolaj Kirche. Aus der Løvstraede kommt eine Gesellschaft, einige Frauen und Männer in zufälligen, aber sehr intimen Umarmungen. Edvard sieht zu. Er hat sich eng in den Mantel gehüllt, nicht nur wegen der Ermahnungen der Mutter, aber in der letzten Zeit hat er sich Nacht für Nacht im Bett gewälzt, hat einen stechenden Schmerz in der nicht mehr vorhandenen Lunge gespürt. Er logiert bei einer Familie mit ungeheuer viel Porzellan. Die unwirklichen Tiere und Menschen rufen Fieberphantasien bei ihm hervor. Die gleichen Phantasien bekommt er, wenn er mit Horneman zusammen ist. Er horcht nach deutschen Stimmen, hat eine Abneigung dagegen, Klavier zu spielen. Leipzig, so heißt sein ganz konkreter Alptraum, und vieles in Kopenhagen erinnert ihn an Leipzig, wenn man danach sucht. Aber Edvard will nicht. Edvard läuft nachts in den Straßen herum, hat Angst, schlafen zu gehen, hat Angst vor dem stechenden Schmerz in der Brust, hat Angst vor der großen Einsamkeit, die ihn plötzlich überkommt, sogar wenn Horneman seine Bärenpranken um ihn legt und sagt: „He du, kleiner Norweger, haben wir es nicht gemütlich hier?"

Die Gesellschaft aus der Løvstræde ist hinter ihm verschwunden. Edvard steht wieder allein auf der Straße. Seine Schritte sind fast unhörbar. Der Körper ähnelt immer noch dem eines Kindes, wenn er auch nicht mehr so schnellfüßig ist. Er lauscht einem schwachen Wind, der Schilder knarren, Bäume frösteln läßt. Da tritt eine junge Frau aus einem Hauseingang. Edvard sieht sie zuerst nur von weitem, weiß gekleidet, zögernd, mit einem dunklen Schleier vor dem Gesicht. Sie wischt mit einem Handschuh über ihr Knie, hält Ausschau nach einer Pferdedroschke, die offenbar nicht gekommen ist. Das nächtliche Licht spielt in dem Stoff des Kleides, läßt sie selbst leuchtend und überirdisch erscheinen. Sie ist klein, grazil, so wie Edvard sich die Frauen vorstellt, von denen er träumt. Sie ist auf dem Heimweg von einem spät gewordenen Besuch. Aus den raschen, unschlüssigen Bewegungen entnimmt Edvard, daß sie ängstlich ist, daß sie es nicht gewohnt ist, nachts in Kopenhagen allein auf der Straße zu sein.

Erschreckt sie vielleicht seine kleine Gestalt? Bei diesem Gedanken erhöht er sein Tempo, versucht, unbeschwert zu wirken, möchte an ihr vorbeigehen, ohne einen Finger zu bewegen und nur, wenn es sich ergibt: anhalten und ihr seine Hilfe anbieten.

Sie ist stehengeblieben, wie erstarrt. Seine Schritte klingen auf einmal ohrenbetäubend. Warum erschreckt er sie? Er pfeift leise, um sie zu beruhigen, aber der Ton kommt völlig falsch heraus. Sie zieht sich zurück zu dem Haus, aus dem sie gekommen ist, aber die Tür ist verschlossen.

Woher kommt die Angst? Edvard kann nun ihr Gesicht unter dem Schleier erkennen. Er sieht die weiße Haut, das schmale, weibliche Kinn, den schön geformten Mund, die großen Augen, die seinen ähnlich sind. Er ruft aus:

„Herrgott, Nina!"

Das war in letzter Sekunde, gerade wollte sie um Hilfe schreien. Stattdessen wirft sie sich ihm entgegen, so als sei *er* der einzige, der sie von all ihren Sorgen zu befreien vermag.

Er geht neben ihr und spürt die Konturen ihres Körpers, von dem selbstbewußten, leicht erhobenen Kopf über die Hüften bis zu den Beinen. Sie bewegt sich mit einer einfachen, etwas verschlossenen Anmut, die ihn rührt, er muß daran denken, wie sie einmal als kleines Mädchen übermütig über einer Gartenpforte hing.

„Es ist so lange her", sagt er zögernd und spürt, wie unbeholfen und viel zu scharf seine Worte in der stillen Straße klingen.

„Haukeland?" Sie schaut ihn an, als wolle sie ihn immer

hänseln, als sei er immer noch auf dem Weg zur Schule. „Die ersten Jahre hat es mir schon gefehlt", fährt sie fort, ohne den Bergenser Einschlag, den er von ihrer Kinderstimme her noch in Erinnerung hat. „Aber wenn man in einen Buchenwald gegangen ist ..." Sie unterbricht sich und bleibt stehen. Unvermittelt setzt sie sich wieder in Bewegung. „Sind *Sie* schon einmal in einem Buchenwald gewesen?"

Edvard nickt. „Natürlich. In Deutschland, in Schweden, hier ..."

„Hier?" Sie blickt ihn mit aufrichtigem Erstaunen an. „Und da haben Sie mich nie dazu eingeladen?"

Er errötet, ärgert sich darüber, ärgert sich, weil er seine Augen nicht abwenden kann von ihren weißen, weichen Wangen. „Da war nie Zeit", versucht er es und hört, wie dumm es klingt. Am liebsten würde er ihr alles erzählen. Die miserablen Jahre in Leipzig. John. Stattdessen sagt er, vorsichtig lächelnd:

„Sie sind ... groß geworden?"

Sie neigt den Kopf bei dem ärmlichen Kompliment, jetzt ein bißchen kokett. „Finden Sie wirklich?" Sie läßt es in der Luft hängen. Er rechnet, wie alt sie ist, obwohl das unnötig ist. Er weiß, daß sie neunzehn ist.

Hier ist ein schwieriger Punkt in meiner Geschichte. Solange Nina ein Kind ist, kann ich sie ganz meinen Vorstellungen unterordnen. Jetzt muß ich ihr einen jungen, kurz vor der Blüte stehenden Frauenkörper geben, beinahe identisch mit der Gestalt, die mir später so viel Kummer machen wird. Ich habe dieses Nachtbild auf einer Straße in Kopenhagen ausgedacht: zwei junge Menschen, Vetter und Kusine, die langsam auf eine Adresse zusteuern, *ihre* Adresse in der Stadt, und ich lasse mich verzaubern von dem Licht, dem türkisenen Himmel, dem plötzlichen Geräusch von Hufschlag auf dem Pflaster, einem schwarzen Hengst ...

... der in nächster Nähe von ihnen vorbeitrabt, daß sie weichen müssen, sich gegen die Wand drücken, ihre Arme berühren sich, lebensgefährlich leicht, und ihre Augen werden ernst, als sie seine angespannte Hand spürt, plötzlich hilflos über all das, was sie festhalten möchte, ohne aber den Mut aufzubringen.

Ein kurzes Auflachen. *Ihr* Lachen. „Ach Edvard, wie süß Sie sind. Haben Sie einen steifen Hals?"

Seine Augen. Ich erinnere mich, wie leicht es immer war, ihn zu verletzen. Jetzt schaut er sie an mit einem plötzlichen Zorn im Blick. „Nein, es sind die Lungen. Haben Sie nicht davon gehört?"

Sie schlägt eine Hand vor den Mund, als hätte sie etwas Schreckliches vergessen. „Ach ja. *Die Krankheit.* Ist es wirklich diese eine?"

Sie sagt „die Krankheit", und es klingt wie Tuberkulose, was es eigentlich auch war. Ihre Verwirrung besänftigt ihn, leicht streift er ihren Ellbogen ... Und nickt: „Es sind die Lungen ... Sie haben es sicher gehört ... da unten in Leipzig."

Sie nickt mit zusammengekniffenem Mund, Tränen in den Augen, als hätte er über Untergang und Verderben berichtet. Dann spürt er Seide im Gesicht. Sie streicht ihm über die Wange, schnell, fast verstohlen, daß es ihm nicht gelingt, ihre Hand zu ergreifen, er greift in die Luft, ergreift das Bild von ihr, wie sie neben ihm, dicht neben ihm geht, jetzt im gleichen Takt, und sagt: „Das muß ... schlimm gewesen sein."

Schlimm? Sie sind beim Runden Turm stehengeblieben. Er hofft, daß sie noch nicht angekommen sind. Schlimm? Wenn er nicht antwortet, wird sie nervös.

„Phantastisch, meine ich", sagt sie und blickt sich um, als würde jemand heimlich zuhören. „Gewandhaus, die Oper, Schumann ..."

„Haben Sie Schumann gesagt?"

„Hätte ich das nicht tun sollen?" Sie fürchtet sich vor seiner Meinung, achtet auf seine Worte mit schräg gestelltem Kopf. Das bringt ihn zum Lachen. Jetzt lacht sie auch. Die beiden sind ja so jung. Er fällt tausend Meter. Nimmt ihren Arm. Sie läßt es geschehen.

„Liebe Kusine, ich kenne keinen ... als Schumann."

Er ärgert sich, daß er das Adjektiv nicht findet. Er, der sonst ein Meister des Adjektivs ist. Sie verhält sich hundertprozentig loyal und sagt, ohne es ironisch zu meinen: „Ich kenne auch keinen ... als Schumann."

Wenn bestimmte Worte fehlen, das *weiß* er, kommen die Gefühle, drängen in die Lücke, drücken die Worte zur Seite. Wäre er Horneman ... oder John ... er hätte sie sicher geküßt. Sie steht und schaut ihn an. Das Gesicht ist so nahe. Sie sind zwei Puppen. Er sagt:

„Ich möchte Sie so gerne nach Hause begleiten."

Er starrt auf ihre schönen Lippen, will sie so gerne öffnen, will so gerne ... „Das haben Sie bereits getan", sagt sie, als sei das Ganze sehr bedauerlich. Aber er probiert es nochmal:

„Aha ... *hier* ist es ... Sie müssen nicht zufällig noch um den Turm? Haben Sie sich nicht geirrt? Müssen Sie nicht in einen anderen Stadtteil?" Sie schüttelt den Kopf und lächelt dabei. Er fährt fort: „*Horneman* wohnt hier, ein Stückchen weiter unten. Kennen Sie Horneman?"

„Ich verkehre so selten in diesen Kreisen", sagt sie. Und plötzlich vorwurfsvoll: „Sie haben uns so selten in Helsingør besucht."

„Gut Kronborg", sagt er sofort, als würde er abgefragt. „Das lag immer ein bißchen ab vom Weg."

„Zwischen Deutschland und Schweden, meinen Sie?"

Edvard überlegt einen Augenblick, ob sie vielleicht auf Theresa Berg anspielt, aber ihr Blick ist unergründlich. Er schlägt die Augen nieder. „Ja, das auch."

Sie lächelt nicht mehr. „Ich muß hineingehen", sagt sie. „Sie sind sicher böse auf mich? Wollen Sie mich nicht bald einmal besuchen? Wir könnten ... vierhändig spielen? Singen ... oder Ballspielen."

Er greift nach ihr, aber sie ist bereits weg. Ich habe ihn wieder allein für mich. Allein in den Straßen Kopenhagens, auf dem Weg zu einem Zimmer mit zu viel Porzellan. Der schwarze Hengst trabt noch einmal an ihm vorbei. Der Kutscher hat geschlafen.

„He Sie, aufwachen! Sie können doch nicht schlafen!"

Ein Fenster öffnet sich zur Straße hin. „Was ist denn das für ein Krach?"

„Ruhe da unten!"

Große, aufgedunsene, verschlafene Gesichter. Edvard mit seinem zu großen Mantel auf der Straße. Jetzt erst trifft ihn die Frage mit aller Gewalt: Wo in aller Welt ist sie hergekommen? Zu *dieser* Tageszeit?

Ich weiß nicht, was ich darauf antworten soll, aber sobald ich Fragen stelle, bekommen all diese Menschen für mich schärfere Konturen. Ich sehe Hornemans so leicht aufgelöstes Gesicht über dem Bierglas, als er am nächsten Abend Edvards Ausführungen über weiße Haut und türkisenen Himmel anhört. Horneman wird mir auch zum Problem werden, wie er sich mit beispielloser Zielstrebigkeit auf die großartigsten Träume wirft, mit einer In-der-Welt-ist-alles-mögliche Haltung, die Edvard in diesen Jahren imponiert, in ihm aber gleichzeitig die Sehnsucht weckt nach dem Kleinen, Anspruchslosen. Als er auf Hornemans Drängen zu Gade geht, dem großen Dänen, dem sogar das Gewandhaus zu Füßen lag, und aufgefordert wird, eine Symphonie zu schreiben, fühlt er sich unbehaglich, und er denkt an John und das Abhören in berühmten Namen, Stammbäume von Königshäusern und Kontrapunkt. Edvard in Kopenhagen, das ist ein Mann, der dort Flaum hat, wo er einen Bart haben sollte. Er hat Adressen von Bordellen, aber ich kann mir nicht vorstellen, daß er hingegangen ist. Er ist in Hornemans Händen, so wie er in Leipzig in Johns Händen war und in Bergen in denen der Mutter. Wie ich diese intimen Machtbereiche hasse, wo sich Menschen rücksichtslos und zum Teil unbewußt die vornehmste Art von Besitz aneignen: das freie Denken eines anderen Menschen.

Trotzdem hat Edvard in einer kühlen Türkis-Nacht eine Frau nach Hause begleitet. Er ist an der Seite seiner eigenen Träume gegangen und hat damit wie mit einem

Schleier einen anderen Menschen eingehüllt, der kaum alt genug oder stark genug ist, das zu ertragen. Er ist nicht mehr fähig, sich anzuhören, was Horneman redet. Er sitzt in einer Kneipe, das Lokal ist voller Rauch, und die Dänen essen ihr Smørrebrød. Man schreibt das Jahr 1863 nach vielen aufreibenden Kriegen, in denen sich Könige ganze Länder sichern wollten, ohne sich letztlich für Eroberung oder Aufgabe entschließen zu können, in denen ein Blutbad dem anderen folgte, sodaß sogar Könige aus fremden Ländern herbeigerufen werden mußen, um die Adeligen und die Mächtigen zur Vernunft zu bringen. Trotz all dem ist es Edvard möglich, an den Norden zu denken, eine Bezeichnung, die Norwegen, Schweden und Dänemark, ja auch Finnland und Island als ebenbürtig umfaßt. Ich weiß nicht, warum er so denkt, aber ich habe viele Männer getroffen, junge Männer, die sich in einem gewissen Stadium die Welt unterwerfen *müssen*, jedenfalls in Gedanken. Edvard wird von Horneman beeinflußt, Tag für Tag und mit jedem Bier, das sie in den feuchten Kellerkneipen Kopenhagens leeren. Aber ich weiß auch, daß er dagegen ankämpft, daß in ihrer Freundschaft eine Anspannung und Ruhelosigkeit ist. Ihre Vertraulichkeit wird allzu vertraulich. Es besteht keine Grundlage mehr dafür, sie sind sich nicht so ähnlich, wie sie da an einem eiskalten Frühlingstag über den Rathausplatz gehen, um den Pianisten Edmund Neupert Beethovens Klavierkonzert Nr. 4 spielen zu hören. Sie *haben* nicht das gleiche Gefühl bei Schumanns Symphonien, auch wenn sie sich jedesmal, wenn sie Schumann hören, um den Hals fallen. Sie haben nicht das gleiche Verhältnis zu Frauen, wenn sie sich verstohlen zuzwinkern beim Vorbeirauschen einiger Krinolinen auf dem Weg zu einem Ball. Sie teilen keine Ängste, teilen auch keine Freuden. Sie können höchstens Genossen sein in ihrer persönlichen Angst, ihrer persönlichen Freude.

Noch immer ringt Edvard nach Luft.

Es soll die Geschichte einer Freundschaft sein. Oder eher noch die Geschichte von all dem, was eine Menschenbrust bewegt, es soll die Geschichte einer Liebe sein.

Edvard ist bei seiner Kusine Nina zu Besuch. Es ist Sommer. Im Garten sitzen Tony und Yelva in großen Liegestühlen, importiert aus den Vereinigten Staaten, und trinken Zitronensaft aus hohen, schlanken Gläsern. Nina kommt herauf zum Wohnhaus, Arm in Arm mit ihrem kleinen Vetter. Alle sind hell gekleidet, braun und weiß. Die Frauen tragen Sonnenschirme. In der offenen Tür stehen Adelina und Herman und erwarten das Pärchen. Keiner der beiden scheint sich darüber zu freuen, die Bekanntschaft mit dem Neffen aus Bergen zu erneuern. Adelina in Dänemark, eine Frau, die versucht hat, den Kampf mit ihrer weitaus berühmteren Kollegin Frau Heiberg aufzunehmen. Sie hat verloren, schon vor etlichen Jahren. Jetzt ist ihr Wille zu einer Krankheit geworden.

„War es ein netter Spaziergang?" fragt sie das junge Pärchen mit zweideutigem Lächeln.

„Ich habe Edvard ... den Wald gezeigt", antwortet Nina ohne dem Blick der Mutter zu begegnen. Edvard stellt fest, daß sie sich ähneln, beide haben sie eine innere, zähe Ausdauer. Davon ist bei Ninas Vater nichts zu merken. Er steht neben seiner Frau und sieht elegant aus, blinzelt mit den Augen hinüber zum Øresund, wo sich eine Schute mit russischer Flagge und knatternden Segeln auf Helsingør zu bewegt. Edvard stellt fest, daß der alte Hagerup sich wie ein Kleinkönig vorkommt, ein freundlicher und ungefährlicher Kleinkönig, der sich noch nicht darüber im Klaren ist, daß sich seine Güter und seine Dienerschaft zunehmend verringern. Adelina hat ihn angetrieben in seinem Leben, hat ihn hinter sich hergezogen bei ihren Frau-Heiberg-Träumen, in denen die Verbindung von Kunst und Geld die höchste Synthese bildet, in denen Oehlenschläger zwischen schweren Goldkandelabern und Sektkübeln mit zwanzig Jahre altem Champagner aus seinen Werken vorträgt.

Wie sehr ist Nina von all dem geprägt? Edvard schaut seine Kusine prüfend an, ohne zu ahnen, daß er verliebt ist. Ihre Schönheit erstaunt ihn, die Augen können, wenn sie aus einem bestimmten Winkel von der Sonne getroffen werden, genauso grün aussehen wie bei Ole-Olsen-i-Dalen. Er wünscht sich wie ein kleiner Junge, daß sie ihn wieder mitnimmt zu einem Spaziergang durch den Wald, daß sie ihn hänselt, weil er diesen Augenblick liebt, wenn sie unvermittelt wieder ernst wird und nur auf ihn wartet, darauf wartet, daß er ihr antwortet.

Adelina und Herman Hagerup stehen immer noch da und mustern die beiden. Adelina will Edvard nicht noch einmal in das Haus lassen, ihrer Meinung nach sollte er gehen. Einige Freunde sind bei ihnen, mit denen er nach Kopenhagen fahren kann.

„Sie haben sicher viel zu tun, wenn Sie doch Komponist werden wollen?" sagt sie und lächelt ohne Wärme.

Er fühlt sich durchschaut. Er hat das Gefühl, daß sie sieht, wie er tagelang auf dem Sofa liegt, umgeben von lächerlichen Porzellanfiguren, Tiere, Soldaten und Frauen, die aussehen wie Figuren aus einer italienischen Oper, jederzeit bereit, für ein Kompliment in Ohnmacht zu sinken.

„Ich bin bei Gade gewesen", sagt er trotzig.

„Bei Gade?" Das macht Eindruck. Gade ist ein bekannter Name – in *ihrer* Welt. Ein Mann, der in Preußen und Sachsen Erfolg gehabt hat. „Und was hat er gesagt?"

„Er forderte mich auf, eine Symphonie zu schreiben."

„Und haben Sie eine geschrieben?" Adelina Hagerups Brustkasten weitet sich. Für Edvard sieht es fast so aus, als bereite sie sich darauf vor, zu spucken.

„Nein, noch nicht", erwidert Edvard und verflucht sein Erröten. „Ich meine, ich bin ... noch nicht fertig."

Sie lacht gedämpft über sein unbeholfenes Auftreten. Sind alle Schauspielerinnen so? Er haßt ihre Augen. Nina darf ihn nie so ansehen! So gefühllos, so fürchterlich und so lebensmüde. Als versuche sie, sich an ein besonders schlechtes Theaterstück zu erinnern, das zu dieser Situation passen könnte, ein Stück, in dem die Männer verrückte Komponisten zwischen Porzellanpuppen sind, die ihre Zeit damit verbringen, Kuchen zu essen und in dem es nur *eine* Heldin gibt, Adelina selbst, die es bis zum Überdruß langweilt, verehrt zu werden, und die am liebsten einschlafen würde. Er bekommt plötzlich Angst, sie könnte vor seinen Augen in eine Schlafstarre verfallen. Sie scheint sich jedenfalls schrecklich zu langweilen. Herman Hagerup blinzelt immer noch hinüber zu dem russischen Segelschiff. Da kommt ein neuer, harter Ausdruck in Adelinas Augen, und Adelina sagt:

„Mögen Sie meine kleine Tochter?"

Nina hat den Kopf gesenkt und schaut ihn voller Verzweiflung an. Er sagt:

„Ich mag natürlich alle meine ... Kusinen."

„Aber Nina am liebsten, oder? Sonst würdet ihr doch nicht im Wald spazierengehen."

Er ist nicht fähig, ihr etwas zu erwidern. Jetzt kommt es, er weiß, daß es kommt:

„Ich freue mich, daß Nina sich um Sie kümmert. Es tut weh, Sie derart ... reduziert zu sehen, junger Mann. Ich hoffe, Sie begreifen, daß meine Tochter ihr Bestes tut, sie hat ein viel zu barmherziges Gemüt und setzt sich ahnungslos der Gefahr einer Ansteckung aus. Sie ist noch so jung, ihr seid noch so jung. Ich hoffe, Sie sind sich darüber im Klaren, daß die geringste Berührung ... ja, Sie wissen schon, was ich meine ... ungeheure Leiden hervorrufen kann ... Sagen Sie, husten Sie Blut?"

Edvard wird es schwarz vor Augen. Er kann ihr Gesicht nicht mehr erkennen, hört nur die erbarmungslose Stimme und spürt einen stechenden Schmerz in der Brust, vielleicht sogar einen plötzlichen Blutgeschmack im Mund. „Nein", sagt er. „Nein ... nein ... Das ist schon lange ... vorbei."

„Es gibt viele Künstler, die daran sterben", hört er sie weiterreden. „Sie sollten zurückgehen nach Norwegen, in die Bergluft und die Geborgenheit Ihrer Familie, finden Sie nicht?"

Er schaut Nina an. Sie steht da mit gebeugtem Nacken. Bewegungslos. Schaut ihn an, aber kann nichts sagen oder wagt es nicht. Weit weg hört er Tony und Yelva lachen.

Adelinas tiefe und zugleich etwas gellende Schauspielerstimme: „Nun ist es sicher Zeit ... jetzt fahren unsere Freunde nach Kopenhagen ..." Er nickt, ist froh, daß er sein Augenlicht wieder hat und er ihre ganze brillante Schau sehen kann. Was für eine phantastische Improvisation! Er hat Angst vor ihr, kann keinerlei Offenheit an ihr erkennen. Vielleicht spielt sie gar keine Rolle. Vielleicht *ist* sie so. Mit dem breiten, ein wenig schmollenden Mund, der großen Nase, den dichten Augenbrauen, eine nordische Heldin, direkt aus Walhall. Sie hat mit den Göttern Met getrunken. Sie läßt sich nicht von irgendeinem Balder berühren, der sowieso bald sterben wird. Ihr Begleiter ist Loki. Sie ist dafür geschaffen, Flüche gegen Pappkulissen zu schleudern, auf Schauspieler mit breiter Brust und kräftigem Kinn. Edvard spürt den Geruch von Salpeter. Er stolpert rückwärts die Treppe hinunter, sehnt sich nach Sonne und Wärme. Er möchte mit Tony und Yelva Ball spielen. Er möchte, daß Nina ihn bei der Hand nimmt und ihm einen neuen Wald zeigt.

Edvard und Nina im Buchenwald, eine Woche später. Er ist zurückgekommen, obwohl er weiß, daß er eine Feindin hat dort in der Wohnstube. Sie ist eine Hexe, sie trägt auch an den wärmsten Sommertagen einen schwarzen Pelz. Jetzt zieht Nina, die Tochter der Hexe, ihn mit sich fort, dahin, wo die Zweige sich ineinander verflechten, wo die großen, glatten Blätter, die ihm sanft über das Gesicht streichen, ihn immer weiter in den Wald locken. Ich möchte von Buchen schreiben, von beschützenden Schwingen, von Verstecken für verbotene Liebe. Ich möchte von Ninas kleiner, fester Hand schreiben, mit der sie den Vetter hält und tiefer und tiefer in den Wald führt. Sie ist älter als er, ich glaube, sie hat mehr erfahren als er. Ich glaube, sie versteht, daß er etwas anderes will, als mit der seltsamen, knabenhaften Stimme Gedichte im Bergenser Dialekt zu deklamieren.

Sie legt ihm die Arme um den Hals. Er ist kalt. Eine ganz neue Angst. Ansteckend.

„Du darfst dich nicht um meine Mutter kümmern", sagt Nina leise. „Sie ist auf alle Künstler eifersüchtig ... auf alle, die den Mut haben, ihren eigenen Weg zu gehen ... weil sie selber nie ... Sie hat so viele weggeschickt ... von mir. Diesmal ... darf sie es nicht ..."

Er entzieht sich ihren Armen, als er irgendwo in ihrem Gesicht Adelinas Züge zu erkennen glaubt. Mutter und Tochter. Die Stimme der Mutter mahlt in ihm wie ein Fluch, wird zu dem einen, entsetzlichen Ton, den Schumann hörte.

„Nein ... nicht so ..."

Sie gehen nebeneinander. Er möchte ihr so gerne erzählen, was er fühlt.

„Ich werde ... Lieder schreiben ... es ist nicht mein Stil ... Symphonien zu schreiben."

Sie lacht über ihn, runzelt erstaunt die Stirn. Lacht wieder. Er ist so komisch. Ihr kleiner, komischer Vetter. Ein Dickkopf. Er kommt zu ihr, wieder und wieder. Auch wenn er nicht in das Haus eingelassen wird.

Dann verabschieden sie sich, minutenlang, ohne ein Wort zu sagen. Sie stehen am Waldrand und blicken hinaus auf den Øresund. Ich kann weder ein gekräuseltes Wasser noch eine Welle sehen, trotzdem verbinde ich den Blick mit eiskaltem Ostwind.

Aber es ist Sommer. Edvard sagt: „Schau ... das Boot ..." Nina nickt. Sie sieht es. Sie hat so große Augen. Ich kenne nichts Ernsteres als diese Augen in der Sekunde vor dem hemmunglosen Lachanfall.

Drinnen in der Stadt, mit Horneman zusammen beim Bier, hört er das Lachen und sieht gleichzeitig ihre Augen. In grüner Farbe.

„Du denkst an sie", sagt Hornemann schnaubend. „Ich weiß, daß du für mich verloren bist."

Die Seele eines anderen besitzen müssen. Liebe ist schrecklich. Der Kampf um meinen Edvard ist schrecklich. Adelina Hagerup würde ihn am liebsten als dicken, desillusionierten Musiklehrer in seiner Heimatstadt Bergen sehen, weit weg von ihrer Nebenrollen-Tochter mit dem Hauptrollen-Namen. Horneman möchte ihn am liebsten als Zechkumpan und Tröster, als treuesten Zuhörer in den Kneipen und Spelunken Kopenhagens ... als Medizin für seine chaotischen Gedanken. Horneman denkt jetzt an Säulen, tempelähnliche Gebäude, Konzertsäle, Opernhäuser. Viel später habe ich Bilder gesehen, ein Vorstadium zum Wahnsinn, alles ist riesenhaft: die Plätze, die Gebäude, die Statuen, durch die der Wind, die Musik und die Töne wie von ferne vernehmbar sind. Horneman kämpft gegen die Stille in sich. Er schreibt Musik, füllt Notenbogen um Notenbogen mit Musik.

Was möchte Nina am liebsten von Edvard? Sie hält sich an die Ermahnungen der Mutter und wagt es nicht, sich allein mit ihm in der Stadt zu treffen, obwohl er sie ständig darum bittet. Edvard ist verliebt, aber er ist Zwilling, und er ist jung. Er treibt von Augenblick zu Augenblick, streckt die Hand aus, schafft es aber nicht, sich festzuhalten. Er treibt weiter, treibt, treibt ... *Da* ist ein schönes Gesicht! Und dort! Und da! Er horcht, nickt und begreift. Er schreibt ein Lied. Und im nächsten Augenblick ist er weg, davongetrieben. Neue Dinge sehen, neue Menschen treffen. Wenn ich über Edvard in diesen Jahren schreiben will, muß ich von einem Fluß schreiben, von blauen, blauen Augen im Fluß ... Bis zu diesem Abend im Tivoli. Im Tivoli!

Völlig wahnsinnig ... diese Glücksräder und Gauklerbuden, die kleinen, widerwärtigen Aufführungen, in denen Menschen mit verunstalteten Körpern auftreten. Hier gibt es den größten Buckel der Welt zu sehen! Schau mich an! Der kleinste Zwerg der Welt! Edvard fallen Ole Bulls Geschichten von Amerika ein. Er ist in Begleitung von Magdalene Thoresen, Schriftstellerin, Pastorenfrau, Schwiegermutter des Dichters Henrik Ibsen. Sie könnte Edvards Mutter sein, wie sie ihn am Arm nimmt und rigoros durch die Volksbelustigungen führt. Edvard hält Ausschau nach siamesischen Zwillingen, die Stephen Foster Melodien singen, während ihre Haut dunkler wird. Er hält Ausschau nach einer kleinen Zwergin in einem Geigenkasten, nach einem Menschen, in dem es gärt.

„Faszinierend ..." sagt Frau Thoresen, „all diese verschiedenen Formen von Leben."

Über ihnen der klare, kühle Himmel. Sie sehen ihn nicht. Sie sind in den geistigen Keller der Stadt eingetaucht. Edvard sieht alles durch einen Schleier von Schönheit: die wohlgeformte arabische Schlangenbeschwörerin, deren Brüste ihn an ... an Adelina Hagerup erinnern! Er sieht weiße Araberpferde, wie sie Ole Bull daheim auf der Insel Osterøya hat. Von jetzt an sieht er alles mit einem plötzlichen Stich von Heimweh. Magdalene Thoresen ist seine nüchterne Führerin und will außerdem viel lieber über Literatur reden, über Gedichte, die man vertonen könnte. Ob er Heinrich Heine kenne? Oder die Gedichte von H.C. Andersen? „Ich werde Dich Hans Christian Andersen vorstellen", sagt sie feierlich. „Er kann ein bißchen mehr Musik brauchen in seinem Leben."

Der kleine Edvard und die reife Magdalene. Sie essen Eis. Das paßt nicht zu ihm. Edvard ist in einem Zustand der Wandlung. Er kann sich in alles mögliche verwandeln. Er treibt ... treibt ... Er kann ein pflichtschuldiger Buchhalter werden ... ein Pastor ... ein Feuerschlucker mit einer Lunge. Kommt und schaut!

Magdalene Thoresen weiß das. Aber sie hat von seiner Musik gehört. Von den Septimen. Sie hat das Gefühl, ihn leiten zu können ... ihn steuern zu können ... Das Tivoli in Kopenhagen. Junge Pärchen schwärmen um die kleinen Seen, in denen die Schwäne treiben ... treiben ... mit gefalteten Schwingen und gesenktem Kopf. Nina. Außerdem müssen wir uns die Gerüche vorstellen. Der Geruch nach Puder, nach starker Schminke, nach Laubbäumen, nach lebenden Tieren und gebratenen Tieren, nach Marmelade und Öl, nach Pulver und Bier. Edvard ist hier schon mit Horneman gewesen, jetzt ist er mit Magdalene Thoresen da und wird Rikard Nordraak treffen, seinen um ein Jahr älteren Landsmann und Kollegen, der vielleicht auch gerade ein Eis gegessen und die wohlgeformte arabische Schlangenbeschwörerin betrachtet hat, wie sie grüne, dicke Giftschlangen sich um ihre schlanke Taille winden läßt und dabei „Ayayayaaaa ...!" schreit. Edvard merkt, daß Magdalene Thoresen drüben bei einem kleinen Gauklertheater, wo ein Clown versucht, einen toten Vogel fliegen zu lassen, jemanden erblickt hat. Edvard fragt nicht, wer es ist. Er fühlt sich jung und unbeholfen neben dieser Frau mit der selbstbewußten Ausdrucksweise. Er hat nie etwas von ihr Geschriebenes gelesen. Er weiß nur von ihrer Verbindung mit Dem Großen Dichter und daß ihre Stieftocher mit Dem Seltsamen Dichter verheiratet ist, und daß sie Bücher liebt als seien es kleine Kinder, die sie mit sanfter Hand liebkost. Er weiß, daß eine ganze Welt in ihr ist, wie sie da in dem flackernden Licht steht und lächelt, mit weit aufgerissenen Augen, weil da jemand ist, den sie kennt. Ihre aufrichtige Freude, als sie ruft:

„Nordraak! Nordraak! *Sie* sind auch hier? *Hier*?"

Sie formuliert das letzte Wort wie einen augenzwinkernden Vorwurf. Edvard spürt, daß er auf einmal rote Backen bekommt: Nordraak, diesen Namen kennt er von Gade. Gade hatte ihn für Nordraak gehalten. Horneman hat von Nordraak gesprochen. Nordraak ist der andere junge norwegische Komponist, mit Zwischenstation in Kopenhagen, auf dem Weg hinaus in die große Welt, oder zurück nach Norwegen, in die Verbannung.

Will ich ihn und Edvard beschreiben, als sie sich endlich gegenüberstehen, muß ich mit den Lungen beginnen, den Brustkästen, die einen großen Teil der Persönlichkeit eines Menschen ausmachen. Wir müssen uns Edvard vorstellen, noch mit den blauen, kindlichen Augen, von kleiner Gestalt, schief und zusammengesunken. Es ist wichtig für mich, mir das klarzumachen, denn als ich ihn zum erstenmal traf, war es genau diese physische Gebrechlichkeit, die in mir die Ahnung von etwas Verborgenem, Heimlichem weckte, von einem inneren Leben, geschaffen durch Musik, wodurch dieser merkwürdig schiefe Körper zu einem feinen und sinnlichen Werkzeug für Gedanken, für Gefühle wurde. Edvards Körper ist geprägt von einer Spannung, etwas Nie-Harmonischem, und deshalb streckt er sich ruhelos nach zwei Welten.

Vor ihm steht nun ein ganz anderer Typ von Mensch: der größte der drei Widder Bruse aus dem Märchen, mit einem Brustkasten, der sich messen kann mit dem des späteren Generalmajors Gill aus den Turnstunden daheim in Bergen. Der Brustkasten eines Eroberers! Eine Luftkammer voll großer Träume und Gedanken. Edvard sieht einen Jüngling, einen Mann, ein Jahr älter als er und bereits ein Berg, das rote Haar zornig zur Seite gestrichen, als wolle er ausdrücklich darauf hinweisen: „Komm mir bloß nicht und rede über Unwesentliches." Rikard Nordraak stammt aus dem östlichen Norwegen, wo die Sprachmelodie flacher ist, nicht so auftrumpfend und voller Konsonanten. Rikard Nordraaks erstes Wort an Edvard ist kein Prahlen, sondern das Feststellen einer Tatsache: „Da begegnen wir zwei große Männer uns also wirklich."

Edvard sieht seine Stärke, versucht, sich nicht einschüchtern zu lassen. Nordraak erinnert ihn in gewisser Hinsicht an John, ein ungeduldiges Hasten hin auf ein Ziel, von dem man alles zu wissen glaubt. Ein Hirschgeweih weit oben auf einem Berg. „Komm, schnell, schnell ... wir finden es." Neben einem Gauklertheater im Tivoli in Kopenhagen, wo ein Clown versucht, einen toten Vogel fliegen zu lassen. Magdalene Thoresen deutet auf die Umgebung:

„Das ist doch merkwürdig, daß wir uns hier begegnen, hier ... im Tivoli."

„Wo alles, was man sich auf dieser Welt denken kann, käuflich ist, meinen Sie?" Nordraak wirft seiner alten Freundin einen zornig-freundlichen Blick zu. „Sie haben wohl vergessen, daß ich ursprünglich hierhergekommen bin, um Marktwirtschaft zu studieren? Daß ich früher Weltmeister im Geldzählen war? Die Macht der Familie. Was tut man nicht alles, um seinen Erzeugern eine Freude zu machen. Das haben *Sie* doch auch zu spüren bekommen, Grieg, als sie bis nach Leipzig mußten, nur weil Bergen, he he, Deutschland im Kopf hat."

Edvard lächelt. „Das stimmt. Meine Mutter hat dort studiert."

„Und da mußten Sie eben auch Mendelssohn kennenlernen und in die feine Gesellschaft aufgenommen werden? Ich glaube, es war höchste Zeit, daß ich Sie getroffen habe, Edvard Grieg. Aber wohin gehen wir eigentlich?"

Sie gehen durch die kopfsteingepflasterten Straßen der Stadt. Es ist nicht weit. Nordraak wohnt auf Vesterbro. Magdalene Thoresen hat sich verabschiedet. Edvard hat ihre furchtbare Einsamkeit gespürt, als sie plötzlich außerhalb der Welt der Männer stand, einer Welt, in die sie ihr Leben lang hat hineinkommen wollen ... Die Männer, die im Besitz von Musik und Literatur waren. An einer Straßenecke bleibt sie stehen und winkt. Nordraak nimmt seinen neuen Freund am Arm, und die Sätze kullern nur so aus ihm heraus.

„Unser Weg darf nicht über das Deutsche führen, verstehen Sie. Wir stammen aus einem anderen Land, trotz der Hansestadt, aus der *Sie* kommen. Die Deutschen haben uns jahrhundertelang niedergewalzt. Ich habe die Musik zu Sigurd Slembe geschrieben. Ja, Sie wissen vermutlich, daß mein Vetter Bjørnson ein Schauspiel verfaßt hat ..."

Ich lasse ihn reden. Wir hören es als einen Strom von Worten, von Ansichten und Behauptungen. Daß Nordraak der Vetter Des Großen Dichters ist, überrascht Edvard nicht. Sie sind vom selben Guß, sie sind Männer mit gewaltigen Brustkästen, bereit, jeden im Wege stehenden, lästigen Troll in den Abgrund zu stoßen. Nordraaks Weltbild, Deutschland, der Norden, Norwegen, das nicht frei ist seit ... Sigurd Slembe. Sigurd, der so gerne König werden wollte, daß er Harald Gille ermordet hat, aber die Schlacht bei Holmengrå verlor und zu Tode gequält wurde. Slembedjakn. Dieser grausame Diakon, der Davidpsalmen sang und ihm dabei mit Nadeln die Augen durchstach und seine Hoden zerquetschte. Der unablässig sang und ihm dabei die Finger brach und die Haare vom Kopf sengte. Will Edvard diese Musik hören?

„Das ist sehr norwegisch, verstehen Sie. Das geht nicht den Weg über das Deutsche. Kein Mendelssohn im Leben von Sigurd Slembe. Wir sind doch nicht geeignet für diese Art von ... Harmonie?"

Edvard schreitet neben seinem neuen Freund und hat Schwierigkeiten, mitzukommen. Er spürt, wie die Flut von Wörtern sich wie eine warme Mütze um Kopf und Ohren legt. Nordraak gestikuliert heftig mit den Händen und trifft zufällige Passanten ins Gesicht. Nordraaks Preisgesang wird von einem Strom dänischer Flüche begleitet. Wir schreiben das Jahr 1863, das Jahr vor dem deutschen Überfall auf Dänemark. Und zwei norwegische Komponisten sind unterwegs zu einem Zimmer mit einem Klavier.

„Ich weiß, daß Sie ein hervorragender Pianist sind", sagt Nordraak und blickt seinen Freund mit grünen Augen an. „Ich möchte so gerne, daß Sie für mich spielen."

„Ich kann Schumann spielen", meint Edvard zögernd.

„Schumann?" Nordraak mustert ihn mit Abscheu. Dann besänftigen sich unvermittelt seine Züge. „Ja natürlich ist es schön, Schumann zu hören, aber ich möchte ja *Sie* hören, verstehen Sie?"

Die erste Nacht mit Edvard und Nordraak. In Nordraaks kleinem Zimmer bei seiner Tante, der Witwe Birgitte Sanne, die in dem dunklen Nebenzimmer zwischen dänischen, weißen Porzellanfiguren sitzt, während die Musik von Sigurd Slembe durch die Wände dröhnt.

Die erste Nacht, in der die Lampen verlöschen und sie vergessen das Wiederanzünden. In der die Gläser geleert werden und sie vergessen das Einschenken. In der Edvard das Stechen in der linken Lunge spürt bei dem Anblick von Nordraak, der auf dem Klavierhocker sitzt und inbrünstig den Text des Großen Dichters brüllt.

„Daram! Daram! Daram!"

Die erste Nacht, in der Edvard dasitzt, wie mit Horneman in Leipzig, wie mit John in Bergen, und zuhört, nur zuhört. Begeistert. Blauäugig. Er möchte so gerne verstehen. „Ja!" ruft er aus, „ja!" wenn er die Quinten erkennt. Wenn er das Grüne in Nordraaks Augen erkennt. Mit seinem kleinen, schiefen Körper sitzt er auf einem Stuhl und versucht sich selbst zu finden in diesem Strom von Eindrücken, der vor langer Zeit daheim in der Strandgate in Bergen entsprungen ist und ihn seitdem mitgenommen hat von Ort zu Ort, von Mensch zu Mensch. Neue Freunde sind wie Bäume am Flußufer gestanden, haben ihre Äste über dem Strom ausgestreckt, bereit ihn zu fangen ...

Die erste Nacht, trotzdem anders als die anderen ersten Nächte, weil Nordraak Tod und Verderben von Sigurd Slembe plötzlich unterbricht und sich mit ausgestreckten Händen und verzweifelten, grünen Augen im Halbdunkel vom Klavier abwendet:

„Du bist mein Freund, nicht wahr?"

Edvard ergreift seine Hände, spürt die Wärme der Finger, die seine dünnen Adern pressen als wollten sie ihm den Puls fühlen. Die roten Haare sind Nordraak in die Stirn gefallen. Jetzt sieht Edvard, wie jung er ist. Seine Stimme klingt leidenschaftlich, fast tonlos:

„*Gemeinsam*, verstehst du, *gemeinsam* können wir es schaffen ... die norwegische Musik ins Leben zu rufen ... in einem Jahr ... wenn ich hierher zurückkomme ... da versprichst du, auch zu kommen ... machst du das?"

Und die einzigen Worte, die ich Edvard in dieser Nacht in der Wohnung der Witwe Birgitte Sanne sagen hörte, diese zerbrechlichen Worte, und trotzdem voller Ehrfurcht, Hingabe und Hoffnung:

„... ich verspreche es."

Das ist eine Geschichte von Abhängigkeit, von Menschen, die andere Menschen brauchen, um leben zu können, von Menschen, die sagen: „ich liebe dich", weil sie dieses Gefühl in sich haben, weil sie es in ihrem Leben brauchen. Das nächste klare Bild von Edvard habe ich im Spätsommer und Herbst 1864. Die Deutschen sind in Dänemark einmarschiert. Am 18. April war die Erstürmung der Düppeler Schanzen. Die preußische Übermacht war erdrückend. Bestückt mit einer Artillerie mit allen modernen Raffinessen zur Ermordung von Menschen hatten 37 000 deutsche Soldaten die 10 000 dänischen Widersacher niedergemacht. 4 800 Dänen starben. Edvard verließ Kopenhagen, erschüttert über das Ereignis und voller Gewissensbisse. Dänemark war trotz allem ein Bruder in Not. Warum hatten die Norweger nicht geholfen?

Die Wohnstube daheim auf Landås. Die tiefroten Wände. Das Geräusch von Gesines Schaukelstuhl. Draußen ein Sommertag. Die Schwestern und Synneva in der Küche oder im Garten. Nur Alexander, John, Edvard und Gesine. Ich sehe Gesine mit einem Strickzeug. Sie hat John an sich gezogen. Er sitzt neben ihr auf einem kleinen Holzstuhl, die Beine überschlagen, und pafft eine dünne Pfeife. Gesine blickt auf das Strickzeug, blickt zu Boden. Schließlich sagt sie:

„Es war das *Recht* der Deutschen, so zu handeln."

Im anderen Teil des Zimmers: Alexander und Edvard, Seite an Seite, auf einmal so ähnlich mit den blauen, abwesenden Augen. Edvard erregt:

„Das war ein Überfall auf ein kleines ... wehrloses ... Und wir saßen untätig zwischen unseren Porzellanpüppchen ..."

„Hätten wir Krieg gegen *Deutschland* führen sollen?" John schaut seinen Bruder mit sarkastischem Lächeln an, bevor er Gesine einen vielsagenden Blick zuwirft. Dann fährt er fort: „Sag' mal, was hast du eigentlich in Leipzig gelernt?"

Alexander starrt sehnsüchtig hinaus in den Rosengarten und sagt: „Warum müßt ihr immer streiten?"

Edvard tätschelt ihm beruhigend den Arm, antwortet dem Bruder mit vor Zorn funkelnden Augen: „Nichts, John. Ich habe nichts gelernt über das Erhabene im Leben. Ich habe nur Kleinlichkeit ... und Scheinheiligkeit gelernt ... Ein verpestetes Land. Verpestet von seinem eigenen Gehorsam vor der Obrigkeit, verpestet von diesen ewigen Etüden, mit denen Czerny und Clementi ..."

„Wir reden von den *Deutschen*, Edvard!"

„... mit denen Czerny und Clementi uns an der Nase herumführen ... damit wir glauben, das Leben sei etwas rein technisches ..."

Johns Stimme, erheblich lauter: „Zeigst du so Mama und Papa deine Dankbarkeit, die dich ... die uns ermöglichten ..."

Der Satz hängt in der Luft. Keiner ist imstande, ihn herunterzuholen. Gesine strickt verbissen weiter und schaukelt mit dem Stuhl, tief gekränkt durch Edvards Unverständnis. Auch in dieser tiefroten Wohnstube findet ein Krieg statt, der Krieg zwischen Norwegen, Deutschland und England, von den Beteiligten mit unterschiedlichem Einsatz geführt. Ich sehe plötzlich Gesine als das deutsche Gegenstück zu Königin Victoria. Warum ist mir das eigentlich nicht schon früher aufgefallen? Gesine gleicht ja tatsächlich der englischen Königin. Der rundliche Körper, das verbitterte, einsame Gesicht eines Menschen, der alles gewonnen hat, aber in der Liebe versagt hat.

Alexander hat sich erhoben. Edvard steht ebenfalls auf. Endlich hebt Gesine ihren Kopf. Der Blick ist voller Vorwürfe: „Warum sagst du nicht das, was ich gerne von dir hören würde?" John mischt sich mit brutaler Vernunft ein. Er packt den Bruder an den Handgelenken, hält ihn wie einen Gefangenen.

„Du, Edvard! Ich glaube, wir beide haben einiges miteinander zu besprechen."

Edvard wieder in Bergen. Edvard mit seinem Bruder an einem Spätsommertag 1864 die Hügel hinunter Richtung Ole-Olsen-i-Dalen. Es ist der Strom, die Unterwasserströmung, die ihn wieder hierhergezogen hat. Als er schon dachte, er würde sich frei ins Meer ergießen. Als er spürte, wie das Wasser salziger, ja kälter, aber frischer wurde ... zog es ihn wieder hierher. Vielleicht steckt ein Brief dahinter, den der Bruder schrieb. Ich kann ihn direkt hören, den Satz des Bruders, sehe das vergilbte Papier mit der zornigen Schrift: „Nach allem, was sie für dich getan haben ... findest du nicht, daß du eigentlich ..."

Jetzt geht er neben seinem Bruder, dieser breiten, kräftigen Gestalt, und hört ihn sagen: „Ich habe nicht aufgegeben. Ich übe ... Etüden, Edvard. Vor denen du dich immer drückst. Weil du nicht verstehst, daß nur Disziplin und Gehorsam uns vorwärtsbringen. Warum bist du so anders geworden? Was ist mit dir passiert in Kopenhagen?"

Edvard kämpft mit zusammengebissenen Zähnen gegen die Worte. „Ich möchte wieder hin, John."

„So wie es jetzt aussieht, würde das deine Mutter nicht überleben. Du hättest in Deutschland weitermachen können. Die Welt stand dir offen. Während ich nach Hause mußte, hättest du ..." John unterbricht sich selbst. Edvard mustert sein Profil, versucht zu verstehen, was er sagt, aber das, was er sieht, kommt dem Gedanken in die Quere. Seine weichen Lippen, die, wie er weiß, jede Frau entzükken. Der gutaussehende Körper mit den ungestümen aber trotzdem galanten Bewegungen. Die Haare, Ausdruck seines inneren Wahnsinns, sie wollen nach allen Richtungen wachsen, aber er zähmt sie mit Bürste und Kamm.

„Du mußt mit mir spielen", sagt er. „Wir werden gemeinsam ein Konzert veranstalten."

„Hier? In Bergen?" Edvards ungläubige Stimme.

„Ja, wo sonst? Das sind wir Mama schuldig. Ich weiß, daß sie es gerne möchte. Ein Kammermusikabend, an dem wir, die Gebrüder Grieg, uns nach langen Studien draußen in der Welt präsentieren."

„Und deine *Hand*, John?"

John blickt Edvard plötzlich ganz vertraulich an: „Die ist wieder in Ordnung. Das war nur etwas in mir, verstehst du?

Ich habe einfach einen Knacks gekriegt. Weil ich in Leipzig aufhören mußte."

„Aber du kannst doch wieder hingehen?"

„Mama und Papa verlassen? Wie *du* es tust? Das Geschäft und alles verlassen? Manchmal begreife ich nicht, wo deine Gedanken sind, Edvard."

Das Gespräch der Brüder verläuft im Sande. Bei Ole-Olsen-i-Dalen steht das Pferd im Schatten. Edvard hält Ausschau nach dem Spielmann, sieht ihn aber nicht. Alles ist wie früher. Die Fabriksirenen heulen irgendwo in der Stadt. Ein Arbeitstag ist zu Ende. Jetzt kommt der lange Abend. Einige Wochen wird es noch dauern bis zu dem erzwungenen Frieden zwischen Deutschland und Dänemark, bei dem Holstein und Schleswig formell an den König von Preußen und die Kaiserin von Österreich abgetreten werden.

Das ist die Zeit, in der es Edvard nicht mehr aushält zu Hause, er hält sie nicht mehr aus, diese verstohlenen Blicke, die vielen versteckten Wünsche, die wenigen Worte und das viele Schweigen. Mozart, Bach und Beethoven. Und das monotone Geräusch von Gesines Schaukelstuhl. Da erscheint Edvard plötzlich bei Ole Bull auf Osterøya. Ein ängstlicher, unglücklicher und verwirrter Junge auf der Suche nach einem Märchen, das er einmal gehört hat. Als er Ole Bull in seiner Wohnstube am Valestrand sitzen sieht, gemeinsam mit seiner bleichen, französischen Frau, die komplizierte Blumenmuster in eine weiße Decke stickt, fragt er sich, wo das Märchen sich wohl versteckt hat. Hier findet er keine phantastischen Geschichten aus Amerika, dafür schöne Gegenstände aus den Salons Europas und Felen aus engen norwegischen Tälern, scheinbar achtlos auf Rokokotischchen liegend.

Edvard Grieg bei Ole Bull. Der alte Geigenvirtuose sitzt bei seiner treu ergebenen, französischen Frau und wird verrückt von ihrer aufopfernden Liebe. Er hat ihr zweitausend Flaschen des feinsten Bordeaux geschickt, als er auf Tournee war. Aber dafür hat sie keinen Sinn. Sie ist zu einem Bestandteil Norwegens geworden, eines Norwegens, das dem Wind lauscht und dem Erdrutsch tief in den Bergen und der schweren Dünung des Meeres. Edvard küßt ihr die Hand und spürt die Kälte ihrer Haut. Sie sitzt in einem großen Stuhl und stickt, wobei sie ihrem Mann dunkelbraune Blicke voller Liebe zuwirft. Sie ist zwei Jahre lang tot gewesen. Und der Meister redet:

„Wie nett, Sie zu sehen, Edvard. Fühlen Sie sich ein bißchen verloren zu Hause bei Gesine und Alexander? Nein, sagen Sie nichts. Ich verstehe. Ich verstehe das vollkommen. Wollen Sie mitkommen in meine Höhle? Dann werde ich Ihnen auf den Felen vorspielen. Phantastische Klänge. So muß es klingen, wenn Berge zusammenstürzen, oder wenn man Schweine schlachtet ... oder wenn man eine Sennerin betrachtet, wenn sie gerade ... naja Sie wissen schon!"

Edvard und Ole Bull am Ufer entlang, auf dem Weg zur Höhle. Hinter dem Fenster am Valestrand steht eine französische Frau und blickt ihnen nach.

Edvards Stimme klingt dünn in der leisen Brise des Sonnenuntergangs:

„Gibt es wirklich eine ... norwegische Musik?"

Die schlanken Taillen der Felen erinnern ihn an Nina.

Er vergißt, erinnert sich und vergißt wieder. Das Vergessen ist mein Feind. Das Vergessen ist der lebendige Tod. Edvard vergißt Menschen, sobald er neue trifft. Draußen bei Ole Bull vergißt er die Familie und das unheimliche Schweigen zwischen den Wänden auf Landås. Aber John folgt ihm und will Mozart spielen. Bald sitzen Ole Bull, John und Edvard in der Wohnstube auf Valestrand und spielen als Trio für eine bleiche, französische Frau, die die zärtlichen Töne mit einem leisen und wehmütigen Lächeln beantwortet. Sie sagt nichts. Meistens reden nur John und Ole Bull. Edvard merkt, daß sich der Bruder hier draußen verändert. Auf einmal ist er nicht mehr so verdammt deutschfreundlich. Er begleitet Ole Bull in seine Höhle und hört sich etwas aus dem Repertoir des Myllarguten an. John ist begeistert.

„Genauso spielt er, der Taugenichts unten im Tal!"

Edvard merkt, daß auch John sich den Menschen anpaßt und sich einfügt. Edvard entdeckt eine Feigheit in den Augen des Bruders, wie er sie von sich kennt. Er möchte nach dem Arm des Bruders fassen, möchte ihn trösten und sagen: „Ich weiß genau, wie es dir geht."

Aber John ist nur mit Ole Bull beschäftigt. Mit dem Meister. Der ihn einmal wegen seines kleinen Bruders verraten hat. Jetzt ist er Cellist in seinem Trio. Er streicht das Instrument, daß Harzstücke auf den Boden bröseln. John und Ole Bull. Für andere ist kein Platz mehr im Zimmer. Edvard und die französische Frau versinken in Schweigsamkeit. Sie wechseln lange, traurige Blicke. Ihre Augen sind braun. Seine Augen sind blau. Sie hätten sich ineinander verlieben können. Ich gebe meinen Edvard großzügig einer anderen Frau, weil ich weiß, daß die französische Frau ihn nicht annimmt. Ihre blinde Treue ist eine Krankheit.

Nach dem Konzert in Bergen flüchtet Edvard zurück nach Kopenhagen. Unzählige Briefe von Nordraak: „Warum kommst du nicht? Du hast doch versprochen ..." Muß ich Gesine im Konzertsaal beschreiben? Gesine und Alexander, mitten unter strickenden, plaudernden Familien. Gähnend bei Schumann. Schnarchend bei Mozart. Vielleicht war es nicht ganz so schlimm, aber Edvard sagt, daß es so war. Denn in Bergen ist Musik keine Sprache, dort ist sie eine Freizeitbeschäftigung.

Edvard vergißt nicht die Augen des Bruders bei der Abreise. Sie blicken neidisch, doch gleichzeitig hält er stolz seine Mutter im Arm, beschützend als hätte er bereits die verantwortungsvolle Versorgerrolle vom Vater übernommen. Jeder soll wissen, daß *er* der tragende Pfeiler der Familie ist, auf dem das ganze Gebäude ruht.

„Jetzt mußt du dich völlig auf das *Lernen* konzentrieren,

Edvard", sagt er. Und gleich darauf, wie eine leise Drohung: „Ich komme bald und besuche dich."

Edvard umarmt seine Mutter, spürt ihre weiche Wange, ihre zusammengebissenen Zähne, all das, was sie nicht sagt. Dann die harmlosen und liebevollen Ermahnungen des Vaters: „Du weißt hoffentlich, wie gefährlich die dänischen Frauen sind!" John plötzlich beinahe heulend, drückt ihn unerwartet fest an sich:

„Paß' auf dich auf, Bruderherz."

Dann ist er frei. Hurra! Jetzt komme ich. Nina und Rikard und Emil! Er genießt die Einsamkeit des Reisens und kommt in Kopenhagen gleichzeitig mit dem Frieden an. Es ist kühl. Er knöpft den Mantel zu und verschließt sich vor der Welt. Dann steigt er aus dem Zug und wird von Rikard Nordraak empfangen.

„Hier bist du ja endlich, mein Freund! Der Frieden ist da! Jetzt kann der Krieg beginnen!"

Edvard stottert, will nach den Koffern greifen, die Nordraak bereits genommen hat. „Ich weiß, ich hätte schon früher kommen sollen ..."

„Früher?" Rikard schaut ihn mit einem hintergründigen Gaunerblick an. „Ich bin wieder zurückgefallen in meine Rolle als rothaariger Wirtshauspianist. Soll ich dir das beste Café der Stadt nennen? Oder von der neuen Brauerei erzählen, die einige ausgezeichnete Biere zusammenkocht?"

Edvard lächelt, hört zu. Die Sonne scheint, die glasklare Herbstsonne des Nachmittags. Dieses Bild würde ich gerne malen. Wiedersehen. Zwei Freunde verlassen den Hauptbahnhof, gehen über die breite, staubige Vesterbrogate und an dahindösenden Pferdedroschken vorbei hinaus nach Frederiksberg oder hinein zum Rathausplatz. Vielleicht ein früher Mond. Die roten Hände der Obstverkäufer. Geruch nach Staub und salzigem Meer und die plötzlichen Ausdünstungen der Großstadt, Urin und Frikadellen in brauner Soße. Rikard hat die Jacke aufgeknöpft, will den kühlen Wind spüren. Edvard stellt fest, daß seine Brust nicht so breit ist, wie er zuerst dachte. Vieles an dem

Freund ist anders. In dem Jahr, das seit ihrer ersten, stürmischen, nächtlichen Begegnung vergangen ist, hat Edvard von anderen so viel über Nordraak gehört, besonders auch von Ole Bull, daß die Geschichten für ihn zu lebendigen Mythen geworden sind und seine eigene Erinnerung verwischt haben. *Jetzt* sieht er das Götterbild in Wirklichkeit: Jetzt sieht er die Sommersprossen, das karottenrote Haar, bei dem er an Pferdeschwänze denken muß, der fast eingefallene Brustkasten, die flache, gewellte Stirn, das Grobe und Saftige, das ihm eher das Aussehen eines Bauern oder eines Kutschers gibt, dazu die laute Stimme, die sich oft bis zur Raserei steigern kann, die Haut fettig und ungesund, der Körper knochig, das Haar eigentlich dünn. Ein Sammelsurium von Kompromissen, gegen die er ständig ankämpft.

„Willst du nicht lieber die Jacke zuknöpfen?" fragt Edvard besorgt.

„Wegen der frischen Luft? Nein, niemals. Weißt du, Edvard, ich bin nämlich verliebt."

„Schon wieder? Aber du hast doch geschrieben ..."

„Vergiß, was ich geschrieben haben. Sie heißt Signe."

„Und was ist mit Marie?"

„Marie?" Nordraak bleibt einen Moment stehen und betrachtet verwundert den Freund, so als würde der in einer fremden Sprache reden. „*Marie*?" wiederholt er. „Du hättest lieber fragen sollen: Was ist mit Dorte, Anna, Therese und Nina, nein natürlich nicht *deine* Nina."

„Hast du sie gesehen?" Edvard verhaspelt sich vor innerer Aufregung.

„Nein, die Schwestern haben sich nie gezeigt. Und mit dieser Adelina ist ja nicht gut Kirschen essen ..."

Edvard nickt. „Ich weiß."

Nordraak möchte seinem Freund auf den Rücken klopfen, obwohl er die Koffer trägt. „Nicht den Kopf hängen lassen. Nie den Mut sinken lassen, hörst du? Gemeinsam werden wir sie schon erobern können."

„Wie meinst du das?" Edvard blickt erschreckt in das

leuchtende Sommersprossengesicht, das sich zu einem großen Lächeln verzieht.

„Hast du Angst?"

Edvard murmelnd: „Ole Bull hat erzählt, Björnson behaupte, er sei noch nie mit jemandem zusammengewesen, der sich so oft verlobt habe."

Nordraak lacht laut. „Hat er das gesagt? Hat er das wirklich gesagt? Mein Gott, Edvard! Wir sind Brüder, das weißt du doch. Wir werden niemals um die gleiche Frau kämpfen!"

Edvard in Kopenhagen. Das Schreiben macht mir Spaß. Die Freunde haben sich getroffen, sie werden durch die Kneipen der Stadt ziehen, werden mit Fischern und Händlern anstoßen und mit Komponisten, die ganze Opern im Kopf haben.

„Wir müssen Horneman besuchen! Wie geht es Horneman?"

Nordraak erzählt, von Horneman und all den anderen neuen Freunden, die er gefunden hat. Der verrückte Feddersen, kennt er den noch nicht? Dann muß er ihn verdammt nochmal kennenlernen, noch heute Abend.

„Und dann mußt du alles von Ole Bull erzählen, und den neuen Felen, versprichst du mir das? Horneman schreibt an einer Oper, und ich schreibe an einer Nationalhymne. Siehst du es mir an, Edvard, daß ich voller Lebensfreude bin?"

Das warme, das weiche, das zornige, das nahe, das weibliche, das tierische ... Edvard ist verliebt in die vielen Gesichter des Freundes. Ich weiß nicht, welches Gesicht ich festhalten soll, wo ich in die Freundschaft eingreifen soll. Der junge Nordraak, so sicher, die Zauberformel zu kennen, nie fieberhaft nach Originalität suchend, immer überzeugt von seinem Weg. Ich erinnere mich, daß er einmal schrieb: „Die Nationalität, die wir daheim in Norwegen haben, ist eine traurige Angelegenheit. Man versucht Steine einzuführen, aber davon haben wir genügend. Wir sollten das nehmen, was wir haben. Die Nationalität besteht nicht darin, wie unsere Väter Hallinge und Springtänze zu komponieren. Das ist chinesisch. Nein, es geht darum, ein Haus aus all diesen Steinen zu bauen und darin zu wohnen. Hör' doch diese nackten, klagenden Melodien, die wie vaterlose und mutterlose Kinder überall im Land herumirren. Sammle sie auf, und hole sie an den Herd der Liebe, und lasse sie ihre Märchen erzählen. Bewahre alles, denk' nach, und tu dann so, als würdest du alle Rätsel lösen, damit jeder glauben kann, du magst ihre Geschichte am liebsten. Dann werden sie sich freuen und in deinem Herzen klingen." So redet er auf Edvard ein, wenn sie spät in der Nacht als die letzten der Runde noch immer dasitzen. Horneman ist verlobt, und weil er das Leben immer düster betrachtet, ist er neidisch auf die Freiheit der Freunde, auf Nordraaks ungeniertes Sammeln von ständig neuen Frauengesichtern. Er ist Zwilling wie Edvard. So viele Zwillinge an allen Stellen meiner Geschichte! Ich suche nach der Sinnlichkeit, die sie ihren Frauen fast nie zeigen, weil neue Ideen und Bilder sie ablenken. Ich möchte in meiner Geschichte die intimsten Stunden zwischen den Menschen festhalten. Ich möchte Edvard so hören, wie er einmal mit mir geredet hat ...

Nordraak sagt:

„Ich hätte mich nicht mit Horneman anlegen sollen. Es hat ihn gekränkt, meinst du nicht?"

„Er liebt Schumann, Rikard."

„Er versinkt in dem Deutschen ... und verliert sich dabei. Ach, ich mag ihn ja. Aber alle die anderen ... Ich habe gestern meine Wasserkaraffe nach deinem Weggehen kaputtgeschlagen ... aus Ärger über diese Menschen, die keinen Platz für eine einzige reine Melodie in ihrer Seele haben. Edvard, verdammt nochmal, ich muß an Nora denken, an *meine* Nora. Nora Olsen aus der Dronningensgate."

„Denkst du *immer noch* an sie, nach so vielen Jahren?"

Nordraak nickt. Sie sind in dem kleinen Zimmer mit dem Klavier. Edvard folgt den ruhelose Blicken des Freundes.

„Manchmal sitze ich hier, denke und denke, liebe und

träume. Aber es ist ein kranker Traum. Mit zu vielen dunklen Farben. Da greift irgendetwas Seltsames nach mir und will mich weghaben von dieser Welt."

Ich weiß, daß er das schrieb, an eine seiner vielen Verlobten. Er sagt es zu Edvard, und dabei trifft eine erste Schneeflocke die Fensterscheibe im Haus der Witwe Birgitte Sanne in der Vesterbrogate. Es ist Nacht. Edvard hat den Eindruck, daß der Freund einem Pferd ähnelt. Warum ähneln Edvards Freunde immer Pferden? Nordraak ist eine Mischung aus Araber und Fjordpferd. Jetzt vor allem Fjordpferd, als er über dem Bierglas zusammensinkt und seinem Freund zuflüstert:

„Geh' noch nicht. Bitte, Edvard, nicht gehen ..."

Der Schnee bleibt liegen. Weiß, ein bißchen grau, wie Ninas Haut. Herrgott Nina! Er hat sie glatt vergessen, in den letzten Tagen hat er nicht einen Augenblick an sie gedacht, und jetzt steht sie in der Tür, die Hände in einem Muff. Edvard sieht ihre von der Kälte geröteten, frischen Wangen. Er ruft aus:

„Meine geliebte Kusine ... sind Sie krank?"

In seinem Kopf ist noch ein ganz spezielles Traumbild von ihr. Dieses erste Bild, nach dem gemeinsamen nächtlichen Gang durch Kopenhagen. In seiner Erinnerung war sie nicht *so* klein. Kaum hat er seine gutgemeinte aber gedankenlose Frage ausgesprochen, blitzt sie ihn zornig an:

„Ich? Fragen Sie, ob *ich* krank bin?" erkundigt sie sich mit einem vielsagenden Blick auf das Klavier, so als sei es ein Krankenbett. Sie tritt unaufgefordert ins Zimmer, schaut sich um, verzieht ihr Gesicht zu einem sarkastischen Lächeln, als sie die Porzellangegenstände bemerkt, die aufgeschlagenen Notenhefte drohen einen Grand Danois umzustürzen. Dann dreht sie sich zu ihm, der Mund ist nur ein Strich. „Sind nicht eher *Sie* krank? Ich meine, weil Sie sich dauernd hier vergraben?"

„Ich komponiere einige Lieder", antwortet Edvard betreten. „Darf ich Sie vielleicht ... möchten Sie nicht ihren Mantel ..."

Das ist ein übermütiger Augenblick in Ninas Leben. Sie befindet sich außerhalb der Reichweite ihrer Mutter, ist ihrem eigenen Willen überlassen.

„Wie heißen die Lieder?" fragt sie uninteressiert.

„Es sind Gedichte von H.C. Andersen. Melodien des Herzens ..."

„Melodien des Herzens?" Sie hat den Mantel ausgezogen, hat ihn achtlos wie ein ergebenes Tier auf die Chaiselongue fallen lassen. Ihr Kleid wirkt äußerst dünn. Er ahnt ihre Haut unter dem hellen Stoff. Sie ist noch etwas atemlos. Er sagt:

„Das ist aber nett, daß Sie mich besuchen."

„Ich habe eigentlich gedacht, daß *Sie mich* besuchen würden", sagt sie und zieht ein Notenheft aus der Tasche. Jetzt endlich überfliegt eine Röte ihr Gesicht: „So war es jedenfalls ausgemacht. Außerdem wohnen wir inzwischen in der Stadt, am Peblingesee."

Er eilt auf sie zu, will gleichsam ihre Hände ergreifen: „Es war schier unmöglich, von Bergen loszukommen, und sobald ich hier eintraf, wurde ich in musikalische Probleme verwickelt ..."

„Sie meinen Nordraak, Horneman und Matthison-Hansen?"

Er schnappt nach Luft, überfahren von ihrer Frechheit.

„Meine Freunde sind für mich keine ... musikalischen Probleme", meint er vorsichtig. „Aber sie bringen so viel in Bewegung in mir ... in meinem Kopf. All dies Drängen mit dem Nordischen ... dem Nationalen ..."

„Geht es Ihnen auf die Nerven?" Sie lächelt ihn an als sei er ein kleiner Junge.

Er wechselt das Thema und bekennt: „Ich habe eine solche Angst vor ... Ihrer Familie."

„Vor meiner Mutter?" Sie nickt. Und dann, mehr zu sich selbst: „Warum ist eigentlich alles, was *ich* gern habe, für *sie* eine Bedrohung?"

Edvard und Nina in Kopenhagen. Der Schnee bedeckt die Straßen, aber vom Himmel kommt neuer Schnee, große, trockene Flocken, sie wirbeln um die Händler, die von knarrenden Wagen weihnachtliche Köstlichkeiten und Weihnachtsschmuck abladen und in die Geschäfte bringen. Nina tritt an das Fenster und beobachtet das lebhafte Treiben. „Ich liebe Städte", sagt sie. „Ich liebe es, wenn Menschen irgendwo auftauchen und wieder verschwinden."

„Dann sind Sie genau wie ich."

„Bin ich das?" Sie blickt ihn an. „Ich dachte, Sie seien noch flüchtiger ... und außerdem sind Sie ohne jede Eifersucht."

„Was? Ich?"

Sie lacht. „Sie sind so süß, wenn Sie in den Bergenser Dialekt verfallen. Ja, Sie. Sie kümmern sich nicht im geringsten darum, was ich treibe ... ich meine wenn ich nicht bei Ihnen bin."

Er starrt auf ihre Handgelenke. Sie sind weich, schlangenhaft. Er liebt diese Hände, wie sie über die Dinge in seinem Zimmer streichen, als wollten sie prüfen, ob die Dinge lebendig sind. Ihre plötzliche Zärtlichkeit für ein Kaninchen von der Königlich Dänischen Porzellanfabrik. Ihr leichtes Schnüffeln an den Gardinen, ehe sie sich vom Fenster entfernt und sich auf ihn konzentriert. Ein Mann und eine Frau neben einem Flügel. Sie ist viel verzweifelter, als ich mir das zuerst gedacht habe. Irgendeine andere Möglichkeit in ihrem Leben muß sie erschreckt haben. Jetzt will sie nicht länger wählen, jetzt will sie gewählt werden.

Und Edvard saugt all diese fast unmerklichen Zeichen des Begehrens in sich auf, beantwortet sie fast ebenso unmerklich, begreift gar nicht, wie er sie hatte vergessen können, jetzt macht sie das, was er sich wünscht, so listig, so schamlos berechnend, als sie mit dem Notenheft winkt und sagt:

„Ich habe Schumann mitgebracht ... die Frühlingssymphonie ... Ich habe gedacht, vielleicht haben Sie Lust, sie gemeinsam mit mir zu spielen."

Diese Symphonie gemeinsam mit ihr spielen? Er reißt ihr das Notenheft aus der Hand und starrt es an, als sei es eine Gesetzestafel. Dann schaut er sie an. Woher weiß sie, daß genau diese Symphonie ... Ich traue ihr nicht. Ich glaube, daß sie mit Horneman gesprochen hat, er muß ihr erzählt haben, wie gerade diese Symphonie ... wie Horneman und er ... im Gewandhaus ... Nina spürt eine ganz andere Treue in der Beziehung zwischen diesen Männern. Sie hat diese Freundschaft im Konzertsaal erlebt ... wie Männer eins werden ... sie hat diese Freundschaft in der nächtlichen Stadt erlebt, wo Männer zu zweit ... wieviel geben sie einander von dem, was der Liebe zwischen Mann und Frau vorbehalten sein sollte ... wie sie sich um den Nacken fassen ... wie sie weinen, sich öffnen und lachen ... Sie spürt, daß eine Frau nie zwischen sie kommen kann, und dabei müssen Mann und Frau in ihrer Liebe gegen so viele sichtbare und unsichtbare Feinde kämpfen, gegen die Familie, die besten Freunde, lang geplante Karrieren. Sie ist so jung. Ihr Körper ist vielleicht noch nicht erwacht. Aber sie sehnt sich nach dem, was sie gesehen hat, möchte auf diese Weise angenommen werden, die Tränen eines Menschen am Hals spüren, möchte trösten, versprechen, schwören. Geht es Edvard ebenso? Ich weiß es nicht. Ich bin mir nicht sicher. Er hat noch nicht gelernt, Frauen zu lieben. Nordraak verführt ihn mit Götzenbildern, mit der vergeblichen, heiligen, überirdischen Liebe. Wie ich die hasse! Die bequemste Form von Treue. Dem Unwirklichen treu sein. All diese Frauen aus Fleisch und Blut, die es wagen, zu lieben, und die als Antwort verschwommene Briefe über den Mond und die Sterne erhalten. Während ich schreibe, empfinde ich plötzlich eine starke Verachtung für Edvard, wie er da so steht und geschmeichelt ist über Ninas Besuch und ihre zarten Hände, die das Zimmer streicheln. Eine Verachtung, in der sich vielleicht meine Eifersucht und Verzweiflung ausdrückt über die Gespräche, die er mit

Nordraak führt, in denen er seine flüchtigen Liebesverhältnisse zugibt und sich eine Traumfrau zusammenlügt, die äußerlich auf erstaunliche Weise Nina gleicht aber trotzdem nicht *sie* ist. Jetzt steht sie hier, dicht neben ihm, und sie fühlen bereits die Bürde des Lebens, das sie gemeinsam leben werden, die Ketten, die sich langsam um sie legen bei jedem Wort, das sie von nun an zueinander sagen werden. Und ich verachte Edvard, verzeih' mir, weil die Musik sowohl sein Weg zu den Menschen wie auch seine Flucht vor ihnen ist, ich verachte die selbstzufriedenen Gesichter, die ich in den Konzertsälen Europas gesehen habe, wenn sie sich einer besonderen Melodie hingeben und dabei die Augen schließen vor der Frau, die neben ihnen sitzt, im Blick die schwarze Eifersucht. Ich wollte das Bild von Ole Bull und seiner französischen Frau auf Valestrand nicht weiter ausmalen, das ist auch nicht nötig. Aber vielleicht ist es nötig, die langen Gespräche zwischen Edvard und Nordraak in dem dunklen, nächtlichen Zimmer auszumalen, wenn sie die Frauen vergöttern als nicht von dieser Welt, als unwirkliche Wesen, wenn sie unfähig sind, ein einziges Gesicht festzuhalten und sich in das erstbeste, verschwommene und unverbindliche Liebesgefühl verlieren, das sie am nächsten Tag wieder verwerfen.

Ist das typisch für das Zeitalter der Romantik? Oder war das zu allen Zeiten so?

Die Treulosigkeit des Zwillings, seine Gleichgültigkeit, in sich selbst verliebt und ohne Eifersucht, das ewige Bedürfnis für neue Impulse. Ich meine John und Edvard und Nordraak. Ich meine drei Männer, die es nie lernen werden, zu lieben.

Und jetzt hat Nina sich ans Klavier gesetzt. Edvard bleibt noch einen Moment stehen und bewundert ihren Rücken. Das, was er für Liebe hält, steigt in ihm hoch, er muß an Rikard denken, wenn der jetzt hier wäre, könnte er mal sehen ... Edvard setzt sich neben sie auf den gleichen Hocker, spürt plötzlich bei der Berührung ihrer Beine all ihre Wärme, die in ihr ist, trotz ihrer Blässe. Jetzt nimmt er ihren

Geruch wahr. Riecht sie nach Lavendel, wie ihre Mutter? Er wagt nicht sie anzusehen. Er sieht nur seine Traumbilder der Liebe, so wie er sie sich vorstellt. Er kann es nicht fassen, daß sie wirklich mit Schumann gekommen ist, diesem Symbol seiner Einsamkeit. Er, *er* ... der nie verstanden wurde. Darüber wagt er mit Rikard nicht zu reden, über all das Gemeinsame, das er in Leipzig mit Horneman teilte, die deutsche Romantik, all die Frauen, die er von seinem Platz aus im Gewandhaus liebte. Horneman, der erste, der jetzt verlobt ist und sich in einer riesigen Oper vergraben hat, der sich stundenlang mit Nordraak zanken kann, was das Nordische ausmacht, der ihn von Tränen geschüttelt umarmt, bevor er nach Hause geht zu seiner Frau. Schumann. Schumann. Nina kommt mit Schumann und bittet ihn, gemeinsam mit ihr zu spielen. Wie kann er da widerstehen? Diese Frau muß von anderer innerer Größe sein als alle übrigen Frauen. Er will Nordraak und Horneman in ihrem Gesicht sehen, er will, daß sie noch einmal sagt, sie liebe die großen Städte. *Sie* würde alles verstehen, über das er geredet hat, alles, was er gedacht hat, alles, was er nie sagen konnte. Sie sitzen da, Schenkel an Schenkel, Arm an Arm. Ihr Haar duftet nach Buchenwald. Er kennt die Musik auswendig, er braucht nicht auf die Noten zu achten, er betrachtet ihr Profil, betrachtet die wunderbare sanfte Linie von der Nase bis zum Kinn, sieht, wie sie sich bemüht, alle Noten mitzubekommen, wie sie den Kopf schräg legt, als das zweite Thema kommt, und dann ein rascher Blick hin zu ihm, jetzt weiß sie, daß er sie anschaut, sie spielt weiter und genießt es, fühlt sich bereits siegessicher, eine Schumann-Symphonie und ihre physische Nähe, *dem* kann er nicht widerstehen, davon hat er immer gesprochen, „jemand, der ihn verstehen kann", ich verachte ihn nicht länger, wie könnte ich, jetzt sehe ich, daß er Angst hat, davonzutreiben, nicht weiter, sondern in sich hinein, daß die Schönheit der Musik ihn töten könnte, wenn er nicht ... wenn er nicht ... Wie raffiniert sie ist! Sie beherrscht ihr Metier, spielt mit seinen Gefühlen als sei er irgendein

Cembalo, sie hat ihn verzaubert, sie spielt die Melodiestimme, er spielt Baß, schaut nicht auf die Noten, macht Fehler, flicht da und dort eine freche Septime ein, spielt Fis statt F, aber da steht keine Gesine in der Tür und rügt, Nina und Edvard sind ganz allein auf ihrem Klavierhocker, die Musik paßt sich ihren Körpern an, er schlägt einen langen Legato-Bogen, obwohl ein Portamento steht, jetzt legt sie den Kopf wieder schräg. Unten auf der Straße bäumt sich ein schwarzer Hengst auf, er spürt ihr Haar an seinem Ohr, sie haben mit dem zweiten Satz begonnen, ihr Duft nach Wald ist überwältigend, er saugt den Duft ein, der Mund streift über ihre Wange, da dreht sie sich zu ihm, und er spürt plötzlich die warmen, feuchten Lippen, die sich öffnen, sie küssen sich, spielen nicht weiter, sie hat gesiegt über Schumann, gesiegt über Schumann, sie hat den Platz in seinem Herz erobert, der der großen Einsamkeit vorbehalten war, sie umschlingen sich und drücken sich aneinander. Edvard denkt an Rickard und weiß, daß es jetzt auch um ihn geschehen ist, jetzt ist er, plötzlich, verlobt.

Feddersens Haus ist eine Spieldose. Feddersens Haus ist ein Märchen von H.C. Andersen. Warum hat Der Große Dichter keinen Roman über Feddersen geschrieben? Ich will von einem großen, musikalischen Projekt erzählen, aber ich bin kein Musiker, deshalb suche ich Zuflucht in Feddersens Haus, das wie ein Bild ist, eine Erinnerung an den Hof Frederik VII. Feddersens Vater war einmal königlicher Kabinettssekretär gewesen. Jetzt stehen die Gegenstände von früheren Karnevals und Festen gesammelt in dem Haus in Frederiksberg. Feddersen selbst ist ein Mann im besten Alter, was immer das heißen mag. Er ist älter als Horneman, Grieg und Nordraak, die spät nachts zu ihm kommen und Wein aus seinen geheimsten Kellern von ihm verlangen. Er soll das Libretto zu Hornemans Oper „Aladdin" schreiben. Einmal wurde er von Søren Kierkegaard examiniert. Da erschien er mit einer Rose vor dem Schreibtisch des Philosophen. Einmal war er sicherlich auch verlobt, aber bei der Verlobungsfeier setzte er sich mit einer Stickerei zu den Damen, statt mit den Herrn zu rauchen und zu trinken, und unsere Gesellschaft ist so herzlos, daß ein Mann, der mit Damen stickt, niemals Ehemann werden darf. Aber jedenfalls hat Feddersen ein Haus, in dem es einen Glasschrank gibt mit mongolischen Puppen des russischen Zaren, außerdem einen ganzen zoologischen Garten ausgestopfter Tiere, darunter einen Vielfraß aus Norwegen, der Nordraak zu einem neuen Thema für seine Nationalhymne inspiriert, während er mit deutschem Wein im Glas seine Fjell-Heimat preist. In Feddersens Haus gibt es Gobelins, die Marie Antoinette gehörten sowie einen Kasten mit Likör aus einem Kloster in der Normandie. In Feddersens Haus gibt es Koffer voller Romane von Benjamin Feddersen, die er nie herausgegeben hat, außerdem Symphonien, Libretti, Theaterstücke und Sonaten in handgeschriebenen Originalausgaben von Benjamin Feddersen. In Feddersens Haus gibt es die größte Feddersen-Sammlung der Welt! Eine Goldgrube für Feddersen-Forscher, die ergebnislos Zeitung um Zeitung durchgesucht haben, um etwas über Feddersen zu finden. Feddersen öffnet sein Haus für Horneman, Nordraak und Grieg. Besonders liebt er den „kleinen Norweger" mit der schiefen Brust und den blauen Augen. Er ist netter als Horneman, der sich mit allzu großen Projekten abgibt und dadurch mürrisch und gereizt ist. Er ist in Feddersens Ohren ein besserer Komponist als Nordraak, der ein bißchen zuviel Fjell-Märchen gelesen hat. Aber warum Unterschiede machen? Feddersen schenkt Wein in die Gläser seiner jungen Freunde und sagt „Prost". Was haben sie ihm Neues zu erzählen über die Gründung von Euterpe, dieser Vereinigung zur Förderung junger nordischer Tonkunst und zur Bekämpfung der Gade- und Mendelssohn-Philister, dieser etablierten, fossilen Clique des dänischen und damit des nordischen Musiklebens, repräsentiert besonders durch die konservative, verkalkte Musikforeningen? Obwohl Horneman und Nordraak sich zanken, so sind sie sich doch einig in der Begeisterung für die großen Ideen. Nordraak ist steif und fest davon überzeugt, daß es auf dem Gipfel jedes norwegischen Fjells Diamanten gibt. Horneman glaubt ebenso inbrünstig und vielleicht noch überzeugter, daß Dänemark zur führenden Musiknation der Welt werden kann, wenn er nur einige Opern zur Premiere bringt. Feddersen nickt. Natürlich haben sie recht, alle zusammen. Und wenn nun Grieg seinerseits die beste Musik komponiert und zudem der gebildetste und bescheidenste von den dreien ist, dürfte dem Erfolg nichts im Wege stehen.

Abende und Nächte bei Feddersen mit Wein und Aufzieh-Tieren. Wo ist Nina? Sie wohnt bei ihren Eltern auf Dosseringen[4], ein Haus für wohlhabende Leute. Die Verlobung ist geheim. Mit den Finanzen bei Hagerups geht es bergab. Aber Adelinas Visionen vom eigenen Erfolg und dem der Töchter nehmen zu, als Reaktion auf den sinnlosen Alltag mit ständig weniger Entenbraten. Edvard geht mit seiner Kusine im Park spazieren. In Kopenhagen ist es noch nicht üblich, sich auf der Straße zu küssen. Stattdessen gehen sie Arm in Arm und unterhalten sich ernsthaft darüber, was mit ihrer Liebe und ihrer Verlobung werden soll. Sie trennen sich als Vetter und Kusine, und wenn Edvard später am Abend zu Feddersen kommt, empfangen sie ihn als den jungen Romeo, voller Verständnis für sein Familienproblem. Feddersen sagt: „In einem Jahr bist du weltberühmt, Edvard. *Dann* wird niemand protestieren." Aber Edvard denkt nicht nur an Adelina. Er denkt an seine Krankheit, ob es nicht vielleicht doch möglich wäre, daß er ... Er denkt an den ersten Kuß, an die süße Wollust, die ihn durchzuckte, als er die feuchten Lippen schmeckte. Gleich danach ihr zutraulicher Blick: „Du bist doch nicht ansteckend, oder?" Ansteckend? Er denkt an die Aussätzigen daheim in Bergen, an Fleisch, das in Stücken vom Körper fällt, blauschwarze Haut, Geruch nach Verwesung, Fliegen, die sich auf Menschenpupillen setzen. Er horcht jedesmal auf, wenn sie hustet. „Nina, bitte, zieh' dich wärmer an." Das ist keine Nordraak-Verlobung, das ist eine Grieg-Verlobung, voller Sorge für die praktischen Details, wie er es von Gesine gelernt hat. Gesine hat ein heimliches Leben, und nun auch Edvard. Edvard ist heimlich mit Nina verlobt. Aber die Musikvereinigung „Euterpe", eine der neun Musen, Beschützerin der Flötenspieler, ist keineswegs heimlich. Zum Eröffnungskonzert bestellen sie einen Prolog bei H.C. Andersen. Sie wollen Revolution, wollen Märchen. Und ich, der ich kein Musiker bin, der nur malen will, weiß nicht, wie ich es beschreiben soll. Ich versuche, mich daran zu erinnern, was Edvard mir erzählt hat. Es war nie schwierig, ihn zu verstehen. Er ist kein Theoretiker. Trotzdem sehe ich ein kompliziertes, kulturelles Muster hinter Namen wie Mendelssohn, Gade und Schumann. Kann man Musikgeschichte als Geschichte von Kaisern und Königen beschreiben? Kann man Musikgeschichte als Geschichte der Architektur beschreiben? Das, was in Kopenhagen mit der Eröffnung der Musikvereinigung Euterpe im Frühjahr 1865 geschah, war eine nationale Erweckung, vergleichbar mit dem, was sich beispielsweise in Deutschland ereignete.

Worin besteht ihr Deutschlandhaß? Ich höre das Stimmengewirr in Feddersens Haus und meine, es handle sich um politischen Haß. Aber ihre Welt ist die Musik, sie kennen keine andere Sprache. Nordraak beugt sich besorgt hinüber zu Grieg:

„Du redest von der kleinen Form und daß man das Große im Kleinen finden müsse, aber das sind genau die deutschen Romanzen. Die habe ich so satt. Hast du Sigurd Slembe vergessen? Wir können diesen Kampf nicht mit lieblichen Stimmungen gewinnen."

Edvards Gesichtsausdruck wird traurig. „Aber diese Melodien, von denen du erzählt hast, die man um sich scharen soll ..."

Nordraak möchte aufbrausen, will sich aber nicht mit dem Freund zanken: „Wir brauchen ein musikalisches *Programm*, da kann nicht jeder mit seiner kleinen Stimmung für sich herumhocken, *gemeinsam* müssen wir das alte Kaiserreich zu Fall bringen, verdammt nochmal."

Von Feddersens Haus zum Theatersaal des Casinos. Tausend Zuhörer, ein Fünftel dieser Zahl ist im dänisch-deutschen Krieg gefallen. Kein einziges deutsches Musikwerk auf dem Programm. Auch kein Gade. Aber „Kaares Lied" aus Sigurd Slembe, dacapo!

Ich sehe Edvard im Saal, im Bergenser Dialekt ruft er dem Freund zu. Sitzt Horneman neben ihm, wie im Gewandhaus? Oder ist er oben auf dem Podium? Nach einem Winter mit endlosen Diskussionen tut Nordraak das Selbstverständliche, er dirigiert „Kaares Lied" aus Sigurd Slembe und macht es zu einem Manifest. Aber schon beim nächsten Konzert ein Kompromiß: zwei Sätze aus Edvards deutsch inspirierter Symphonie, aufgenommen mit reservierter Anerkennung.

Ich sehe Feddersens Haus nicht mehr. Ich sehe Zimmer mit Klavieren, in denen Edvard, Horneman und Nordraak sitzen. Und einer, der sich außerhalb der Musik befindet, kann das nicht beschreiben, denn Musik ist unbeschreiblich. Einmal hat mir Edvard geholfen, als er erzählte, wie Nordraak die Geschichte der Musik durchging und schließlich zu Beethoven und Wagner kam. „Er schlug einen Akkord an, die Harmonien haben sich ausgeweitet, viele Töne sind nach dem ersten, zaghaften Beginn dazugekommen. Und was für ein Akkord war das? Ein Wagner- oder Beethoven-Akkord? Nein, nicht nur! Es war auch ein Akkord aus einem Halling des Myllarguten, aufgeschrieben von Ole Bull. Also derselbe Ausgangspunkt, im Grunde dieselben Mittel, und trotzdem völlig verschieden."

So muß ich also Edvards Musik erklären, nicht durch konkretes Aufzeigen der thematischen und harmonischen Grundlage, die für jemanden, der das richtige Gehör nicht besitzt, sowieso schwer begreiflich ist. Ich möchte die Person schildern, die ihr eigenes Selbst in die Harmonien hineinlegt, um auf diese Weise die Tonkunst seines Landes deutlich zu machen.

Über Euterpe schreibe ich mit gemischten Gefühlen. Ich möchte wissen, wo die markigen Erklärungen hinführen sollen. Etwa zur selben Zeit steht Der Große Dichter hinter den Rednerpulten Norwegens und Europas, um ein Nationalgefühl zu beschwören, das tief in der Natur eines Volkes verankert sein muß.

Oh, Norwegen in Europa, so viele Jahrhunderte den Herrennationen leibeigen, demütig einem Dänemark zu Diensten, das wiederum Deutschland diente. Ich möchte über Sprache schreiben. Ich möchte über Richard Nordraach schreiben, der sich aus Protest gegen den dänischen Einfluß auf die norwegische Sprache Rikard Nordraak nennt und der bereits weitsehend voraussagt, daß Norwegen einmal zu seiner eigenen Sprache zurückfinden wird. Das 'd' wird durch 't' ersetzt werden, das 'aa' durch 'å' und das 'ch' durch 'k'. Ich wehre mich dagegen, aber ich merke, daß ich bereits an das Ende dieses Abschnitts meiner Geschichte denke, die Raum hat für so viele Anfänge. Vielleicht merken auch Edvard, Horneman und Nordraak, daß sie sich einem Ende nähern, als sie an einem Sonntagvormittag bei Feddersen im Garten sitzen und Portwein trinken. An den Bäumen sprießen die Blätter, und ein Star sitzt mit glatter schillernder Brust in den Zweigen und äfft die großartigen Reden, die geschwungen werden, nach.

Die Freunde, Horneman und Nordraak, auf eigenartige Weise übereinstimmend und bereit, ihr Leben für die große Sache einzusetzen, Edvard dagegen tastet sich noch durch seltsame Klangbilder, ist bestimmt von einsamen, nächtlichen Vorstellungen und vorsichtigen, heimlichen Spaziergängen mit Nina. Merken sie es selbst? Daß sich ihre Wege trennen werden? Daß ihre musikalische Revolution im Sande verlaufen wird? Daß eine Programmerklärung vom Podium aus zwar in der Politik ein wirksames Mittel ist, aber viel weniger in der Kunst, wo es nicht um die Masse des Volkes geht, sondern um Einzelpersonen. Nordraak und Horneman können das Publikum agitieren, Edvard kann das nicht. Die Freunde versuchen ihn zu überzeugen. Sie benutzen Den Großen Dichter als Beispiel. Was der nicht alles geschafft hat! Es geht schließlich um ein neues Dänemark und ein neues Norwegen.

Der Lärm im Konzertsaal ist lang verstummt. Ich höre nur die Stille des Sonntags. Die Freunde haben ihre Konzerte gegeben, vor ständig weniger Publikum, natürlich die Schuld von Musikforeningen. Dieser altersschwache, sieche Verein. Edvard schließt die Augen in dem kühlen Ostwind und hört, daß der Star sich auf Nordraak spezialisiert hat. Spottend ruft er der Portweinrunde zu: „Norrrwegen ... Norrrwegen ... Norrrwegen ..."

Niedrige Wolken treiben über die Stadt. Auf dem Peblingesee kräuseln sich die Wellen von einem neuen, östlichen Wind, immer ist es der Ostwind, und immer sind es die Wolken, die zwischen Sonne und Frühling kommen. Edvard hat seinen Mantel bis oben zugeknöpft. Er geht am Seepavillon vorbei, und im ersten Moment erkennt er nicht, daß es John ist. John und Nina! Ganz drüben bei Peblinge Dossering stehen sie und warten auf ihn. Winken.

Ein schwarz gekleideter Mann und eine weiß gekleidete Frau. Leicht und voller Vertrauen steht sie an seiner Seite. Als Edvard näher kommt, sieht er, daß der Bruder einen neuen Anzug bekommen hat, einen neuen Mantel und ... einen neuen Stock!

„Aber John ... heute schon?"

Als sie sich umarmen, merkt Edvard, daß der Bruder strahlender Laune ist.

„Ich habe ein früheres Schiff erwischt. Hab' es nicht mehr erwarten können ... meine Kusinen wiederzusehen!"

Edvard sieht, daß Nina mit kühlen, grauen Augen John zulächelt. Sie sind so schön, wie sie da nebeneinander stehen. Der Bruder, ein erwachsener und energischer Geschäftsmann, vielleicht mit kleinem Bauchansatz, breite

Schultern, kerngesund, galantes Auftreten. Edvard muß lachen.

„Du siehst aus wie ein weltberühmter Virtuose."

„Das Zusammensein mit Ole Bull", antwortet John und zwinkert.

Sie gehen am See entlang, Nina, Edvard und John. Die erste Wiedersehensfreude wird gedämpft durch die Grüße von zu Hause. John ernst:

„Sie legen großen Wert auf deine Briefe, Edvard. Vergiß' bitte nicht, oft zu schreiben. Du berichtest so wenig von dir. Und *mir* hättest du zumindest von der Verlobung erzählen können."

Edvard schaut erschreckt erst seinen Bruder, dann Nina an. Hat sie es wirklich ausgeplaudert? Sie nickt stumm. John übernimmt die Erklärung:

„Ich habe sofort gemerkt, daß etwas Schlimmes passiert ist."

„Eine Verlobung ist doch nichts ... Schlimmes!" unterbricht ihn Edvard zu früh und zu heftig.

Johns Blick ist voller Vorwürfe: „Ich verstehe dich ja, Edvard, es ist sicher schwierig. Aber du hättest jedenfalls mich ... *einweihen* ..."

„Ich habe Horneman und Nordraak eingeweiht, sie wissen es."

„Umso schlimmer!" John blinzelt mit Jägerblick hinüber zu den Schwänen auf dem See. „Die *Familie* sollte doch als erste Bescheid wissen ... und raten können ... Herrgott Edvard, meinst du, ich würde das nicht verstehen?"

Edvard erwidert nichts. Das Gewicht der brüderlichen Sorge lastet auf seinen Schultern. Ich schicke Nina einen bösen Gedanken, sie geht einige Meter von den Brüdern entfernt und schaut in die andere Richtung, wohl wissend, daß sie der Grund der Auseinandersetzung ist.

„Warum bist du eigentlich gekommen?" fragt Edvard unfreundlich und versucht, von dem unangenehmen Thema wegzukommen.

„Um zu sehen, wie es dir geht", antwortet John tonlos.

Edvard mustert das Gesicht des Bruders. Es ist eine Maske. Edvard versucht zu lachen, die Idylle ist zerstört.

„Das sieht eher wie eine Drohung aus."

John schüttelt den Kopf, dann verzieht er das Gesicht zu einem Lächeln, holt Nina in ihre Mitte, küßt sie flüchtig auf die Wange. Er sagt:

„Das Beste an dir, Edvard, sind doch deine Freunde und ... deine Verlobte. Begreifst du denn nicht? Ich bin gekommen, um in deine Kreise aufgenommen zu werden. Haben wir nicht bei Ole Bull draußen auf Osterøya über die norwegische Musik geredet? Ich möchte, daß du mich Nordraak vorstellst, und diesem komischen Feddersen, natürlich auch dem Dichter H.C. Andersen und den anderen interessanten Persönlichkeiten in der Stadt. Ich habe mein Cello bei mir! Meinst du nicht, daß Nordraak eine Sonate für mich komponieren könnte? Ich bin ja so aufgedreht. Lieber Bruder, liebe Kusine ... glaubt bloß nicht, daß ich mich nicht für euch freue. Heute Abend lade ich euch zum Essen ein, und da sollen euch alle feiern!"

John in Kopenhagen. Ich weiß nicht, wie lange er bleibt. Ich sehe sie nur, die Brüder, nachts in dem kleinen Zimmer, und höre Johns Stimme, wenn er seiner Unzufriedenheit mit Nordraak Luft macht: „Er ist ja viel zu selbstüberzeugt ... direkt unangenehm begeistert von seinen, vorsichtig ausgedrückt, seltsamen Ideen ... Außerdem ist er so jung. Was *kann* er denn, Edvard? Du kannst viel mehr als er. Trotzdem stellt er dich in den Schatten, kassiert die Ehre ..."

Edvard im Bett, die Augen an die Zimmerdecke geheftet: „Sprich nicht so, John. Bitte. Rikard und ich ... wir sind stärker als *alles*. Stärker als Horneman ... sogar stärker als Nina ..."

„Mein Gott, Edvard, bist du dir im Klaren, was du da sagst?"

„Mehr will ich nicht sagen, ich will nicht darüber reden. Alles zwischen mir und Rikard, das ist von rücksichtsloser Aufrichtigkeit, ohne jede Eifersucht ..."

„Aber er versucht, dich zu formen! *Bestimmt* über dich!"

Edvards Sehnsucht nach Schlaf, nach Ruhe. Nachts dreht es sich wie ein Mühlrad in seinen Träumen. Die Ermahnungen Johns, Hornemans Vorwürfe, Nordraaks Drängen, Ninas Erwartungen. Er wird von Adelinas mißtrauischem Blick verfolgt, der ihm jedesmal einen stechenden Schmerz in der Lunge verursacht. Trotzdem hat er keine Todesgedanken. Nordraak ist es, der vom Tod spricht, im Haus von Feddersen, direkt vor Sonnenaufgang, als sie im Garten sitzen und auf die vorsichtigen Schritte der ausgestopften Tiere im Haus horchen ...

Kopenhagen ist das Tor zur Welt. Kopenhagen ist die Stadt der Sehnsucht. In Kopenhagen wächst ein Traum: der Traum von Italien. *Dort* bläst kein kalter Ostwind mit niedrigen Wolken, dort sitzen keine gähnenden Philister mit geistlosem Gesichtsausdruck im Konzertsaal. Italien ist das Land der Musik. In Italien ist die Musik die Sprache der Menschen. In Italien singt man, wenn man im Restaurant Spaghetti bestellt! In Italien werden die besten Violinen der Welt gebaut! In Italien werden die größten Opern der Welt geschrieben. In Italien gibt es Städte, wo das Meer die Straßen bildet, hier ist die Barkarole geboren! Italien, auf der anderen Seite der Berge, weit weg von Deutschland! Italien, Zentrum der Religionen. (Nordraaks Anmerkung. Edvard betrachtet mit zunehmender Skepsis dieses verkündende Priestertum.) Meine erste und einzige Klammer. In dieser Geschichte sind die eingeschobenen Nebensätze oft wichtiger als die Hauptsätze. Ich werde mich mit aller Gewalt gegen eine erneute Degradierung dieses Stilmittels zur Wehr setzen. Und deshalb: Italien! Italien! Italien! Wo der Wein wie Wasser zum Essen getrunken wird! Wo der Seltsame Dichter im selbstgewählten Exil lebt! Wo die Frauen blaß und gepudert sind und jederzeit in Ohnmacht sinken! Italien! Wo es so ist, wie es in Norwegen sein sollte. Die Idee stammt von Nordraak:

„Wir wollen hinfahren, doch zuerst nach Berlin."

„Nach Berlin?"

„Ja, ich muß trotzdem einen kleinen Deutschlandaufenthalt hinter mich bringen. Daran kommt man nicht vorbei, wenn man etwas werden will in dieser Welt. Denk' doch nur an das Scheitern von Euterpe."

„Aber ich bin *verlobt*, Rikard."

„Seit wann steht eine Verlobung einer Freundschaft im Wege? Ich fahre nächste Woche."

„*Ich* muß jedenfalls noch warten ... ein paar Monate ... das bin ich Nina schuldig."

„Du wirst sie noch mehr aus der Entfernung lieben!"

„Ich *muß*, Rikard. Darüber gibt es keine Diskussion."

„Dann kommst du nach. Nimm' sie mit, wenn du willst. Nach Italien müssen wir allerdings allein. Nora! Geliebte Nora aus der Dronningensgate! In Rom, in der Sixtinischen Kapelle werden wir vereint werden!"

Rikard fährt im Sommer. Edvard war nie bereit, mir davon zu erzählen. Aber hier in Kopenhagen, wo ich meine Geschichte schreibe, gibt es in der Königlichen Bibliothek Briefe, aus denen hervorgeht, daß niemand Rikard Nordraak zur Bahn brachte, ihn, der als erster nach Süden aufbrach.

Wo sind die Freunde? Edvard ist jedenfalls nicht bei Nina. Er übt, sie „aus der Entfernung" zu lieben, wie Nordraak gesagt hat. Edvard ist mit Feddersen und Horneman im Buchenwald, wo sie das Göttliche in der Natur suchen und ihre Betrachtungen in kleinen Tagebüchern notieren. Bei Edvard stehen ständig Formulierungen folgender Art: „Oh meine Nina! Du bist es, meine Geliebte, die mir den Mut gibt, getrost und bewußt den Blick ins Unendliche zu werfen." Aber ich habe eher den Verdacht, daß ihn Adelinas fürchterliche Wut bei der Bekanntmachung der Verlobung hinaus aufs Land gejagt hat.

Dies soll ein Schwanengesang der Romantik sein. Blitz und Donner sollen den Himmel über dem Øresund zerreißen. Ein gewaltiger Regenbogen soll eine Brücke schlagen von Edvards Herzen bis nach Kopenhagen, wo Nina ist, und nach Berlin, wo Nordraak an einem traurigen Nachmittag ankommt und das Zimmer bezieht, in dem er ein paar Monate später einsam sterben wird. Und vielleicht suchen Edvard, Feddersen und Horneman Schutz hinter der Scheune eines Bauernhofes im nördlichen Seeland, während der Regen herunterprasselt und den Hafer niederdrückt, und danach bewirtet man sie mit warmer Milch und dem obligatorischen Bjesk, einem Kräuterschnaps. Feddersen wird ein Fest in einer Mondscheinnacht geben, die Segelschiffe gleiten zwischen Helsingør und Hälsingborg mit brennenden Laternen dahin, und Frauen promenieren mit weißen Kleidern und Schoßhündchen am Strand. Horneman ruht vielleicht in dem weichen Schoß einer Bauernmagd, wird am nächsten Tag von Gewissensbissen gequält und schreibt einen Liebesbrief an seine Verlobte. Vielleicht klingen Schumann-Töne zwischen den Buchen während Horneman und Edvard zum letztenmal zweistimmig und verschmolzen in einer gemeinsamen Melodie Arm in Arm wandern. Es ist der große Sommer der Natur, der Sommer des Vergessens, denn niemand kann herzloser vergessen als die Natur, und Feddersen, Edvard und Horneman haben bald das Scheitern von Euterpe völlig vergessen. Sie schlafen unter freiem Himmel und zelebrieren eine große und einsame und unwirkliche Liebe.

Er sitzt am Fenster des Zugabteils und schaut hinaus auf den Bahnsteig, während die Lokomotive wie ein verwundetes Tier stöhnt und schnaubt und entkräftet zum Stehen kommt. Ich will von Kräften schreiben, die sich aufreiben, von Bewegungen, die zum Stillstand kommen, erschöpft, nach gewaltigem Kampf. Die Ermattung der Lokomotive, nachdem sie durch Europa gestürmt ist, jetzt erreicht sie gerade noch die Puffer. Die Waggontüren werden geöffnet, die Seele des Zuges steigt mit Koffern beladen aus, späht nach dem rettenden Engel.

Nordraak als Engel auf dem Bahnsteig? Edvard fällt auf,

daß der Freund zum ersten Male den Mantel zugeknöpft hat. Der weiße Seidenschal des Wirtshauspianisten ist verschwunden, stattdessen trägt er einen dunkelblauen Wollschal.

„Rikard!"

„Edvard! Endlich!"

Sie umarmen sich, umklammern sich, blicken sich mit tausend Versprechen in die Augen. Obwohl der Pianist Neupert in der Stadt ist, haben sie das Gefühl, allein für sich zu sein, als seien die Festlichkeiten vorüber, als könnten sie endlich ihre Hochzeitsnacht miteinander feiern. Edvard bemerkt die glänzenden, kleinen Pupillen des Freundes, spürt die fiebrige Haut, sieht die Schweißperlen auf der Stirn, die Erregung, die Sehnsucht, Italien.

„Italien ..." sagt Nordraak. „Hier ist es so verdammt kalt."

Er hustet. Edvard sieht nicht, was passiert ist. Er ist noch in dem Sommer mit Gewitter und Mondschein. Er sagt:

„Komm, wir gehen in ein Café! Wir trinken Champagner!"

Dieses Bild mag ich nicht malen. Ich habe ein Wiedersehen gemalt. Zwei Freunde vor dem Bahnhof in Kopenhagen, im grellen Nachmittagslicht auf dem Weg zum Rathausplatz. Aber das ist Berlin, die Luft voller Sand und Staub, die Häuser sind grau, und Edvard hat immer noch seinen kindlich-unschuldigen Gesichtsausdruck, wie er da neben seinem todkranken Freund geht, der ihm mit den Koffern helfen will, aber von einem Hustenanfall überwältigt wird. Edvards Lachen, das jede Wiedersehensfreude zerreißt. Erst auf der Straße steigt Mißtrauen in ihm auf, als er sieht, wie Rikard stehenbleibt, nach Luft schnappt und sich, den kalten Schweiß im Gesicht, an eine Hauswand lehnt. Das rote Haar ist fettig und ungesund, die Haut so bleich, wie er es noch nie bei einem anderen Menschen gesehen hat. Zum erstenmal in seinem Leben bemerkt Edvard Einzelheiten: die kinderreiche Familie, die er im Zug getroffen hat, der Ehemann, der sie am Bahnsteig abholt, jetzt führt er sie zu einer Pferdedroschke, hebt das kleinste der Kinder hoch in die Luft, erzählt seiner Frau, daß er Karten für die Oper hat. Das Pärchen auf der anderen Straßenseite, frisch verlobt, auf dem Weg zu einem Café, um zu feiern, mit Freunden, die sie am liebsten auf Händen tragen würden. Ein fröhlicher Kutscher, der laut ruft. Zwei Freunde, offenbar Geschäftsleute, auf dem Weg zu einem Essen im besten Restaurant der Stadt. Große Friedrichstraße, überall Leben, der lustige, rotgesichtige Obstverkäufer vor seinem Stand, die Frau, die grüne Äpfel kauft. All diese Freuden, und trotzdem ist es keine freundliche Stadt. Edvard meint, noch nie etwas Traurigeres gesehen zu haben.

„Hast du komponiert?" Nordraaks Stimme klingt rauh.

„Die Violinsonate kennst du. Ich bin fertig mit dem 'Herbststurm'."

Rikard nickt. „Bravo. Wir müssen dafür sorgen, daß es gespielt wird."

Die Reise nach Italien. Rikard hat sie erwähnt, aber Edvard wagt nicht zu reden. Er will noch nicht wahrhaben, daß sein bester Freund krank ist. Aber er hat plötzlich Adelina vor Augen, ihren prüfenden Blick, einen stechenden Schmerz in der Lunge und ein Echo im Kopf: „Sie sind doch hoffentlich nicht ... ansteckend?"

Todesangst ... ein widerlich süßer, unangenehmer Geschmack im Mund, eine Faust in der Magengrube. Todesangst, vor allem der Geruch nach etwas Trockenem, oder vielleicht etwas Nassem, besonders der Geruch nach nichts, oder nach frisch gewaschener Wäsche auf der Leine, ein weißes Tuch mit einem einzigen, hellbraunen Fleck ... ein ehemaliger Blutfleck. Man kann das nicht wegwaschen, das hat sich festgesetzt, im Sofa, in den Polstern, der Staub, der aus alten Möbeln kommt, das Fett, das an den Fingern bleibt, wenn man eine Gabel im Restaurant anfaßt, ein kleiner Eierlöffel mit der gelben, erstarrten Kruste des letzten Gastes, ein feuchtes Taschentuch, ein Tröpfchen Speichel von einem Freund auf deiner Jacke, ein Bierglas, aus abgestandenem Wasser geholt und vollgeschenkt, ein unbestimmbarer Geruch nach Sekreten, Rohkost, Absinth und Ochsenleber, ein einzelnder Damenschuh auf dem Pflaster, die schwarze Wunde auf einem Pferderücken, der weiße Schaum im Mundwinkel eines Herrn im Lokal, eine klamme, schweißige Hand, die du gezwungen bist zu küssen ... Todesangst, als Edvard den kranken Nordraak zu seinem Zimmer in der Großen Friedrichstraße begleitet und ihn ins Bett bringt, Todesangst, als ihn der Freund an sich zieht, als sein Mund plötzlich in Berührung kommt mit dem warmen, schweißigen Hals, Edvard in der fiebrigen Umarmung des Freundes, Edvard, der sich loszureißen versucht.

Edmund Neupert, der Pianist mit den fettigen Fingern und den fettigen Gedanken, hat Edvard mitgenommen in ein Café.

„Er ist todkrank ... und ansteckend. Du mußt an dich selber denken."

Edvard ist unfähig zu denken. Später schreibt er in seinem Zimmer einen langen, verzweifelten Brief an Nina: „Die feuchte Stirn, der Husten, das Fieber in den Augen ..." Aber am nächsten Tag scheint es Nordraak besser zu gehen, er sitzt auf dem Sofa, nachdem er drei volle Gläser Schleim gehustet hat.

„Das ist einfach so gekommen", sagt er. „Ganz plötzlich war alles ... anders. Aber jetzt bist du bei mir ... jetzt habe ich keine Angst."

„Ich muß nach Leipzig."

„Nach Leipzig?"

„Die Klaviersonate ... und die Violinsonate. Im Gewandhaus ..."

„Im *Gewandhaus*?" Nordraak spricht den Namen ehrfürchtig aus. So klein ist er geworden. Keine Diamanten auf den Gipfeln der norwegischen Fjells. Keine voll tönende Nationalhymne. Trotzdem redet er von Norwegen, versucht fieberhaft, seine inneren Bilder zu vermitteln. Plötzlich sagt er:

„Der Tod ist allumfassend ... kennt keine Nation ..."

„Sprich nicht so, Rikard. Ich sage das Konzert ab."

Da blitzt endlich das Grüne in den Augen des Freundes auf. „Natürlich fährst du, da gibt es keine Diskussion. Du bleibst nicht lange weg."

Edvard und Nordraak in Berlin. Ich sehe die Stadt nicht. Ich sehe nur das Zimmer in der Großen Friedrichstraße mit dem Sofa, dem Tisch, dem Stuhl und dem Bett, sehe all die Gläser, die Nordraak voll Schleim gehustet hat, sehe Edvards steife Umarmungen, wenn er kommt und wenn er geht. In seinem Pensionszimmer erwartet ihn ein Brief von Nina, die auf Johns Drängen nach Bergen gereist ist, um Gesines und Alexanders Glückwünsche zur Verlobung entgegenzunehmen. Er hat diesen Brief nie erwähnt, den eine ängstliche, verzweifelte Frau geschrieben haben muß. Der Brief muß voll sein mit Angstphantasien über Fieber, Husten, Ansteckung, Tod. Ich höre das Echo ihrer schönen, ungekünstelten Stimme: „Halte dich weg von ihm. Es geht um *unsere* Zukunft. Er wird sterben ..."

Vielleicht ein Ultimatum. Überall Adelinas Gesicht. Edvard tritt an das Krankenlager des Freundes und wagt kaum zu sprechen, atmet mit zusammengebissenen Zähnen. Nordraak, im Fieberwahn, stützt sich auf im Bett:

„Du hast Angst vor mir, Edvard, stimmts?" Danach der Husten, das Glas halb voll Schleim, ehe er weiterreden kann: „Mußt du immer der Feigste von uns sein ... der letzte ..."

Und danach wieder die bitteren Tränen, wenn das Fieber sinkt und er merkt, was er gesagt hat, ohne sich daran erinnern zu können:

„Was habe ich geredet, Edvard? Herrgott, was habe ich geredet?"

Die Haare nach allen Seiten, jetzt fast gelb, wie eine verschrumpelte Sonnenblume. Und plötzlich, nach einem neuen Glas Schleim:

„Morgen fahren wir nach Italien! Ich habe die Fahrkarten schon besorgt. Packst du bitte die Koffer für mich?"

Edvard mit großen, aufgerissenen blauen Augen. Neuperts traurige Skepsis, wie ein Arzt, der die fürchterliche Diagnose kennt. Aber auch Tage in Frieden und Harmonie, mit vorsichtigen Ansätzen, über Musik und Formprobleme zu sprechen, Nordraaks ewiger Kummer, Edvard könnte sich im Kleinen verlieren und seiner Berufung nicht nachkommen. In einem Augenblick rückhaltloser Wahrheit:

„Edvard, wenn ich wirklich ausfallen sollte, mußt du allein die norwegische Musik verwirklichen. Ole Bull, dieses Schlitzohr, hat ja keine Ahnung von Harmonielehre."

Das Lachen weht wie ein frischer Wind durch das Zimmer. Das Fenster muß geschlossen bleiben. Edvard mit ein paar Flaschen dänischem Bier. Nordraak hat sie noch nicht berührt.

Bemerkt Nordraak, daß Edvards Besuche kürzer und kürzer werden? Bemerkt er, daß plötzlich der Tag der Abreise nach Leipzig gekommen ist? Edvard wie benebelt, kann keinen klaren Gedanken fassen, ist völlig gefühllos, sieht nur das Glas mit dem Schleim und hört das fürchterliche Husten des Freundes. Geräusche von der Straße dringen zu ihnen herein. Das laute Rufen der Berliner Kutscher, Kinder, die mit hellen Stimmen reden. Die schreckliche Einsamkeit. Ich weiß, daß Ärzte kommen, vielleicht auch Frauen, aber ich sehe nur Edvard und Nordraak am Abreisetag, an dem Nordraak in dem grauen Licht auf dem Sofa sitzt und das Glas mit dem Schleim aus Edvards Gesichtskreis rückt, Edvard, der am Fenster steht, unruhig wie ein Vogel. Aber Nordraak hebt den Arm und greift nach ihm. Etwas Seltsames greift da nach ihm, etwas, das ihn wegziehen will von dieser Welt. Jetzt spürt er es. Jetzt weiß er es. Er wollte Norwegen die Selbstachtung wiedergeben. Die das Land 1380 verloren hat, als die Dänen kamen, als die Hanseaten kamen, als die europäische Kirche kam. Er wollte Norwegen die Musik wiedergeben, denn die Musik ist der Beweis für die Seele des Menschen. Er hat sich auf dem Sofa hochgerafft, wütend über den Verrat seines Körpers. Edvard sieht ihn von seinem Platz am Fenster, wagt nicht, die Hand zu ergreifen, die sich nach ihm ausstreckt. Er kennt diese Hand. Es ist eine Hand, die formen will, die bestimmen will, vielleicht auch zwingen. Es ist eine zärtliche Hand, aber auch eine ungeduldige Hand. Diese Hand lähmt ihn. Sie erinnert ihn an Gesines Hand, an Johns Hand, an Hornemans Hand, an Ninas ... Immer eine Hand, die ihn hochhebt, die ihn hinunterzieht, denn so ist es unter den Menschen, und weil die Geschichte der Hände die Geschichte von Grieg und die Geschichte von Norwegens Weg zu sich selbst ist, suche ich verzweifelt nach all den Augenblicken, in denen Hände andere Hände ergreifen oder sie abweisen, ich möchte schreiben von meinem Edvard und dem langen Weg bis hin zu dem Augenblick, in dem sich seine eigenen Hände wie eine Blume öffnen und er weiß: das bin *ich*. Er betrachtet Nordraak, ein Vierundzwanzigjähriger, der bald sterben wird, der schon seine Nationalhymne geschrieben hat, zu einem Text von Dem Großen Dichter: „Ja vi elsker dette landet, som det stiger frem." Das sieht er jetzt nicht mehr, jetzt sieht er nur die kahlen Zweige, die auf einer Tapete in einem Zimmer in Berlin ein Muster bilden. In Berlin! In dem Deutschland, um das er einen Bogen machen wollte, gegen das er rebellierte, und das ihm den Todesstoß versetzte. Ich entscheide mich trotzdem für Edvards Blickwinkel, wie er im gleichen Zimmer steht und sieht, wie sich das Nationale auflöst, wie sich Nordraaks Hände zusammenballen, wie sie nicht länger versuchen, ihn zu ergreifen, wie sie sich in sich verschließen, bevor neue Hustenkrämpfe beginnen. Und ich höre meinen Edvard die fatalen Worte sagen:

„Ich komme wieder, Rikard, ich verspreche es ... ich komme wieder so schnell ich kann ..."

Nordraak wirft ihm einen irren Blick zu, voller Trotz und Hoffnung. Sollte es trotz allem möglich sein? Er wird ruhiger, sinkt zusammen mit einem müden, versöhnenden Lächeln. Wie friedlich jetzt alles ist. Keine Geräusche mehr von der Straße, nur eine Uhr, die irgendwo im Zimmer tickt. Das graue Licht, das rote Haar auf der bleichen Haut, das

Glas mit Schleim irgendwo unter dem Sofa. Und Edvard geht, fort von den Händen, hinaus in den stillen Nachmittag, er hört sein Herz klopfen, ruhiger mit jedem Schritt, mit dem er sich von dem Zimmer in der Großen Friedrichstraße entfernt. Gewandhaus. Gewandhaus. Im Rhythmus der Eisenbahnschwellen: Stürmisches Glück. Stürmisches Glück. Stürmisches Glück.

Ich möchte von Bahnstationen schreiben. Ich möchte nicht von Fahrkartenschaltern schreiben, von Warteschlangen und noch nicht verwirklichten Reisen. Eine Wartehalle mit einer Weltkarte: Stuttgart, Wien, Paris, Rom, Amsterdam, Brüssel ...

Edvard in Leipzig, im Gewandhaus. Davon hatte er lange geträumt, zurückkommen mit seiner neuen Waffe: seine merkwürdigen Klänge. Irgendwo im Saal Louis Plaidys dicken Kopf sehen, die kreisrunden, verängstigten und verwirrrten Augen zwischen jungen Mädchen mit Nacken wie Milch oder Porzellan.

Leipzig, eine Stadt der Vernunft und der Etüden. Für einen Augenblick glaubte er an den Jubel, bis er die Zeitungen las, bis er bei Tageslicht wieder durch die Straßen ging und die Stöcke von Czerny und Clementi mit ihrem klack klack auf dem Pflaster hörte. Er findet das Fenster in der engen Straße, in der ein Mädchen einst Klavier geübt hat. Er stellt fest, daß sie immer noch dasitzt. Er hört sie dieselben Etüden üben. Ihr Rücken ist krumm geworden, wie bei einer alten Frau.

„Wer ist sie?" fragt er einen seiner Bekannten.

„Eine unserer talentiertesten Pianistinnen", erhält er zur Antwort.

Ich möchte nicht von Bahnstationen schreiben, nicht schreiben von der unsicheren Stimme am Fahrkartenschalter, die fragt:

„Ist noch Platz im Nachtzug nach Berlin?"

Am nächsten Tag kommt er wieder, mit der gleichen Frage und die Scheine in der Hand:

„Ist noch Platz im Nachtzug nach Berlin?"

Es ist jedesmal Platz im Nachtzug nach Berlin.

Am dritten Tag hat er den Koffer dabei. Er blickt sich um wie ein Dieb. Was hat er gestohlen?

„Eine Fahrkarte nach Rom", sagt er. „Nein, bitte keine Fragen. Der Zug geht in zehn Minuten. Beeilen Sie sich ... Herrgott so beeilen Sie sich doch ein bißchen!"

Blauviolette Hügel vor einem dunkelblauen Himmelszelt Zypressen, Pinien, Olivenbäume ... Edvard zwischen Venedig und Rom. Der Tod beginnt in dem Schönen. Edvard macht Notizen in seinem Tagebuch, schreibt über die Natur, über alles, was er sieht. Er nennt es Erlebnisse.

Der Mond. Er fährt durch kleine Dörfer, in denen die Menschen unbeweglich an den Hauswänden sitzen, um die Stimmung des Bildes nicht zu stören. Er kennt eine Landschaft wieder, die Nordraak schon beschrieben hat. Dann halten ihn die Hände an, er muß aus Zug und Omnibus steigen. Er muß seinen Paß vorweisen. Er wird eingeräuchert, weil er ein möglicher Träger von Cholerabazillen ist. Fremde Hände in seinen Kleidern. Er weiß nicht, wonach sie suchen. Nordraak ist noch nicht tot.

Kein Brief nach Berlin. Edvard hat aufgehört zu schreiben, hat aufgehört zu denken. Er notiert sich Einzelheiten im Tagebuch, Bäume und Hügel und zufällige Menschen. Nur des Nachts, wenn er sich nicht mehr schützen kann, hört er den Husten, sieht die Gläser mit Schleim, der Reihe nach aufgestellt unter dem Sofa. Eins, zwei, drei, vier, fünf, sechs, sieben ...

Um weiterzuleben muß er vergessen. Er will ein Mensch ohne Erinnerung werden. Kein Brief nach Berlin. Nur ein Tagebuch mit Mondschein und Kuppeln von Kirchen.

Kurz vor Weihnachten kommt er nach Rom. Er mietet ein Zimmer in der Via Sistina. Ich erkenne ihn nicht wieder. Er ist schrecklich überdreht. Am nächsten Tag geht er mit rastloser Neugier auf die Stadt los. Er will alles sehen. *Alles.* Er besichtigt den Vatikan, die Laokoongruppe und

Raphaels Fresken. Er schreibt Adjektive in das Tagebuch. „Herrlich." Café Roma. Die Spanische Treppe. Monte Pincio. Forum Romanum, Café Greco, Chiesa Nuova, Bellini, Donizetti, Rossini und Liszt in der Kutte eines Abtes auf dem Kapitol. Ich schaffe es nicht mehr. Er ritzt seinen und Ninas Namen in die Kuppel der Peterskirche. Am Abend des Karfreitag entzünden Tausende von Händen das Feuer gegen die Kirche. Ganz oben, an den gefährlichsten Punkten, die Gefangenen des Zuchthauses. Ein einzelner Verbrecher oben am Kreuz über der Kuppel. Edvard läßt sich mitreißen, er trinkt Wein, er hört die Mönche, die zwei Töne schreien und sieht, daß es ein Leichenzug ist.

Edvard in Rom, der Stadt mit der zerrissenen, irgendwie vernachlässigten Erinnerung. Hier trifft er Den Seltsamen Dichter bei der Skandinavischen Vereinigung. Er sieht ein zerstörtes Gesicht, teilweise verdeckt von einem dunklen und aggressiven Bart. Ein völlig betrunkener Mann, der durch die Lokale torkelt, alle auffordert, zu tanzen und mit einem bitteren Hinweis auf Schleswig und Holstein den nordischen Gedanken verhöhnt. Ein Bruder in Not. Norwegen und Schweden, die nicht geholfen haben. Edvard, der energische kleine Teufel, schlüpft unter die beschützenden Schwingen des Seltsamen Dichters. Das *sind* Schwingen und keine Hände, die nach ihm greifen. Edvard sitzt in den tiefen Stühlen der Skandinavischen Vereinigung und hört Den Seltsamen Dichter mit dem grünsten Blick, den er je gesehen hat, Norwegen verspotten.

„Verrat!" ruft Ibsen aus, mit einer schneidenden Stimme, die in Heulen übergeht. „Einen Bruder derart im Stich zu lassen ... ihn allein kämpfen lassen ..."

Nachts läuft Edvard schwankend durch die Ruinen des Kaiserreichs. Ein Fönwind trifft ihn im Nacken.

In der Großen Friedrichstraße in Berlin tragen sie die Leiche von Nordraak zu dem wartenden Wagen.

III

Die Grenzstation liegt weit droben im Gebirge am Rande eines Felsplateaus, das sich über dem Tal erhebt. Gewaltige Lawinen sind niedergegangen, und bei den aufgetürmten Schneemassen arbeiten wortlos die Italiener mit ihren Schaufeln. Die Stelle ist mit großen Fackeln beleuchtet. Die Bewegungen der Menschen wirken marionettenhaft. Die Stille ist unheimlich. Eine Postkutsche ist in den Schneemassen steckengeblieben. Die Reisenden stapfen mit ihren Kisten und Koffern durch den tiefen Schnee zur Herberge. Edvard bleibt stehen und läßt seine Mitreisenden vorbei, versucht zu verbergen, daß er nach Luft schnappt. Ein Beamter in Uniform kommt trotzdem zu ihm und erkundigt sich schroff, ob ihm etwas fehle. Edvard möchte nicht, daß ihn jemand für krank hält. Deshalb zieht er die Taschenuhr heraus und sagt:

„Eigentlich sollte ich ja ... heute Nacht ... ankommen."

Der Beamte grinst, seine vom Schnaps gezeichneten Zähne glänzen in dem roten Bart.

„Bald werden Schlitten zur Weiterfahrt kommen. Für die Mutigsten."

Der Blick, den er Edvard zuwirft, deutet an, daß er *ihn* nicht dazurechnet. Aber Edvard erwidert trotzig:

„Schreiben Sie mich doch bitte auf die Liste."

Der Beamte grunzt unwillig. „Dafür bin ich nicht zuständig. Dazu müssen Sie in die Grenzstation."

Edvard betritt das schmutzig-gelbe Gebäude, ein feuchter Kohlgeruch schlägt ihm entgegen. Eine Italienerin, die aus dem tiefsten Sizilien gekommen ist, sitzt bereits mit ihrer kleinen Tochter im Gastraum und schlürft die dünne

Gemüsesuppe, bricht dazu das Brot in großen Stücken ab und weicht mit ängstlichen Augen jedem Annäherungsversuch ihrer Mitreisenden aus. Ehe sie hinaufgefahren sind in die Berge, hat Edvard versucht, ein Gespräch mit ihr anzuknüpfen, aber mehr als die Auskunft, daß sie aus Sizilien sei, wollte sie ihm nicht geben, und sie zog nur die Tochter näher an sich, als wären alle Männer, denen sie begegnet ist, Verbrecher.

Grenzübergang ... Edvard auf dem Weg nach Norden. Erneute Ausräucherungen, erneute Leibesvisitationen, von Königreich zu Königreich, zu Kaiserreich zu Königreich. Auf der Grenzstation werden Pelzmäntel für die Schlittentour zur Verfügung gestellt, ein Offizier mit dekorativer Uniform und hohen Stiefeln notiert die, die sich melden und die, die auf der Grenzstation übernachten, um auf besseres Wetter zu warten. Die Italienerin fragt, ob es gefährlich ist. Der Offizier mustert sie mit prüfendem Blick, den Edvard an anderen Grenzstationen zu verabscheuen gelernt hat. Er tritt zu der Frau, sie hat aufgehört zu essen, und sagt:

„Natürlich muß man mit neuen Lawinen rechnen. Hier sind warme Betten. Eilt es so sehr?"

Das ist eine Einladung und eine Drohung. Die Frau krümmt sich unter dem unverschämten Blick, der grinsenden Grimasse des Offiziers, als er in die Runde blickt um sich zu überzeugen, daß er Publikum hat.

„Nehmen Sie ruhig den Schlitten, gnädige Frau. Ich garantiere Ihnen, daß Sie sicher über das Gebirge kommen."

Das ist Edvards Stimme. Er sitzt allein an einem Tisch und trinkt einen Grappa, fühlt sich im Grunde gar nicht mutig. Der Offizier dreht sich wütend zu ihm um.

„Unvernünftiges Volk", brummt er, ehe er den Gastraum mit der unfreundlichen Ankündigung, daß die Abfahrt des Schlittens unmittelbar bevorstehe, verläßt. Der Blick der Frau ist ohne Gefühl, sie nickt nur leicht und zieht die Tochter näher an sich. Edvard stellt fest, daß sie schön ist. Er weiß, daß er sie unter anderen Umständen begehren würde, und er hat keinerlei Angst vor der Fahrt über den Berg. Draußen haben sich die letzten Wolken nach dem Unwetter verzogen. Am Himmel steht die klare Kontur eines Halbmonds. Vom Fenster des Gastraumes aus starrt er hinunter auf ein Dorf, tausend Meter unter ihm. Er nimmt einen neuen Schluck von dem wohltuenden Schnaps und spürt, wie ihm warm wird, das gibt ihm ein Gefühl von Frieden, von dem es nicht weit ist zur Resignation. Das Leben, das er krampfhaft vor einigen Monaten in Italien gesucht hat, ist unwirklich und ihm gleichgültig geworden. Er zieht von Land zu Land, begegnet überall den mißtrauisch prüfenden Augen, die nach äußeren Zeichen von Cholera suchen und Fingern, die in seinem Paß blättern.

Er weiß plötzlich, daß er nicht sterben wird. Er kann der fremden Frau mit ihrer Tochter leicht eine sichere Fahrt über das Gebirge garantieren. Er hat die Angst verloren, ohne die Freude zu finden. Das Leben kümmert ihn nicht mehr als die Länder, durch die er in den letzten Tagen gefahren ist. Er könnte durchaus darauf verzichten. Und jetzt darf er nicht darauf verzichten. Das empfindet er wie den Hohn von einer Macht, die er nicht Gott nennen will. Er kann sich bedenkenlos in Schlitten setzen und auf jäh abstürzenden Bergstraßen im Schneesturm das Gebirge überqueren. Ihm wird nichts passieren. Das ist die Strafe. Er hat das Leben bekommen, das ihm so wichtig war. Was will er damit anfangen? Das Zusammensein mit Dem Seltsamen Dichter hat ihn auch bitter werden lassen. Wo gibt es Gerechtigkeit? Wo gibt es Mut? Einen selbstlosen Gedanken? Henrik Ibsen war besessen vom Verrat, vom Brudermord. Unablässig beschwor er wie ein Gleichnis das Schicksal Dänemarks während des Krieges gegen Deutschland. Noch nie hatte Edvard einen Menschen getroffen, der so irrsinnig getrunken hat wie Der Seltsame Dichter. Er hat gerade angefangen, ein Theaterstück über den *wirklichen* Norweger zu konzipieren, über einen gewissen Peer Gynt, der nur verriet, verriet und verriet, bis er sich nur noch selbst verraten konnte.

Die Frau mit ihrer kleinen Tochter ist fertig mit dem Essen. Edvard sieht, wie das Kind – es dürfte kaum älter sein als sieben Jahre – lächelt und seiner Mutter einen Kuß auf die Wange gibt und ihr leise etwas Lustiges ins Ohr flüstert. Beide lachen. Um sie ist eine große Einsamkeit, aber *sie* gehören jedenfalls zusammen. Er sieht es, als die Frau der Tochter über das Haar streicht. Gesines Art. Bestimmend und besitzend. Eine unausgesprochene Geste. Edvard sitzt immer noch vor seinem Grappa und lächelt zu ihnen hinüber. Aber sie bleiben für sich. Sie beantworten sein Lächeln mit einem scheuen Nicken. Dann erheben sie sich und gehen hinaus zu dem Schlitten.

Eine halbe Stunde später haben sie die Grenze in die Schweiz überquert. Schneemauern und Eisblöcke türmen sich um sie. Der Schlitten schlingert stark. Die Frau und die Tochter sitzen eng aneinander geklammert auf dem Platz vor ihm. Wenn sie zu sehr ins Schleudern geraten, dreht sich die Frau um zu ihm. Edvard merkt ihre Todesangst. Sie will nicht sterben. Sie ist mit ihrer Tochter unterwegs nach Norden, vielleicht zu ihrem Mann oder ihrem Geliebten, vielleicht zu einer Stelle im Haushalt eines wohlhabenden Schweizers oder Deutschen. Ihre Haut ist im Mondschein gespenstisch bleich. Edvard beugt sich zu ihr.

„Sie brauchen keine Angst haben", sagt er in einem schlechten Italienisch. Er streicht der dick in Pelz eingepackten Tochter sanft über den Kopf. Sie läßt es geschehen.

An Nordraaks Grab kniet er nieder. Es ist Mai. Von einer Eiche fällt ein gelbrotes Blatt vom vergangenen Sommer. Warum lassen Eichen ihre Blätter nicht im Herbst fallen? Wollen sie sich erst davon überzeugen, daß wirklich ein neuer Frühling kommt, ehe sie die Erinnerungen ablegen?

Die Erinnerungen überwältigen Edvard. Sie werden immer zwischen ihm und dem Leben sein. Er starrt auf den eigensinnigen Namen, geschrieben in neu-norwegisch. Rikard mit 'k'. Nun ist er in Deutschland begraben, in Berlin.

Edvard hebt das Eichenblatt auf und verläßt den Jerusalemer Friedhof. Herrgott, er ist 23 Jahre alt und bewegt sich wie ein alter Mann. Wirkt umständlich und schwerfällig. So geht ein Mensch, der sich nicht geliebt fühlt, der gegen seine Erinnerungen kämpft und gegen die Selbstverachtung. So viele Erinnerungen, die sich nicht für die Zukunft interessieren. Die sich in Einzelheiten verlieren, damit die Tage vergehen. Wo ist Nina? Sie ist nicht in seinen Gedanken. Wie ich bereits gesagt habe: Zwischen zwei Männern ist kein Platz für eine Frau. Er schreibt ihr nur widerwillig, liest ihre Briefe aus Bergen mit noch größerer Unlust, in denen sie berichtet, wie sie sich einordnet, wie sie disponiert, rechnet, günstige Bekanntschaften knüpft, ihre Zukunft – mit ihm – plant.

Im Hotel findet er keine Ruhe. Er geht wieder weg, sucht nach einem Restaurant, das billig aussieht. Er muß genügsam sein, weil ihm der Seltsame Dichter alles durcheinandergebracht hat, weil er ihn eingeweiht hat in die Mysterien des betäubenden italienischen Weines. Da bleibt er plötzlich aus alter Gewohnheit vor einem Musikgeschäft stehen, betritt es aber nur widerwillig. Der trockene Duft nach Notenheften, Etüden und Theorien. Seit er Rom verlassen hat, ist ihm kein Ton in den Kopf gekommen, aber er hat mit Verlagen Verträge gemacht und sowohl die Klaviersonate wie die Humoresken sind erschienen. Im Musikgeschäft fragt er nach den Humoresken, die übermütigen, die Rikard so liebte. Während der Verkäufer in den Schubläden kramt, wird Edvard klar, wie erbärmlich die Situation ist. Er errötet, und als der Verkäufer nichts findet in seinen Stößen, wird alles noch peinlicher:

„Grieg? Sagten Sie G-g-g-g-g ...?"

„Ja, Grieg."

Der Verkäufer richtet sich auf, seine Welt ist wieder in Ordnung. Er läßt ein Lächeln sehen, die Zähne sind gelblich-schwarz, und der Mundgeruch verstärkt die Assoziation. Das Gehorsame, nie Fragende, das längst Archivierte, das Vergangene. Edvard ertappt sich dabei, sich danach zu sehnen. Ein zufriedenes Leben, ein gutes Leben, ein regelmäßiges Leben.

„Sie meinen sicher *Edvard* Grieg", sagt der Mann und Edvard nickt. „Ja, der ist ausverkauft, tut mir leid. Ungeheuer populär dieser Mann, hier in Berlin. Seine Musik hat viele Anhänger. Er kann sich glücklich schätzen, wenn Sie mich fragen. Nehmen Sie Mozart, sein trauriges Ende, meine ich. Sie sind vermutlich Pianist? Ich schließe es aus Ihren Händen. So lang und gleichmäßig ..."

Edvard verstört wieder auf der Straße. Im nächsten Viertel beginnt die Große Friedrichstraße. Rikards Lachen übertönt die Pferdedroschken, das Rufen der Kutscher. Das übermütige Lachen, das im nächsten Moment in einen fürchterlichen Husten überzugehen pflegte. Edvard sucht nach anderen Bildern, nach anderen Lauten, aber vergeblich. Ein schwarzer Hengst trottet neben ihm auf der Straße. Der Kutscher sieht aus, als ob er schliefe. Auf einmal wird Edvard von einer irrsinnigen Freude ergriffen, und er geht zum Bahnhof. Er hat das Gefühl, eine Wahl getroffen zu haben. Eine endgültige. Er weiß nicht, was alles auf ihn zukommt, wie die glattgeschliffenen Steine am Fuße des Ulriken.

Der Mensch braucht seine Lügen. Wir leben, lieben und sterben mit unseren Lügen. Meine Geschichte ist gewirkt von diesen Lügen. Ich verdamme sie nicht. Sie sind auch in meinem Leben notwendig.

Aber in den letzten Tagen habe ich den alten Sekretär, an dem ich zu schreiben pflegte, gemieden. Ich habe stattdessen zum Pinsel gegriffen und versucht, ein Stilleben zu malen. Es hat mir keinen Spaß gemacht.

Und nun schreibe ich wieder, komme zu einem Punkt in meiner Geschichte, an dem *ich* eine Entscheidung treffen muß. Wohin ich blicke nur Lügen, und das macht mich umso süchtiger nach Wahrheit.

Ich sehe den melancholischen Gottfred Matthison-Hansen mit dem spärlichen Schnauzer, ich sehe den zur

Selbstgefälligkeit neigenden Feddersen mit Vollbart und sanften Augen, er sieht aus wie ein polnischer, mißglückter Adeliger, und ich sehe den klotzigen, rastlosen Horneman. Alle drei am Bahnhof, aber auf diesem Bild ist keine grelle Nachmittagssonne sondern trostloses Regenwetter, es riecht dumpf nach nassen Mänteln.

Das Schweigen nach der Umarmung ist auffällig. Der kleine Grieg wie ein Engel oder ein Greis zwischen ihnen. Der erste Tag in Kopenhagen, bestimmt von praktischen Erledigungen, das Zimmer, die liebenswürdige Wirtin, die Koffer, die er eigentlich garnicht auspacken will. Er trifft sich mit den Freunden in der Stadt, spürt ihre nervöse Höflichkeit, mit der sie das Thema Berlin meiden, sie reden über Italien, Matthison-Hansen mit einer Huldigung an Franz Liszt, Feddersen mit einer Rede über die Ruinen. Bis Horneman den rücksichtlosen Blick bekommt, die Augen erfüllt von einem Schmerz, wie Edvard ihn nur von gequälten Hunden kennt, die keine Liebe abgekriegt haben. Horneman, der von allen Seiten mit Liebe überhäuft wurde, Feddersen, der von ihm begeistert ist, Nordraak, der ihn immer gepriesen hat, obwohl sie sich stritten, jetzt sitzt er mit gerötetem Gesicht und bösen Augen hinter seinem Bier, äußerst gereizt, wie der überempfindliche Edvard merkt.

„Wo ist Rikards Grab?"

Edvards Gesichtszüge sind bereits erstarrt als Horneman boshaft fortfährt:

„Stimmt es wirklich, daß er ganz alleine war? Daß ihn als einziger ein höflicher Jude zum Grab begleitet hat?"

„Sei still, Emil!" Feddersen windet sich peinlich berührt.

„Gab es wirklich keinen, der versucht hat, ihm zu helfen? Der ihm Lebensmut gegeben hat?"

„Warum bist du nicht hingefahren", faucht Edvard plötzlich mit ungewohner Brutalität in der Stimme. „Du hast ihn ja nicht einmal zum Bahnhof gebracht. Das hat ihn tiefer gekränkt als du ahnst."

Horneman wird feuerrot. Er stemmt sich hoch, der Bauch

ist über dem Tisch. „Du hast den Schwanz eingezogen und bist abgehauen, Edvard! Pfui Teufel, und jetzt sitzt du hier ... und wagst es ... die Schuld auf *mich* abzuwälzen! Und dabei war ich immer ehrlich, bin ihm nie wegen jeder unbedeutenden, dummen Bemerkung um den Hals gefallen, habe nie darum gebettelt, meinen Anteil an dem Applaus, mit dem er überschüttet wurde, zu kriegen, habe ..."

„Horneman!"

„Halt's Maul! Ich rede mit Edvard. Du hast dich doch an ihn gehängt, du hast doch gemerkt, daß es sich lohnt, auf diese Karte zu setzen!? Mit seinem Sigurd Slembe lag ihm die Stadt zu Füßen, während du mit deiner wirren Symphonie dahergekommen bist, die reinste Anbiederung an Gade, die keiner auch nur im geringsten ... die ... Ich kann mich noch an die Reaktionen der Eltern deiner ehemaligen Verlobten erinnern, an ihren vielsagenden Blick. Ich fange allmählich an, sie zu begreifen ... ein sturer, kleiner *Teufel* bist du, auf Kosten deines Bruders bist du nach Leipzig gekommen, auf Kosten von Feddersen und *mir* hast du deine Karriere in Dänemark aufgebaut, und auf Kosten von Nordraak bist du mal wieder mit heiler Haut davongekommen. Der Beste unter uns ist tot! Weil keiner da war, um ihm zu helfen und ihn zu stützen, als *er* ein einziges Mal die Hand ausgestreckt hat. Du bist nach Italien gefahren, nach Italien! Während er in Berlin im Sterben lag. Besser und raffinierter hättest du ihn nicht verhöhnen können ... hättest ihm nicht seinen tief ersehnten Traum nehmen können, von dem er immer geredet hat, du und er in der Toscana, in Venedig, in Florenz, in Rom ..."

„Um Gottes willen, sei endlich still!"

„Du bist betrunken, Emil! Setz' dich hin!"

Feddersen und Matthison-Hansen ziehen ihn auf seinen Stuhl zurück. Edvard blickt in die wütenden Augen des Freundes, weicht nicht aus, darf nicht ausweichen, das ist der Stolz, den Gesine ihm eingebleut hat, jetzt zeigt er sich in voller Stärke.

„Hat es wirklich so weit kommen müssen mit uns."

Horneman fällt zusammen. Feddersen ist außer sich, fuchtelt mit den Armen, will tätscheln, trösten , wiedergutmachen. Matthison-Hansen hat nie verzweifelter ausgesehen.

„Er ist betrunken", wiederholt Feddersen, diesmal an Grieg gewandt. „Du nimmst ihn doch hoffentlich nicht ernst?"

Horneman fängt an zu heulen. Der Abend ist weit fortgeschritten. Matthison-Hansen erhebt sich, zerrt ihn hoch.

„Ich werde ihn nach Hause bringen."

Er legt sich einen Arm Hornemans um die Schulter. Horneman ist nicht imstande zu gehen, er schwankt, reißt einen Stuhl um, wird hinausgeschleppt in die Nacht und ist fort. Edvard in tiefem Schweigen. Feddersen flehend, wortlos.

„Was hat er", fragt Edvard endlich, „mit meiner *ehemaligen* Verlobten gemeint?"

Feddersen kreischt wie eine Frau. „Er meinte wahrscheinlich nur ... hat wahrscheinlich gedacht ... daß ihr euch getrennt habt. Rikard hat ja immer so schnell eine neue gehabt, er hat vielleicht gedacht, daß du, hi hi, angesteckt worden bist."

„Edvard fixiert ihn scharf. „Was ist mit Nina? Was wißt ihr?"

„Nichts, Edvard, wirklich nichts!"

Edvard schüttelt den Kopf. „Das glaube ich nicht. Du mußt es mir sagen."

„Gerüchte gibt es doch immer, aber wer kümmert sich schon darum?" Feddersen hebt das Glas, möchte mit einem „Prost" ablenken. Das ist eine schreckliche Situation für ihn. Er lebt von seinen Freundschaften. Sein Haus ist ein Märchenschloß, in dem nur gute Feen wohnen. Welcher Teufel treibt da einen Keil zwischen seine besten Freunde? Jetzt zwingt Edvard ihn, von der koketten Seite Ninas zu erzählen, wie sie vermutlich in Bergen beobachtet wurde.

„Mit wem?" fragt Edvard aufgebracht.

„Kein bestimmter", schluchzt Feddersen, nun völlig aufgelöst. „Du darfst nicht darauf hören", schnieft er. „Sie kommt nach Kopenhagen ... ja ... wann kommt sie?"

„In zwei Tagen."

„Du mußt mit ihr reden. Du bist so geschickt im Reden, Edvard. Und du mußt mit Horneman reden. Du weißt, daß er es nicht so meint, wie er es gesagt hat. So böse. Es ist nicht unsere Sache miteinander zu streiten. Wir dürfen uns doch nicht, können uns doch nicht ... auf eine solche Weise *verlieren*?"

Ich habe über die Freundschaft geschrieben, über die glücklichen Augenblicke, in denen sich Menschen begegnen und flüstern: hier hast du mich. Vielleicht male ich in zu düsteren Farben, aber ich weiß, daß Hornemann schon frühzeitig voller Verbitterung war. In ihm wirkte das fürchterliche Gift, das sich bildet, wenn man sich mißverstanden fühlt, wenn man meint, alleine zu kämpfen.

Horneman, Edvard, Matthison-Hansen und der Engel Feddersen. *Ihn* möchte ich draußen halten. Er ist nicht von dieser Welt. Aber Horneman und Edvard sind Musiker, noch nicht daran gewöhnt, den Erfolg an der Stärke des Applauses zu messen. Jetzt, in diesen Jahren, entwickeln sie ihre Ideen. Jetzt werden sie erleben, wie ihre innersten Visionen auf den Ladentisch geworfen werden, als Angebot für ein beliebiges Publikum. Jetzt müssen sie zu Eisen und Stahl werden. Jetzt ist der Moment, an dem sie sich verkaufen und sich der raffiniertesten Verführungskünste bedienen. Kunst ist Prostitution. Wenn ich mich einige Tage in mein Atelier einsperre, allein mit der Leinwand, spüre ich den Luftzug von der Straße und weiß, daß ich einen Preis festsetze, daß ich mich feilbiete.

Aber soweit ist Edvard noch nicht. Die Erschütterung durch Nordraaks Tod hat Risse hinterlassen in Edvards Gemüt. Er weiß noch nicht, ob er sie wieder kitten kann. In dieser Situation ist Nina entscheidend. Was wird sie sagen, wenn sie aus Bergen zurückkommt? Edvard stattet ihren Eltern keinen Besuch ab. Die Briefe, die er von ihr erhalten hat, zeigen nur zu deutlich, daß Edvard *nicht* akzeptiert ist. Daß Gesine und Alexander widerwillig Nina akzeptiert haben, hilft nichts. Edvard liest Gesines Briefe mit den strengen Ermahnungen über Zucht und Mäßigkeit. Warum mag sie Nina nicht? Edvard begreift es nicht.

Meine Geschichte beginnt so viele Male. Sie beginnt mit dem schwarzen Hengst. Jetzt beginnt sie mit Ninas Ankunft in Kopenhagen. Edvard fühlt sich innerlich tot und gleichgültig. Horneman ist bei ihm gewesen und hat sich mit verzweifeltem Gestammel entschuldigt. Edvard hat genickt und ihm verziehen wie ein durchtriebener, kleiner Papst. Aber Edvard ist tief unglücklich über all das, was er nicht fühlt, über die Zukunft, die er nicht sieht, wegen des Geldes, das ihm zwischen den Fingern zerrinnt, wenn er täglich in seine Stammkneipe am Kongens Nytorv geht und einige Biere köpft.

Da kommt sie, direkt von ihren Eltern, und sinkt mit einem kurzen Schluchzen in seine Arme. Er nimmt ihren makellosen, puppenhaften Kopf zwischen seine Hände, tief gerührt und überwältigt von all den Gefühlen, die endlich in ihm aufsteigen, ihre vertraute, glatte Haut, der Hals, den er entblößt, indem er die Haare hochhebt, all die Rituale, all die Stellen, die er küßt, sanft, sanft, während die Tränen über sein Gesicht laufen, während sie die Gardinen in seinem Zimmer zuzieht, er soll sie nicht so genau anschauen und merken, daß sie geweint hat, jetzt kann der Kummer endlich zum Ausbruch kommen, jetzt wagt er zu erkennen, was er vermißt hat, er versteckt sich zwischen ihren Brüsten und spürt den schwachen Duft nach Fischmarkt und Heide, der an ihrem Kleid hängt. Sie stehen mitten im Zimmer und streicheln sich, versuchen sich näher zu kommen wie zwei Blinde. Sie wagen nicht zu reden, haben Angst, ein Wort könnte das andere geben und die Worte würden sie trennen, würden die Gegensätze deutlich machen, die unsichtbar bestehen. Denn wie sie so dastehen, ähneln sie sich sehr, zwei Puppen in einer Puppenstube, umgeben von dänischem Porzellan, gleichzeitig sind sie bereits zerrissen von Erfahrung, Sehnsucht und Wissen. Jeder sucht den Körper des andern, tastet nach dem Gefühl von Geborgenheit von damals, als sie Kinder waren und wie wertvolle, auf Samt gebettete Kostbarkeiten getragen wurden. Beide sind mit Liebe verwöhnt worden und trotzdem suchen sie danach, anspruchsvoll wie nur wirklich Liebende sein können, sie klammern sich aneinander und fordern, daß sich ihnen das Leben in all seiner Pracht offenbare, daß Myrrhe und Weihrauch sie segne, daß die ganze Welt sie verstehe und unsichtbare Feen sie beschützen. Das erste, was sie zu ihm sagt ist:

„Mich friert."

Edvard, der sich nach ihrer Nacktheit sehnt, ist verwirrt. Jetzt wird er wieder praktisch und pedantisch und bringt sofort die gnadenlose Wirklichkeit herein, vor der sie versuchten, die Augen zu schließen. Er hebt ihr den Mantel auf, der zu Boden gefallen war. Zugeknöpft setzen sie sich auf das Sofa, und da spürt auch Edvard, daß es kalt ist.

„Dieser verdammte Frühling hier, der nie kommt", sagt er, verunsichert von ihrem prüfenden Blick und der angespannten Haltung, die er zuerst nicht bemerkt hatte. Er wendet sich ab von ihr, wird sie nie nach diesen Gerüchen fragen können, so vertraut er darauf, daß ihn immer jemand lieben wird, so ist er felsenfest davon überzeugt, daß die Liebe die Kunst des Erreichbaren ist, während die Musik nie ihren Ausdruck findet. Das Schweigen beunruhigt Nina. Sie weiß, daß die Gerüchte ihr vorausgelaufen sind. Edvard *muß* sie gehört haben. Sie sagt:

„Deine Eltern sind abscheulich. *Sie* haben all diese Gerüchte in die Welt gesetzt. Weil sie mich los sein wollten. Du hättest mich sehen sollen auf Landås. Ich habe ihnen geholfen, hinauszuziehen. *Ich*. Zusammen mit deinen eisernen Schwestern. Warum heißen sie nicht allesamt Gesine? Launisch, mißtrauisch, heimtückisch. Dein Papa ist viel zu liebenswürdig. Und deine Mama möchte dich nur für sich haben ..."

Ich betrachte Nina während sie redet und alles sagen möchte, was sie nicht schreiben konnte, weil Nordraaks Tod sie so weit voneinander entfernt hat. Sie hat seine Lobeshymnen auf das Leben aus Rom erhalten und deren Hohlheit durchschaut, hat all die Vorwürfe, die er gegen sie aufgebaut hat, erkannt, und sie weiß nicht, wann er damit herausrücken wird. Sie will ihm zuvorkommen, will ihm erzählen von dem unglücklichen halben Jahr in Bergen, in dem sie Gesines Eifersucht ausgeliefert war. Da unterbricht sie Edvard:

„Mama? Eifersüchtig? Jetzt übertreibst du aber, Nina."

Und als sie den höhnischen Klang in seiner Stimme hört, erträgt sie es nicht und wird böse, hämisch sagt sie:

„Alle lieben dich, Edvard. Und du nimmst es nicht einmal zur Kenntnis. Hätte ich davon nur ein Bruchteil, ich ..."

„Sei still. Ich verbiete dir, so zu reden, hörst du!"

Ich kann solche Auseinandersetzungen nicht recht wiedergeben. Man wird mich unlauterer Motive bezichtigen, wird mir vorwerfen, Nina in schlechtem Licht erscheinen zu lassen. Aber das trifft nicht zu. Ich empfinde Sympathie für Nina in Kopenhagen. Ich verstehe ihren Mangel an Mut, ihre Zweifel und Ängste, der eiserne Griff, mit dem ihre Eltern sie festhalten, ist mir so bekannt als wäre ich ihm selbst ausgeliefert. Ich sehe, daß sie eine mutige Frau werden wird, vielleicht mutiger als die meisten anderen in dieser Geschichte. Aber noch ist sie nicht soweit. Noch sitzt sie nur auf Edvards Sofa, zwischen Porzellanpuppen, die sie ihm am liebsten an den Kopf werfen würde, weil er nichts begreifen will, weil er seine Gefühle wieder unter Kontrolle hat, weil seine aufgeregten Hände sie nicht mehr liebkosen. Er hat sich hingesetzt und die Beine übergeschlagen. Der schiefe Oberkörper weckt nie ihr Mitleid. Sie kennt niemanden, der so stark ist wie er. Deshalb greift sie an, energisch wie ein kleiner David, bereit, notfalls zu kratzen und zu beißen, wenn er nicht verstehen will:

„Du hast geschrieben, wir sollten heiraten. Wie kann ich

einen heiraten, der schon verheiratet ist? Deine Fahrt nach Berlin war eine Hochzeitsreise. Ich meine nicht Nordraak, ich meine die Kunst ..."

Er vernimmt einen neuen Klang in ihrer Stimme. Das hatte er nicht erwartet. Erstaunt mustert er sie, während sie redet, zuerst überrascht und dann völlig gelähmt von dem, was sie sagt, von dem, was sie auszusprechen wagt, wenn sie, die Hände im Schoß – nein, falsch, sie hat eine Hand vorsichtig auf seine Schulter gelegt, nur mit dieser physischen Brücke ist dieses Gespräch möglich – ruhig sagt, daß die Kunst nur Unglück bringt, sie führt sogar Nordraak als Beispiel an. Nordraaks Tod hat sie erschreckt. Für sie steht fest, daß es seine fanatischen Ideen waren, die ihn körperlich gebrochen haben, nie ist er zur Ruhe gekommen, immer war er in Gedanken woanders, immer mit einem Plan im Hinterkopf. Künstler, sagt sie, sind Menschen, die sich selbst zerstören, die sich selbst fremd werden wie Adelina in ihren schöpferischen Augenblicken. Dann erzählt sie von John, der einzige in Edvards Familie, der sie versteht. Sie gibt zu, daß seine kleinen Aufmerksamkeiten ihr geschmeichelt haben. Er hat ihr ein Bergen gezeigt, das sie nicht kannte. Sie haben lange, ausgedehnte Spaziergänge unternommen, und sie haben geredet, haben geredet über Edvard und all das, was er tun sollte.

„John hat von jeher besser gewußt, was für *mich* gut ist", sagt Edvard barsch.

Aber Nina läßt sich nicht ablenken. Sie erzählt, welche Sorgen sich John seinetwegen macht, weil er ihn in der Gesellschaft mit Nordraak und den anderen überspannten Freunden beobachtet hat, all die Aggression gegen die alte Musik, auf der schließlich unsere ganze Kultur beruht, der fehlende Respekt für die Großen, für Kenntnisse und Techniken, das destruktive Gerede vom Einreißen der alten Paläste. Warum diese rabiate Sehnsucht nach etwas Neuem? Es ist ja schon alles ausgedrückt worden. Trauer, Freude, Wut, Hoffnung, Schönheit, Reinheit. Hätte Edvard auf dem Klavier geübt, statt wirren Ideen von einem vereinten Norden oder einem freien Norwegen oder was auch immer hinterherzurennen, wäre er jetzt ein Klaviervirtuose, ein hervorragender Interpret alter Meister. Nein, er soll sie nicht unterbrechen, denn darüber hat sie so viel mit John gesprochen, und John hat ein Gleichgewicht in seinem Leben gefunden, um das Edvard ihn beneiden müßte. John baut eine Karriere als Geschäftsmann auf und gleichzeitig spielt er Cello. Er zieht sich nicht zurück auf den Mythos vom armen Künstler, sondern tut alles, um einmal eine Familie versorgen zu können. Hat Edvard jemals in der Richtung gedacht? Hat Edvard jemals für sich oder andere Verantwortung empfunden? Edvard lebt nach wie vor vom Geld des Vaters. Das tut John nicht. Er verdient jede Menge Geld und ist angesehen in der Stadt. Die Mädchen in Bergen sind verrückt nach ihm. Nina hat es selber gesehen. Er ist ein Künstler mit Respekt für das Menschliche. So einfach ist das. Er hat ein gutes Verhältnis mit seinen Eltern und seinen Schwestern. Er kümmert sich um die Verlobte seines Bruders. Er tritt in Wohltätigkeitskonzerten auf. Und jetzt, meint er, habe Edvard genug ausprobiert. Jetzt solle er nach Hause kommen und sich dem wirklichen Leben stellen. Er solle sich eine Existenz aufbauen.

„Eine Existenz?" stutzt Edvard. „Hat er das wirklich gesagt?"

Nina nickt ernsthaft. Sie merkt nicht, wie ihre Worte auf Edvard wirken. Sie meint, er würde zuhören und begreifen. Deshalb fügt sie hinzu: „Deine Eltern haben das auch gesagt, haben jedenfalls gemeint, daß du nicht ewig so herumprobieren kannst und daß auch du ..."

Edvard entzieht sich ihrer Hand, mag sie nicht mehr haben. Sein Gesichtsausdruck wird feindlich, gekränkt, und der Weg zu höhnischer Arroganz ist nicht weit, obwohl das, was er sagt, mehr ein Selbstgespräch ist: „Sie glauben wohl, das geht einfach so, schwupp-di-wupp ..." Er wartet auf ihre Reaktion. Vergeblich. Er sieht ein, daß sie ihn nicht unterstützen will, daß sie bereits auf *ihrer* Seite ist. Da ist jedes weitere Reden sinnlos. Er murmelt, jetzt noch mehr gekränkt: „Dann bin ich also jetzt das Fiasko der Familie, ein unmöglicher Wirrkopf, der endlich zu spielen aufhören und erwachsen werden sollte."

In einer Vision sieht er, was sie ist und was sie werden möchte. Er erkennt, daß ihre Kunstart das Menschliche ist, daß sie mit Gefühlen spielen kann. Er merkt, daß er fällt, daß er sie gerne beschützen würde, daß in ihrer naiven Geschichte von John und der Familie eine Sehnsucht steckt. Sie hat erlebt, was Geld mit Menschen anrichten kann. Sie hat erlebt, wie ihre Eltern in immer kleinere Wohnungen umgezogen sind. Sie hat erlebt, wie Adelina Gift und Galle spuckte, sie hat die Verachtung in ihren Augen gesehen, als die Rechnung nicht aufgegangen ist. Sie hat erlebt, wie es mit ihrem Vater stückweise abwärts ging, die kleinen, aber regelmäßigen Schläge, der Schmerz und die Verwunderung in den Augen, als er seine Welt aus immer tieferer Perspektive betrachten mußte. Wenn sie durch die Stadt geht, sieht sie überall dort, wo kein Geld ist, die Demütigen. Sie sieht Frauen, die das einzige, was sie besitzen, öffentlich verkaufen. Sie hört, wie das Geld in der Sprache heimisch geworden ist, die weiche, nasale, beinahe zärtliche Umgangsform der Oberschicht, der vibrierende Unterton, wenn die Dienstmädchen das Essen ankündigen. Sie weiß, was sie am meisten fürchtet: keine Wahl zu haben. Geld bietet die Möglichkeit der Wahl, man kann den Rückzug antreten, wenn man etwas falsch gemacht hat, kann vergessen, kann fortgehen in andere Gegenden, zu neuen Menschen. Sie sieht ihre Eltern, plötzlich ohne Wahl, sie sieht ihre Mutter, wie sie müde und trotzdem aufgeregt vor dem Spiegel junge Frauen aus Shakespeare deklamiert, mit den Katzen als Publikum, und Frau Heiberg entschwindet aus der Wirklichkeit und wird unter brausendem Jubel in die Welt des Mythischen getragen. Dieser brausende Jubel ist nirgends besser zu hören als in Adelinas Schlafzimmer. Sie sagt: „Nirgends ist das Leben gnadenloser als in der Kunst, Edvard. Aber in dieser Gnadenlosigkeit will ich nicht leben. Ich will in der Liebe leben, ich will das Verständnis anderer Menschen spüren, ich möchte mich geliebt fühlen. Ist das zuviel verlangt?"

Er schüttelt den Kopf, verzweifelt über die Wendung, die das Gespräch genommen hat. „Aber glaubst du, daß Geld dir das geben kann?" fragt er vorsichtig, vielleicht weil er ahnt, daß etwas Wahres in dem steckt, was sie sagt, daß Geld eine Freiheit geben kann, die nicht einmal Nordraak hatte. Die Freiheit, wählen zu können, ist auch für ihn das Erstrebenswerteste. Sie sagt:

„Du hast zu lange von deinen Eltern gelebt."

Wieder John. Er hört in Ninas zarter Stimme die mündige, argumentierende Stimme des Bruders. Er sucht nach einer Verteidigung, findet aber nichts, ist nicht unverschämt genug, sich zurückzuziehen auf das alte Klischee des leidenden, mißverstandenen Künstlers. Er hat Künstler zugrunde gehen sehen, ehe sie die Chance hatten, ihr Talent zu beweisen, mit einem kindlichen, übermütigen Glauben an die eigenen Fähigkeiten, bis sie in der Einsamkeit untergingen und wunderbare Geschichten von sich erfanden, die keiner hören wollte. Ohne die Unterstützung von Nina fühlt er, wie die Panik in ihm hochsteigt. Nur durch andere erfährt er, wer er ist. Was will ihm Nina eigentlich mitteilen? Ist da wieder John, der ihn auf den Gipfel des Ulriken locken will? Der tiefe Zweifel, der Edvard jetzt befällt, läßt keinen Raum mehr für Nina. Als Nina sich schließlich erhebt und weinend aus dem Zimmer geht, sind sie nicht länger zwei Liebende.

„Du sagst, du willst die Freiheit haben, zu wählen", ruft er hinter ihr her, ein kleiner schiefer Mann zwischen Tür und Angel. „Aber du hast ja bereits gewählt!"

Ihr Kleid knistert, als sie die Treppe hinunterläuft, ohne sich umzudrehen. Edvard wird dieses Geräusch immer im Gedächtnis behalten. Wie ein Brand, denkt er. Wie ein Brand.

Muß ich von Kopenhagen schreiben, wenn es inzwischen zu einer toten Stadt geworden ist? Vor erst einem Jahr hat

Edvard in überschäumender, jubelnder Tagebuchsprache das Erhabene des Kopenhagener Lebens gepriesen. Jetzt bringt er penible Neuigkeiten eines mechanischen Alltags. Er steht auf einmal auf gutem Fuße mit Czerny und Clementi. Sie haben über ihn gelacht, ein lautes, pfeifendes Lachen von zwei Alten, während die C-Dur Tonleiter zwischen all den Porzellangegenständen erklang.

Man sagt, die Kunst sei kompromißlos, aber ich kenne keinen Bereich, in dem es mehr Kompromisse gibt. Zu früh beendete Sätze, kleine Präludien, die eine Symphonie hätten werden sollen, ein Stilleben plötzlich ohne die beabsichtigte Traube, ein Gläschen Wein schon am frühen Vormittag: Ja, ja, ich habe jetzt vier Stunden gearbeitet.

Aber der melancholische, sensible Matthison-Hansen sieht das nicht so. Als Edvard zu ihm kommt und fragt, ob er ihm das Orgelspielen beibringen könne, damit er etwas habe, um davon zu leben, nimmt Matthison-Hansen ihn mit in die Frederiks Kirche, um auf den spanischen Trompeten zu spielen. Buxtehude, Bach, Pachelbel! Er weigert sich, auf Edvards pedantische Fragen: Wieviel verdient man in der Stunde? Ist es schwierig, eine Stelle als Hilfsorganist zu bekommen? einzugehen.

Denn das ist etwas Wohltuendes an der Orgel, der Königin unter den Instrumenten: sie läßt nur das Große zu. Edvard ist so klein, daß er eben die Pedale erreicht. Das ist eines meiner Lieblingsbilder: der schiefe Mann auf der Kante der Orgelbank, mit allen Manualen und Knöpfen vor sich, die Töne des komplizierten Orgelkörpers, wenn er die Register wechselt: Vox Humana! Mixtur! Praestant 16 und 8! Quintadena! Zimbel! Hohlflöte und Rauschpfeife zweifach! Welche Matrone! Eine übergewichtige deutsche Kaiserin oder eine Hexe, aber auch: eine Jungfrau Maria mit Schleier und bescheidener Stimme. Engelchor und Tag des Gerichts. Der Heilige Geist! Traurige Psalmen zum leiernden Dänisch. Eine schwungvolle vierstimmige Fuge vor der Kindstaufe: Ein neues Leben soll leben!

Für Edvard ist das eine Zeit der Resignation und trotzdem

voll musikalischer Freuden auf der Orgelbank, wenn er mit den Füßen die Töne tritt. Er erfährt, wie man das Instrument wie vor Wut aufheulen lassen kann. Matthison-Hansen lernt von seiner Maßlosigkeit, wenn er frei spielt. Die Septimen, die vorher voller Sehnsucht waren, werden zu Höllendrohungen. Das entspricht nicht Edvards Wesen. Die Königin wird nie seine Geliebte. Sie ist ihm zu gewichtig, zu fordernd, zu frustriert von sadistischen, religiösen Bildern der Verdammung und der ewigen Höllenpein. Auferstehung nur mit schlechtem Gewissen. Zum Teufel. Edvard bekommt kein gutes Verhältnis mit dem Pastor. Er übt am liebsten in der leeren Kirche, fühlt sich wie ein Gigolo, versucht, einer reichen Dame Geld abzuluchsen, nennt sich Organist.

Er improvisiert über die Melodie des Wiegenliedes von Maria. Die Sonne dringt herein durch die großen Glasmalereien, die die Auferstehung darstellen sollen. Jetzt wechselt er in andere Tonbilder. Er sehnt sich nach den Quinten, nach den Obertönen, er sehnt sich nach Hause. Seine Zeit draußen in Europa steht vor ihm wie ein Narrenspiegel. Woher nahm er seinen hochmütigen Glauben, daß gerade er ... Er möchte ein zufriedener Sonntagsorganist in einer weißen, idyllischen Holzkirche sein, wo die Luft nicht so rauh ist wie hier und wo ihn der Pastor nicht mit Bibelauslegungen quält. Er möchte eine Vox Humana sein und die Kinder des Dorfes um sich scharen, um ihnen lustige Narrenpossen zu erzählen. Und gleichzeitig reitet ihn der Teufel: er möchte der heimliche Geliebte von der Frau Pastorin sein. Sie soll klein und grazil sein, mit makellosem Kopf und kühlen, grauen Augen. Sie soll seine alten Lieder mit zarter Stimme singen. Sie soll ihn bewundern, wenn er von Rom erzählt. So leicht ist es, sich nach Zufriedenheit zu sehnen. Und sobald man das tut, kommt sie sozusagen automatisch. Alles bekommt für Edvard seine Ordnung, er resigniert, versöhnt sich mit dem alten Weibsbild, dem er immer wieder ein bißchen Liebe zu entlocken vermag.

Edvard übt in einer leeren Kirche in Kopenhagen, draußen ist ein blaugrauer Sommerdienstag. Sofort, als das Hauptportal sich öffnet, erkennt Edvard in dem kleinen Spiegel, der ihm Augenkontakt mit dem Pastor ermöglicht, daß sie es ist. Am schlimmsten ist, daß er ihr Kommen im tiefsten Innern erwartet hat. Und ihm hat davor gegraut, denn er weiß, daß nun alle seine Pläne umgeworfen werden, das Wiedersehen wird sie zusammenketten und sie gleichzeitig zur Unsicherheit, vielleicht zur puren Armut verdammen.

Dann war diese demütige Resignation nur ein raffiniertes Falschspielen, nur zur Irritierung des Schicksals. Nina steigt die Treppe in der Frederiks Kirche hinauf und hört, wie sich die reinen Melodien in komplizierte, fast disharmonische Tonfolgen verwandeln. Er hat sie kommen sehen. Er weiß, daß sie auf dem Weg herauf zu ihm ist. Er improvisiert eine Musik, voller Trotz und Leidenschaft. Als Drohung oder als Versprechen? Arme Nina, sie hat solche Angst. Sie fürchtet sich vor seinen blauen Augen, vor dem Engelsgesicht, vor dem Teufelskörper. Er hat gewonnen. Er kann mit ihr machen, was er will, obwohl sie kämpfen möchte. Edvard und Nina. Die Namen sind eingeritzt in der Peterskuppel. Die Orgelkönigin heult auf vor Eifersucht. Er kann sie jetzt sehen. Sie kommt die Treppe herauf. Sie trägt ein weißes Sommerkleid. Sie hat Blumen in der Hand. Sie ist eine schöne Teuflin. Sie will den Brautschleier.

Und als er nicht aufhört zu spielen, fängt sie an zu lachen. Das ist so typisch für ihn, dieser Trotz. Gleichzeitig genießt sie die wilden Kaskaden, die er aus dem Orgelkörper jagt, so wollüstig und gar nicht sakral. Sie tritt neben ihn, er spielt fieberhaft. Jetzt lachen sie beide. Lachen und lachen wie verrückt. Wer fängt zuerst an zu weinen? Sie setzt einen Fuß auf die Pedale. Die Königin heult einen Tritonus. Die Liebe hat immer etwas Schreckliches, wenn sie es wagt, wahrhaftig zu sein.

Im Oktober kommt er nach Kristiania[5]. Er kommt mit der Hurtigrute aus Bergen. Muß ich alles erzählen, was in Bergen geschehen ist? Seit zwei Jahren hatte er seine Eltern nicht gesehen. Mit einer seltsamen Mischung aus Schuldgefühl, Dankbarkeit und Aggression kam er nach Hause, nur um festzustellen, daß sie älter geworden waren, daß das Leben nichts anderes im Sinn hat, als den Menschen zu zerstören, den Körper zu entstellen und die Gedanken abzutöten, bis nur noch das Skelett in seiner knochigen Unheimlichkeit übrig ist. Gesine sah krank aus, aufgeschwollen und grau im Gesicht. Und Alexander hatten seine finanziellen Schwierigkeiten dazu gebracht, auf die vielen Nebensätze, mit denen er das Leben so gerne würzte, zu verzichten. Edvard sah ihn ständig auf Landås im Rosengarten, bei Pflanzen, die er falsch beschnitten hatte und die sich weigerten zu wachsen. Hinter sich hatte er John, größer, breiter und bestimmter als je vorher, er belehrte seinen Vater über die Geheimnisse der Rosen. Vielleicht hat John bereits an diesen Spätsommertagen Edvard seine deutsche Frau vorgestellt, die blasse Marie, stumm und gehorsam, John immer schwach zunickend, obwohl er in einer Sprache redete, die ihr noch unverständlich war.

Und die Schwestern, Elisabeth, Maren und Benedicte, die unverheiratet bleiben sollten, treu verharrend bei der Familie bis zum Tode. Edvard kam mit dem Gefühl nach Hause, sie alle verloren zu haben. Sie verstanden ihn sowieso nicht mehr, er hatte sie mit seinem Auslandsaufenthalt enttäuscht, der nichts Konkretes abgeworfen hatte, weder Publikumsjubel noch klingende Münze.

Sie saßen wie gewöhnlich alle in der dunkelroten Wohnstube, und Edvard spielte seine Humoresken und die Klaviersonate, ohne jedoch wie ein Ole Bull angefeuert zu werden. In den Gesichtern der Eltern und des Bruders las er: War das alles? Soll das das ganz Besondere sein, das Norwegische im Geiste Nordraaks? Er fand keinen Hohn, nur Enttäuschung, bis John sagte: „Du solltest das öffentlich spielen, damit auch die Bürger der Stadt dich beurteilen können."

Ein erneutes Examen. Eine Prüfung. Wozu? Um festzustellen, ob das Klappern der Stricknadeln aufhört? Ob es möglich ist, die Münder zum Schweigen zu bringen? Nach den Jahren draußen in Europa hatte Edvard die Konzertkultur seiner Heimatstadt vergessen, die darin bestand, wichtige Transaktionen der Handelshäuser am Hafen während des Adagio zu besprechen und während des Allegro sich umständlich und ausführlich zu räuspern. Aber vor allem das Klappern der Stricknadeln, eine rastlose Begleitung zu den Schwingungen der Musik. In den zarten Pausen klang es wie eine Insektenplage, wie die kauenden Mäuler gieriger Käfer. Für Edvard war das ganze ein persönlicher Fingerzeig seines Bruders: vergiß nicht, woher du kommst, vergiß nie, wer du bist.

Diesmal musizierten sie nicht gemeinsam.

Aber etwas anderes wurde Edvard durch zufällige Andeutungen klar, die Familie wollte gerne Anekdoten aus Rom hören. Wie war er eigentlich, Der Seltsame Dichter? Und Franz Liszt, war er wirklich ein so gefährlicher Frauenheld? Die Schwestern kicherten mit dem Taschentüchlein vor dem Mund. Edvard merkte, wie sehr sie durch ihn gelebt hatten, wieviele Träume sie um ihn gesponnen hatten. Zwei Jahre lang war er das feste Gesprächsthema bei Tisch gewesen und an den langen Winterabenden. Edvard, *unser* Edvard, draußen in der Welt. Jetzt war er daheim und zerstörte den Mythos, und spät am Abend, nach etwas zu viel Wein, schrie er: „Ihr habt es nicht geschafft, mich von ihr wegzubringen!"

Er sah Gesine mit verkniffenen Augen parieren. Er hörte den Vater seufzen, er sah John den Kopf schütteln, während Marie schwach nickte. Und die Schwestern hüllten sich in Schweigen ... wie immer.

Im Oktober kommt er nach Kristiania. Auf dem Schiff hat er Zeit gehabt, über seinen traurigen Besuch daheim bei der Familie nachzudenken. Jetzt sind sie beide, er und Nina, aus dem Nest geworfen. Nie mehr werden sie als Sohn und Tochter zurückkehren können. Edvard hat festgestellt, daß John der eigentliche Sohn ist. Er hat bereits die Versorgerrolle übernommen, hat den Eltern gesagt, wie sie ihr Alter verbringen sollen.

Er steht auf dem Vordeck, und das Schiff bewegt sich auf Norwegens Hauptstadt zu, er spürt das Vibrieren des Bootes, ist erstaunt, was alles auf dieser Welt mit Maschinen angetrieben werden kann.

Der Kristianiafjord öffnet sich hin zu Europa, öffnet sich hin zu Dänemark. In rohen Augenblicken erlaubte sich Nordraak den Scherz, daß Dänemark auf der Karte wie ein männliches Geschlechtsorgan aussehe, das auf Norwegen gerichtet sei und ganz Europa hinter sich habe.

Aber obwohl der Kristianiafjord, genauso wie Vågen, der Hafen daheim in Bergen, raffiniert oder hilflos gespreizt daliegen, je nachdem wie man das deuten will, die Stadt Kristiania selbst liegt geschützt auf der Innenseite eines engen Sundes, versteckt zwischen vielen Hügeln, die nichts von der brutalen Natur des Landes verraten.

Wir schreiben den Oktober des Jahres 1866, und Edvard kommt nicht unangemeldet. In der Zeitung Morgenbladet steht eine Annonce, daß Edvard Grieg ab Mitte Oktober Klavierunterricht erteilt.

Nina, du bist meine Schwester, und meine Rivalin. Ich erkenne mich in dir wieder. Wie mutig du bist, als du eine Woche nach Edvard auf der Landungsbrücke den Viermaster verläßt. Möglicherweise warst du nie vorher in Norwegens Hauptstadt, deren Hauptstraße immer noch nach einem schwedischen König benannt ist. Am Kai steht Edvard und bewundert dich, als du mit kurzen Schritten die Landungsbrücke herunterkommst, lächelnd und furchtlos, obwohl du dich gegen Adelina hast durchsetzen müssen. Hier kann sie dich nicht erreichen. Du bist wieder in Norwegen, aber in einer Stadt, die sowohl dir wie Edvard fremd ist. Bald werdet ihr zum festen Kreis um Den Großen Dichter gehören. Hier werdet ihr euch über zehn Jahre behaupten.

Edvard und Nina in Kristiania. Sie hat ihn weggelockt von der matronenhaften Königin der Instrumente, konnte den Gedanken nicht ertragen, ihn sein ganzes Leben auf den Pedalen zu sehen, mit den künstlichen Imitationen von Oboen und menschlichen Stimmen. *Sie* wird für ihn singen. Sie sind übermütig, weil sie frisch verliebt sind. Sie werfen sich hinein in die melancholischste aller Hauptstädte Europas, in das Labyrinth der zugigen Straßen, der Geschäftsleute und Prostituierten, eine Wiege für Träume von fernen Ländern, eine Stadt mit farbigen Versprechungen, die bis in die engen Täler dringen, wo junge Mädchen und Burschen ihre Ranzen schnüren und aufbrechen zu den Fabriken, die großen, roten Gebäude zu beiden Seiten von Akerselva. An diesem Fluß hängen sie, die Webereien, die mechanischen Werkstätten, die Gießereien, und weiter oben, zu beiden Seiten des Flusses: Kaffeestuben, Kneipen, Bordelle, Pavillons, das Gefängnis und die Universität, die Brandwacht, die Spaziergänger auf Karl Johan, die Packhäuser, die Modesalons, die Hutgeschäfte, die Bäckereien, die Brotfabriken, die Marktstände, die Vorführungen, die Gaukler, junge und beleibte Geschäftsleute, die in Wald, Brauereien oder Destillen investiert haben, in denen Zukker und Kartoffeln zu Schnaps synthetisiert werden, Sportplätze, Patriziervillen und der Geruch nach Zigarren von den Rauchsalons, Buchdruckereien, Glasmagazine und der Fischmarkt. Und über allem: die Festung Akershus, wo Henrik Wergeland, Der Geliebte Dichter, einmal in Gesellschaft einer Schlange geschrieben hat.

Jetzt begleitet Edvard seine Verlobte zu dem Hotel, wo er für sie ein Zimmer bestellt hat. Für sich hat er ein Zimmer in der Kirkegate 13 gemietet, eine von diesen geraden, langen Straßen, die Kristianias Hauptstraße Karl Johan kreuzen und wo die Straßenlaternen in Reih und Glied stehen, um einen Weg zu weisen, der nirgendwohin führt. Erst nachts entfaltet diese Stadt ihre geheimnisvolle Poesie, wenn die jungen Burschen vom Lande sich von den Bordellen am Hafen heimschleichen in ihre Dachkammern im Osten der Stadt, wenn die Geschäftsleute mit glänzenden Jackenknöpfen aus denselben Häusern kommen, um sich hinauf Richtung Drammensveien zu begeben, verspätet wegen einer „Besprechung". Kristiania ist ein Luftschloß, ein Märchenspiegel, ein Labyrinth von Hinterhöfen und Gassen, die buchstäblich im Sande verlaufen. Kristiania ist die Stadt, aus der Der Seltsame Dichter entfloh. Vielleicht zieht es Edvard gerade deshalb hierher, mit einem Trauermarsch für Rikard Nordraak auf dem Konzertprogramm? Edvard möchte eine Musik schreiben, die die jungen Burschen vom Lande aufhorchen läßt, weil es an ein Gefühl in ihnen rührt. Ich glaube, Edvard kommt nach Kristiania, weil er die Stadt für ein Norwegen im Kleinen hält, eine Stadt der Abenteurer, die aus allen Landesteilen hierher gekommen sind. Er möchte von Menschen umgeben sein, die aufgebrochen sind, die den Mut haben, einer Idee zu folgen, einer Sehnsucht, Menschen, die sich nicht ohne weiteres eingeordnet haben. Einmal, spät in der Nacht, hat er mit Nina darüber geredet, daß Kristiania eine Stadt der Heimlichkeiten ist und deshalb auch eine Stadt der Möglichkeiten. Vielleicht hat Nina geantwortet, daß eine Stadt mit so ausgeprägter Prostitution auch eine Stadt von sehr einsamen Menschen sein muß.

Sie fühlt ein bißchen von dieser Einsamkeit, als sie plötzlich in einem fremden Hotelzimmer steht und Edvard sich anschickt, sie zu verlassen.

„Wohin willst du?"

Er antwortet: „Zurück zu mir."

„Ich will da sein, wo du bist", bestimmt sie schnell und greift zu ihrem Mantel. Ein schwarzer Vogel fliegt durch Edvards Gedanken, als sie das sagt. Er wäre jetzt lieber allein geblieben. Er muß üben. Aber Nina möchte sehen, wie er wohnt. Sie hat keine Angst vor Gerede. Sie geht mit Edvard durch die Stadt und spürt den gleichen Ostwind wie in Kopenhagen. Wäre er nicht so ängstlich auf seinen Ruf bedacht, würde sie ihm mitten auf Karl Johan die Arme um den Hals legen und ihm von ihrer großen Liebe erzählen. Aber Edvard ist innerlich mehr mit dem bevorstehenden Konzert beschäftigt als mit ihr. Er ist nervös, denn ein ausführlicher Zeitungsartikel über seine Kompositionen, geschrieben von seinem älteren Kollegen Otto Winther-Hjelm, hat die Erwartungen des Publikums hochgeschraubt. Außerdem weiß Edvard, daß es viele gibt, die ihm gerne eins auswischen wollen. Er spürt die zunehmende Skepsis vieler seiner Landsleute, weil er es wagt, über „das Norwegische" zu reden, weil er es wagt, abschätzig vom Konservatorium in Leipzig zu reden, weil er erst kürzlich alles aufgeben wollte, um sich eine Existenz zu schaffen. Als Nachwirkung dieses anstrengenden Sommers nagt noch ein Zweifel an ihm: Ist er wirklich dazu befähigt, Musiker zu werden? Nordraak fällt ihm ein. Mit ihm ging alles wie von selber. Edvard hat das Gefühl, als müsse er dauernd um das, was er zum Ausdruck bringen möchte, kämpfen. Er versucht, einen Gedanken festzuhalten, aber bevor er ihn zu Papier gebracht hat, ist er ihm entschlüpft.

Ich möchte über Edvard und Nina in ihrer Welt der Musik schreiben, in der sie bereits verheiratet sind, verbunden mit einer Kette, die ich nicht sah, nicht sehen wollte, die eine von so vielen gewünschte Trennung unmöglich machte.

Es begann an diesem Oktobertag in einem Zimmer in der Kirkegate in Kristiania, wo Edvard ein schwarzes Klavier der Gebrüder Hals aufgestellt hat. Das Zimmer ist vollgestellt mit alten, schwarzen Möbeln, ein religiöses Gemälde an der Wand hat Edvard schon abgehängt. Jetzt leuchtet an dieser Stelle ein weißes Viereck.

„Stimmungskunst", erklärt Edvard schroff. „So etwas müssen wir mit allen Mitteln bekämpfen."

Sie lächelt zweideutig. „Ich dachte", sagt sie, „deine Musik wäre so reich an Stimmungen?"

„Aber mit einer Idee, einer Absicht dahinter", berichtigt

er sie und zieht sie an sich. In ganz anderer Tonlage fährt er fort: „Willst du hier bei mir wohnen?"

„Die Möbel riechen so komisch", sagt sie, „und die Wände ... so stickig."

„Macht es dir Angst?"

Sie blickt ihn ernst an. „Mir macht Angst, daß wir eine Familie werden sollen."

Das Endgültige dieser Vorstellung erträgt sie noch nicht. Den Kampf. Die Wahl. Das ist ihr zu groß.

„Du bist eine Puppe gewesen mit der Adelina spielen konnte", sagt er sanft . „Ich werde dich nie so behandeln."

„Wirst du mich immer lieben?" Sie mustert ihn aufmerksam. Er weiß plötzlich, daß er für sie verantwortlich ist, daß er der einzige ist, den sie hat. Dieser Gedanke macht ihn glücklich, obwohl er ihm Angst macht. Er küßt sie.

„Wir wollen nie so werden", versichert er, und grau fällt das Licht, das ihn an Berlin erinnert, durchs Fenster. „So eng, erstickend und besitzergreifend."

Ist das ein Versprechen? Ich stelle mir diese zwei jungen, kleinen Menschen in einem Zimmer in Kristiania vor, in dem Konzert, das sie geben werden, bei den Zukunftsplänen, die sie schmieden. Nicht die Vernunft hat sie hierhergeführt, es war mehr ein Instinkt, ein trotziges Aufbegehren gegen alles, was sie nicht sein wollen. Edvards winzige Wohnung. Ist es möglich, sie als Heim zu bezeichnen? Er hat schon seine Noten auf dem Tisch ausgebreitet, und der Karton mit ausgewählter Literatur steht neben dem Klavier. Ein paar Kleidungsstücke hängen in einem Schrank. Ich möchte, daß sie sich in einem solchen Zimmer zum erstenmal lieben. Ich möchte, daß sie nackt sind in diesem grauen Licht, das ich früher mit Krankheit und Tod verbunden habe. Ich möchte Hände malen, die über weiße Haut streichen, ich möchte die zärtlichen, ernsten Laute des Begehrens hören, und dabei konzentriere ich mich auf die Augen, der kühle Grauton in Ninas Iris, der Edvard das Gefühl gibt, daß sie tief, unsagbar tief ist. Seine blauen Kinderaugen leuchten vor Bewegung, vor Zärtlichkeit für diese

Frau, die sich endlich und ohne Vorbehalte für ihn entschied. Er wirft ihr ihre Zweifel nicht vor. Er wurde davon angesteckt und sieht dadurch umso klarer. Jetzt hat er ihren jungfräulichen Körper vor Augen, halb zurückgelehnt auf der Chaiselongue. Keiner sagt etwas. Nichts auf der Welt ist ernsthafter als der Liebesakt. Sie sind allein in Kristiania. Sie kennen niemanden. Durch die Wand hören sie die Geräusche einer Familie beim Essen. Ein Kind schreit. Auf der Straße rollt eine Pferdedroschke mit einem schwarzen Hengst vorbei. Er küßt ihre Brüste. Die kleinen, spitzen Warzen versteifen sich bei der Berührung der warmen Lippen. Er erinnert sich an eine Gartenpforte, die auf und zu geht. Er erinnert sich an ihre nackten Beine.

Sie fürchten sich voreinander, fürchten sich vor den ungenutzten, gemeinsamen Möglichkeiten. Sie liebkosen sich mit einer Zärtlichkeit, die für beide fast nicht erträglich ist, denn sie wissen, daß sie eine Grenze überschreiten. Sie wissen, daß sie einander jetzt verletzen können, daß die Hingabe eine versteckte Waffe ist. Für einen Augenblick hält er inne, als würde er von einer völlig anderen Vernunft ergriffen. Wie schön sie ist. Wie bleich. Wie nackt.

„Du bist mein", sagt sie, das Gesicht in das Kissen gedrückt. „Du bist mein, Vardo."

Er stutzt einen Augenblick, Gesine muß ihr *diesen* Namen gesagt haben. Eine drückende, wilde Trauer schießt in ihm hoch.

Ich möchte sie beschreiben, wenn sie üben. Das kann am gleichen Tag sein. Sie hat sich Wein gewünscht, vielleicht auch Champagner, sie stammt aus einer Familie, wo man weiß, was sich gehört. Sie sind in der Stadt gewesen und haben ein paar Flaschen besorgt, aber Edvard trinkt fast nichts, er muß an diesem Abend die Violinsonate mit Frau Neruda üben, und jetzt will er auch mit Nina üben.

„Du bist verrückt", lacht sie beschwipst, „Üben von 'Ich liebe dich?' Das tun wir sowieso die ganze Zeit."

Ich weiß nicht, was sie fühlt. Sie sind jung und unerfahren, und das, was eben passiert ist, wirkt übermächtig. Sie brauchen Wein, um die Nerven zu betäuben, aber dann trinkt er doch nicht, weil er meint, üben zu müssen. Er setzt sich an das Klavier der Gebrüder Hals und spielt ein Stück aus den Humoresken. Nina hört aufmerksam zu, blickt ihn mit einem Gesicht an, das sich unmerklich verändert, das mit jeder Minute erwachsener und wissender wird. Sie betrachtet ihren kleinen Mann. All die Gespenster, gegen die er kämpft. Plötzlich versteht sie, wie wichtig dieses Konzert für ihn ist, nicht nur künstlerisch will er sich beweisen, er will auch zeigen, daß er sie versorgen kann. Sie will ihm helfen, sie stellt das Weinglas auf den Tisch, halbvoll, und hört ihm zu. Und als er fertig ist, sagt sie mit einer Selbstverständlichkeit, die an Nordraak erinnert:

„Du solltest nicht so gewaltsam ansetzen. Laß das Mystische herauskommen."

Mit skeptischem Blick auf seine eigenen Noten erwidert er: „Aber mir graut vor diesem zähen legato-Gefühl."

„Ich meine nicht, daß du zäh spielen sollst. Du hast die Tendenz, ein bißchen zu viel in die Pedale zu gehen."

„Sollte ich das zweite Thema stärker betonen?"

„Ich werde so verlegen, wenn du mich fragst. Frag' mich nicht so."

„Aber ich muß dich fragen. Wen sollte ich sonst fragen?"

„Ich sage nur, was ich fühle."

„Und du fühlst meistens richtig. Also, soll ich das zweite Thema stärker betonen?"

„Gib' mir die Noten, dann sag' ich es dir, alter Sturkopf."

Er gibt ihr die Noten, sie studiert sie streng.

„Das zweite Thema soll genauso bleiben, wie es ist."

Sie lachen beide. Innerlich sind sie noch erfüllt von vorhin. Vielleicht war es nicht so, wie sie gedacht hatten, vielleicht empfanden sie es anders als erträumt, vielleicht haben sie Angst vor den Folgen. Sie sind zwei Menschen voller Unsicherheit, aber in der Musik werden sie sicher. In dieser Welt brauchen sie keine Angst haben, überrumpelt oder verraten zu werden.

Ich male dieses Bild aus, weil ich die Unterbrechung liebe, den Übergang von einem Element in ein anderes, wie ihre körperlichen Liebkosungen sich in einem nüchternen Gespräch über Interpretationen fortsetzen. Nina erhebt sich, und sie beginnen, die H.C. Andersen-Lieder zu üben und die Lieder Nordraaks und Kjerulfs. Sie haben alle in Kopenhagen gemeinsam gesungen, aber nie geübt. Jetzt stoppt er sie schon nach zwei, drei Phrasen und fragt sie nach dem Tempo, ob sie nicht den ersten Satz stärker betonen könne, ob nicht vielleicht die Betonung auf dem Moll-Akkord liege, und als sie zu Nordraak kommen ... Sie fragt Edvard, ob es im Sinne Nordraaks sei, den Text so abzuhacken. Edvard merkt, daß sie voller Achtung frägt, ohne jede Eifersucht, konzentriert auf das Fachliche. Sie singt probeweise, gestikuliert einen Augenblick mit der Hand, was sie sehr selten tut, erklärt ihm, warum sie den Text so empfindet.

„Versuch es ein bißchen schneller, Vardo."

Da ist er wieder, der Name. Edvard sagt nichts, weiß nur plötzlich, daß sie ihn besitzt, so wie ihn vorher viele andere besessen haben. Die Musik drückt Gefühle aus, die nicht verpflichtend sind. Allmählich lernt er, daß die Gefühle, die er anderen gegenüber äußert, fast jedesmal Abhängigkeit zur Folge haben. Aber jetzt wird mir diese Szene allzu gewichtig. Angefangen hat sie mit einem möblierten Zimmer, das irgendwie unbewohnt wirkte. Nina stützt sich mit der Hand auf ein schwarzes Klavier der Gebrüder Hals und bittet Edvard, ihr das Tempo vorzugeben. Weich schlägt er die Melodie an: moderator cantabile.

„Nur meine Begeisterung für die nationale Idee versöhnt mich mit meinem Vaterland als Aufenthaltsort für einen Künstler", schreibt Edvard nach dem erfolgreichen Konzert in Kristiania mit Nina Hagerup und der Violinistin Neruda an Matthison-Hansen, aber ich glaube, er lügt. Das ist keine Versöhnung, das ist Kampf. Nina reist ab, winkt ihm von der Reling eines Dampfers aus zu. Zurück nach Kopenhagen zu der zornigen Adelina, der Hexe im Märchen, die sich krank und hilflos stellt und weiß, was sie anstellen muß, um Nina zur Rückkehr zu bewegen. Ninas große, einsame, graue Augen, in denen sich für einen Augenblick ganz Kristiania spiegelt, die Kirchturmspitzen, die hohen, kahlen Schornsteine, das scheinbar zufällige Labyrinth aus Mauern und Holzhäusern. Das heulende Abfahrtssignal des Dampfschiffes schreckt die Huren im Hafen aus ihrem Schlaf. Es ist Spätherbst, und die Luft ist klar.

Der stechende Schmerz in Edvards Lunge, als das Schiff am Dyna-Leuchtfeuer vorbeigleitet und er sie nicht mehr sehen kann. Sie hat mir nicht gewunken, hat nur ihre Hand ausgestreckt, wie ein Bettler, dachte er. Er sah ihre ängstlichen Augen. Er dachte: Sie glaubt nicht an mich. Sie vertraut nicht darauf, daß ich es schaffen werde, sie zu versorgen.

Auf dem Weg hinauf in die Stadt weiß er, daß er allein ist. Verwundert über das neue Gefühl wächst in ihm der Mut zur Freiheit. Vieles ist fehlgeschlagen. Er hat Den Großen und Den Seltsamen Dichter gebeten, ihm zu einer Stellung als Kapellmeister am Theater zu verhelfen, aber sie hielten ihn dort für nicht geeignet. Er ist voller Trotz. Der Mut zur Freiheit ist vorübergehend.

Er hat sein Gebrüder-Hals Klavier. Er hat seinen Stuhl und seinen Klavierhocker. Er hat in einem kleinen Schrank Spirituosen aus bekannten Destillen. Da sitzt er an seinem runden Tisch, neben sich die palmenähnliche Pflanze, die seine Wirtin zu Tode gießt, diese einer Eiche gleichenden, riesige Frau, sicher hieß sie Frau Fuchs Reichewatter, die Söhne zu früh verstorben und Witwe. Sie hat Edvard in ihr Herz geschlossen, kommt zu ihm hinauf mit kleinen, steinharten Kuchen, die er mit freundlichem, etwas angestrengtem Lächeln kaut, während sie dasitzt, ihn anschaut und seufzt und ihn immer wieder bittet, den Walzer zu spielen, von dem sie glaubt, er habe ihn für sie geschrieben.

Wenn Schüler kommen, geht sie widerwillig hinaus, wirft ihm lange Blicke zu. Du sollst keine anderen Frauen neben mir haben. Aber jetzt strömen die Damen zum Herrn

Komponisten. Sie tragen raschelnde, eng um den Leib geschnürte Kleider, die Brüste hochgepreßt wie zwei große Bälle. Sie kommen mit Düften so gewaltig, daß Edvard für einen Augenblick schwankt und verwirrt von Carl Maria von Weber zu reden anfängt. Sie kommen mit Augen klein wie schmutzige Geldstücke, zu allem bereit, sie kommen mit schönen Stimmen und mit gackernden Stimmen, Dicke und Dünne, Große und Kleine, aber alle mit Butterteigfingern, die die Elfenbeintasten des „Hals" glatt und fettig machen, so daß Edvard nach jeder Stunde Frau Reichewatter mit ihrem wirksamen Möbelpolish herbeirufen muß. Dies ist die pianoforte-Armada, mit wenigen Ausnahmen älteren Semesters, gut verheiratete und wohl genährte Frauen, die nie recht zufrieden waren mit ihren eigenen vier Wänden. Was soll ich mit ihnen anfangen? Sie kommen aufgereiht wie Perlen an einer Schnur und setzen sich mit ihren Grießbreihintern auf Edvards hellgrünen Klavierhocker, der bereits nach einigen Tagen laut ächzt. Sie kommen, den Kopf voller Kjerulf-Romanzen und Sehnsüchten nach Ausflügen in dunkle Wälder. „Warum ist Kristiania so laaangweilig", jammern sie während Edvard den Fingersatz für die C-Dur Tonleiter demonstriert. Ist Edvard wie Plaidy? Nein, ihn interessiert nicht so sehr die Begabung. Ihn interessieren, wenn ich so sagen darf, mehr die Geldstücke, die nach beendetem Unterricht aus den Krokodilledertaschen fallen. Er schnappt sie mit zigeunerhafter Geschicklichkeit, während sie loslegen über ihre Ehemänner, die nie zu Hause sind. „Versammlungen", schnauben sie ergeben, „immer nur Versammlungen." Die moralische Entrüstung der Damen ist grenzenlos. Edvard geleitet sie zur Tür. Zehn Minuten Pause bis zur nächsten Dame. Frau Fuchs Reichewatter möchte mit einem Kuchen hereinkommen. Er hat schon Magenschmerzen davon, sein Kopf schwirrt von dem gräßlichen Kneten der Butterteigfinger. Beethovens „Für Elise" ist kein Apfelkuchen, aber die Damen würden sie am liebsten mit Sahne verzehren. Edvard sieht am hellichten Tag Gespenster. Glänzende, wollüstige

Damen-Lippen, Frauen-Lippen. Er hat Lust, einen Korken hineinzustecken, dem Ganzen ein Ende zu setzen. Er hält dieses Malträtieren musikalischer Heiligtümer nicht mehr aus. Aber was tut man nicht alles für Geld, für Nina, für den Beweis, ein Mann zu sein!

Edvard als Mann, „ein energischer, kleiner Teufel", auf dem Weg zum Traualtar. Für die Heiratserlaubnis mußte er tief in die Taschen greifen. Er hat gute Lust, alle Damen in einen Sack zu stecken und ihn zuzuschnüren. Obwohl er sich auch verliebt. Es gibt ja junge Frauen, mit Brüsten klein wie bleiche Winteräpfel. Sie seufzen nach Schumanns „Träumerei". „Ist es schön in den deutschen Wäldern, Herr Grieg?" Er antwortet mit diskreten Handbewegungen in der Nähe ihres Haares, so als wolle er eine Spinne fangen. „Ja, liebes Fräulein Meier, in den deutschen Wäldern ist es wirklich schön." Edvard liderlich? Ja, warum nicht? Einer der vielen schwankenden Augenblicke in seinem Leben. Seine lange Reise zu sich. Noch ist er ein junger Klavierlehrer in Kristiania. Vieles weiß er noch nicht über das Leben. Er errötet, als Fräulein Meier die Handtasche öffnet und ihm das Geld gibt, die Bezahlung dafür, daß er ihre zehn Butterteigfinger genommen und auf die Tasten geknetet hat, ohne sich allerdings davon Musik zu erwarten, aber wenigstens ein Wienerbrød. Noch ist es keine Musik, nur Geräusch. Was hat er Nina versprochen? Ein halbes Jahr. Ein halbes Jahr. Dann sollte das Geld beschafft sein. Er fängt an, Buch zu führen, er bekommt schriftliche Ratschläge und Tips von John, der das viel besser beherrscht als er. Soll, Kredit, Saldo. Ordnung im System, lieber Vardo! Disziplin! Maßhalten!

Nachts vermißt er Nordraak. Er wälzt sich im Bett, und der Freund packt ihn an der Schulter und nimmt ihn mit auf ein Bier, die Liebe in den dunklen Augen, all das Selbstverständliche zwischen ihnen. Dann träumt er von Nina, aber Ninas Augen sind grau wie Geldstücke. Er zählt sie, es sind mehr als zwei. Drei, vier, fünf, sechs. Der Schlaf ist eine gespannte Saite. Sie bindet die Tage zusammen.

Und er wird in Versuchung geführt. Die Verführerin heißt Olga Blidensol und ist aus Krøderen und hat die vielen Reisen ihres Mannes nach Schweden gründlich satt. Jetzt will sie Schubert spielen, behauptet sie, obwohl ihre Finger so dick und unförmig sind, daß Edvard kaum einen Unterschied zwischen Daumen und kleinem Finger feststellen kann. Er spürt außerdem einen Duft, den er zu verabscheuen pflegt, nach Hurenhaus und literarischem Salon, nach Rosen und Schimmel. Da macht sie eine Kopfbewegung und entblößt ihren größten Vorzug: einen sanften, weißen Hals, wie geschaffen für weiche Küsse. Wenn er sich über sie beugt und die klebrigen Wienerbrødhände anfaßt, lehnt sie sich an ihn, als wolle sie ihn zum Tanz auffordern. Aber er beißt nicht an. Er schrickt zusammen, als er ihre Schmalzstimme hört, die aufs Ganze gehen will: „Ich brauche doch nicht ihre Schülerin zu sein, jedenfalls nicht auf die Weise ... Außerdem würde es Sie nicht eine Øre kosten." Was sagst du, Edvard. Nicht eine Øre! Aber Olga Blidensol kostet es eine Menge. Edvard ist wütend über ihre Frechheit. Glaubt sie vielleicht, er macht das hier aus anderen Gründen als Geldverdienen? Er kann keine Damen mehr sehen, ihm wird übel davon, übel. Zu viel Wienerbrød, zu viele stramme Korsetts. Denn Edvard will mit hundert Geldstücken in der Schatulle nur beweisen, daß er ein Mann ist.

Am Abend geht er ins Konzert, zusammen mit Winter-Hjelm, dem älteren Komponisten mit Bart und Brille, der keine Gelegenheit versäumt, dem jüngeren Kollegen seine Anerkennung zu zeigen. In jeder Provinz gibt es einen einsamen Helden ohne Publikum, der sieht und versteht, der weiß, aber der niemanden hat, um sein Wissen anzuwenden. Lange bevor Der Große Dichter Norwegen entdeckte und seine Bauernerzählungen schrieb, wußte Winter-Hjelm, daß norwegische Musik kein schlafendes Dornröschen ist, sondern ein zu Taten bereiter Espen Askeladd[6], der schon lange bei den Geschichtsschreibern um Audienz gebeten hatte. Edvard tritt mit seinem älteren Kollegen in den Konzertsaal und erkennt, daß da keine wirkliche Musik ist, nur Tableaus, Kopien bekannter Gemälde, dargestellt von lebenden Menschen, Jagdszenen mit Gewehr. Ein Schuß knallt, und das schlafende Publikum erwacht für einen Augenblick. Vier Takte Mozart, und das Schnarchen setzt sich fort.

„Nicht die Musik beherrscht das innere Leben des Menschen", seufzt Winter-Hjelm und schleckt sich dabei den Rest der Pastete aus dem Bart, „sondern der Schlaf."

„Wie können wir sie wecken?" fragt Edvard und benimmt sich einen Moment lang so belehrend, daß er mir fast unsympatisch erscheint. Er versucht mit Nordraaks Stimme zu reden, er wird genauso schwülstig wie Der Große Dichter, wenn er über Norwegen redet.

Da steht plötzlich in vollem Ernst Ole Bulls Idee einer norwegischen Musikakademie vor Winter-Hjelm und Edvard. Edvard nimmt sich vor, die Zerstreutheit im Gesicht von Fräulein Meier einzufangen. Schau her, *das* ist Musik! In einigen Jahren wird sie eine nordische Clara Wieck sein, wird das Klavierkonzert spielen, das er noch nicht geschrieben hat. Edvard hört zwischen dem Wiehern des Arabers Ole Bulls alle übertönende Stimme: „So weit ist es gekommen, mein junger Freund, daß wir lernen müssen, norwegisch zu sein. In der Musik bedeutet das: unsere eigene Akademie! Deutschland und Dänemark und Schweden haben uns lange genug beigebracht, was wir *nicht* sind. Jetzt wollen wir selber etwas sein."

Edvard schickt lange, wohlformulierte Briefe an Nina in Kopenhagen. Er rechnet ihr vor, was er bei seinem Unterricht verdient, schildert ausführlich die Schwierigkeiten der dicken Damen, den Mittelfinger über den Zeigefinger zu legen in der Hoffnung, auf dem Gebrüder Hals von G auf Fis zu kommen. Er schreibt von seinem klugen Kollegen Winter-Hjelm und vom Start der norwegischen Musikakademie. Er schwelgt in Visionen über ein auf eigenen Beinen stehendes norwegisches Musikleben und verweilt gleichzeitig bei den sanften Rundungen ihres Gesichts.

Edvard ist ein eleganter junger Mann geworden, der sich auszudrücken weiß und der merkt, wie wunderbar das Geld die Stimmung beeinflussen kann. Er wird siegessicher. Die Prinzessin und das halbe Königreich sind in Reichweite. Wie kann ihm Adelina *jetzt* noch die Hand ihrer Tochter verweigern? Er schreibt gemäßigt über seine Einsamkeit und Sehnsucht in Norwegens kalter, trister Hauptstadt. Hat es jemals Künstler gegeben, die zufrieden waren mit der Stadt, in der sie lebten? Künstler sein bedeutet eben, ein äußeres physisches und geographisches Elend auf sich zu nehmen, und Edvard tut das nur zu gerne, jedenfalls beim Briefe schreiben. Schlimmer sind die einsamen Augenblicke auf der Chaiselongue ohne Frau Reichewatter oder die Butterteigfrauen. In der Abenddämmerung, allein mit der Flasche, wenn die Bilder gelebten und ungelebten Lebens vor seinen Augen flimmern – Landås in der Sommersonne, Alexander im Rosengarten, Johns dunkle Gestalt, die Schwestern unter den Sonnenschirmen, noch weißer – Bild um Bild, in willkürlicher Reihenfolge, aber jedesmal mit dem gleichen Ziel: Die Gläser mit Schleim, Leben, das nicht leben sollte. „Rikard", flüstert er unhörbar. „Rikard".

Da packt ihn plötzlich wieder die unsichtbare Hand. In Kopenhagen steigt er aus dem Zug. Neuer Anzug, neuer Stock, neuer Hut. Geld, wer redet von Geld? Er hat die Taschen voll davon. Zu Horneman, der ihm gegenüber jetzt wachsam und vorsichtig ist, sagt er, er sei reich geworden, indem er Schumann malträtiert habe. Zu Nina, die er heimlich am Peblingesee besucht, sagt er, daß er geschuftet habe wie ein Pferd, ihretwillen, um der Ehe willen. Weich fügt sie, die Hand zutraulich in seiner, hinzu: „Um der Liebe willen."

Trotzdem wirkt sie unglücklich. Ziemlich unsicher sind sie, wie sie brav und garnicht im selben Schritt nebeneinander hergehen, mit großen Zukunftsplänen wie stotternde Konsonanten. „Wir könnten ..." „Wir sollten ..."

„Hast du daran gedacht ..." Unvermittelt kommt es: „Du Edvard ... John hat mir davon abgeraten, dich zu heiraten."

Ein Cello-Bogen streicht ihm wie ein Schauder über den Rücken. John. *John*? „Was geht das John an?"

„Er hat einen Brief geschrieben."

„Zeig' mir den Brief."

„Er war an mich gerichtet."

„Aber es handelt sich darin um *mich*."

„Du bekommst ihn nicht. Ich habe ihn verbrannt."

„Verbrannt?"

Sie fügt hinzu, mit Augen wie ein Neujahrsfeuerwerk: „Weil ich nicht auf ihn hören wollte."

Edvard ergreift die ausgestreckte Hand nicht. Er sieht nur John. John. Ein großer Klumpen in ihm, er wächst, teilt sich, vermehrt sich. Er spürt, wie es hochsteigt in ihm. Er haßt dieses Gefühl. Fieber.

„Warum bin ich bloß so unfähig, Nina."

Sie versucht zu lachen. „Aber du bist doch nicht unfähig, Vardo."

„Nenne mich nicht Vardo!" Als er sieht, wie verletzt sie ist, fügt er hinzu: „Jedenfalls nicht jetzt."

„Er schrieb, daß du verantwortungslos bist. Daß du vor allem an dich denkst."

„Während alle andern nur an ... andere denken?"

Der graue See, das weiße Frühlingslicht. Nina und Edvard am Peblingesee. So muß es gewesen sein, als die unsichtbare Hand sie packte. Er entscheidet sich plötzlich, will nicht darüber reden, nicht mit *ihr*. Sie ist unglücklich. Sie dachte nicht, daß es ihn so treffen würde. Sie trennen sich und umarmen sich nicht einmal. Die Ehe ist ein Versprechen, nicht nur zwischen Mann und Frau, sondern der Welt gegenüber, ein Versprechen, daß es die Liebe gibt, irgendwo im Innern, hinter geschlossenen Türen, wo keiner das Weinen hört.

John schickt ihm einen dicken Brief. Er läßt ihn nach Bergen zurückgehen, ungeöffnet. Er schwört sich und seiner weinenden Nina: „Kein *einziger* der Familie wird eingeladen. *Alle* haben uns verraten. *Alle* haben versucht, uns auseinander zu bringen."

„Edvard, ich möchte nicht heiraten mit diesem Gefühl von Haß."

Er hört nicht, sieht nicht, er will Gesetze brechen, will neue machen, wie ein trotziger Junge. Aber die uralten Gesetze der Gesellschaft holen ihn ein. Bruder, warum glaubst du nicht an mich? Ich war es doch, der dich einmal begleitet hat auf der Suche nach einer zurückgelassenen Krone, einem Geweih, ich bin es doch, der deine Niederlage als Bürde trägt.

Ein schwarzer Hengst trabt fast unbemerkt durch die Straßen Kopenhagens. Soll der Aufbruch die Bedingung für das Leben sein? Sich losreißen, bereits die Samenzelle auf dem Weg in die Fremde, das Weinen des Kindes im Entbindungszimmer, und diesmal: „Das Schweigen von Edvard und Nina in der Johanniskirche. Das Lachen der Freunde hat sie zum Traualtar begleitet. Horneman, Matthison-Hanson und Feddersen, alle drei festlich gekleidet, aber es ist umsonst. Die Idylle ist zerstört. Horneman und Edvard werden sich nie versöhnen. Aber ein anderes Bild schiebt sich in den Vordergrund: Ninas Abschied von Adelina und Herman. Von Yelva und Toni. Wortlos packt sie ihre Kleider ein. Adelina mustert sie wie ein skeptischer Regisseur, mit überlegenem Lächeln, bis sie endlich begreift, daß es Ernst ist. Es ist leichter, einen brüllenden Riesen aufzuhalten als die stumm entschlossene Nina, die sich aus den Schränken holt, was ihr gehört.

„Mein Gott, Nina, was willst du denn für ein Brautkleid anziehen?"

Und weil ich selber ein Kind von Kompromissen bin, von unausgereiften Gedanken und Ideen, lasse ich es jetzt zu, daß Adelina ihrer Tochter mit dem Kleid hilft, eine verrückte Waffenhilfe in einem Krieg, in dem alle Waffen erlaubt sind.

Nina ist fertig, um vor den Traualter zu treten.

Edvard sieht nicht ihren Mut. Er steht neben Nina und sieht nur seine eigenen Siege, tonangebend im Musikleben Kristianias, Prophet der Butterteigfinger, Krösus der Talentlosigkeit, Komponist in gestohlenen Stunden.

Etwas Fürchterliches haftet dieser Hochzeit an, und alle scheinen es zu spüren, denn hinterher hört man das dümmliche Gelächter zu Musikerwitzen, und alle trinken auf die Schönheit Ninas. Wird Edvard sie lieben? Wird er ihr sein Leben lang treu sein, wie er versprach? Sie haben mit der Familie gebrochen, es soll eine große Liebesehe sein, aber Horneman sitzt bereits bei Edvard und sie diskutieren über „Aladdin", der immer noch nicht zur Aufführung gekommen ist und der, wer weiß, gar nicht fertig ist. Edvard hebt das Glas und prostet seiner Braut zu, aber ist er imstande, sie zu sehen? Im tiefsten Innern ist er immer noch beleidigt und gekränkt, weil sie den Brief von John angenommen hat. Seinerseits bekommt er traurige Briefe aus Bergen. Gesine spielt all ihre mütterliche Fürsorge aus und schickt ihm, „was man als Bräutigam benötigt". Wo in dieser Wirklichkeit soll man sich festhalten? Edvard betrinkt sich, die Schleife ist verrutscht. Horneman hat das Thema gewechselt und berichtet von dem norwegischen Musikstudenten Johan Svendsen. „So gut wirst *du* nie werden, was Edvard?"

Muß ich näher auf das Gespräch eingehen, das nur leeres Wortgeklingel ist? Spät in der Nacht ziehen Nina und Edvard sich zurück. Ihre erste gemeinsame Nacht, und es ist schon Morgen. In dem weißen Licht sehe ich nicht, daß er sie liebt. Ich sehe, wie sie sich beide ausziehen, die Kleider ordentlich auf einen Stuhl legen, unter die Decke kriechen, sich ein bißchen streicheln, aber rasch erlahmen. Edvard schläft zuerst. Nina betrachtet ihren geliebten, todmüden Bräutigam, bereit zum Sprung, unmittelbar vor dem erträumten Ziel.

Nina, ich sehe dich am nächsten Morgen, ungeschminkt und mit offenen Haaren. Du bist schön, immer blaß, eine

Puppe, wie geschaffen, um geliebt zu werden. Ein Künstler ist bereit, dich feilzubieten, nicht für Geld, aber für Gefühle. Hat Edvard das begriffen, wie er daliegt mit Morgensonne in den Augen und zu seiner Braut hinüberblinzelt:

Ninas Stimme ist klar wie Wasser: „Wir haben heute Nacht vergessen, die Gardinen vorzuziehen."

Er ist noch verkatert, und als er merkt, daß sie seine Brust entblößt hat, geniert er sich und möchte aufstehen. Besänftigend sagt sie:

„Nein, Edvard, ich will sehen."

Er erklärt, was sie bereits weiß: „Die eine Lunge fehlt."

Wie sehr stört ihn seine Behinderung? Als ich ihn viele Jahre später erlebte, hat er sich nie seines eingesunkenen Körpers geschämt. Ist das ein männliches Privileg? Eine Frau versteckt sich, sobald sie merkt, daß ihre Brüste zu klein, zu groß oder zu schlaff sind. Eine Frau richtet sich nach den Launen der Mode, hat immer Angst, abseits zu stehen. Wir brauchen das Verlangen des Mannes, obwohl es nie unsere Sehnsüchte erwidert. Das ist keine Koketterie, das ist blutiger Ernst. Aber für den Mann ist es offenbar anders. Ich höre noch Edvards Lachen, als er sich lustig macht über die Athleten seiner Kindheit und seines späteren Lebens. Wer lehrte ihn dieses Lachen? Vielleicht Rikard Nordraak, der es trotz Pferdezähnen, karottenrotem Haar und fettiger Haut geschafft hat, einige Zeit der meist verlobte Mann Norwegens zu sein.

Aber ebensogut kann es Nina sein, die Edvard mit ihren Liebkosungen seine Brust vergessen läßt. Jetzt braucht er sich nicht mehr für seinen Körper zu schämen, nur noch für seine Gefühle.

Und die Gefühle für Nina sind jung, noch unentdeckt und wirr. Mit Hilfe von musikalischen Bildern hat er sich seine Frauen gemalt. Die wirkliche Nina hat er aus der Entfernung gesehen, in Leipzig, in Berlin , in Italien, in Kristiania. Er hat ihren Körper so geformt, daß dieser genau seinen Vorstellungen entsprach. Jetzt liegt sie neben ihm, magerer, als er sie träumte, auf der Haut kleine Sommersprossen, von deren Vorhandensein er nichts ahnte, die Augenfarbe etwas heller. Jetzt liegt sie neben ihm, und er kann den Traum nicht mehr ändern, kann die Umgebung nicht ändern, die Tonart nicht ändern. Von nun an wird sie mitbestimmend sein für seine Stimmungen.

„Edvard, was ist? Du wirkst so abwesend?"

Er streichelt ihr Haar, es ist glatt und dünn, schüttelt beruhigend den Kopf, lächelt schwach. „Ach nichts, Nina. Ich bin bei dir."

Dann zieht sie ihn an sich. Ich kenne das Gefühl, und trotzdem ... Es gibt eine Liebe, die nicht aus Traumbildern besteht, die das Betrügerische des Verliebtseins sprengt, die ihr Dasein schafft als das, was sie *ist*, die lebt und ihre Nahrung aus der Erfahrung saugt statt aus dem Ungelebten. *Diese* Liebe erobert eine Frau schneller als einen Mann. Ich sehe Edvard im Bett, und ich weiß, daß er von einer solchen Liebe noch keine Ahnung hat. Er schließt die Augen vor ihren Augen.

Kristiania. Die Hauptstadt Norwegens, auch Tigerstadt genannt, dieser Ausdruck gefällt Edvard am besten. Kristiania als eine Raubtierstadt, alle lebenden Wesen müssen sterben, damit das Tier überleben kann.

Jetzt sehe ich Adelinas Züge in Ninas Gesicht. Sie ist eine fertige Künstlerin. Wir schreiben das Jahr 1867, und ein Unionskommitee legt gesetzlich die Frage der Unionspolitik fest, die vorher umstritten war, unter anderem wird festgelegt, daß der norwegische Außenminister von den Schweden gestellt wird.

Für Nina hat das weiter keine Bedeutung. Für sie ist Norwegen nie etwas anderes gewesen als ein Anhängsel von Dänemark. Sie versteht nicht, warum Edvard sie mit nach Kristiania nimmt, bis sie erfährt, daß die Stadt größer als Bergen und kleiner als Leipzig ist. Hier ist Edvard zum erstenmal ein Anführer. Er besitzt das Wohlwollen Des Großen Dichters, vielleicht weil Bjørnson weiß, daß er ein enger Freund Nordraaks war.

Aber bereits als sie das Dampfschiff verlassen, erkennt Edvard, daß es ein Exil ist, eine Flucht vor Horneman und dessen endlosem Drängen mit neuen Ideen. Eine Flucht vor John und den Forderungen der Eltern. Ihm ist klar, daß man ein Exil nie erobern kann, ein Exil ist ein Ort, an dem man sich gnadenhalber befindet.

Sie mieten eine Wohnung in der Voldgate, etwa zwischen Konzertsaal und Festung. Ihre Ankunft könnte an einem Sonntag sein. Ein stiller, staubiger Sommersonntag, die besseren Familien haben die Stadt verlassen und sind in ihren Wochenendhäusern am Fjord, und die Huren haben noch keine Lust, aufzustehen. Ein schwarzes Pferd steht mit hängendem Kopf bewegungslos an der Landungsbrücke. Ein wortkarger Kutscher fährt sie zu dem kleinen und doch repräsentativen Mietshaus, wo die Sendungen der Familien und das Notwendigste, was Edvard bestellt hat, in Kisten in den Zimmern steht.

Das meiste ist zur Stelle, auch Gesines runder Tisch, das kostbare Erbstück des Stiftsamtmannes. Ansonsten gehören die Möbel zur Wohnung, grün, rot und brauner Plüsch, alles aus dem Besitz eines reichen Bauernsohnes, vielleicht in Ungnade gefallen, vielleicht auf dem Weg nach Amerika.

Edvard und Nina plötzlich in diesen Zimmern, sie können sich vorstellen, daß es ihr eigen ist, ein staubiger Sonntag Nachmittag, im Hinterhof übt ein angehender Opernsänger den Leporello. Was sehen sie? Familienportraits von fremden Menschen, Rotweinflecken auf dem Teppich, einen Kronleuchter mit weißen heruntergebrannten Stearinkerzen. In der Küche: Der Geruch nach verschimmeltem Brot und alter Marmelade, dicke, blaue Schmeißfliegen, die mit den Beinen nach oben auf dem Fenstersims liegen, eine schläfrige Wespe in der Truhe. Und im Bad: eine Schale mit alten Seifenresten.

Schweigend nehmen sie alles in Augenschein. Edvard öffnet vorsichtig die Pakete aus Bergen, schlägt ein paar Töne auf dem Gebrüder Hals an, das zu einem Flügel geworden ist. Er ist nicht gestimmt. Die Quinte klingt wie eine übermäßige Quart.

„Bitte Edvard, hör' auf damit."

Nina mustert ein paar Whiskygläser, entdeckt alte Spuren von Sodawasser. Er steht beim Flügel und betrachtet sie, spürt ihren Ekel vor all dem Intimen, dem Familiären, diese unsichtbaren Bande, von denen sie versucht haben, sich zu befreien.

„Ist doch ganz ... schön hier?" sagt er, weil er meint, er müsse das sagen.

Sie wirft ihm einen unwilligen Blick zu. Sind sie schon so weit? In der Konvention? Er, der sie mit der Kunst, mit der Freiheit, gelockt hat.

„Edvard." Sie stellt mit einer entschlossenen Bewegung die Whiskygläser beiseite. „Sollten wir nicht lieber im Hotel wohnen?" Und als er sie verständnislos anstarrt: „Nur für eine Nacht, dachte ich. Bis das Dienstmädchen hier gewesen ist. Dieses Privatleben überall ... Das geht mir plötzlich auf die Nerven."

Er ist Komponist. Wenn er morgens zeitig erwacht, hat er einen im Laufe der Nacht grob skizzierten Ersten Satz im Kopf. Er hat ein Zweites Thema in A-Dur, mit dem er nicht weiß, was er anstellen soll. Er merkt, daß Nina schläft und rasiert sich etwas zu hastig. Ein Schnitt, es blutet. Er hält sich einen Wattebausch auf die Wunde und versucht gleichzeitig, die Gymnastik, die ihm Dr. Koren einmal als tägliches Ritual streng verordnet hat, zu machen. Als er sich endlich an den Flügel setzt, ist er erschöpft, und Nina ist erwacht. Aber sie weiß, daß sie ihn nicht ansprechen darf. Ihre Schweigsamkeit bedrückt ihn, und so fragt er schließlich:

„Möchtest du einen Morgenspaziergang machen, Liebling?"

„Nein, Vardo. Versuch heute ein bißchen zu komponieren. Die erste Schülerin kommt erst in zwei Stunden."

Zwei Stunden. Eine Symphonie? Eine Violinsonate? Er

hat begonnen, kleine „lyrische Stücke" für Klavier zu schreiben. Sie könnten eine Verwirklichung sein von Nordraaks Idee, alle möglichen kleinen Melodien um sich zu scharen, sie könnten aber auch die Folge großer zeitlicher Beschränkung sein. So vieles ist liegengeblieben. Jetzt sitzt er am Flügel, seinem musikalischen Schreibpult, und malt einen G-Schlüssel und einen F-Schlüssel auf ein unbeschriebenes Notenblatt. Nina öffnet dem Dienstmädchen die Wohnungstür. Kurz darauf scheppern die Teetassen.

Er versucht eine Exposition, aber er hat kein Thema. Auf dem Klavier liegt ein Zeitungsinterview mit Johannes Brahms. Dieser Mann überstürzt nie etwas, aber wenn er schreibt, dann schreibt er.

Ich kann Edvard nicht bei der Arbeit beschreiben. Dabei käme nur eine Heroisierung heraus. Der Künstler ringt mit dem Stoff. Oder – der Künstler ohne Stoff. Auf dem Hintergrund von dem, was wir im Nachhinein über sein Werk wissen, würde eine epische Darstellung eines Arbeitsprozesses, dessen Voraussetzungen er selber nicht kannte, falsch und aufgesetzt wirken. Ich verabscheue diese Künstlerromane, die mehr und mehr auftauchen und in denen die Kunst und der Tod als zwei einander entgegengesetzte Pole festgelegt werden. Als ob die Kunst den Tod nicht liebte! Als wäre die Kunst kein eheliches Kind der Resignation, weil wir *niemals* das Vollkommene erreichen. Außerdem ist man fest davon überzeugt, daß die Sehnsucht des Künstlers nach dem Leben so groß ist und die Kunst nichts anderes ist als der wahre Ausdruck des Lebens. Da will ich lieber ein schlechter Künstler sein, wenn ich mit meinem Körper, meinem Geist und mit meiner ganzen Weiblichkeit protestiere und ausrufe: Nein! Kunst ist lediglich eine Sprache. Und ein jeder ist dazu aufgerufen, die Sprache zu beseelen, ihr Leben zu geben. Deshalb existiert keine Kunst ohne Empfänger, ebensowenig wie sie ohne einen Schöpfer existiert. In diesen Künstlerromanen ist die Kunst eine moralische Eigenschaft, das Arbeitszimmer immer eine Kirche, das Gebet immer einsam. Aber ich liebe Dostojewskij, weil er „Schuld und Sühne" in der Nähe eines Spielcasinos schrieb, weil er den Roman als Feuilleton heim nach Rußland schickte, ohne es bearbeiten, verändern, präzisieren zu können. Weil er ihn unter äußerstem Zeitdruck des Geldes willen schrieb. Ebenso wie ich Edvard liebe, wenn zwei Stunden vergangen sind und er keine einzige Note geschrieben hat und die erste Butterteigmadam mit der „Träumerei" als Übungsaufgabe unter dem Arm an der Tür klingelt. Ich mache aus dieser Unterbrechung keine Hölle, ich mache sie zu gelebtem Leben, zu einer Notwendigkeit für das, was Edvard später schreiben wird. Ich halte Genialität für einen sehr fragwürdiges Produkt von Kompromissen.

Aber Nina erträgt das natürlich nicht. Ich liebe ihren Blick, wenn sie die standfeste Frau Olga Blidensol oder das junge Fräulein Meier mit den Winteräpfeln mustert. Wenn Edvard mit einer hilflosen Stirnfalte die Tür vor ihr schließt und mit seinen raffinierten Verehrerinnen allein bleibt. Eine verzerrte, schwindsüchtige Musik erklingt auf dem Klavier in der Voldgate. Frau Blidensol und Fräulein Meier und vielleicht noch zwanzig Damen spielen um die Wette, um ein Gesprächsthema für die nächste Teegesellschaft zu gewinnen.

„Warum tust du das?" fragt Nina, als sie endlich alleine sind.

„Wegen des Geldes", antwortet Edvard, gereizt über die zu wenigen Quadratmeter.

„Dir gefällt die schmierige Bewunderung dieser Butterkringel!"

„Nein! Ich hasse sie wie ein unbeschriebenes Notenblatt. Aber wir haben nun mal nicht die Mittel, um ohne sie auszukommen."

„Dann werde ich eben auch unterrichten." Sie blickt ihn triumphierend an. *Das* hatte er nicht erwartet.

„Du?" fragt er.

„Ja, *ich*. Sonst langweile ich mich sowieso nur. Schließlich weiß ich doch einiges über Gesang!"

Sie tut es selbstverständlich. Ebenso selbstverständlich ist sie, wenn sie singt. Ohne große Gesten, ohne dramatische Unterstreichungen des Textes. Sie vertraut auf das Leben. Sie ist die Tochter einer Schauspielerin. Sie hat mehr als genug die klassischen Tragödien mitgekriegt.

Die Tigerstadt legt Wert auf ein bißchen Erziehung. Auf brave, allzu brave bürgerliche Erziehung. Kurzum, die Stadt hat eine Philharmonische Gesellschaft. Edvard wird engagiert, sie in der kommenden Saison zu leiten, und dann geht die Philharmonische Gesellschaft Konkurs.

Edvard spürt plötzlich eine Herausforderung, das ist konkreter als die unverpflichtenden Visionen des ins Exil Verbannten, geträumt in der sicheren Gewißheit, nicht verwirklicht werden zu können.

Wir müssen uns einen Konzertsaal vorstellen, vielleicht auch eine Zeitungsannonce, in der Grieg Musiker für ein neues Orchester sucht. Edvard als Dirigent? Er hat bereits Erfahrung. Ich mag nicht das einfache Bild von einem Orchester als Volksmasse und dem Dirigenten als Diktator. Obwohl ich nicht leugnen kann, daß das Bild einen gewissen epischen Gebrauchswert, eine gewisse Stimmigkeit hat. Außerdem verweist es auf eine wichtige Seite bei meinem Edvard, ist nämlich ein vorläufiges Zeichen, daß Edvard offensichtlich seine körperliche Behinderung nicht allzu schwer nahm. Ich verkneife mir eine malerische Szene: Edvard als schiefer, kleiner Zwerg vor einem Heer musizierender Athleten.

Alle, die eine Orchesterprobe aus der Nähe erlebt haben, wissen, daß ich recht habe. Edvard als unfreiwilliger Vorstand eines zänkischen Fördervereins. Was sind das für Menschen, die sich an einem Oktobertag mit Wolkenbruch über ganz Südnorwegen zur ersten Probe treffen? Der muffige Geruch nach nassen Mänteln, schon bevor sie an dem wackligen Garderobenständer hängen. Edvard steht an der Tür und begrüßt mit Handschlag alte Bekannte der Philharmonischen Gesellschaft und das eine oder andere neue Gesicht. Musiker, aus guter Familie stammend und ohne Träume oder aus schlechter Familie mit vielen Träumen, Trapezkünstler, Spezialisten für Kadenzen, einige von ihnen sind gestürzt, vielleicht zu wenig Kreide an den Händen oder zu viele Bekannte im Saal; das katastrophale Gefühl, ein Zeigefinger im falschen Loch oder ein glattes Griffbrett, ein Finger, der wegrutscht, eine C-Dur-Terz in großer Geschwindigkeit hin zu des oder h, nicht aufzuhalten, ein eiserner Vorhang, der von den Pforten des Himmels heruntergeht, eine Krähe, die mitten in einer Teegesellschaft krächzt, ein Bogen, der zu groß ausfällt. Ich möchte nicht übertreiben, das trifft nicht für alle hier zu, aber für einige, *einige* sind gestürzt, für immer geschädigt, mit abwesendem Blick, ein Zittern im Handgelenk. Aber auch Dachkammerstudenten mit Kathedralen aus Tönen im Kopf. Was bringt einen Menschen dazu, sich für das Fagott zu entscheiden? Ein arbeitsloser Clown mitten im Orchester, bis die Romantik ihn wieder in die Arme schloß und bei Adagio-Sätzen mitspielen ließ. Edvard begrüßt die Instrumente, die Bassisten sind wie ihr Baß, die Klarinettisten wie ihre Klarinetten, sie haben keine Münder, nur Mundstücke.

Dann kommt die Herde der Violinen, nervös und wichtig. Da herrscht eine gnadenlose Hackordnung, abzulesen am Alkoholverbrauch, an den Besuchen im Kaffeehaus, an den Eselsohren der Notenhefte. Ich schätze all diese Ausdrucksweisen für Leben und Flucht, für verdrießliche Einsamkeit und begeisterte Liebe. Ich liebe den frisch verheirateten zweiten Geiger, der das ganze Wochenende seiner Frau Geschichten von Edvards Grieg phantastischen Erfolgen im Ausland erzählt hat. Ich liebe den kugelrunden ersten Geiger ganz hinten in der Reihe, dem man vor zwanzig Jahren einen Studienaufenthalt auf dem Konservatorium in Paris vorgespiegelt hat und der jetzt ein wichtiger Importeur von Badezimmerporzellan ist. Ich liebe den schlanken, nervösen Bratschisten, vielleicht Norwegens erster Kokainschnüffler, er ist Typograph bei einer Zeitung, deren politische Ansichten absolut nicht die seinen sind. Ich liebe auch den reichen Paukenschläger, der sich für seine voluminösen Instrumente ein Häuschen im Garten gebaut hat und der alle seine Feste damit beendet, indem er die Pauken-Stimme von Haydens Symphonie „Mit dem Paukenschlag" spielt. Ganz zu schweigen von den Cellisten, noble Bankleute und Buchhalter, die nie über eine unglückliche Jugendliebe hinausgekommen sind. Und noch bin ich nicht zu den Bläsern gekommen! Die Flötisten, die sich mit selbstgefällig geschlossenen Augen wegträumen vom Podium auf ein Wohltätigkeitskonzert für die Notleidenden nach dem Drammens-Brand. Oder der wie ein Spanier aussehende Oboist mit dem ungeheuer schwermütigen Blick, seit zwanzig Jahren unglücklich verheiratet und mit einem Sohn, der seine kaufmännische Lehre abgebrochen hat, um sich dem Schreiben zu widmen. Der Posaunist! Ein unangenehmer Steuerbeamter. Er spielt nur deshalb, um seiner Frau, seinen elf Kindern und seinen drei Hunden zu entkommen. Und dazwischen: Theatermusiker, Berufsmusiker, Freunde von Brahms und Freunde von Wagner, stumme und einsame Liebhaber des Konzertsaales, Edvard begrüßt sie alle mit Handschlag. Er ist klein, angespannt, blaß vor Schlaflosigkeit. Einige wollen ihm gerne auf das Podium helfen. Mit einer gereizten Geste wehrt er sie ab. Endlich hinter dem Dirigentenpult sagt er:

„Wir werden die großen Meister spielen, Mendelssohn, Schumann, natürlich Mozart. Aber ich erlaube mir auch, ein Werk von mir zu präsentieren, meinen Trauermarsch zum Gedächtnis an Rikard Nordraak, für Bläser."

Für Bläser? Ein Fagottspieler spitzt die Ohren. Der Fagottspieler. Es gibt nur einen Fagottspieler in der Stadt. Ich nehme an, er sieht aus wie sein Instrument, lang und braun, umgeben von einem Geruch nach bitterem Tabak. Ich könnte jetzt etwas über kleinliche, verständnislose Symphonie-Schaber schreiben, die keine Ahnung haben von der hehren Bestimmung der Kunst und sich einlullen in ihrem schlechten, talentlosen Hexengefiedel. Edvard hat es so formuliert, aber ich glaube trotzdem nicht, daß es so *ist*. Ich glaube, dieser Mann, der Fagottspieler, ist jahrelang ein treuer Diener der Musik gewesen. Er spielt das am wenigsten geachtete Instrument des ganzen Orchesters. Er weiß, daß ihn keiner beachtet. Er weiß auch, daß kein Mozart Adagio ohne ihn auskommt und schon gar nicht ein Trauermarsch, arrangiert für Bläser. Er sitzt irgendwo zwischen den anderen Musikern im Konzertsaal und sieht diesen „energischen, kleinen Teufel", der trotz seiner körperlich miserablen Erscheinung so weit gekommen ist, der an so vielen Orten war, so viel Musik komponiert hat, die sogar gedruckt worden ist. Dann denkt er an seine Frau, die er nicht mehr liebt, für die er aber ein tiefes Mitleid empfindet, er denkt an ihre schmächtigen, sehnigen Hände, wenn sie wäscht, er denkt an das Kleid, das er ihr einmal versprochen hat, ein Versprechen, das sie erröten ließ, sofort wollte sie noch spät am Abend einen Spaziergang im Park machen, obwohl sie wußte, welch zwielichtiges Gesindel um diese Zeit unterwegs ist; er denkt an all diese Jahre, in denen er zur Orchesterprobe und zu den Konzerten gegangen ist, für ein geringes Entgelt, er denkt an jeden Ton, den er geblasen hat, an die Millionen von Pausen, die er gezählt hat, ganze Sätze ohne einen einzigen Einsatz, ganze Musikstücke, in denen er zusammen mit der Posaune und der Tuba im Foyer verbrachte. Wozu das alles? Aus Liebe zur Musik? Und falls ja: hätte der junge Herr Grieg das getan? Klein und wichtig steht er auf dem Podium und redet in einem knabenhaften Bergenser Dialekt, einer Alles-auf-der-Welt-ist-möglich-Sprache, die ihn aufregt. Denn das stimmt einfach nicht. Alles auf der Welt *ist* nicht möglich. Er hat sich selbst dieses ungeheuer schwierige Instrument ausgesucht, er hat Monate und Jahre geübt, hat Töne und volle Klänge hervorgebracht und die Technik verfeinert, ohne jemals darauf hoffen zu können, als Solist dazustehen, selber den Gang der Musik zu bestimmen, dem Publikum die

Geschichte *seines* Instruments zu vermitteln, es aufmerksam zu machen auf die himmlische Trauer und das reine Gefühl des Fagotts. Jetzt erfährt er, wie der junge Herr Grieg dem Orchester seine Gefühle aufdrängt. „Ich will ein Monument errichten über meinen toten Freund, unserem großen, nationalen Komponisten, Rikard Nordraak ..." Meinetwegen, dann errichte ein Monument, denkt der Fagottspieler. Aber bedeuten große Worte auch Geld? Er denkt an das Große, das in ihm gestorben ist, an sein plötzliches Erröten, als er mit seiner Frau durch den Park spazierte, er denkt an all das, was man für Geld kaufen kann.

Und mein Edvard? Ich sehe ihn fast nicht mehr, aber nach der Probe ist er freudig erregt, weil der Bläserklang ihm entgegenschlug wie eine Lawine aus Trauer und Schmerz. Er korrigiert einige Noten in seiner Partitur und sieht dann den großen, braunen Fagottspieler wie eine bekümmerte Vogelscheuche auf sich zukommen.

„Ja?" sagt er und hört die Autorität seiner eigenen Stimme, weiß, daß er die Fähigkeit hat, eine Machtposition einzunehmen, daß er Gesines Sohn ist.

Der Fagottspieler hebt eine buschige Augenbraue, der Mund ist verkniffen. Obwohl er hochgewachsen ist, erscheint er erbärmlich klein. „Ich weiß nicht, ob ich Zeit habe, bei diesen Konzerten dabei zu sein."

Edvard begreift nicht sofort die volle Bedeutung seiner Worte. Ach so? Keine Zeit? Dann finden wir einen anderen Fagottspieler.

„Es gibt, so leid es mir tut, außer mir keinen in der Stadt." Der Fagottspieler wirkt ehrlich bekümmert, windet sich, möchte gerne gehen.

„Nein, warten Sie!" Edvard hält ihn mit einer bestimmenden Handbewegung zurück. „Keine Zeit, sagen Sie? Haben Sie wirklich keine Zeit?"

Endlich lächelt der Fagottspieler, ein gequältes, schwaches Lächeln, die Genugtuung, endlich die Situation zu beherrschen. „Ich kann es mir nicht leisten. Ich habe eine andere Arbeit, die mehr Geld abwirft. Ich muß leider, ja, ich habe Familie, Sie verstehen das sicher."

Sie sind allein im Saal. Die anderen Musiker haben ihre Instrumente genommen und sind gegangen. Der kleine Edvard und der hochgewachsene, braune Fagottspieler. Ich höre förmlich Edvards Stimme, seine Erregung, die langen Vokale.

Ein Konzertsaal in Kristiania an einem Spätherbsttag 1867. Das Gefühl von Hilflosigkeit. Edvard sieht nicht das Problem dieses Mannes, versteht nicht dessen Art zu denken.

„Sie wollen Geld aus der Musik schlagen, einer Heiligen", heult er los.

Der Fagottspieler lächelt giftig. „Und was tun Sie? Wieviel bekommen Sie eigentlich bezahlt für Ihren Unterricht?"

Genau das hält Edvard für typisch Kristiania. Eine Stadt ohne Kathedrale. Eine Ansammlung von Häusern am Ende eines Fjords. Gottverlassen, windig. Hier will er nicht wohnen. Hier kann kein neues Leben geboren werden. Am gleichen Abend erzählt ihm Nina, daß sie schwanger ist.

Heiligabend in Kristiania. Heiligabend bei Dem Großen Dichter. Bjørnson und Karoline, Edvard und Nina. Sie haben sich kleine Geschenke überreicht. Edvard betrachtet Bjørnson, das offene, energische, fast ein wenig arrogante Gesicht. Nicht mehr lange und Norwegen wird noch eine Schriftsprache bekommen, zusätzlich zu der von den Dänen geschaffenen. Eine Sprache, die nicht aus den Städten stammt, „Das neue Norwegisch", wie die Sprache heißen wird. Edvard weiß, daß Bjørnson sich in Norwegen zu Hause fühlt, auch in den abgelegensten Tälern und unter Menschen, deren Sprache er kaum versteht. Genauso wie er sich in Paris zu Hause fühlt, in den großen Straßencafés, bei der Unterhaltung mit dem Marquis aus Bordeaux über Kriegsdrohungen und die Zukunft des Kaiserreichs. Jetzt sitzt er in seiner Küche in Kristiania, die Wohnung steht immer offen für Gäste, eine Heerschar von Freunden. Die Kinder schlafen. Die Kerzen am Weihnachtsbaum, einer stattlichen Tanne, sind angezündet und tropfen auf den rotbraunen Teppich.

Edvard betrachtet nicht nur die Menschen, nicht nur die füllige Karoline und die blasse und schweigsame Nina, die die Hände auf ihren Bauch gelegt hat, sondern auch die Zeit, die vergeht, den Zeiger an der großen Wanduhr, er hört das Uhrwerk, das einen standhaften Gegenrhythmus schafft zu Bjørnsons zusammenhanglosem Gespräch; plötzlich die Vision eines Kinderzuges, Heerscharen von Kindern durch die Städte und Täler und über die Berge, der Tag des Grundgesetzes, der Tag, an dem die Norweger meinten, sie müßten den Schweden das Grundgesetz überreichen, weil Norwegen nie den Mut hat, selbst zu sein.

„Selbst sein?" Die Worte beunruhigen Edvard. Draußen in Europa hat Der Seltsame Dichter den „Peer Gynt" fertiggeschrieben. In dem Stück redet er davon, „sich selbst genug zu sein". Und dieses andere, von dem Bjørnson redet? Edvard ist voller Unruhe. Weiß nicht, warum. Die Kerzen auf dem Weihnachtsbaum brennen herunter. Sie sitzen in der großen Küche. Die Frauen sind müde. Wird Bjørnson nie müde? Er fängt an, über Nordraak zu sprechen. Nina schließt die Augen. Edvard spürt einen plötzlichen Trotz. Er sagt:

„Ich bin mir gar nicht so sicher, ob ich dieses Land liebe."

„Vardo, *schläfst* du, Vardo?"

Ninas Stimme in der Dunkelheit. Er antwortet nicht. Liegt mit geschlossenen Augen da.

„Ich weiß, daß du wach bist, Vardo. Vardo? Was denkst du, Vardo?"

„Niske, liebe, kleine Niske, ich bin ein schlimmer Mann für dich, weißt du das? Ich liege hier und sehne mich nach einem, mit dem ich reden kann, obwohl du direkt neben mir liegst."

„Magst du nicht mir mir reden?"

„Es gibt nichts, was mir wichtiger ist. Du mußt mir glauben. Glaubst du mir?"

Er hört seine eigenen hohlen Worte, spürt ihre Hand auf seiner Stirn, weiß, daß sie ihm glaubt. Er hat jede Nacht von Nordraak geträumt. Jedesmal steht er am Fuße einer Anhöhe und ruft hinauf zu ihm. Jetzt sucht sie nach Edvard. Rasche Hände streichen über seinen Körper.

„Nein!" stoppt er sie. Und um sie nicht zu kränken: „Willst du mir nicht lieber etwas vorsingen?"

Das ist es. Er liebt ihren Gesang. Die Stimme eines Engels. Bei *der* Stimme wird er einschlafen können. Er sagt es. Sie weint.

„Wir sind so jung, Vardo. Und da fängst du an, vom Tod zu reden?"

Er schämt sich. Vergaß das Kind. Ein neues Leben in ihrem kleinen Körper. Wie schön ihre Silhouette in der Dunkelheit ist.

„Na, na, Niske, kleine Niske, es wird schon gutgehen."

„Und wenn ich dir kein Kind schenken kann, wie du es dir wünschst? Ich weiß es doch. Ein kleiner Sohn, mit dem du reden kannst. Woher weiß ich denn, daß ich ... eine richtige Frau bin? Daß das, was aus mir kommt, gesund ist und nicht einfach stirbt?"

Er zieht sie an sich, wiegt sie.

„Sing für mich, bitte."

Sie singt für ihn, zwischen Schluchzen und Weinen.

„Vorwärts, vorwärts, scholl der Ahnen Losungswort."

Sie brechen beide in Gelächter aus, ein lautes, heulendes hysterisches Lachen. Es will kein Ende nehmen, wird krampfhaft, sie liegen im Bett und klammern sich aneinander, sind aneinander gekettet, mit Bjørnsons Vaterlandslied wie ein Unterhaltungsstück zwischen sich, und sie ahnen die dünne Membran ihrer Einsamkeit, die jetzt an der Haut klebt.

John in Kristiania. John der Geschäftsmann, mit gewachsenem Bart und Blume am Revers. Er paßt nicht zur Stadt, oder umgekehrt. Er ist ein bißchen zu elegant, ist abgestiegen im Hotel Victoria in der Rådhusgate, das hätten Alexander und Gesine nicht gutgeheißen. Aber sofort, als er Edvard und Nina erblickt, ist es, als würde der Anzug verblassen und das sorgfältig gekämmte Haar nach allen Seiten abstehen. Edvard registriert die klammen Hände des Bruder. Sie umarmen sich widerwillig.

„Ich mußte doch sehen, wie es euch geht!" Johns Stimme zittert. Er küßt seiner Schwägerin die Hand. „Du siehst prachtvoll aus, Niske." Niske? Edvard war der Meinung, als einziger ein Recht auf diesen Namen zu haben. Nina nimmt Johns Kompliment mit einem angestrengten, etwas zu munteren Lachen entgegen.

John kurz darauf in seinem tiefen Bass: „Wir gehen zusammen essen, nicht wahr? Das, was war, soll vergessen sein. Was wünscht ihr euch? Es ist Lachs-Saison. Außerdem wird Herr Person sicher seinen besten Champagner auf den Tisch stellen. Wir leben nicht so abseits wie das übrige Europa glaubt. Meinen Glückwunsch für dein letztes Konzert, Vardo. Aber es ging nicht so gut wie das erste, wie ich gehört habe. Schwierige Stadt, dieses Kristiania. Ich merke das auch bei meinen Geschäften. Papa ist dir übrigens nicht so ganz gewogen, aber das weißt du ja. Mama leidet mehr still für sich. Auf die Dauer sind sie mit zufälligen Telegrammen nicht zufrieden. Aber wollt ihr mir nicht erzählen, wie es euch geht?"

Ein Essen mit John, gleich hinter den großen Glastüren des noblen Victoria, Kristianias Fenster zur Welt, wichtig für die Norweger, so leben zu können wie „da draußen". Edvard stellt fest, wie natürlich für Nina das alles ist. Sie liebt große Essen, verschiedene Weine auf dem Tablett. Der Champagner verleiht ihr eine Röte, wie er selber sie nie bei ihr hat hervorrufen können. Sie unterhält sich mit John als bestünden keine Probleme zwischen ihnen. Wie ist das Wetter in Bergen? Wie geht es Maren, Benedicte und Elisabeth? John erzählt, nicht immer sind die Geschichten fröhlich. Maren, die verschwinden soll. Jetzt sehe ich sie endlich, als John, brüderlich besorgt, von ihrer geistigen Umnachtung erzählt, von dem Leben, das sozusagen an ihr vorbeigeht, sie streckt nicht einmal die Hand aus, ist nicht imstande, sich die Gaben des Lebens zu nehmen. Edvard ist angeekelt von den Worten, die er benützt. Marens Brief an ihn erzählt eine ganz andere Geschichte, über Depressionen, über all das, was erstarrt, was verfault.

Sie speisen Lachs, rosa, delikate Stücke, Gurkensalat. John tut das so selbstverständlich. Hat ihm das Geschäftsleben diese überzeugende Sicherheit beigebracht? Er seufzt vor Wohlbehagen:

„Wir müssen uns versöhnen mit unseren Schicksalen."

„Und das Geschäft geht gut?" Edvard nickt bestätigend zur eigenen Frage.

„Ganz gut soweit. Papa ist ja gesundheitlich nicht mehr auf der Höhe, und ich mache jetzt alles allein."

„Und die Musik?" Plötzlich sitzt Edvard der Teufel im Genick.

Johns volle Lippen glänzen vor Lachsbutter. „Ich musiziere, Vardo, und *genieße* das. Wenn ich sehe, wie du dich abrackerst. Ist das nicht furchtbar langweilig mit all diesen Schülern? Ich weiß ja, wie es bei Mama war. Und schade, das mit der Akademie. Nein, wie gesagt, wenn man nicht draußen sein kann, in Europa, in den Konzertsälen, in den Orchestern, sollte man Musik nur zum Spaß betreiben. Aber Edvard, da ist eine Sache, die ich mit dir besprechen muß. Ich möchte mein Deutsch vervollkommnen, besonders jetzt mit Marie, kurz, ich spiele mit dem Gedanken, deinen Freund Ibsen zu übersetzen. Dort unten in Dresden, wo du uns ja nie besucht hast, sind sie recht interessiert an ihm. Könntest du da nicht einen Kontakt herstellen? Ich würde den Mann gerne kennenlernen."

Es wird Nachmittag im Hotel Victoria. Und Abend. Nina ist standhaft. Sie hält mit den Männern mit bis zum Cognac. Sie hat einen Schluckauf bekommen, aber für eine Frau mit ihrer Erziehung ist das kein Problem. Sie hat gelernt, den Mund geschlossen zu halten, in verschiedener Hinsicht.

Edvard und John. Es ist Johns großer Tag. Er hat sich aus einer winterlangen Depression aufgeschwungen. Er fühlt sich endlich in der Welt zu Hause. *Seine* Welt, die er mit beiden Händen festhält, er will sich nicht verwirren lassen, will nicht, daß sie ihm entgleitet.

„Wir werden ein Kind kriegen", sagt Edvard.

Johns dunkle Augen vernebeln sich für einen Augenblick.

„So, ein Kind? Wann denn?"

Nina antwortet. „Irgendwann im April."

Edvard sieht den Bruder durch den braunen Cognac im Glas. In ihm brennt es. Johns Gesicht. Verzerrt. Edvard hört ihn wie von weit weg sagen:

„Wir erwarten auch ein Kind. Irgendwann im April." Dann korrigiert er sich mit zusammengebissenen Zähnen. „Erst ... *erst* im April."

Ein Sommertag in der Nähe von Søllerød Kro, eine flirrende, bewegungslose Hitze liegt über ganz Dänemark, nirgends ein Windhauch. Eine dünne Stimme ertönt. Alexandras zornige Schreie in der Wiege. Nina hat zum Schutz gegen Insekten einen weißen Schleier darübergelegt. Edvard denkt an ein Leichentuch.

Ich muß dieses Bild scharf malen, die Männer in ihren dunklen Anzügen in der Sonne vor dem weißgekalkten Gebäude. Unten auf dem Wasser schwimmen zwei Schwäne und warten auf neue Brotkrumen von Feddersen, der für einen Augenblick seine Freunde vergessen hat und fasziniert die Vögel beobachtet. Nina kommt zurück von Alexandras Wiege, sie trägt ein helles Sommerkleid, sie wirkt ein bißchen fülliger, aber nur auf diesem Bild. Ihr Nacken ist gebeugt, gewohnt, hinunter zu schauen auf ihr kleines Mädchen, aber vielleicht ist es auch ein Zeichen für zurückgehaltene Verbitterung. Als sie sich zwischen Neupert und Horneman setzt, reißt sie fast ein Whiskyglas mit. Es kippt und der Inhalt läuft Horneman übers Knie. Sie entschuldigt sich nicht.

Edvard hat sich in den Schatten zurückgezogen. Er sieht seine Frau mit einem blauen, bekümmerten Blick an. Feddersen reißt sich los von den Schwänen, betrachtet den Freundeskreis mit Besitzerstolz, ruft aus:

„Na, meine lieben Freunde, ist es nicht herrlich hier?"

Aus dem Buchenwald hört man die Stare. Die Laubkronen bilden eine Art Wand, eine Akustik, die allen Geräuschen einen langen, traurigen Nachhall verleiht. Ninas Stimme klingt ironisch, eine Ironie ohne Überschuß, als sie sagt: „Haben die Freunde etwas dagegen, daß ich mir Edvard für einen Augenblick ausleihe? Ich muß mit ihm reden."

Nina und Edvard im Buchenwald. Er ist wütend, schlägt seinen altmodischen Stock gegen die Stämme, spuckt nur Konsonanten, obwohl er aus Bergen ist.

„Mußte das wirklich sein? Was werden sie sich denken? Was?"

„Ich will nur mit dir reden, Vardo."

„Was kannst du mir denn nicht im Beisein der Freunde sagen? Sie sind unsere *Freunde*, Niske. Muß ich dir das denn immer wieder sagen?"

„Ja."

Sie weint jetzt. Er verflucht diese bewährteste Waffe der Frauen, hört auf, mit dem Stock herumzufuchteln. „Schau' mal, Niske, ein gelber Schmetterling."

„Du siehst nie die Natur um dich. Du siehst nur dich selbst."

„Du bist so unmöglich. Was soll ich denn deiner Meinung nach tun?"

„Nichts. Ich fahre heute Abend zu Padre und Madre. Sie sind so gespannt auf Alexandra. Ich halte diese ... Fronten nicht länger aus. Du bist zuviel mit Künstlern zusammen, mit Kriegern. Das ist für mich kein Leben."

„Für Adelinas Ablehnung kann ich nichts, Niske, *Sie* mag *mich* nicht."

„Du freust dich also, daß ich fahre? Du hast doch dauernd gejammert, daß du ein Kind willst. Jetzt willst du nur noch deine Ruhe haben."

„*Neupert* hat sich über dieses Geplärr aufgeregt."

Seine Stimme ist ausweichend. Sie hat recht mit dem, was sie sagt. Nina, ich weiß nicht, was es heißt, ein Kind zu haben, aber wenn ich diese Anzugmänner mit den Whiskygläsern in der Sonne sehe, wird mir ebenso übel wie dir. Dicker Zigarrenrauch, der in die Lungen gesogen wird. In der Nacht, wenn du bei Alexandra wachst, wenn Edvard sich das Kissen über den Kopf gezogen hat, um zu schlafen, sitzt du am Fenster und hast alle anderen ausgesperrt. Ihre Stimmen dringen nicht zu dir, können nicht den Blick stören, den Alexandra dir zuwirft. Sie hat Edvards Augen, sie hat den verwunderten Ausdruck ihres Großvaters Alexander, wenn sie rülpst, sie hat Adelinas teuflischen Mund, wenn sie lacht. Sie ist eine Königin, und Edvard sagt, halb im Spaß, daß er gute Lust hätte, sie die Treppe hinunter zu werfen.

Nina und Edvard im Buchenwald. Feddersen wiegt inzwischen Alexandra. Edvard seufzt resigniert:

„Ich fühle mich so dumm."

Sie blickt ihn ruhig an, läßt ihm dieses Gefühl, sagt nichts, hat aufgehört zu weinen. Sie weiß, daß Mütter immer die Väter aussperren, aber dieser Papa will ja gar nicht herein. Die Stille wirkt wie eine Anklage. Sie geht zurück zu den anderen. Mit einem Schritt Abstand hinter ihr herlaufend verteidigt er sich:

„Ich weiß nicht einmal, ob ich noch Komponist bin oder wenigstens noch Musiker. Das ganze Jahr nur ... Butterteig. Reich sind wir auch nicht geworden. Aber wenn das mit diesem Konzert klappen würde, das würde uns hinausbringen in die Welt, weißt du das?"

Sie dreht sich um, sieht ihn mit einem Schwanenblick an, etwas abwesend, etwas zweifelnd: „Du warst ja schon so oft draußen in der Welt, Vardo." Sie kämpft, um ihre Stimme unter Kontrolle zu halten. „Und wie lange redest du schon von einem eigenen Heim?"

Als sie zurückkommen, haben die Freunde sich erhoben, wie in der Kirche, als wären sie ein Brautpaar.

„Sie schläft", flüstert Feddersen. „Sie ist so schön, die Kleine."

Nina nickt zerstreut, als wäre das alles selbstverständlich. Das Bild wird unscharf und verschwimmt. Nur die Hitze bleibt und die Musik eines Klaviers. Die Tonlawine des a-Moll Konzertes. Das Geräusch des Zuges, der Nina und Alexandra nach Kopenhagen bringt.

Gesines Hände auf Alexandras Wangen. Edvard sieht, daß sie ebenso weiß, fast grau sind wie die Haut seiner Tochter. Landås im Regen. Der Ulriken wird von Nebel eingehüllt. Nur das Geräusch der Bäche, die den Berg hinunterrauschen. Die schweren Felsen, deren Fall gestoppt wurde, die nicht weiterkommen, obwohl sie sich mit ihrem ganzen Gewicht nach vorne lehnen, weiter wollen. In dieser Lage wagt sich ihnen niemand zu nähern, aus Angst, sie würden plötzlich losrollen.

Nina am Fenster, sie dreht sich um. Edvard ist lange am Flügel gesessen.

Das aufdringliche Weiß in der roten Wohnstube. Das Kinderbettchen. Ninas Kleid, Gesines breiter Spitzenschal, den sie eng um die Schultern zieht. Die Sorge hat sie häßlich gemacht, hat den einst liebenden Gesichtsausdruck verwischt. Kapitän Woodsworth gibt es nicht mehr. Edvard hat den Flügel zugeklappt. Wagt nicht, in die Stille zwischen den zwei Frauen einzubrechen. Sie bewegen sich langsam, berechnend, wie vor einem Kampf. Ein ungeduldiger Ruck am Fenster. Nina.

„Leg' sie wieder hinein."

„Sie schläft jetzt." Gesines Stimme ist bittend.

„Leg' sie *hinein*, habe ich gesagt!"

Gesine erstarrt. Der wissende Blick voller Schmach und Trauer. Dann legt sie das Kind wieder ins Bettchen. Nina beobachtet sie ohne jedes Gefühl in den grauen Augen. Edvard wie ein außenstehender Betrachter einer Welt, die er nie kennenlernen wird. Dann ruft ihn Nina endlich:

„Komm."

Gesine allein bei dem kranken Kind. Edvard küßt seine Mutter beim Vorbeigehen flüchtig auf die Stirn. Von Nina kein Händedruck, kein Wort.

Wenn ich sie nur in Schwarz kleiden, sie zu einer griechischen Tragödie machen könnte, in der der Tod plötzlich und unnatürlich kommt, mit Giftbecher oder Schwert und trotzdem befreiend. Wo die Frauen kreischen und klagen und die Felsen den Berg hinunterrollen und die Trauer ihren Ausdruck findet.

Stattdessen muß ich vom Frühling schreiben, einem üppigen Frühling in Westnorwegen, in den Nina und Edvard hinausgehen, sobald es zu regnen aufgehört hat. Die Sonne steht schon hoch über dem Ulriken, der Nebel löst sich in kleine Wolken auf, die davontreiben.

„Wollen wir es mit einem kleinen Spaziergang versuchen, Vardo?"

Edvard nickt und ist dabei ganz woanders. Verlegen nimmt er die Hand seiner Frau. Sie gehen den Weg hinunter, plötzlich wie zwei Kinder. In der Kurve, wo der Weg nach Haukeland abzweigt, sehe ich John und Marie. Sie kommen langsam die nasse Schotterstraße herauf. Ein intensiver Geruch nach grünem Gras, nach jungen Blumen. Von dem Regenschirm, den Marie über den Kinderwagen hält, um ihre kleine Tochter vor der Sonne zu schützen, tropft noch der Regen. Dann erscheint eine Wolke, und die kleine Familie bleibt stehen. John hilft seiner Frau, den Schirm zusammenzufalten, er legt die Kleine im Wagen zurecht. Marie kann sich nicht bücken. Sie ist wieder schwanger.

Und keiner von ihnen merkt, daß einige hundert Meter weiter oben Nina und Edvard stehengeblieben sind. Ninas Stimme klingt dünn und ängstlich:

„Ich will sie nicht treffen, Vardo. Bitte. Nimm mich weg von hier."

„Aber *wohin*, Niske? Du weißt doch, daß es nur diesen einen Weg gibt. Sollen wir umkehren?"

„Ja, nein. Vardo, ich *will* sie nicht treffen!"

„Aber es sind Marie und John!"

Nina Augen sind groß und ängstlich. Jetzt haben John und Marie sie gesehen. Jetzt weiß sie, daß es zu spät ist. Sie flüstert Edvard zu:

„Du begreifst nicht ... wirst es nie verstehen ... was ich dir so gerne geben möchte."

Sie winken. Sie haben die Kurve hinter sich und kommen die letzte Steigung herauf. John ruft etwas. Edvard winkt zurück.

„Schau' *mich* an, Vardo! Sei *einmal* bei mir!"

Sie weint nicht. Nur diese Augen, die größer und größer werden. Er hört seine eigene Stimme, hört sie, sie zittert:

„Niske ... versteh' doch. Du gibst mir alles."

Aber es ist zu spät. Das Knirschen des Kinderwagens auf dem nassen Schotter, die Schritte von John und Marie. Wie glücklich sie sind. John beschreibt einen weiten Bogen mit seinem Stock:

„Welch herrliches Wetter."

Maries strenges, verweichlichtes Gesicht. Sie wendet sich an Nina.

„Wie geht es ... Alexandra?"

Ich höre nicht, was Nina antwortet. Eine Scheunentür kracht. Geräusche und Rufe. Edvard schaut ins Tal hinunter. Da ist er wieder. Ole-Olsen. Das Pferd mit der großen Wunde ist nicht mehr da. Jetzt zieht er hinter sich einen schwarzen Hengst in die Scheune.

Edvard drückt Nina an sich. Plötzlich weiß er, ohne es erklären zu können, daß Alexandra sterben wird.

Drüben auf der Insel Osterøya versuche ich vergeblich, die französische Frau zu sehen. Ich rufe ihren schönen Namen: „Alexandrine Felicité." Der Tod hat sie unsichtbar gemacht. Jetzt ist sie nur noch als Geist anwesend, als Erinnerung an alles, was Ole Bull vergessen hat, als er mit einem Verständnis und einem Mitgefühl, wie er es nie für seine Frau hatte, Nina und Edvard hinausführt auf die Veranda.

Er hat Wein bereitgestellt, Champagner. Keine festliche

Tafel, man will einfach zusammensein. Nina, Edvard und Ole Bull. Nina mag ihn, mag seine oberflächliche, enthusiastische Art, ein Überbleibsel aus den Salons Europas, wo ihn die Frauen ekstatisch vergötterten, und die sein jungenhaftes, fast naives Wesen betont. In seiner übertriebenen Weise appelliert er an ihre mütterlichen Gefühle, mit denen sie über ein Jahr lang Alexandra überschüttete. Jetzt verplempert sie diese Gefühle an schöne Stoffe und Seide, Dinge, die ihr Edvard in seiner Unbeholfenheit geschenkt hat.

„Euch hat eine große Trauer heimgesucht", sagt Ole Bull und blickt dabei sehnsüchtig auf seine Felen. „Aber mit der Trauer habt ihr eine Verantwortung."

Nina und Edvard hören ihm zu, wie einem Pastor. Edvard, der bisher all die einfachen Lebenswahrheiten, die die Pfarrer an die Menschen austeilen, verachtet hat, jetzt braucht er Ole Bulls ruhige, verkündende Stimme. Braucht jedes Wort für seine Trauer.

Osterøya in einer Sommernacht. Draußen am Meer kreischen die Möwen. Ninas Schultern sind gebeugt. Sie hält mit beiden Händen ihr Weinglas fest.

„Ich habe Angst", sagt Edvard zu dem Violinvirtuosen. „Nina hat gesagt, daß sie nie mehr singen will."

Nina mag nicht, daß er davon redet. Eine neue Farbe in Ole Bulls Augen. Für Edvard ist es ein musikalisches Problem. Ole Bull weiß es besser. Sein ganzes Leben lang hat er die tiefe, treulose Gemeinschaft mit Frauen gesucht. Jetzt ist Nina an der Reihe. Er sucht nicht ihren Körper. Ihre Seele ist es, die er haben will, als er sich jetzt über den Tisch beugt und ihr etwas ins Ohr flüstert. Sie erhebt sich sofort. Sie erheben sich beide. Edvard macht ein fragendes, ängstliches Gesicht. Der Violinvirtuose zwinkert ihm beruhigend zu. Draußen unter dem Horizont liegt noch ein gelber, glänzender Sonnenrest und taucht die ganze Insel in einen unwirklichen Schein. Das Leben wie ein Traum. Das Leben als Unwirklichkeit. Alexandrine Felicité taucht plötzlich, weiß gekleidet, zwischen den Stämmen des Waldes auf.

Sie sieht, wie ihr Mann mit Nina hinunter zum Meer geht. Auf der Veranda sitzt Edvard, er schenkt sein Glas wieder voll.

Die Möwen haben aufgehört zu kreischen.

Es vergeht eine kleine Ewigkeit. Dann kommen sie zurück. Die französische Frau löst sich im Morgenlicht auf. Die Sonne steht auf hinter den blauen, fernen Bergen, „die Norwegen sind", wie Ole Bull es ausdrückt. Edvard wird nie erfahren, worüber sie geredet haben, aber er weiß, daß Nina bald wieder singen wird.

„Ihr müßt nach Italien", sagt Ole Bull, geübt öffnet er eine neue Flasche Wein. „Ist das nicht ein herrlicher Morgen? War es nicht eine wunderbare Nacht? Natürlich mußt du Nina mitnehmen nach Italien, Edvard." Er hält inne, riecht zuerst an dem Weinkorken und dann die frische Luft. „Spürt ihr den Geruch nach Heide, Wein und Meer?" Und fast zufällig fügt er wie in einem Nebensatz hinzu, die Augen bewegt auf den blassen, müden Edvard im Verandastuhl gerichtet: „Ihr seid noch so jung. Ihr müßt diese Reise machen, die du und Rikard nie machen konntet."

Der lange Weg nach Rom. Edvard und Nina trinken einen Grog im Café Greco, während einen Steinwurf davon entfernt das Konzil im Vatikan das Dogma von der Unfehlbarkeit des Papstes beschließt. Jeder liest in seiner Zeitung, Edvard ist interessiert an Preußens Verhältnis zu Frankreich. Die Pläne der Kaiserin hält er für bedenklich. Er redet von ihr, als sei sie seine unmögliche Verlobte. Nina, unterbrochen in einem Artikel über die schwedische Sängerin Jenny Lind, hört ihm zu.

Sie sind in einer müden, etwas trostlosen Morgenstimmung. Edvard hat den Brandy vom Vortag noch in den Augen. Nina hat sich einen Schal um den Hals gewickelt. Nach einem erfolgreichen Konzert in Kopenhagen muß sie erst ihre Stimme wiederfinden. Draußen vor den Fenstern des Cafés hat der Regen die Via Condotti in einen Bach verwandelt.

In der Nacht donnert es.

Sie haben ein Zimmer droben bei der Spanischen Treppe. Von dort aus können sie die riesige Kuppel des Petersdoms sehen, und Edvard erzählt jeden Tag von neuem, daß er dort ihre Namen eingeritzt habe. Sie gehen zärtlich miteinander um, rücksichtsvoll und betulich, so als hätten sie ein langes, erfülltes Leben hinter sich, unterbrochen von ein paar großen, traurigen Erlebnissen. Nur im Gespräch mit dem Komponisten August Winding merkt Nina den alten, unbeschwerten Übermut Edvards.

Norweger in Italien, Norweger in Rom. Die Sehnsucht nach all dem, was sie nicht sind. Bei strömendem Regen zeigt Edvard seiner Nina die Stadt.

Nach zwei zur Hälfte aufgegessenen Croissants verlassen sie das Café und erwischen eine überdachte Droschke. August Winding und seine Frau sind auf einem Ausflug in das Tivoli von Rom. „Man kann sich so gut mit ihnen unterhalten", sagt Nina, ehe sie wieder in Schweigsamkeit verfällt. Edvard ergreift ihre Hand, er möchte ihr die Brunnen, die Gemälde, die Säulen zeigen.

„Nicht jetzt, Edvard. Können wir nicht heimfahren?"

Heim. Ein Hotelzimmer droben unter dem Monte Pincio, ohne Klavier. Es riecht nach einer Salmiakmischung und nach Kampfer. Wortlos betreten sie das Zimmer, genauso könnte eine Prostituierte mit ihrem Kunden ein Ritual einleiten, an dem keiner seine Freude hat, aber beide verflucht sind, es auszuführen. Die Reise, die Stipendienreise, ist auch ein Ritual, ein Epitaphium für eine gestorbene Tochter und einen gestorbenen Freund in einer Stadt mit einer gestorbenen Kultur, Schicht um Schicht in der nassen Erde.

„Bist du krank?"

Edvard betrachtet Nina, als sie den Rolladen herunterläßt und die Gardinen vorzieht.

„Dieser Karneval, der ist mir zuviel, Vardo." Sie dreht sich zu ihm. „Du hast mir die Stadt gezeigt. Jetzt habe ich genug von dem verdreckten Corso, dem Konfetti und dem Pöbel auf den Straßen, dieses Spiel mit dem Papst und all die Massen, dazu der ewige Regen. Außerdem habe ich Angst, eine Riesenangst vor dem Donner. Hast du nichts gehört heute Nacht?"

Edvard hört es nur undeutlich, wie eine Erinnerung an einen Sommertag auf Seeland, in der Erwartung Rikards und Italiens, und als ein höhnisches Gelächter über seine tiefsten Traumbilder. Morgen wird er sich mit Liszt treffen.

„Es ist eine ... Gespensterstadt, Vardo."

Er wird ungehalten, wirft die Jacke auf das Bett.

„Das sagst du nur, weil du weißt, wie sehr ich mir das alles mit Rikard erträumt habe. Kannst du ihn denn nicht vergessen?"

Ihre Augen werden größer.

„Doch, *ich* kann ihn vergessen."

Sie liegen im Bett. Sie sind schön zusammen, bleich und unwirklich. Und genauso unwirklich ist ihre Liebe, weil sie immer noch nicht wissen, was sie füreinander bedeuten.

„Liebst du mich, Vardo?"

Ich weiß, daß er sie liebt, daß er alles für sie tun würde, daß die Müdigkeit seinen Körper wie eine tödliche Krankheit überfällt.

„Sing' mir etwas vor, Niske. Willst du?"

„Nein, Vardo. Jetzt nicht."

Dann fängt er endlich an zu weinen. Ich glaube, er weint, bis er bei Liszt vor der Tür steht. Und Nina streichelt ihn. Es ist dunkel in dem kleinen Hotelzimmer. Durch das Fenster dringen die Geräusche des Karnevals auf der Spanischen Treppe. Und der Regen. Sie singt H.C. Andersen-Melodien, manchmal werden die Strophen von einem dünnen Husten unterbrochen. Er lächelt sie unter Tränen an. Ihre Augen sind groß, grau und immer verwundert.

Kristiania, du bist keine Krankheit, du bist die norwegische Frustration, wie sie lebendig ist in deinen offenen und trotzdem ungastlichen Straßen. Der politische Streit wird in deinem Herzen ausgetragen. Die Streitenden werden einmal auf Løvebakken[7] stehen. Warum all diese Raubtiersymbole? Der Große und Der Seltsame Dichter sitzen jeder für sich in Europa und zimmern an ihrem Jubel und ihrem Haß. Bjørnsons Begeisterung und sein politischer Kampf stekken Edvard an, aber ich habe das Gefühl, daß er trotzdem der Bruder des Seltsamen Dichters ist. Er ist Zwilling in seinem Inneren. Er haßt das Extrovertierte. Trotzdem kann er mit markanten Bewegungen auf dem Podium stehen und seinem Publikum den Gesang und die Musik vorführen. Selber hat er nur vier Lieder im Laufe des Jahres geschrieben. Dafür hat Nina sich heiser gesungen.

„Nina, du bist ein Vögelchen. Du mußt deine Stimme schonen."

Seine Sorge ist groß, aber dabei flüchtig. Nach der letzten Fehlgeburt haben sie das Thema Kind abgeschlossen. Das Bettchen ist weggegeben worden, die Kinderkleider sind in alle Winde verstreut. Nina verbringt ständig mehr Zeit vor dem Spiegel, steckt ihr Haar hoch, entblößt den Hals, an dem Edvard nie vorbeigehen kann, ohne ihn zu küssen, auch wenn er, zehn Minuten zu spät, zur Chorprobe eilt.

Edvard in den Straßen Kristianias, sieht nie die Welt um sich herum, stößt mit Beamten zusammen, die unterwegs sind zu wichtigen, politischen Besprechungen, Edvard mit Bjørnsons neuestem nationalen Projekt im Kopf, lüftet kurz den Hut, wischt aber vorbei, ohne sich zu entschuldigen. Dieser Chor soll Nordraak singen, und sie sollen es verdammt nochmal gut machen.

Im Konzertsaal haben sie sich schon auf dem Podium aufgestellt, achtzig Frauen und Männer, alle mit Noten in der Hand. Die Nationalhymne schlägt ihm entgegen, der Rhythmus hinkt ein wenig, die Bässe sind es, die ziehen. Edvard bleibt ein bißchen verlegen stehen, lächelt entschuldigend. Dann legt er den Mantel ab und dirigiert den Schluß. Wir schaffen es doch auch ganz gut. Bravo!

„Aber nicht gut genug", korrigiert er, als das zufriedene Murmeln des Chores den trommelnden Zeigefinger am Notenpult übertönt.

Edvard, der Dirigent. Der Chor ist eine Wand aus Tönen. Er liebt den Anblick von singenden Menschen, die geöffneten, unschuldigen Münder, die hingebungsvollen Augen, die konzentrierten Gesichter. Er läßt seinen Blick schweifen über die Sopranstimmen, die Altstimmen, die Tenöre und die Bässe, verliebt sich zuerst in die Stimmen, die Kupferkehle in der zweiten Reihe, irgendwo zwischen den Altstimmen, ja, *dort*. Er spürt den Duft der Frauen, der verschiedenen Parfüms, die sich vermischen, bekommt das Gefühl eines einzigen Körpers, und wenn er selbst gut arbeitet: *eine* Stimme, *ein* Wille, so wie er die Thomaner in Leipzig gehört hat, wenn sie Bach singen.

Er dirigiert Nordraak selbst, immer sentimental, besonders streng oder besonders fröhlich. Heute ist er besonders schweigsam. Eine neue Freundschaft kann ganz leise kommen. Frants Beyer, werde ich dir gerecht? Zum erstenmal sehe ich dich deutlich. Voll Freude entdecke ich dein Gesicht unter neunundsiebzig anderen. Weit hinten, mit romantischer Donnerstimme, versuchst du, Edvard gefällig zu sein, der schwitzend vorne auf dem Podium steht und das kleine ritardando am Schluß nicht hinkriegt, er probiert es erneut, bricht ab, probiert. Du möchtest ihm so gerne helfen, meinst es ein bißchen zu gut. Er faucht: „Ein Bariton zu aufdringlich! Der Betreffende hat wohl kein Gehör?" Du errötest beschämt, wagst es nicht, ihn anzuschauen. Jetzt hat er dich entdeckt, er zuckt resignierend mit den Schultern, ebenso ärgerlich über den Chor wie über sich. Er führt sich auf wie ein Gutsbesitzer, fühlt sich aber wie ein Sklave. Während des Dirigierens versucht er, nicht an Geld zu denken. Vergebens. So sieht es in ihm aus: „300 Taler für das a-Moll-Konzert von Peters, 200 vom Klavierunterricht, 50 für dieses Konzert, die Arzneien für Nina, die Arzneien für mich, und was ist mit Deutschland?" Er kann nicht an Nina denken, ohne dabei an Geld zu denken. Jetzt dirigiert er Nordraak und *darf* nicht an Geld denken. Er hätte den Bariton-Sänger nicht zurechtweisen sollen. *Ja, vi elsker dette landet*, verdammt nochmal. Jetzt, noch einmal. Diesmal etwas schneller, und an das ritartando *denken*! Es ärgert mich, daß ich Beyers Augenfarbe nicht weiß, aber als er jetzt die Augen hebt und Grieg wieder anschaut, können sie nicht anders als blau gewesen sein.

Edvard wird diesen Blick nie vergessen.

Draußen auf der Straße warten sie aufeinander. Die Chormitglieder verlaufen sich, verschwinden in der Herbstnacht, in Häusern und Eingängen. Marie, Beyers zukünftige Frau, wechselt unter einer Laterne ein paar Worte mit ihrem schon fast Verlobten. Warum will er sie nicht nach Hause begleiten? Eine Antwort findet sich immer, aber Beyer mag keine Ausreden. Er sagt, daß er mit Herrn Grieg sprechen müsse. Dann geht sie. Edvard und Beyer allein auf der Straße. Ein Hausmeister schaut einen Moment heraus.

„Kann ich zuschließen?"

Beyer und Edvard nicken beide. Edvard ist erstaunt über seine Verlegenheit:

„Ich möchte mich gerne entschuldigen."

Beyer räuspert sich, holt Atem: „Und ich wollte gerne fragen, ob ich nicht ... bei Ihnen Musik lernen könnte."

Edvard lächelt, es klingt so komisch. Endlich wagen sie sich anzusehen. Ich weiß, warum Edvard dieses Gesicht gefällt. Nicht nur das kleine Lächeln, das stets vorhandene Vorzeichen für ein unbeschwertes Lachen, auch nicht die markanten Züge, die Augen, die ewige Treue versprechen, sondern etwas beinahe nicht Sichtbares, das seine Falten ausdrücken, das Wissen um die Mannigfaltigkeit des Lebens, um alles, was Mensch sein heißt.

Sie reichen sich die Hand. Edvard schnaubt, verwirrt von seinem hohen Puls.

„Ich kann Ihnen nichts beibringen über Musik. Sie wissen darüber sicher viel mehr als ich."

Das ist keine Koketterie. Edvard ist davon überzeugt. Wann hat er sich je als Komponist gefühlt? Liszt zerstörte seine Illusion vom großen Pianisten; und Dirigent für einen Chor und ein Orchester in Kristiania ... Er unterbricht seinen Gedankengang.

„Aber wenn Sie ein Amateur sind, kann ich Ihnen vielleicht das eine oder andere über das Verhalten als Amateur beibringen?"

Beide lachen. Beyer schaut auf die Uhr. „Haben Sie auch noch Durst?"

Erst im Morgengrauen fällt Edvard neben Nina ins Bett. Er bemerkt nicht, daß sie wach ist, erschrickt, als sie fragt:

„Wo bist du gewesen?"

Er antwortet ohne im mindesten zu zögern: „In einer Kneipe. Zusammen mit einem Freund."

Sie riecht an seinem Anzug. An Hals, Haaren und Händen. Und stellt, mehr für sich, fest: „Du warst nicht bei ... in ..."

Er richtet sich halb auf im Bett. „Aber Niske, was glaubst du eigentlich?"

Nichts. Sie hat sich wieder in die Decke gewickelt. Edvard zusammen mit einem Freund. Sie glaubt ihm. Atmet erleichtert auf. Nur ein Freund. Bereits im Halbschlaf kriecht sie näher zu ihm, murmelt:

„Du bist nur *mein* Vardo, stimmt's?"

Sie registriert nicht, daß sie keine Antwort bekommt.

Vergehen tausend Tage? Oder nur ein paar hundert? Nina hat sich entwickelt, ist eine Schönheit geworden. In Europa eine unruhige Zeit. Der Streit um Elsaß-Lothringen, der Fall des Kaiserreiches. Edvard mit Beyers Kopf zwischen den Händen, heftig weinend:

„Frants, das hat verdammt lange gedauert."

„Aber du warst immer bei mir."

„Nein, du warst bei der Jurisprudenz, alter Schurke. Zeig' deine Examenspapiere. Bist du sehr gelehrt?"

In Beyers Studentenbude riecht es nach Marie. Marie Smith. Bald werden sie heiraten.

„Bist du verrückt? Wann soll *ich* denn studiert haben? Wenn ich nicht mit Marie zusammen war, habe ich an dich geschrieben. Du siehst unverschämt gut und gesund aus. Die Bergluft muß dir gutgetan haben."

„Vergiß alles, was ich geschrieben habe. Nina wollte es lesen. Es war, als wäre man auf der Kuppel eines Domes, ja, auf dem Petersdom! Alles von oben sehen und nicht dabeisein. Ich habe meinen und Ninas Namen in Granit gekratzt. Sie hat sich so gefreut, meine kleine Niske."

„Du liebst sie also." Beyer wirkt erleichtert.

„Natürlich liebe ich sie! Aber warum denke ich nur an dich? Ich sehe dich im Studenterlunden-Park, jeden Abend mit Marie. Warum können wir nicht zu viert hingehen? Mir ist zum Heulen. Und warum hat es so lange gedauert, bis wir uns duzten?"

„Ich hatte einen solchen Respekt vor dir, du närrischer Komponist. Ich bin ja schon rot geworden, wenn du mir einen neuen Fingersatz gegeben hast."

„Aber das ist jetzt vorbei, nicht wahr? Ich brauche dich nämlich, Frants. Bjørnson inspiriert mich, aber mit ihm wird alles so großartig, alles muß bei ihm eine öffentliche Angelegenheit sein. Der Kampf um Norwegen, Dichter und Musiker Schulter an Schulter für eine endgültige Ablösung von Schweden. Ich lese über mich als Edvard Grieg. Wer ist dieser Edvard Grieg? Ich kenne ihn nicht. Sicher eine unsympathische Person. Ibsen hat mich gebeten, die Musik zu Peer Gynt zu schreiben. Das ist ja nicht so absolut norwegisch wie Bjørnson es vertritt. Die zwei könnten übrigens nie Freunde werden."

„Dann vermeide den Umgang mit ihnen."

„Aber der Gedanke an Olav Trygvason als Oper ist grandios. Ich sehe bereits die Pappkulissen der Berge vom Schnürboden herunterrauschen. Da würden die Posaunen erschallen, das kannst du mir glauben! Und trotzdem, Peer Gynt spricht mich auf ganz andere, unbehagliche Weise an. Dieses Sich-selbst-verlieren ..."

„Unsinn. Du bist dir nie näher gewesen als jetzt."

„Es sind so viele. So viele, für die ich Komponist sein soll, für die ich Liebhaber, für die ich Sohn sein soll. Aber du? Du nennst mich nie Vardo."

„Vardo? Wie bitte?"

„Ich weiß auch nicht. Das soll ich jedenfalls für sie sein. Vielleicht ein süßer, kleiner Troll."

Eduard und Frants. Wie soll ich *sie* beschreiben können, wenn ich schon auf Nordraak eifersüchtig war? Beyer macht mich nicht eifersüchtig. Die Übermacht ist *zu* groß. Ich sehe sie auch kaum, wenn sie so allein sind. Sie haben sich vor der Welt versteckt.

In einem kleinen Zimmer in Kristiania. Und Nina erwacht von einem kurzen, glücklichen Traum und hört *sein* glückliches Lachen draußen im Flur, es wird leiser, er kommt herein zu ihr. Ängstlich fragt sie: „Hast du dich nach mir gesehnt?"

Er küßt sie mit einer Leidenschaft, die nicht *sie* geweckt hat. So viel weiß sie von ihm und kann es ihm nicht sagen. Jetzt beginnt es. Jetzt erfährt Nina, daß Einsamkeit unerträglich werden kann.

Es kommt der Tag, an dem die Zeit rückwärts läuft, an dem alles umgekehrt ist und die Menschen anfangen, rückwärts zu gehen. Edvard merkt es zum erstenmal bei einem Besuch in Dänemark. Adelina sitzt feierlich aufgeputzt in ihrem Schlafzimmer, mit Feder und Schauspielermaske, vielleicht das Manuskript eines vielversprechenden Autors in der Hand. Für Edvard bleibt sie trotzdem eine griechische Tragödie, obwohl er plötzlich ihre Fähigkeit, Haß auszudrücken, schätzt. Milder jetzt mit der lauten Begeisterung der alternden Frau:

„Oh Vardo, mein Liebling! Das a-Moll-Konzert ist ja sooo schöön!"

In der Wohnstube steht Herman Hagerup, aschgrau von den Transaktionen und Schulden und den ungesunden Essen mit knurrenden Gläubigern. Noch unterstützt ihn Edvard nicht mit Geld, aber auch *der* Tag kommt, nach einem schmählichen Rückzug nach Bergen.

Aber vorher kommt Landås. Der Rückzug von Alexander und Gesine in die Strandgate, aber dort wohnen John und Marie und vorläufig vier Kinder, deshalb müssen sie einen anderen Ort finden. Darüber wollte Edvard nie sprechen. Was hat er mir sonst noch verheimlicht? Ich bin in den Keller eines sehr großen Museums vorgedrungen, in einem lichtlosen Raum sind sie gestapelt, deutliche, klare Bilder. Wie gut sind meine Augen noch, müde geworden von Bildern, die ich lieber nicht malen wollte?

Alexander und Gesine, zum letztenmal mit der Pferdedroschke in die Stadt. John begleitet sie. Wo sind die Schwestern? Elisabeth ist Volksschullehrerin in Kristiania, Maren unterrichtet privat in der Provinz Vestfold, und ihr Sinn verdunkelt sich mehr und mehr durch Depressionen. Über Benedicte weiß ich nichts.

Wer will keinen Hummer kaufen? Wer wagt es, an Johns Dispositionen zu zweifeln? Ach John, was fühlst du da in der Pferdedroschke, wenn du deine Mutter begleitest, weg von ihren kostbaren Erbstücken, und einen Vater, weg von seinem Rosengarten? Für dich und Edvard bedeutet der Verlust von Landås mehr als für eure Eltern. Sie lebten auf eigentümliche Weise abgehoben von allem Irdischen, und trotzdem so eng verbunden mit den unveränderlichen Pflichten des Alltags, den Mahlzeiten, den Ruhestunden, dem Haushalt und dem Geld. Alexander wurde nie ein guter Geschäftsmann. Vielleicht hatte er zu viel Sinn für „ein gutes Gespräch" zwischen Menschen, er war stets offen für eine Absage.

Gesines Sorgen wachsen aber nun. Sie macht sich Sorgen wegen des Lebens, obwohl sie es bald verlassen wird, befreit und aufgenommen in die Ewigkeit. Sie besitzt große Tränenkammern, eine für Maren, die sich nicht freuen kann, eine für Edvard, der klein und schief wie ein Blatt im Wind leben wird, eine für Alexander, der mit jedem Tag kurzatmiger wird, eine für Kapitän Woodsworth, weil sie ihn vergessen hat und eine für John, der darunter leidet, daß sie das Leben so schwer nimmt.

Als Edvard und Nina endlich nach Bergen kommen, erwarten Marie und John ein weiteres Kind. Es ist Herbst. Ein verwahrloster schwarzer Hengst trabt vom Armenfriedhof in die Strandgate. John weicht dem Pferd aus. Er hat Edvard und Nina das Gepäck abgenommen.

„Eine gute Gymnastik für mich!" sagt er munter, aber das Bild ist eher düster in den Farben. Weit weg sehe ich den im Nebel steckenden Ulriken, sehe Fløyen wie eine Faust über der Stadt. Auf dem Fischmarkt werden große Tiefseedorsche ausgenommen. Die Gerüche werfen Edvard gewaltsam in die Kindheit zurück. Er bleibt stehen, wankt, atmet tief, John dreht sich besorgt um.

„Ist etwas nicht in Ordnung, Vardo?"

Er weist die Fürsorge zurück, auch Ninas Hand, die immer sofort unter seinen Arm greift, die ihn festhalten will in seinem Leben. In der Tür des Hauses in der Strandgate steht Marie und erwartet sie. Ihre klaren, fast unirdischen Züge. Sie wird Mutter werden für eine endlose Reihe von Kindern. Die Türen werden weit aufgemacht, das Haus steht der Familie und den Freunden offen. Als Edvard und Nina kommen, haben sie einige Flaschen europäischen Wein mitgebracht: deutschen Weißwein, italienischen Rotwein und französischen Champagner, dazu schottischen Branntwein und spanischen Portwein. In den folgenden Abenden und Nächten finden John und Edvard wieder zueinander. Endlich können sie über alles reden, was sie getrennt hat, Johns Geschäfte, Edvards Kunst, die Sorge über Gesines und Alexanders Gebrechlichkeit.

Marie und Nina ziehen sich in ein anderes Zimmer zurück. Stickereien, Gespräche über Musik, die ihre Herzen erobert hat. Brahms, Schumann und Tschaikowski. Gespräche über einen neuen Vorhangstoff, der aus England importiert werden kann. Gespräche über neue Halstabletten, die in Dänemark hergestellt werden.

Mein dunkelstes Bild: John und Edvard in der Wohnstube, eine neue Flasche Cognac auf dem Tisch, auf dem Alexander einst Karten spielte.

„John", sagt Edvard mit einem geröteten, glücklichen Gesichtsausdruck. Habe ich seine schöne Stimme erwähnt? Fast ein Bariton, kupferfarben, wenn man einen Laut als Farbe ausdrücken kann.

„Ich habe einen Freund gefunden."

John horcht auf, John liebt seinen Bruder, bewundert ihn. Und Edvard nähert sich John mit dem unbewußten Wunsch des jüngeren Bruders, Verständnis und Sicherheit zu finden. John ist nicht sein Freund. Trotzdem kann er ihm alles erzählen.

Jetzt unterbricht John das Gespräch: „Einen *Freund*, Vardo? Ich wünschte, ich hätte auch einen."

„Aber du hast doch so viele Freunde? Geschäftsverbindungen, Musiker ..."

„Ich habe Menschen, denen ich Wein, Mahlzeiten, Zigaretten spendiere ... Sind das Freunde, Edvard?"

Marie und Nina sind schon zu Bett gegangen. Wir schreiben den Herbst 1875. Am 13. September stirbt Alexander Grieg. Sein Tod kommt nicht unerwartet. Man kann ihn auf Gesines Gesicht sehen. Und das Leben ist so großzügig, daß es aussieht, als verliere sie einen teuren Geliebten.

So großzügig ist die Liebe, und sie folgt ihm vierzig Tage später. Als wären sie unzertrennlich, als wäre das Leben ein gemeinsames Geheimnis, das keiner von beiden für sich allein haben wollte.

So sieht meine Geschichte aus. Edvard hat sich einen Pavillon gemietet, um dort in Ruhe arbeiten zu können. Gemeinsam mit John und den Schwestern, plötzlich sind sie alle versammelt, hat er seinen Vater und seine Mutter zu Grabe getragen, hat gesehen, wie die braunen Särge sich in die nasse und kalte Erde senkten. Nina war nachts bei ihm gelegen, hat ihn getröstet, obwohl er keine Träne vergossen hat. Er spürt ihre Nähe. Auch von John wird er getröstet, der ihn zu sich holt, bevor sie sich zu Bett begeben. John und Edvard reden über die Kindheit, über die Konkurrenz zwischen ihnen, die vielleicht Gesine und Alexander aufbauten, ohne es zu wissen. Der schmerzliche Tag, als Ole Bull zu Besuch kam. Edvard freut sich, daß er so mit seinem

Bruder reden kann. John hat nicht aufgehört, Cello zu üben. Jeden Nachmittag, zwischen fünf und sechs, spielen sie Beethoven.

„Könntest du nicht eine Sonate für mich schreiben, Vardo?"

Die g-Moll-Ballade ist Edvards Ballade, nicht meine. Sie beginnt mit einem Thema und endet mit dem gleichen Thema. Als sei alles im Leben vorausbestimmt. Aber dazwischen befinden sich Variationen, Seitensprünge, Freude und wilde Trauer. Edvard geht in den Pavillon und schreibt die Musik zu Peer Gynt. Ein Schauspiel darüber, wie man sich selbst verrät und sich selbst genug ist, zum Nichts wird.

Manchmal im November wird das Meer ganz still. Die Sonne glüht wie im Sommer. Edvard blickt auf von seinem Arbeitstisch, irgendwie verwundert. Hier draußen besucht ihn Nina nie. Will sie, daß er allein sein soll mit dem Meer, mit dem Laub, das zur Erde fällt, mit der Musik, die in ihm klingt und nie herausdringt?

Er denkt an Marie, die zusammen mit den Kindern nach Kristiania gefahren ist, um Elisabeth zu besuchen. Er lächelt. Die Trauer ist trotzdem voller Versöhnung. Nichts ist vergeblich. Alles lebt weiter.

Vielleicht hat er gerade „Morgenstimmung" geschrieben. Er steht auf, nimmt den Mantel und geht hinaus in die kühle Luft. Eine große Liebe steigt in ihm auf. Er denkt an Nina, die in der Strandgate sitzt, an John, der unten bei den Lagerhäusern arbeitet. Er kennt die Stadt, weiß, daß sie sich manchmal wie eine Rose entfaltet und ihre Düfte verschwendet an alle, die eine Nase haben.

In den Büschen sind noch ein paar Heckenrosen. Auf den Bäumen sind noch Blätter. In der Strandgate sind die Gardinen im Schlafzimmer heruntergerollt.

Kleine Niske, denkt er, du wirst doch nicht krank sein?

Vorsichtig öffnet er die Tür. Er will sie nicht erschrecken, will sie nicht wecken, vielleicht schläft sie. Plötzlich spürt er den massiven Geruch nach John. Dann geht er die Treppe hinauf.

VI

Deutschland.

Du steigst auf aus einem modernden Wald wie ein gewaltiger Raubvogel. Die Spannweite deiner Flügel ist enorm, der Schlag deiner Schwingen träge. Aber du bist überzeugt, hinauszukommen zwischen den Bäumen, hinaus aus dem Blattwerk, das wie zufällig die Spitzen deiner Schwingen streift. Der ganze Wald ist aufgeschreckt von deiner geräuschvollen Flucht, bei der du so manches mitreißt.

Edvard in Bayreuth, im Herzen der deutschen Romantik, deren dickes, rotes Blut in alle Richtungen fließt. Noch hat kein Aderlaß stattgefunden durch den politischen Vampir, der stets der Kunst an die Gurgel will, der seine Beute hetzt, sicher, sie zu erwischen. Das Blut ergißt sich über die weißen Blätter, auf die ich meine Geschichte schreibe, obwohl Edvard vor vielen Jahren an einem Sommertag auf Seeland der Romantik den Rücken gekehrt hat. Er ist ein Zuschauer, ein Voyeur, eigentümlich bewegt, als er, zusammen mit dem jungen Schriftsteller John Paulsen, im Zug aus München die Musiker aus aller Welt trifft. Eine Pilgerreise in das Land Richard Wagners, in das Reich der Mythologien, wo die Götter noch am Leben sind, wo das Gute mit dem Flammenschwert gegen das Böse kämpft, wo die Göttinnen am Meeresgrund leben. Beleibte Opernsänger aus Amerika, süßliche Duftmischungen und Kampferdrops, Geiger aus dem südlichsten Italien mit der aufgeschlagenen deutschen Grammatik im Zugabteil. Unter Edvards Mitreisenden sind Gräfinnen aus fernen und unbekannten Grafschaften, ein leichenblasser Orgelvirtuose aus

Avignon, zwei liebenswürdige Klavierlehrerinnen aus London, dazu eine Heerschar von Gesangsstudenten von den besten Konservatorien Europas. Die ersten Wagner-Festspiele in Bayreuth, unterstützt, ja erst ermöglicht von dem romantischen, bayrischen König Ludwig II., der sich völlig aus der Politik in die Romantik zurückgezogen hat, der sich niemals ins Tageslicht verirrt, der in einer Welt von Schwänen und heimlichen Grotten lebt, ein König, dessen Blick zu den Göttern gerichtet ist, zu einer anderen Art von Macht als der materiellen: die Macht über die Elemente, über die Seelen. Er hat den Komponisten überschüttet mit Geld, ohne an die Folgen zu denken. Deutschland, das Kaiserreich, betrachtet sein Tun vorläufig wohlwollend. Die Mythen sollen die Politik unterstützen, sollen den Kampf gerecht erscheinen lassen. Der Ring des Nibelungen schildert, was geschieht, wenn das Gold in die falschen Hände gelangt, wenn die Rheintöchter es nicht mehr bewachen, wenn irdische, gemeine Wesen in Berührung mit dem edlen Metall kommen, dessen Wert nur die Auserwählten ermessen können. Wagners Lehre ist gnadenlos: Es gibt eine Erlösung, aber es gibt auch Vernichtung. Deutschland kontrolliert wieder Europa, aber Europa ist eine ungehorsame Kinderschar, besessen von dem Gedanken an Gold, verwirrte Kinder mit unreinem Blut in den Adern. Der deutsche Kaiser wird von Grafen gekrönt. Der deutsche Kaiser hat zugesagt, nach Bayreuth zu kommen, am Ende, zur Götterdämmerung.

Edvard im Lande Wagners, das gefällt mir nicht. Wer sind sie, all die Menschen im Zug, angelockt von einer Traumwelt, die sie nicht wirklich begreifen, angelockt von der Anwesenheit von Kaisern und Königen, von der eigenen Einsamkeit zur Musik getrieben, dieser Sprache, die keiner Übersetzung bedarf. Edvard sucht Wagner, weil es trotz allem eine nationale Musik ist: so *klingt* Deutschland. Widerwillig erkennt er, daß er von deutscher Kultur beeinflußt ist, ebenso wie Nordraak es zugeben mußte. Durch ein Zugfenster sieht er eine Landschaft, die zum Verwechseln der Landschaft Ostnorwegens ähnlich ist: tiefe Wälder, sanfte Täler mit Feldern, kleine Städtchen mit Kirchtürmen. Aber er weiß, wo der Unterschied liegt.

Deutschland bewacht das Gold.

Edvard und Paulsen in Bayreuth. Sie steigen aus dem Zug. Das Festspielhaus auf einem sanften Hügel überragt die Stadt. Auf dem Bahnsteig wimmelt es von Pilgern, ein italienischer Prinz wartet auf seinen Vetter, eine Violinistin aus dem Prager Opernorchester auf ihren jungen Verlobten. Alle Sprachen der Welt, ständig übertönt von dem deutschen Ruf: „Pension! Pension!" Edvard und der Dichter entkommen dem schlimmsten Trubel. Auf der anderen Seite des Bahnhofsgebäudes führt der Weg hinauf zum Festspielhaus. Edvard erblickt Hans Richter, den *großen* Richter, der die Aufführung des Ringes leiten wird. Sie haben sich einmal im Gewandhaus getroffen. Edvard errötet vor Freude, als ihn der alternde Mann wiedererkennt und sein Geplauder mit einer jungen Verehrerin unterbricht:

„Mein lieber Grieg, *Sie hier*?"

Edvard nickt eifrig. Das Großdeutsche Reich hat zwei musikalische Lager, eines für Wagner und eines für Brahms. Wie soll ihm Edvard erklären, daß er, als neutraler Norweger, beide schätzt? Hans Richters Gesichtszüge sind deutsch, und dabei wirkt er kosmopolitisch. Ist der Nationalismus eine Sackgasse? Das Ergebnis eines zu sehr vereinfachten Menschenbildes? Das fährt Edvard durch den Kopf, als er dem Dirigenten die Hand gibt, er würde sie am liebsten küssen vor überschäumender Freude. Wie soll er sich denn verhalten? Richter vergewissert sich, daß Edvard und Paulsen auch für die Generalproben, die am folgenden Tag beginnen, Karten haben.

„Ein schwieriges Werk", sagt er bekümmert mehr zu sich. Er ist der Fachmann, der totale Musiker, mit reinem Herzen und beherrscht von dem einzigen Bestreben, der Musik ihre richtige Form zu geben.

Die Augustsonne ist drückend. Sie verabschieden sich,

verneigen sich, bedanken sich. Begeben sich hinein in das Zentrum von Bayreuth. Edvard wird von Kopfweh überfallen, hat eine Privatadresse für eine Unterkunft zusammen mit dem Dichter, nur einen Steinwurf entfernt. Die Stadt ist voll von Musikern und Musikliebhabern. Aus den Hotelzimmern hört man Fragmente von Wagner, von Beethoven und, zum Trotz, von Brahms. Der Schriftsteller hat seine Augen weit aufgerissen, ist neugierig auf die Welt, auf die Menschen. Bleibt stehen, ruft aus: „Aber Edvard! Sieh doch!"

Edvard plötzlich aschgrau im Gesicht. Uralt. Er sieht seine staubigen Schuhe, das wankende Kopfsteinpflaster.

„Hast du Hunger?"

Nein, Edvard hat keinen Hunger. Paulsen versteht nicht, daß er kein Pilger ist wie all die anderen. Er hat nur ein neues Exil gefunden.

Er liegt auf dem Bett in dem kleinen, weißen Zimmer. Der Geruch nach Kohlsuppe steigt ihm in die Nase. Wildschwein, Braten und Bier. In dem Zimmer neben der Küche übt der Opernsänger mit den Kampferdropsen. Er möchte so gerne Wagner vorsingen.

Die Stimmung wirkt vertraut. Früher Nachmittag. Die erste Generalprobe fällt aus. Ludwig II. ist im Laufe der Nacht eingetroffen. Er will den Saal des Festspielhauses für sich alleine, zusammen mit dem Komponisten.

Edvard ist aufgestanden, beginnt, seinen ersten Artikel für die Zeitung Bergensposten zu schreiben. Ich bin empört, verärgert, böse. Eine Frau würde schreien, bis die Wände wackeln und ihr die Decke auf den Kopf fällt, bis sie in einer Verzweiflung versinkt, aus der sie nur ein anderer Mensch retten kann. Aber Edvard hat die Situation unter Kontrolle. Jetzt hat er plötzlich sein Leben klar im Griff, verhält sich zielbewußt wie ein Unternehmer. Er hat bereits die g-Moll-Ballade geschrieben. Sie hat ihn eingewickelt, hat ihn zu zahllosen Variationen und Stimmungswechseln verführt. Nur die Tonart ist die gleiche, g-Moll, g-Moll, g-Moll. In Leipzig hat er sich vor seinem Notenverleger in Trance gespielt. Was ist in ihm vorgegangen, als er unfähig war, zu reden? Welches erschütternde Ereignis hat eigentlich sein Leben betroffen?

Ich muß vorsichtig sein. Ich will nichts zerstören. Dies ist ein geschlossener Raum. Ebenso wie das Kämmerchen, in dem Edvards Musik entsteht. In diesem privaten Kämmerchen macht er sich zu einer öffentlichen Person. Vielleicht ist es anmaßend von mir, einer Unkundigen, aber ich behaupte, daß genau *jetzt* Edvard seine Karriere als Komponist beginnt. Die frühen Lieder sind ein Vortasten, ein Vorzeichen, das a-Moll-Konzert ist das abschließende Examenszeugnis. Jetzt hört er auf, seine Kenntnisse vor aller Welt beweisen zu müssen. Deshalb ist er nicht zufällig hier in Bayreuth. Wagners Musik steht in vollem Einklang mit ihren Prämissen. Edvard will eine Kunst sehen, die sich bis zu den äußersten Möglichkeiten ausdehnt. Mit der Hilfe eines kranken, bald geistesgestörten Königs hat Wagner seine Vision realisiert: hat ein Amphitheater nach klassischem Muster errichten lassen, hat das Haus seiner Kunst geschaffen, dort soll die Kunst wohnen. Vielleicht habe ich mich deshalb so unwohl gefühlt, als ich viele Jahre später den Ort besuchte, unterwegs auf Edvards Spuren. Das Haus strahlte eine Würde aus, die ich bisher nur von Kirchen kannte. Aber wird eine solche Würde dem Wesen der Kunst gerecht? In diesen Tagen höre und lese ich erneut Äußerungen darüber, daß die Kunst ein „Haus" brauche. Mich erschrecken sie, diese Wände, Fenster und Treppen, auf irrationale, unerklärliche Weise.

Aber im Jahre 1876 betritt Edvard das Haus Wagners ohne Widerwillen, sehnt sich nach dem Wunderbaren, nach dem, was uns erhebt über das Triviale und uns in Verbindung bringt mit unseren geistigen Ursprüngen. Edvard glaubt nicht an Gott, aber er glaubt an Götter.

Und das Wunderbare ist bereits geschehen. Er ist in dem Haus, obwohl es geschlossen ist. Die Generalprobe von Rheingold soll allein für den König und den Komponisten aufgeführt werden. Darin besteht vielleicht Wagners einziger Kompromiß, daß er dem König gehorcht, so gerne er Publikum im Saal hätte, um festzustellen, ob die Akustik so ist, wie vorgesehen.

Endlich ein Vorteil, Edvard Grieg zu heißen! Vielleicht hat ihn einer der Puddinge aus Leipzig, der im Bayreuth-Orchester spielt, entdeckt, als er, Paulsen sich selbst überlassend, durch den Bühneneingang schlüpft, versteckt hinter einem hochgewachsenen Kontrabassisten. Edvard adoptiert von einem Opernorchester. Drinnen, in der brodelnden, hektischen Generalprobenatmosphäre, erklärt er, daß er unbedingt diese Vorstellungen sehen *müsse*, ohne Rücksicht auf den König von Bayern. Die Musiker lachen über den kleinen, schiefen, verrückten Norweger. Seine Frechheit wirkt entwaffnend. Natürlich dürfe er die Vorstellungen sehen, er soll sich irgendwo im riesigen Orchestergraben einen Platz suchen, wenn Maestro Richter nichts dagegen hat.

Das ist unglaublich, ergreifend, irrsinnig, absurd. Ein ganzes Opernensemble, in monatelangen Proben gedrillt, ist sich bewußt, daß die gesamte Musikwelt Abordnungen geschickt hat in diese unbedeutende deutsche Stadt, wo sie Zeugen werden sollen von dem vielleicht größten musikalischen Ereignis des Jahrhunderts. Dann kommt der König, der das ganze bauen ließ, und weil er ein so unheimlich empfindsames Gemüt hat, weil er so ungemein scheu ist, will er mit dem Komponisten allein in dem großen Saal sitzen. Das Festspielhaus reduziert zu einem königlichen Freudenhaus?

Nicht zu vergessen die Stimmung des Sommers, die reifenden Früchte, das gemähte Korn. Nicht zu vergessen die nervöse Stimmung im und um das Festspielhaus, Menschen, die sich gegenseitig aufhetzen in der Sehnsucht nach etwas, das dem Leben einen Inhalt geben kann.

Das gilt auch für Edvard, versteckt im Orchestergraben sieht er, wie die Lichter gedämpft werden, sieht, wie Ludwig und Wagner sich in der Königsloge zurechtsetzen und wie Hans Richter seinen Platz vor dem Orchester einnimmt, nicht ohne dabei dem norwegischen blinden Passagier einen resignierten und zugleich anerkennenden Blick zuzuwerfen. Er hat es gewagt.

Weil er keine Lust hatte, den Abend alleine mit dem Schriftsteller und diversen Flaschen zu verbringen.

Er ist hierhergekommen, um neue Eindrücke zu sammeln, um zu vergessen, um für eine Zeitung musikalische Analysen zu schreiben, die auch sie zu lesen pflegt, Nina.

Edvard der Weltbürger. Edvard der blinde Passagier. Aber sobald er den Meeresgrund hört, dargestellt mit tiefen Kontrabässen und Tuben in Es-Dur, zerfällt seine Persönlichkeit Schicht um Schicht, bis nur noch ein nackter Knabe dasitzt, großäugig und eingeklemmt zwischen den Violinen. Der Vorhang hebt sich, und er wird überwältigt von den Mythen, das Gute und das Böse, der Kampf um die Macht und das Wesen der Macht, irgendwo im Saal ein einsamer, verwirrter König, der sich zurücksehnt nach dem Ursprung, als der Sinn des Lebens leichter zu entziffern war.

Ich sehe ihn nicht immer gleich deutlich. Seine Artikelserie über Bayreuth liegt vor mir. Gut geschrieben, glänzend, musikalisch und gleichzeitig überschwenglich in der Bewunderung Wagners, des Zauberers. Wo hat er die Artikel geschrieben? In dem trostlosen Zimmer mit dem Geruch nach Kohlsuppe und Schweinebraten und mit dem Wotan übenden Opernsänger mit den Kampferdropsen? Draußen hört er die Vögel singen und das immer erregtere Stimmengewirr der Festspielgäste, wenn neue Adelige angekommen sind. Am Nachmittag geht er mit dem geschriebenen Artikel in einem verschlossenen Kuvert durch das Menschengewühl zur Post. Dann trifft er sich wie abgemacht in einem Gasthaus mit dem Schriftsteller. Ich glaube, Edvard trinkt, keinen Wein, sondern hochprozentigen französischen und deutschen Branntwein. Paulsen fragt eifrig, was er geschrieben hat. Edvard weiß auf einmal so viel über das

Leben, redet wie ein alter Mann, ein wenig bissig und resigniert, leugnet das Erlebnis vom Abend vorher. Nun kann er gemeinsam mit dem Schriftsteller und den anderen Menschen im Saal sitzen und hören, wie perfekt dieses Gebäude der Orchestrierung Wagners angepaßt ist, die Stimmen auf der Bühne, die sich behaupten über dem gewaltigen und tiefen Klang des Orchesters. Paulsen hat sich erhoben und schreit vor Begeisterung. Edvard steht neben ihm und ruft, bis er heiser ist: „Wagner! Wagner! Wagner!"

Jetzt sitzt Edvard im Gasthaus und wedelt lässig mit einer Einladung in die Villa Wahnfried am selben Abend. Paulsen erbleicht:

„Bei *Wagner*? Du ... und ich?"

Paulsen, der über alles schreiben möchte, was gut ist, wenn Menschen zusammen sind, Premieren, tiefsinnige Gespräche von Freunden, Champagnerkorken, die Kronleuchter splittern lassen. Edvard winkt ab, plötzlich gereizt:

„Ich mag nicht hingehen. Ich sage ab."

„*Absagen?*" Paulsens ungläubiges Aufschluchzen. Paulsen und Grieg bei Wagner. Begreift Edvard nicht, welche *einmalige* Gelegenheit das ist, um ... um ...

„Um was?"

Paulsen überlegt lange und angestrengt. „Um seine Sicht der nordischen, der norwegischen Musik darzulegen."

Edvard mit dem Cognacschwenker in der Hand. Ihn zieht es nicht zu Wagner. In ihm wehrt sich etwas. Von nun an will er selbst bestimmen, wer er ist. Er sieht den deutschen Vogel und alles, was er bei seinem Aufstieg, bei seinem Weg hinauf in den Himmel mit sich reißt. Der König ist verschwunden, der Kaiser des Deutschen Reiches ist angekommen. Und ich sehe ihn nicht immer gleich deutlich, denn in ihm ist keine Liebe, nur eine Menge lichtscheuer Gefühle, mit denen er nicht weiß, was er anfangen soll.

Der norwegische Staat hat ihm eine Gage bewilligt, damit er norwegische Musik schreibt. Er ist in Deutschland, um für eine Zeitung über Wagners Ring des Nibelungen zu berichten.

Er wird von Heimweh geplagt.

Daheim, das ist immer dort, wo er nicht ist. Eines Tages erhält er einen Brief von Dem Seltsamen Dichter:

Ich wohne unterhalb des Brenners. Ich kann bis nach Italien sehen. Kommen Sie, und besuchen Sie mich, und nehmen Sie sich Zeit.

Dahin hat er sich also zurückgezogen, dieser Henrik Ibsen, in ein Alpendorf zwischen den Bergen, die Südeuropa von Nordeuropa trennen. Von hier aus richtet er seinen Blick hinauf nach Skandinavien und hinunter bis nach Italien. Edvard erinnert sich plötzlich an eine Frau mit ihrer Tochter an einer Grenzstation, es ist viele Jahre her. An die ängstliche Zurückhaltung eines Menschen auf der Reise. Sich zurechtfinden in dieser Vielzahl von Eindrücken, wenn alle Menschen einen Moment lang gleich zu sein scheinen, wo keine sichtbare Trennung zwischen gut und böse, zwischen Freund und Feind erkennbar ist.

Mein Edvard, immer auf der Reise, immer geplagt von einer Sehnsucht nach Orten, wo er nicht ist. Wie gut kennt er die Menschen? Was weiß er über den Schriftsteller, der in einem Gasthaus in Bayreuth gutmütig neben ihm sitzt, der die deutschen Eßgewohnheiten bereits völlig angenommen hat, der sich vollschlägt mit Schweinebraten und Bier. Er ist lebenshungrig, er reist aus Freude. Und Edvard, warum reist er? Mit seiner Ängstlichkeit, angehalten zu werden, in einer Gegend bleiben zu müssen, die nicht seinen Sehnsüchten entspricht, die verschwommenen Traumbilder, denen er am nächsten kommt, wenn er komponiert.

Ich versuche, Edvard auch als Europäer zu schildern, in einem Teil der Welt, der seine Grenzen noch nicht gefunden hat, dessen innerer Organismus ständig im Wandel ist, jeder Körperteil bemüht sich um seine eigene Gesundheit und begreift nicht, daß die Teile nur zusammen leben können, daß weit entfernte Katastrophen früher oder später an ganz anderen Orten Folgen haben.

Paulsen ist ein Reisegefährte, Bjørnson eine Versuchung, und Ibsen? Es bestehen gefährliche Parallelen zwischen Peer Gynts und Edvards Leben. Peer, der Abenteurer, der Eroberer, der Eroberer wovon? Das Theaterstück hatte seine Uraufführung gehabt, aber weder der Autor noch der Komponist waren anwesend.

Edvard schreibt an Beyer, daß er beabsichtige, Ibsen zu besuchen, in Gossensass unterhalb des Brenners.

Der Zug durch Europa. Langsam wird Bayern durchquert, immer nach Süden, durch enge Täler, Menschen sitzen unbeweglich vor ihren Holzhäusern, während die Reisenden vorbeifahren. Mensch starrt auf Mensch. Einen Steinwurf weiter: die Grenze, eine andere Sprache. Edvard und Paulsen. Jetzt ist Edvard der Cicerone für einen Jüngling. Edvards blaue Augen im Zugabteil. Die Begeisterung Paulsens stimmt ihn wehmütig. Er hat das Gefühl, jedesmal allein zu sein, wenn er durch Europa reist. Er schreibt an Beyer in die Heimat: Frants, warum reist du nicht mit mir?

Am Brenner erreichen sie die Paßhöhe. Unten im Tal liegt Gossensass. Wie eine Schlange windet sich der Zug bergab zu dem bescheidenen Ort, Henrik Ibsens Zufluchtsort.

Er holt sie nicht am Bahnhof ab. Die Ortschaft liegt wie eine faule Katze im flimmernden Licht des Spätsommers. Paulsen deutet begeistert auf die schneebedeckten Gipfel, die ihn an Jotunheimen erinnern. Edvard nickt nervös. Der Anlaß für diesen Besuch ist eigenartig. Ein Dichter und ein Komponist wollen einen Erfolg feiern, bei dem keiner zugegen war. Aber für Edvard geht es nicht nur um Peer Gynt. Er ist hierhergekommen, weil er vielleicht nicht wußte, wohin er sonst sollte.

Auf der Straße spielen zwei Kinder, Knaben. Sie sehen italienisch aus, kratzen mit Steinen in der trockenen Erde. In einer fremden Sprache fragt Edvard nach dem Weg zu

Henrik Ibsens Wohnung. Der eine Junge schaut Grieg mit großen dunklen Augen an und antwortet ihm auf norwegisch. Er ist der Sohn des Seltsamen Dichters.

Das ist eine Vision, der Komponist und sein Reisegefährte, nur diese beiden sind in Gossensass aus dem Zug gestiegen. Der Knabe bietet sich als Führer an. Edvard greift dankbar nach seiner Hand, aber der Junge entschlüpft ihm. Edvard erkennt den traurigen Blick wieder, den abweisenden Ausdruck, von dem er nicht weiß, ob es Angst oder Verachtung ist. Der Knabe stellt keine Fragen. Für ihn sind sie Fremde, von weit hergekommen. Edvard hat plötzlich das Gefühl, nicht in Europa sondern im Himalaya zu sein, unterwegs zu einem Kloster, unterwegs zu der endgültigen Weisheit über das Leben und die Menschen. Bis Ibsen ihnen entgegenkommt, eine schwarze Silhouette mit Zylinder und Frack. Edvard und sein Begleiter im Gegenlicht. Sie können die Gesichtszüge des Dichters nicht erkennen. Die grelle Sonne, die hellen Berge und der Stock, der in gleichmäßigem Takt sein Punktum auf die trockene Erde klopft. Edvard denkt an alles Abgeschlossene im Leben. Edvard denkt an den Tod, der ihn lange nicht erschreckt hat. Warum erschreckt er ihn jetzt auf einmal, als er wie gelähmt stehenbleibt? Die schwarze Silhouette, die ihm entgegenkommt. Er weiß nur, daß er nicht sterben will, nicht jetzt. Noch hat er nicht gelebt, was ihm seiner Meinung nach zusteht.

Mich beschleicht beim Schreiben die gleiche Angst wie Edvard. Das Erschreckende ist das Fehlen eines Gesichts, Ibsens Züge bleiben undeutlich im Schatten. Er hält jäh an, auf einer Straße irgendwo in Europa, wo ein paar hundert Jahre früher die Inquisitoren ihre außergewöhnlichen Fähigkeiten dazu anwendeten, das Böse in den Menschen zu erkennen. Sie wußten die Antwort schon vorher, mußten nicht erst fragen, mußten kein Wort wechseln mit dem Menschen, den sie für den Scheiterhaufen bestimmt hatten. Edvard spürt den Rauchgeruch. Er ist nicht im Himalaya. Er ist in einem dieser engen Täler, das die Menschen für die Flucht von Süd nach Nord und von Nord nach Süd benutzten, je nachdem welcher König, Kaiser oder Papst auf dem Thron saß. Er befindet sich an einem Ort, wo man sich unmöglich verstecken kann, wo die Menschen dauernd auf Wanderschaft sind, wo der Jäger sich nur hinzusetzen und zu warten braucht, ruhig, überlegen und ohne Eile seine Beute auswählen kann.

Ibsen reicht ihm die Hand. Edvard ergreift sie mit einem Schaudern. Sie ist kalt. Kalt wie nie von der Sonne beschienener Stein. Kalt wie ein Körper, den die Seele längst verlassen hat.

Erst viele Stunden später kann Edvard die Züge des Dichters erkennen, beim gemeinsamen Schnaps. Die Augen des Schriftstellers Paulsen sind kugelrund vor Respekt und Bewunderung. Ibsen hat fast noch kein Wort gesagt. Sein Gemütszustand ist nicht feststellbar. Die Augen hinter den kleinen Brillengläsern sind nicht mehr dunkel, sie sind farblos. Die Haut weist eine Bleiche auf, wie sie Edvard nur bei Toten kennt. Er trinkt langsam, fast mühsam, so als sei ihm auch der Schnaps eine Last.

Der Schriftsteller Paulsen macht eine lockere Handbewegung. „Peer Gynt ist ein kolossaler Erfolg."

Sie sitzen in einer Schenke. Ibsens Frau, die für einen Augenblick wie ein Föhnwind zwischen den drei Männern wirkte, ist in der Wohnung geblieben, um ihren Sohn ins Bett zu bringen. Edvard muß dauernd daran denken, daß sie die Tochter von Magdalene Thoresen ist, dieser Frau, die ihm einst Rikard Nordraak vorstellte.

„Freut mich."

Edvard hebt den Kopf. Das war Ibsens Stimme. Sie sitzen im dunkelsten Winkel der Schenke. Die braune Wandverkleidung, der dichte Rauch, der im Raum hängt, ein Gefühl von Verlassenheit und Vergessen, eine Schwermut, die verstärkt wird von den schweigenden Bauern am Ende der Schenke, die von der Anwesenheit der Norweger gehemmt scheinen, auch *sie* trinken Branntwein, aber so freudlos, daß es auffällt in einem Teil Europas, in dem das Geschenk der Traube, gegoren oder destilliert, die tägliche Medizin gegen Wahnsinn und Einsamkeit ist, in noch höherem Maße als der Geschlechtsakt.

Niemand wagt ein Wort zu sagen, so als hätte plötzlich ein Richter den Raum betreten, so als befände sich hier ein Schuldiger, ein Verbrecher, versteckt hinter einer der Masken. Sogar der Wirt, ein Italiener, zögert, seinen guten Rotwein herauszurücken, den er in Fässern aus Bozen geholt hat.

Edvard sagt plötzlich: „Das könnte eine Szene aus Ihrem Peer Gynt sein." Er betont „Ihrem", weiß, daß ihm kein Recht zukommt an diesem Werk, daß seine Musik, im Auftrag des Dichters komponiert, nur eine äußerliche Verzierung der kristallklaren und trotzdem nicht handhabbaren moralischen Konflikte bedeutete. Ibsen hat sich nie für Musik interessiert, aber das Musikalische gehört in die Zeit, ist nötig, um das Publikum zu bewegen. *Komponist*, das ist für Ibsen fast ein Schimpfwort; dem Gefühl ausgeliefert sein und abgeschnitten vom Denken. Visionen, Traumbilder, die Flucht des Menschen weg von sich selbst. So sitzt Ibsen in der Ecke seiner Schenke, und starrt mit einer Verachtung, die allmählich erkennbar wird, hinüber zu dem Tisch der Bauern, so als amüsiere es ihn auf unerklärliche und krankhafte Weise, daß seine schweigende Anwesenheit die Stimmung derart dämpft. Edvard fällt ein, daß hier der Dichter des „Brand" ihm gegenübersitzt, daß die Gestalt des willensstarken Brand ein Teil von ihm sein muß, unabhängig von der Aussage des Stücks, daß Brands Ideale weit hinausgehen über die Möglichkeiten des Lebens und daß seine Verachtung der irdischen Schwächen grenzenlos ist.

Für Edvard ist das wie eine Offenbarung. Die Frage wirkt wie ein Aufstöhnen: „Aber Ibsen, warum sind Sie hier?"

Der Dichter blickt ihn erstaunt an, so als hätte er nach einem selbstverständlichen Naturgesetz des Lebens gefragt. Er hebt das Glas, schluckt den Schnaps mit zusammengepreßten Lippen.

„Es ist irgendwie beruhigend", sagt er in einer monotonen, etwas schleppenden Stimme. „Die Abwesenheit dieser Menschen. Haben Sie die Bauern dort drüben bemerkt? Haben Sie nicht auch das Gefühl, daß sie nicht das geringste mit uns zu tun haben? Keiner von ihnen würde sich jemals an unseren Tisch setzen und fragen und bohren, wo wir eigentlich herstammen oder ob wir zufällig von einem neuen schwedischen und vielversprechenden Dichter gehört hätten. Warum ich hier bin, fragen Sie. Die Gegend erinnert zugegebenerweise an Norwegen, die gleichgültige Natur, die gedankenlosen Menschen ..."

„Aber Sie haben doch eben gesagt, daß Sie diese Menschen nicht kennen?" Paulsen fragt, nicht mutig, aber naiv.

„Habe ich das gesagt?" Ibsen starrt lange und ausdruckslos den jungen Schriftsteller an, der heftig errötet. „Ich habe, glaube ich, gesagt, daß sie nicht das geringste mit uns zu tun haben. Das heißt nicht, daß ich sie nicht kennen würde. Ich meine sie sogar sehr gut zu kennen. Betrachten Sie genau ihre Gesichter. Das ist hinreißend, dieses Grobe, Brutale und Gedankenlose. Sie sind mit dem Leben fertig. Ihre Körper führen mechanisch die Arbeit aus. Man nennt sie Bauern, aber sie sind Maschinen, ohne ein eigenes Bewußtsein, ohne einen Willen, unfähig, sich das zurückzuholen, was für immer verlorengegangen ist. Sie sind das wahre Bild unseres Europa. Es ist die Schuld dieser Menschen, daß alles so ist wie es ist. Obwohl, wie kann man von Schuld reden, wenn man ... entschuldigen Sie, von Tieren redet. Beobachten Sie sie, wie sie trinken, um noch mehr abzustumpfen. Ihre einzige Sehnsucht ist die Bewußtlosigkeit. Was glaubt ihr, reden sie mit ihren Frauen, wenn sie in ein paar Stunden nach Hause wanken? Glaubt ihr, es sind gute und gewissenhafte Ehemänner? Ja, gut insofern, weil sie nicht böse sind, sondern nur dumm. Wenn ich sie auf der Straße treffe, heben sie den Kopf und sehen mich mit einem Blick an, der bei mir Assoziationen mit ganz anderen behaarten Wesen hervorruft. Aber hören wir auf, über solche traurigen, unerquicklichen Dinge zu reden. Erzählt mir lieber von Bayreuth, von Wagner. Seine Darstellung der nordischen Götter amüsiert mich. Vielleicht ist er in zwanzig Jahren Norwegens Nationalkomponist. Wartet nur, bis Bjørnson sich für ihn begeistert, dann werden die Dinge schon ins Rollen kommen."

Das trockene, freudlose Lachen des Dichters. Paulsens Augen immer noch kugelrund vor Bewunderung. Fasziniert. Edvard erhebt sich, ihm ist schwindlig.

„Macht Ihnen der Rauch zu schaffen?"

Edvard nickt, aufgewühlt, empfindlich, bereits in wilder Flucht. Er stottert, entschuldigt sich:

„Ich muß mich zurückziehen. Die Herren müssen mich entschuldigen."

Er dienert, zögert, läuft weg. Ibsen bleibt bewegungslos sitzen, sieht ihm nach, abschätzend, wissend. Edvard ruft nach dem Wirt, bittet um den Schlüssel für sein Zimmer, bittet um eine Flasche Branntwein, nein *zwei*. Der Wirt nickt ängstlich, ohne ein Lächeln, trotz der lustigen Gesichtsfalten. Dann geht er, um die Flaschen zu holen.

Edvard in Gossensass. Edvard auf der Wippe des Seltsamen Dichters. Ibsen hat einen festen Punkt: den des Zuschauers. Von dem aus kann er die Welt kippen. Dort unten in dem kleinen Dorf zwischen den Bergen sieht Edvard plötzlich seinen eigenen Schatten in der Sonne, mit Hut, Frack und Stock. Er sieht, wie er in diesem Licht zu dieser Tageszeit Ibsen ähnlich ist.

Eines Vormittags bei einem Bergspaziergang. Ibsen deutet auf die schneebedeckten Gipfel:

„Von da oben aus kann man bis Mailand, bis in die Schweiz und weit, weit hinein nach Deutschland sehen. Weiß Gott, vielleicht kann man sogar Rom sehen."

Edvard fragt: „Ist es wichtig für Sie, so weit zu sehen?"

„Nein, mein Blick ist auf die Menschen gerichtet."

Paulsen, der immer von geistreichen Gesprächen inspiriert wird, ist außer sich über die großartige Natur. Er fängt plötzlich an zu singen:

„Kanskje vil der gå både vinter og vår."[8]

Edvard wird sofort verlegen, klopft ungeduldig mit dem Stock. Ibsen steht bewegungslos, bis Paulsen fertig ist, dann fragt er:

„Was haben Sie da gesungen?"

Er erkennt sein eigenes Gedicht nicht wieder.

Sie sind umgekehrt, gehen den Weg zu dem Berg, den sie nicht bestiegen haben, wieder hinunter. Die Luft riecht abgestanden trotz des frischen Windes. Ich denke an Rekonvaleszenz. Der Schriftsteller Paulsen geht voran, immer begeistert, mit offenen Augen. Ibsen geht als letzter, die Augen auf den Nacken des Komponisten gerichtet. Edvard spürt den Blick, spürt, wie er für Ibsen zum Nichts wird. Ein Mensch, in den man hineinsehen kann, ist ein durchsichtiger Mensch. Es gibt ein Wissen, das alles *fragwürdig werden* läßt. Nachts weint Edvard und schreibt dabei lange Briefe an Beyer. Die Angst hat sich an ihm festgekrallt. Jetzt sieht er, was dahintersteckt, hinter der Sehnsucht, unverwundbar zu sein und einen Punkt außerhalb des Lebens zu finden, wo einen das Leben nicht kriegen kann, wo es einem nicht schaden kann, einen nicht weglocken kann von der Berufung, von der Arbeit.

Das Ziel ist erreicht. Das Leben hat aufgehört, zu existieren. Der Schriftsteller Paulsen schlägt mit dem Stock auf die Blumen am Wegrand. Drei Männer. Soviel Starrheit zwischen ihnen. Jeden Abend treffen sie sich unten in der Schenke. Als mehrere Flaschen bis zur Neige geleert sind, entdeckt Edvard endlich die Verzweiflung in Ibsens Augen.

Sie kommt zu ihm wie ein Todesschrei. Ohrenbetäubend. Edvard erhebt sich voller Panik, kippt einen Tisch um. Da tauchen die Bauern auf, bereit, zu prügeln oder zu helfen. Edvard meint zu ersticken.

„Ich bekomme keine ... Luft."

Schweigende, fremde Gesichter blicken ihn an. Der Wirt kommt aus der Küche, mit seinem besten Wein, begleitet ihn auf sein Zimmer. Edvard spürt Ibsens Blick wie einen Frosthauch im Nacken, als er die Treppe hinauftorkelt. So will er nicht werden. Nie im Leben. So nicht.

„Bringen Sie mich weg von hier", fleht er, wie im Fieberwahn. Die Stimme des Wirtes ist wie Medizin: die Glockenschläge, die Zugzeiten, trockene Zahlen mit einer vagen Hoffnung auf Gnade.

Gnade. Ein Fremdwort auch für mich, ebenso wie Edvard war ich nie imstande, die christliche Sündenlehre zu verstehen. Aber plötzlich wirkt Edvard neutestamentlich, wie er an diesem Septembermorgen des Jahres 1876 weit vorne an der Reling des Dampfschiffes steht, das am Kai in Kristiania anlegt, und Nina ihm aus der Menge der wartenden Menschen zuwinkt. Die Sonne steht hinter ihm. Weiß er, daß er eine genauso dunkle Silhouette ist wie er sie in Gossensass erlebte? Er hegt keine Rachegefühle mehr, auch keinen Trotz, aber da ist ein Ernst in ihm, der fast zu großartig ist, so als hätte er mehr als nötig vergeben. Das ist einer der schlimmsten Augenblicke, die ich mir vorstellen kann. Sünde, Schuld, Sühne. Nina und Edvard in Begriffen gefangen, mit denen sie nicht zurechtkommen, gewaltige Begriffe, die eine Puppenwelt zerschlagen.

Edvard auf der Landungsbrücke. Er hat Träger für das Gepäck. Trotzdem hat er einen großen Koffer in der Hand, vielleicht ein Geschenk für Nina. Nina, die so gerne weinen möchte, aber ich glaube, sie tut es nicht. Denn ein Mensch, der eingeschüchtert ist bis ins Innerste, ist nicht fähig, diese Art von Gnade anzunehmen. Nur für Edvard wird das Wiedersehen zu einer gefühlsmäßigen Erlösung. Er hat sich so lange zurückgehalten, aber sie hat geschrieben, gebettelt, gefleht. Er hat sie erlebt in ihrer Zerknirschung, in ihrem von Krämpfen geschüttelten Weinen, aber das ist lange her.

Er hat sie verlassen, als sie am Tiefpunkt ihrer Verzweiflung war, als ihr niemand mehr helfen konnte. Die Schwestern haben sich dann um sie gekümmert. John hielt sich heraus. Die einzige, die nichts verstand, war Marie.

Hast du sie jetzt genug bestraft, Edvard? Genießt du es wieder, sie in deinen Armen zu halten, spürst du, wie dein verhaltenes Schluchzen dir ein Gefühl von Liebe gibt, ein Gefühl, Mensch zu sein? Du weißt nur zu gut, daß genau dieses Gefühl dich zum Komponieren veranlaßt, dich zum Musiker befähigt. Genau deshalb wirkte Ibsens Methode so abschreckend auf dich. Offensichtlich willst du nicht begreifen, was du verstanden hast. Aber welches Recht habe *ich*, dich zu verurteilen? Ich spüre nur Hoffnungslosigkeit, weil das, was zwischen dir und Nina geschieht, ein Teil des Alltags zwischen Mann und Frau ist.

Ich beobachte mißtrauisch meine Feder. Das Bild darf nicht zu scharf werden. Die Personen, über die ich schreibe, sind undeutlich. Ich habe keine Empfindung, die ich festhalten und von der ich sagen könnte: Bist du *so*? Die Farben verschwimmen. Ninas Hände, die ihren Mann umfassen, werden undeutlich, undeutlich wird das Flüstern, wie sie wieder und wieder seinen Namen nennt, als würde sie ihn gleich verlieren:

„Vardo ... Vardo ..."

Das ist der Herbst der Vergebung, und Kristiania hat nie einen verlasseneren, windigeren und ungemütlicheren Eindruck gemacht.

Ich suche nach einem schwarzen Hengst zwischen den Menschen am Hafen. Es ist keiner da. Und Edvard, der ihn nie bewußt wahrgenommen hat, weiß nicht, was er verloren hat.

Was reden sie miteinander? Ich glaube, es fällt ihnen schwer, Worte zu finden. Ich sehe sie in ihrer kleinen Wohnung, zwischen Möbeln, die zum Teil geliehen, zum Teil ihre eigenen sind. Der erste gemeinsam Abend. Nina hat sicher Wein besorgt. Sie hat aus dem nächsten Hotel ein Essen heraufgeholt. Sie hat den runden Tisch geschmückt, Edvards Lieblingstisch, mit einer selbst gestickten Decke geschmückt. Sie geniert sich, es ihm zu sagen. Sie versuchen, miteinander zu reden, aber die Sätze kollidieren, sie stottern, versuchen es erneut, bleiben in Pausen stecken.

Nina sieht blendend aus. Sie ist viel an der frischen Luft gewesen, sie hat eine Gymnastik, ausgearbeitet für Mütter, absolviert. Sie hat Tabletten genommen, empfohlen von Kopenhagens gesuchtestem Arzt.

Dieser erste Abend ist so entscheidend.

Edvard, ich verabscheue deine Gnade, die du Nina gütigst zukommen läßt, mit einer halbvollen Flasche Hennessy auf dem Tisch. Du hast sie an dich gezogen, küßt ihren Hals mit einem fahrigen, gefühllosen Mund. Sie sagt, mutig:

„Vielleicht werden wir durch das, was passiert ist, erst wirklich fähig, uns zu lieben."

Er nickt, versichert ihr, daß er alles verzeiht. Alles. Will nicht mehr darüber reden. Er verzeiht. Trinkt Cognac. Verzeiht. Streicht ihr über das Haar, küßt sie auf den Mund. Verzeiht. Erzählt von Bayreuth, wie schrecklich einsam er sich die ganze Zeit gefühlt hat. All das, was ihn aufwühlte, was er nicht schreiben konnte. Verzeiht. Verzeiht, als sie hinausgeht, um sich zu übergeben. Er fährt fort. Will nicht mehr darüber reden. Redet trotzdem, wie er damit fertig werden muß, mit dieser Sache mit John, das ist er seinen verstorbenen Eltern schuldig, und den Schwestern und der Menschheit. Er verzeiht. Sie lacht, sie weint. Nein, das sind keine Tränen, das sind nur winzige Glaskugeln. Ihr Kopf ist zerbrechlich, ist brüchig, aber nicht durchsichtig. Er verzeiht.

Das ist der Punkt, wo mir die Distanz fehlt. Ich bin jetzt ganz nahe. Ich weiß, wohin das führt. Aber ich möchte nicht boshaft sein. Ich möchte sie auch nicht herabwürdigen durch ein Mitgefühl. Aber ich kann dieses Verzeihen nicht leiden. Denn es setzt voraus, daß eine Sünde begangen wurde.

Einmal, in der Strandgate. Nina und John. Edvard auf der Treppe. Auf dem Weg zu ihnen.

Ich schließe die Tür zum Schlafzimmer. Ich will nicht wissen, was dort gewesen ist. Es war sowieso nur der Vorwand für ein Verzeihen, warm wie die Sonne, das die Erde austrocknen und rissig werden läßt.

Sie sieht das Mitleid in seinen Augen, seinen großen, feuchten und ernsten Augen. Sie will es nicht haben. Sie entzieht sich. Es ist Nacht. Mit einer vor Nervosität zitternden Stimme sagt er:

„Ich werde Lieder für dich schreiben, Niske. Ich wünsche mir mehr als alles andere, daß du wieder zu singen anfängst."

„Mußt du *jetzt* davon reden? Gerade *jetzt*?"

Sie versteht ihn nicht, kann nicht begreifen, warum er so nervös ist. Wie ein Pendel, das bis zu ihrer äußersten Einsamkeit ausschlägt. Sie greift nach seinem Körper mit der heftigen Ungeduld der liebenden Frau. Da setzt er sich auf, mit vor Angst dunklen Augen. Hat er begriffen, daß er sich selber betrogen hat? Mitlied hat mit Liebe zu tun, aber nie mit Verlangen. Sie streicheln sich. Nina zieht sich zurück, wird wie eine spiegelnde Fläche. Die Haut, die Augen, keine Träne. Nur die Hände, voll bitterer Erkenntnis, voll Trost.

Sie ist in der Stadt. Er hat sie weggeschickt, viele Posten stehen auf ihrem Merkzettel. Sie wird sicher nicht vor Mittag zurück sein. Allein in der Wohnung. Die Sonne leuchtet kalt durch die weißen Gardinen, er setzt sich voller Unruhe an den Flügel, holt ein Stück von Beethoven hervor, sieht, daß es die Cello-Sonate in g-Moll von Beethoven ist, wirft sie ärgerlich zur Seite, hat keine Ruhe, um zu spielen, hat keine Zeit, schaut auf die Uhr, wartet. Edvard, der kleine schiefe Mann, bis zum Äußersten gespannt vor banger Erwartung, fährt bei dem geringsten Laut von draußen zusammen, Türenknallen, ein undeutliches Stimmengemurmel im Treppenhaus, Dinge, die ihn früher nie gestört haben. Jetzt scheint jedes Geräusch einen Nerv in ihm zu zerreißen, scheint sein Herz zum Stillstand zu bringen, scheinen Kleinigkeiten und unwichtige Gedanken ihn dessen zu berauben, was er immer gesucht hat: das Wissen um die eigene Ganzheit. Er erhebt sich vom Klavierhocker, tritt zum Fenster, streicht sich mit der Hand durchs Haar, dreht sich abrupt um, sieht einen Stuhl im Salon am falschen Platz, rückt ihn zurecht.

Da schlägt endlich eine Tür. Da hört er endlich Schritte, der angenehme Laut von Füßen, plötzlich bleiben sie stehen, ebenso zögernd wie er sich nun der Flurtür nähert, dann die letzten Stufen in frechem Übermut, die Umrisse eines Menschen werden in der Glastüre sichtbar, das Bimmeln der Türklingel wie am Jüngsten Tag oder wie die Glocken des Himmelreichs, die Sonne durch das Fenster hinter ihm, sie war für einige Minuten verschwunden, jetzt bricht sie hinter einer Wolke hervor.

Dann öffnet er, die Gestalt draußen im Gang bekommt Farbe, Charakter und Form. Edvard sieht, daß er fülliger, verläßlicher, wirklicher geworden ist. Edvard greift nach ihm wie ein Ertrinkender:

„Frants!"

Edvard verbirgt seine Rührung am Jackenkragen des Freundes, nimmt den Geruch des Junggesellenlebens in den Kleidern wahr, die Bücher, das Studium, der Zigarrenrauch und Marie Smith.

„Ich bin sicher zu früh gekommen?"

Zu früh? Sagt er, er sei zu früh gekommen? Edvard zieht ihn mit einem schluchzenden Lachen herein. „Verrückter Kerl, *du* kannst doch nie zu früh kommen!"

Frants blickt Edvard mit einem verwunderten Lächeln an. Habe ich gesagt, daß ich die Farbe seiner Augen nicht kenne? Sie sind blau. Sie müssen blau sein. Jedenfalls dort im Flur, in der muffigen, mit Möbeln vollgestellten Wohnung, in der kalten Herbstsonne deutlich sichtbar. Das Bild von Krankheit drängt sich mir auf, ein Bild, in dem der vor Gesundheit strotzende Beyer der einzige Lichtblick ist, rotbackig und gutmütig, mit großen, besorgten Augen über den Gemütszustand des Freundes.

„Ich dachte an deine Klavierschülerinnen, die Butterteigdamen."

„Alle in der Konditorei. Ich habe sie rausgeschmissen."

„Doch nicht etwa wegen *mir*, Edvard?"

„Wegen uns. Es ist so lange her, Frants. Es gibt so viel, von dem ich nicht weiß, ob ich es dir je erzählen kann."

„Wo ist Nina?"

„Besorgungen machen."

„Ich wollte vorschlagen, daß sie und du und Marie und ich ..."

„Essen gehen, meinst du? Das möchte ich unbedingt. Dann bist du nicht böse auf mich, Frants? Wirklich nicht?"

„Ich habe nur geschrieben, was ich *gesehen* habe, Edvard, daß Nina kurz davor war, zugrunde zu gehen."

Edvard hat den Freund näher zum Fenster gezogen. Jetzt erkenne ich, wie jung sie noch sind, aber ihre Einstellung ist so verschieden. Beyer hat ein Vertrauen in das Leben, das Edvard verloren hat. In diesem Licht sieht Edvard krank und bleich aus. Er sagt:

„Ich weiß nicht, ob ich jemals darüber sprechen mag."

Noch ist Vormittag. Noch treiben die Wolken über die Stadt und verdecken die Sonne, lassen den Tag wechselhaft und unzuverlässig erscheinen. Da spitzt Edvard die Ohren. Beyer fragt:

„Was ist?"

„Ich möchte nicht, daß sie kommt, Frants." Und als er das erstaunte Gesicht des Freundes sieht: „Noch nicht."

Edvard hat eine Flasche Branntwein auf den Tisch gestellt, aber Beyer ist zurückhaltend. Edvard trinkt allein, kleine, gierige Schlucke aus dem Schnapsglas. Beyer betrachtet den Freund. Zögernd sagt er:

„Lebst du nicht ein bißchen ungesund, Edvard?"

Edvard sitzt zusammengekauert im Stuhl, umklammert das Glas, faucht wütend:

„Willst *du* mich jetzt auch noch erziehen?"

Er schließt die Augen, die Verzweiflung ist echt. Aber vielleicht denkt er plötzlich an John und „das Schmerzliche". Da blickt er Frants wieder an, hilflos, fast ohne Stimme:

„Du kannst dir nicht vorstellen, wie erschöpft ich bin. Kraftlos bis auf die Knochen."

„Eine neue Zeit wird jetzt kommen", sagt Beyer still.

Edvard nickt, mit einem sarkastischen Lächeln und einem bösen Blick Richtung Fenster. Eine neue Zeit in Kristiania ... die leeren, windigen Straßen, die fürchterlichen, kalten Winter, die verständnislosen Gesichter, die aufwendigen Gesellschaften, wo es immer Auserwählte gibt und solche, die vergessen werden. Die Tigerstadt, in der das Raubtier mit übergeschlagenen Beinen dasitzt und auf Visitenkarten kritzelt, wo die Huren, die eigentlichen Huren, sich Geheimrätin nennen und in die Konditorei gehen, wo ein einzelner Schuß aus einer entlegenen Dachkammer kracht, wo früher kein Laut zu hören war, weil es eine Stadt der Träumer ist, weil immer jemand zu großartig träumt.

„Aber Frants, warum bin *ich* hier?"

Edvards Augen haben jede Farbe verloren. Beyer beugt sich hinüber zu ihm, streckt ihm die Hand hin wie einem Kind oder einem sehr alten Mann: „Weil du Norweger bist. Weil du bald aufhören mußt, zu fliehen."

Edvards Gesicht ist faltig und übernächtigt. „Vor Nina? Vor mir selber?"

Aber Frants schüttelt still den Kopf, kann nicht antworten, will nicht, wagt es nicht. Dieser Augenblick ist so ungeheuer hell und trotzdem so farblos.

„Frants, wie kann ich vor mir fliehen, wenn ich nicht einmal weiß, wer ich *bin*?"

Beyers Stimme ist sanft, atemlos. Die Staubteilchen im Sonnenlicht flirren bewegungslos.

„Du hast es noch gar nicht versucht, du selbst zu sein." Und nach einer verlegenen Pause: „Vielleicht geht es mir genauso."

Die Farben kehren in die Wände zurück. Sie sitzen da und halten sich an den Händen. Der eine erschöpft, aber jetzt ruhiger. Der andere zuversichtlich, ernst:

„Kannst du mir beibringen, die g-Moll-Ballade zu spielen, Edvard? Ich würde so gerne imstande sein, deinen Schmerz zu teilen, verstehst du?"

Das ist eine Stille, die unzerstörbar ist, ein Griff, der unauflöslich ist. Ein Ruf ertönt. Gleich wird Nina mit dem zusammengeknüllten Merkzettel in der Tasche da sein.

Der Schnee fällt in großen, trockenen Flocken. Aber man hat nicht das Gefühl von Kälte. Der Wind hat aufgehört, kommt nicht an gegen die gleichmäßig vom Himmel fallende Stille, einer Stille, nur unterbrochen von den gedämpften Schritten der Stadtbewohner, wenn sie ihre Spuren in der weißen Pracht hinterlassen, die sich im Laufe der Nacht angesammelt hat.

Die Häuser erscheinen niedriger, die Straßen enger, die Plätze freundlicher und der Himmel ferner. Die Stadt wird hell, die Konturen verwischen sich. Edvard merkt, wie dunkel die Wohnung auf einmal ist. Auf dem Gebrüder Hals ertönt Musik. Es ist Beyer. Edvard betrachtet die dicken, verläßlichen Finger, die über die Tasten gehen. Wenn er danebengreift, unterbricht er entweder mit einem ergebenen Seufzer, oder er versucht, es mit Hilfe der Pedale zu verwischen.

Es schneit. Die Natur will vergessen. Edvard schließt die Augen und spürt ein leichtes Kopfweh, während ihn die g-Moll-Ballade mit überdimensionierten Intervallen umschlingt. Musik ist Erinnerung.

Sie treffen sich auf Karl Johan. Alle vier führen sie ein Leben, das einem genau vorgegebenen Zeitplan folgt. Keiner von ihnen kommt zu spät. Der Winter ist früh dran. Das Eis hat die Gewässer überzogen. Marie Smith hat eine Flasche heißen Grog mitgebracht. Sie trinken ihn im Park, und König Oscar II., der Bruder von König Karl IV., fährt die Schloßstraße hinunter, ist auf dem Weg zurück nach Schweden.

Lange bleiben sie stehen und sehen dem königlichen

Gefolge nach. Nina steht eng an Edvard gelehnt, hat ihren Arm tief unter seinen geschoben. Beyer hält die Flasche, und Marie Smith teilt die Gläser aus. Dann trinken sie vorsichtig, um sich den Mund nicht zu verbrennen. Beyer hat rote Backen. Er sagt:

„Marie und ich werden im Frühjahr heiraten."

Winter in Kristiania. Nachdem sie die Enten mit Brotkrumen gefüttert haben, gehen sie hinunter zum Stadtzentrum. Sie unterhalten sich gedämpft, Marie und Frants überlegen, ob sie es sich leisten können, auch zum Essen zu gehen. Edvard wirft Nina einen prüfenden Blick zu, obwohl er weiß, daß ihre Entscheidung feststeht. Sie hält diese Wohnung nicht aus mit all den geliehenen Möbeln, mit den Spuren der Bilder, die von den Wänden genommen wurden, sie hält die Stille nicht aus, wenn niemand auf dem Gebrüder Hals spielt. Sie kann dort auch nicht singen. Die Räume sind zu eng, die Tapeten zu düster, die Akustik ohne Klang. Es ist, als würden die Zimmer etwas von ihnen erwarten, etwas, was sie nicht erfüllen können, einen Verzicht und eine Bescheidenheit, deren Notwendigkeit sie nicht einsehen.

„Wohin wollen wir gehen?" fragt Nina. Sie stehen wieder mitten auf Karl Johan. Die Zeit der Spaziergänger ist vorüber. Edvard fühlt sich angenehm erwärmt von dem Grog. Er möchte irgendwohin, wo man lange sitzen kann, damit sie erst heimgehen müssen, wenn sie betrunken und müde sind und der Schlaf sie schon beim Ausziehen übermannt.

Marie, Frants, Nina und Edvard im Restaurant. Edvard ist der am weitesten Gereiste. Jetzt gleicht er plötzlich John, mustert kritisch den vom Kellner gebrachten Wein, vergleicht die Jahrgänge, erkundigt sich, ob sie Großflaschen haben und ob der Wein ordentlich transportiert und gelagert wurde. Er möchte seine Freunde verwöhnen. Er möchte sie einladen, drei Gänge mit Aperitif und Branntwein. Beyer schüttelt den Kopf, legt eine Hand auf Edvards Arm.

„Laß uns selbst bezahlen, Edvard."

Edvard starrt ihn böse an.

„Ach so! Du meinst wohl, wir können uns das nicht leisten?"

„Nein, das nicht. Aber du hast schon so oft bezahlt."

„Weil ich eben genug hatte, um zu bezahlen. Hören wir jetzt auf zu streiten? Nina und ich sind eingeladen nach Schweden. Ich habe einiges bei Peters liegen, das demnächst gedruckt wird. Außerdem habe ich meine Schüler."

Er redet voller Trotz, als wüßte er, daß man ihm nicht glaubt. Aber sie glauben ihm, klopfen ihm auf die Schulter, prosten ihm zu, bitten ihn, sich nicht so zu erregen. Er darf ja bezahlen. Soviel er will. Im Restaurant. Sie essen stundenlang, stopfen sich voll mit einer solchen Gier, als könne das Leben nicht schnell genug gehen. Marie und Nina wollen sich gerne unterhalten, aber Frants und Edvard übertönen sie mit großartigen Plänen über gemeinsame Reisen. Edvard wirft einen flackernden Blick durch den Raum:

„Wenn ihr verheiratet seid, werden wir immer zusammen sein, nicht wahr? Ihr verlaßt uns nicht. Wir werden euch mitnehmen nach ... Italien! Wart ihr schon einmal in Italien? Dort liegen auch auf dem kleinsten Hügel Städte. Wir könnten uns an der Küste vor Rom niederlassen. Wir könnten da einige Jahre wohnen, Wein trinken und gut essen, gemeinsam ein schönes Leben führen und dieses Norwegen vergessen, wo die Menschen sich nicht umarmen können außer bei Begräbnissen und wo nur die wenigsten die Kunst beherrschen, eine Flasche Wein zu öffnen. Hier, wo man Hennessy für ein Pferd hält, wo Selbstmord die natürlichste Art ist, sein Leben zu beenden, wo die Pause zwischen dem ersten und zweiten Satz einer Klaviersonate dazu da ist, die Kleidung der Musiker zu kommentieren. Hier, meine Freunde, wo die Prostitution die einzige Form des Körperkontakts zwischen Menschen ist, wo die Lüge so tief in der Volksseele sitzt, daß wir jedesmal erröten, wenn jemand die Wahrheit sagt und einen Spaten einen Spaten nennt oder seinen Bruder einen Rivalen ..."

„Edvard!"

Beyers scharfer Blick stoppt ihn. Ninas Lächeln verlöscht. Im Restaurant. Eine ältere, beleibte Operettenfigur erhebt sich ächzend von Absinth und Zeitung und bereitet sich auf das Wiedersehen mit ihrer finsteren Kammer vor.

„Schließen sie? Die werden doch noch nicht Feierabend machen?"

„Sie schließen, Edvard."

„Aber ich will jetzt nicht heimgehen. *Wollen* wir jetzt heimgehen, Nina?"

Es ist spät in der Nacht. Sie gehen leise die Treppen zu ihrer Wohnung hinauf, um die Nachbarn nicht zu wecken. Edvard knurrt:

„Zum Teufel, in diesem Land ist der *Schlaf* so verdammt wichtig."

„Psst, Edvard!"

Sie betreten ihre Wohnung. In dem dunklen Flur wird Edvard von Zweifeln überfallen. Er packt Nina am Arm: „Habe ich viel Unsinn geredet?

„Du hättest nicht so viele ... Pläne für uns machen sollen. Marie und Frants wollen vielleicht ein bißchen für sich leben."

„Hergott Nina, sag' nicht sowas. Kannst du dir eine Zukunft ohne die beiden vorstellen? Was würde denn das für ein Leben für uns?"

„Ist es für dich so schwierig, allein ... mit mir zu sein?"

Er antwortet ihr nicht, geht in die Küche, weiß, daß etwas zu trinken im Schrank steht.

„Komm her, Nina, möchtest du auch?"

„Ja, aber ich gehe zu Bett. Gehst du mit?"

Er schüttelt den Kopf.

„Nein, schlaf du. Ich muß arbeiten."

„Arbeiten? *Jetzt*?"

„Komponieren. Was soll denn aus mir werden, Nina? Ich habe seit September nicht viel mehr als einen G-Schlüssel geschrieben."

Sie geht zu Bett. Er folgt ihr mit den Augen. Ihre trostlosen Rituale. Sie wäscht sich, geniert sich immer noch vor ihm. Er hört das Plätschern von Wasser in der Schüssel, sieht ihren Schatten an der Wand hinter dem Wandschirm. Sie steckt ihr Haar auf. Er wird von Zärtlichkeit übermannt, schreit fast:

„Nina, ich liebe dich!"

Sie antwortet ihm nicht. Sie macht sich fertig für die Nacht. Er nimmt ein unbeschriebenes Notenblatt, fängt an, lautlos auf dem Klavier zu klimpern, hört nicht ihr zartes „Gute Nacht", sieht nicht, daß sie lange in der Tür steht. Nina und Edvard. Sie leben das Gleiche, aber nie zur selben Zeit.

Er probiert eine Septim, eine Quint, eine vergrößerte Quart. Die Musik steht still. Er hat einen Überschuß an Harmonien, die zu verbinden er nicht imstande ist. Elfenbein und Haut. Er betrachtet seine Finger. Die Haut ist dünn, alt und abgewetzt. Er sieht sein eigenes Skelett.

Die nächste Nacht verbringt er auf dieselbe Weise. Und die nächste Nacht auch und die nächste wieder. Er sucht nach sich selbst, weiß, daß er irgendwo zwischen all diesen Tönen existieren muß. Dann setzt er einen Akkord an, ist das seiner? Nein, der nicht. Er schläft mit der Stirn auf dem Notenständer. Mozart hat ihn betäubt.

Sie geben Konzerte in Stockholm und in Uppsala. Sie reisen durch Schweden, die Erde ist gefroren, auf den großen Seen liegt Eis, aber die Höfe scheinen größer, die Menschen reicher zu sein. Sie kommen an in Stockholm, dort, wo der König und die Minister sind. Von dieser Stadt aus wird Norwegen regiert. Edvard liegt im Hotelbett, über sich die Zimmerdecke in königsblau und gold, und phantasiert:

„Stockholm ist so schön, so kühl, wie du, als wir uns kennenlernten."

„Wie ich?"

„Als du noch das Opfer von Adelinas Ansprüchen warst. Siehst du es nicht? Diese Stadt hat den *Anspruch*, eine

Weltmetropole zu sein. Die Häuser sind alle dazu da, Macht zu präsentieren. Die Architekten haben sich auf Ballsäle spezialisiert, die Straßen sind für Festzüge und Krönungen gebaut, das Schloß bietet Platz für den größten Hof der Welt. Nur der Zar in Rußland hat größere Gebäude zur Verfügung. Die Stadt ist zu groß, das Land ist zu klein. Plötzlich verstehe ich, warum Schweden unser Norwegen braucht. Ohne Norwegen wäre diese Stadt lächerlich."

Nina Augen sind grau. Sie reflektieren den Wintertag draußen. „Mir gefällt es hier", sagt sie. „Diese Stadt hat trotz allem Würde."

Sie gehen in einen Raum, in dem ein Klavier steht, da können sie üben. Warum sehe ich fast nie Menschen um sie, obwohl ich weiß, daß welche da waren? Ich sehe nur diese Momente, in denen er sie in den Arm nimmt und sie von einer Stille zu anderen führt. Sie reden gedämpft miteinander, sind so aufmerksam. Sie erinnern mich an Angehörige an einem Sterbebett, man wagt nicht, über die Diagnose zu reden, will nicht an das unbarmherzige Idyll der Vergangenheit rühren. Sie sind geschichtslos geworden, leben im Jetzt, und sie vermeiden es, über die Zukunft zu reden.

Er hilft ihr, sich einzustimmen, läßt sie die Lieder singen, die ihr am nächsten stehen, die sie instinktiv gestalten kann, ohne an Interpretation oder Technik denken zu müssen.

Ein Übungsraum. Die verstaubte Bibliothek eines Vereins. Das weiße Licht von draußen wird von den schweren Gardinen abgehalten. Traurige, rote Plüschmöbel, abgewetzt von Bällen und von zufälligen Menschen, die ihre Mäntel achtlos über die Lehnen geworfen haben. In den Tapeten hängt noch Zigarrenrauch von der Sommerfeier, aber es ist Dezember, und Nina und Edvard üben für ihr Konzert.

Sie legt die Hand auf die Stirn.

„Edvard, ich singe doch nicht gut?"

Er blickt sie von der Seite zurechtweisend an. Was ist passiert? Muß er sie mit Floskeln aufmuntern?

„Mit deiner Stimme ist alles in Ordnung, Niske. Probier' es nur ein wenig kräftiger. Hab' keine Angst."

„Aber ich *habe* Angst."

„Wovor hast du Angst."

Sie schaut ihn nicht an, verschränkt die Arme.

„Es ist so kalt hier. Warum heizen sie nicht ein?"

„Hier wohnt niemand."

Sie schaut ihn mit großen, grauen, verwunderten Augen an.

„Solche unbewohnten Räume verfolgen uns, Vardo."

Er erhebt sich vom Klavierhocker. Als er die Arme um sie legt, spürt er, daß sie sich nichts einbildet. Sie friert. Er holt den Mantel und legt ihn um sie, hält ihren Kopf in seinen Händen. Lange stehen sie so.

„Wir haben ein Konzert morgen", flüstert er schließlich. „Wir müssen üben."

Sie nickt, schlüpft aus seinen Händen, nimmt ein Notenheft, das auf dem Flügel liegt. Er geht wieder zum Klavierhocker, setzt sich, beginnt mit dem Vorspiel.

Die Art, wie sie singt, hat etwas Herzzerreißendes. All das, worüber sie nicht zu reden wagen, kommt verzerrt heraus: *„Ich liebe dich in alle Ewigkeit."*

Einige Menschen sind so stark, daß sie die ganze Welt mit ihrer Freude oder ihrer Trauer anstecken können. Auf der Fahrt nach Uppsala wechseln Nina und Edvard kein Wort. Als sie in der Stadt ankommen, merken sie, daß die Stadt genauso schweigsam ist. Ein für das Konzert Verantwortlicher kommt von irgendwoher und begrüßt sie mit einer kalten und leblosen Hand, wobei er einige Worte murmelt, die klingen, als wolle er ihnen sein Beileid aussprechen. Edvard blickt sich um, alle Leute sind schwarz gekleidet.

„Ist jemand gestorben?" fragt Edvard erstaunt und hört, wie seine Stimme zwischen den Mauern viel zu laut klingt.

Der Veranstalter sieht ihn bekümmert und verständnislos an. „Uppsala ist eine Universitätsstadt", sagt er mit fast unhörbarer Stimme. Er geht nicht weiter auf Edvards Frage ein und bringt sie direkt zum Hotel. Öde Plätze, ein verstohlener Blick hinter einer Fensterscheibe, Tauben, die zum bleichen Winterhimmel auffliegen, zwei junge Studenten kommen steif und stumm aus einer engen Gasse. Im Hotel ist das Zimmer kalt.

„Ich will hier nicht singen", sagt Nina, als sie endlich allein sind. „Hier ist alles so tot."

Edvard versucht, ihre Hände mit seinem Atem zu wärmen. Er bläst behutsam.

„Nein, das ist diese Macht, die Macht für die Eingeweihten. Die Wissenschaft ist immer ein Werkzeug der Politik gewesen. Uppsala ist Stockholms unglückliches Stiefkind, aber Uppsala will das nicht zugeben. Falsche Würde ist immer abschreckend."

„Dann muß ich diese Lieder *hier* singen?"

Nina, du schöne Nina. Wie ängstlich sie ist. Sie hat das Gefühl, daß sie in diesem Land eine schmerzliche Niederlage erwartet, aber Edvard läßt sie mit ihren Bedenken nicht allein. Nach der Probe im Konzertsaal geht er mit ihr in ein Restaurant, lobt ihren Gesang, lobt ihre Schönheit, es hilft, sie glaubt seinen schmeichelhaften Worten.

Am nächsten Tag singt sie wieder. Sie singt nicht, sie schreit, sie japst nach Luft. Sie steht in ihrer einfachen Pose auf der Bühne, so klar und anders, als die Primadonnen mit ihren übertriebenen Gesten und ihren vulgären Betonungen des Textes und der Musik.

Edvard sitzt am Flügel, versucht, ihr zu helfen. Aber er sieht nur ihre schmalen Schultern, und er spürt die Macht, verteilt im ganzen Saal. Schweigend und starr. Nicht einmal ein vereinzeltes Husten. Mit einer solchen Stille kann selbst die Musik nichts anfangen.

John. Die Tigerstadt lockt dich.

John in Kristiania, auf Geschäftsreise. Edvard spürt

Übelkeit aufsteigen, als er das Telegramm liest, kann sich danach nicht mehr auf Frau Bichs Schwierigkeiten mit Schumann konzentrieren. Später, in der kurzen Pause vor dem nächsten Schüler, redet er mit Nina.

„John ist in der Stadt. Er möchte sich heute Abend mit uns treffen."

Sie blicken sich flehend in die Augen, öffnen die Münder, sind unfähig, zu sprechen. Nina endlich:

„Vardo ..."

„Nein!"

Er blockt sie ab, so als sei jedes Wort lebensgefährlich. Sanfter fügt er hinzu:

„Zieh' dein bestes Kleid an. Ich will, daß du schön bist ... und ... reich."

Auch er verbringt viel Zeit vor dem Spiegel, wählt sorgfältig den Anzug, ärgert sich über alle sichtbaren Spuren von Abnutzung.

Nina und Edvard im Schlafzimmer, wie nervöse Schauspieler vor der Premiere. Sie haben ihre Rollen nicht gelernt, haben sich nicht damit vertraut gemacht. Nina keucht vor dem Spiegel:

„Vardo, hilf mir, halte mich ... mir ist so übel."

Sie schaut ihn an wie ein verratenes Tier. Er streicht ihr flüchtig die Wange:

„Niske ... er hat genausoviel Angst vor uns."

John in Kristiania, aber diesmal nicht im Victoria. Das Hotel ist einfacher, kleiner, dunkler. Edvard und Nina treten ein, sind viel zu elegant. Er erwartet sie drinnen in dem kleinen Restaurant. Er erhebt sich, will ihnen entgegengehen. Ein Aschenbecher fällt zu Boden, zerbricht. Edvard weicht einem Händedruck aus.

„Laß mich ..."

Edvard bückt sich und hebt die Glasstücke auf. Nina und John, wieder Auge in Auge, über seinem Kopf. Er steht auf, unterbricht den Blick. John bekommt Zigarrenrauch in den Hals, hustet, versucht, das Husten mit einem Satz zu überwinden, wird rot im Gesicht, hustet erneut. Edvard beobachtet ihn von der anderen Seite des Tisches aus, wo er und Nina sich hingesetzt haben.

John mit dem Schnapsglas, er drückt die Zigarre aus, wird endlich ruhiger. Edvard sieht, daß er älter geworden ist, der Rücken gebeugter, die Augen blutunterlaufen. Er sieht Edvard beim Reden tief in die Augen.

„Dieses Restaurant", sagt er, „... ist doch recht gut ... ein bißchen intimer ... mit dem Victoria soll es vorbei sein, habe ich gehört? ... Kristiania hat ja keine wirklich guten Hotels ... Ihr seht fabelhaft aus ... ahäm ... wenn ich das sagen darf ... bezaubernd, dieser kleine Hut, Nina ... und du, Edvard ... he he ... der gefeierte, glänzende Virtuose. Was? Ich kenne einen guten Rotwein ... nicht den teuersten, aber den besten ... soll von Marie grüßen ... *Wollt* ihr den? Chateau ... und noch irgendwas, hab' ich vergessen, muß an zu vieles denken, he he ... Sie haben Hummer ... Kostet *hier* ein Vermögen, aber wir, die Verkäufer verdienen daran keine Øre ..."

Edvard spürt eine eigenartige, süße Wärme im Körper. Er hat keine Angst mehr vor ihm. Weder Worte noch Blicke können ihn treffen. Dann schaut er Nina an. *Nina* hat Angst, obwohl ihre Augen nur groß und wehmütig aussehen. Edvard fühlt sich auf einmal ausgezeichnet. Das ist so ungewohnt. John redet. Und Edvard versteht jedes Wort, das er sagt.

„Und ihr ... in Stockholm? Schert euch nicht ... um die Kritik .. ich weiß, wie das ist."

Das Essen kommt. Keiner von ihnen bekommt etwas runter. John hat sich eine neue Zigarre angesteckt.

„Es ist ... he he ... ziemlich lange her, daß ihr ... äh ... in Bergen gewesen seid. Wir vermissen euch, äh ... die Kinder ..."

„Wieviele sind es denn jetzt?"

„Sechs ... das weißt du genau, Vard ... ahäm Edvard."

„Ich bin so skeptisch geworden Familien gegenüber. Das mußt du entschuldigen."

„Aber du sollst bald wieder kommen. Sie sehnen sich nach ihrem Onkel."

„Wirklich?"

„Du bist der einzige, den sie haben. Und Elisabeth und Benedicte, na ja und Maren ... du weißt ja ..."

„Willst du mit ihr keinen Kontakt mehr haben?"

„Ihre Briefe machen mich so traurig. Versteht ihr, so gar keine Freude am Leben, muß ich euch noch mehr erzählen? Ihr habt mich so schnell verlassen ... jetzt fühle ich mich ... äh ... einsam in Bergen ... könntest du nicht zurückkommen, Edvard ... he he ... Vardo ... Auch Bergen hat ein Musikleben, und sie *brauchen* dich ... Wir könnten zusammenwohnen ... nicht so eng natürlich ... Da ist ein bißchen Geld im ... äh Geschäft, das könntest du, wenn du magst ... verwenden."

Edvard hört seinem Bruder zu. Nina hat ihre Augen auf die Tischdecke gerichtet. Da liegt ein toter Fisch auf weißen Tellern. Keiner von ihnen rührt ihn an.

„Wir werden darüber nachdenken", sagt Edvard still.

Dann sagt er fast gar nichts mehr. John redet. Ununterbrochen. Er redet über all die Dinge, über die man leicht reden kann. Er redet über das Geschäft, die finanzielle Lage, die Familie und die Träume. Edvard hört zu. Nina hört zu. Eine neue Flasche Wein wird gebracht. So verrinnen die Stunden, und es ist Nacht, als sie sich endlich verabschieden. Nina und Edvard im Hoteleingang. John mit dem Zimmerschlüssel in der Hand, mit großen Gesten, galant im Vergessen des Rausches.

„Nina ... wie bezaubernd du ... äh bist ... Bezaubernd ..."

Edvard bleibt ruhig. Er merkt, daß es tot ist zwischen ihnen. Tot. Auch wenn das nicht so völlig klar gewesen wäre, er wäre trotzdem ruhig geblieben. Flüchtig umarmt er den Bruder zum Abschied. Spürt den Geruch nach Rauch, Alkohol und Schweiß.

„Vardo ... könnten wir nicht mal wieder zusammen spielen? Mir fehlt das wirklich sehr."

Edvard nickt, reißt sich los. Die gewaltsame Umarmung

des Bruders. Nina wird auf die gleiche Art gedrückt. Dann ist es vorbei. Die Nacht verschluckt die Laute, die Lichter, die Worte. In dieser Stille gehen Edvard und Nina durch die Straßen Kristianias nach Hause.

Ein plötzlicher Schrei, ein verzweifelter Protest in ihm, ein gewöhnlicher Werktag, Frau Birch schmiert gerade einen fettigen Beethoven auf die Tasten des Gebrüder Hals. Hier ist er verlassen, gottverlassen, die Parodie eines Menschen, ein Czerny oder Clementi mit Stock auf dem Pflaster, eine Rechenaufgabe, die nie aufgeht.

„Hier können wir nicht länger bleiben!" brüllt er Nina zu, nachdem er Frau Birch rausgeworfen hat. Auf den Straßen liegen noch die schmutzigen Schneeklumpen des Winters, und die Stare singen vergeblich nach einer Sonne, die niemals kommt.

„Das sagst du immer", sagt Nina mit wachsamen Augen. „Wohin willst du denn *jetzt*, Vardo?"

„Irgendein Ort in diesem Land muß doch in Harmonie mit sich sein? Irgendwo muß doch Norwegen tatsächlich Norwegen sein und nicht nur ein Abklatsch verrückter Schweden, lautstarker Deutscher oder ... verzeih' ... selbstgefälliger Dänen. Ein Ort, verstehst du? Zum Beispiel weg von der Stadt."

„Aber du liebst doch Städte, Vardo? Darin sind wir uns doch einig. Wir halten das Eingesperrte und Enge nicht aus, das macht uns krank. Nimm nur deine Schwester Maren."

Edvard geht zum Fenster. „Was ist eng, Nina? Der Brennerpaß ist tausendmal weiter als diese ausgebreitete, träge Stadt. Der Brennerpaß, das ist gleichbedeutend mit Möglichkeiten, mit Ankunft und Abreise. Aber diese Stadt, diese gräßliche, beherrschte, verlogene, schreckliche Stadt ... macht einen ohnmächtig. Sogar die Visitenkarten gehen auf eine eigene, hinterhältige Art von Hand zu Hand. Wir spielen Rollen als brave, untadelige Bürger, wir sind Maskottchen zur Unterhaltung an Festtagen, wir machen Musik zum Einschläfern, Niske! Da ist mir ein stockbesoffener Spielmann lieber, der die Musik mitnimmt bis in den Tod. Ein stummer, schwerfälliger Tölpel ... bis er die Fele ans Kinn setzt. Da *stürzen* die Berge ein! Wer sagt, daß ich ein Stadtmensch bin? In der Stadt wird die Musik langsam ermordet ... Die Leute lernen, daß man nicht zwischen den Sätzen klatscht. Die Musik wird zum Vorwand, um Sitten zu schaffen. Das ist hier schlimmer als in Bergen. In Bergen ist die Gleichgültigkeit jedenfalls ganz offensichtlich. Hier tut man so, als hätte Musik eine Seele. Und das nur, weil man gut erzogen ist. Wir müssen *weg* von hier, begreifst du das nicht?"

Sie antwortet nicht. Was hätte sie sagen sollen? Sie befindet sich in seinen Händen. Er hat sie zurückgenommen, sie wagt nicht, Forderungen zu stellen.

Lange stehen sie so am Fenster. Er atemlos und wütend, sie voller Liebe, mit der sie nicht weiß wohin. Denn er ist nicht offen dafür, weil er rastlos von einer Klavierstunde zur nächsten hetzt, von einem Konzert zum anderen, ohne dem näher zu kommen, was ihn quält: die Musik, die er nicht komponiert, das gemeinsame Leben, das er nicht führt. Endlich sagt sie:

„Also gut, Vardo. Nenne mir ein kleines, verstecktes Tal, ohne Schüler, ohne Orchester, das du dirigieren kannst und ohne Gesellschaft, in der du spielen kannst. Zeig' mir diese Menschen, von denen du gesprochen hast. Führe mich zu einem Ort, wo du etwas anderes als neue Variationen von Mozart-Sonaten komponieren kannst und wo du Zeit genug hast, wirklich *Zeit* genug hast, dich mit mir zu unterhalten, wie es zwischen Eheleuten normal sein sollte."

Noch am selben Abend gehen sie aus und feiern ihren Entschluß. Vielleicht ist Elisabeth dabei, mütterlich besorgt über die wilden Pläne des Bruders. Aber Edvard ist unbeirrbar, man trinkt einen Hennessy, seine blauen Augen sprühen vor wilder Entschlossenheit. Erst spät nachts überfällt ihn die Ohnmacht. Er und Nina in einem abgelegenen

Tal. Ihre grauen, wehmütigen und verwunderten Augen. Sie bittet nie um irgendetwas. Sie wartet nur, sie wartet. Wie soll er das aushalten?

Er steht in Beyers Studentenbude, steht da und betrachtet die freundlichen Möbel und die Bücher.

„Herrgott Frants, du wohnst in einem gemieteten Zimmer, aber es ist ein Zuhause, so wie Nina und ich es nie haben."

Beyer erwidert nichts. Er sitzt in einem braunen Stuhl und mustert den Freund mit wachem, ernsten Blick. Edvard, stets unruhig und nervös, fährt fort:

„Diese Reise da. Soll ich sie wirklich machen?"

Beyers Stimme ist ruhig.

„Du wirst Nina näher kommen."

„Ja. Falls ich das will."

„So darfst du das nicht sagen. Sie hat ja nur dich. Du hast dich für sie entschieden, als du zurückgekommen bist. Zum zweitenmal."

„Wirst du nachkommen?"

„*Ich* muß nach Bergen, das habe ich mit Marie fest abgemacht."

„Ihr heiratet und kommt auf der Hochzeitsreise zu uns."

Beyer lacht:

„Du bist ein verdammt anspruchsvoller Freund."

Edvard blickt ihn an, weiß, daß er recht hat, weiß, daß er sich von diesem Menschen abhängig fühlt, obwohl er nicht sicher ist, ob er ihn kennt, aber er kann ihm alles erzählen.

„Dir gegenüber brauche ich nicht zu lügen. Du weißt die Wahrheit und die Wahrheit macht mich wirklich. Verzeih mir, wenn ich dir zu nahe trete."

Sie erröten beide ein bißchen, verwirrt über ihre Worte und das gegenseitige Vertrauen.

Edvard fährt fort:

„Ich weiß nur, daß ich dich nie im Stich lassen werde. Dieses Versprechen ist stärker als das, das ich einmal in einer Kirche gegeben habe."

Lange steht er so in Beyers Bude.

„Was machst du?"

„Ich atme den Duft von Wissen und Weisheit ein."

„Red' keinen Unsinn. Ich bin ein ganz gewöhnlicher Jurastudent."

Die Verlegenheit zwischen Männern. Das Fehlen von Wörtern und Ausdrücken. Zwischen Edvard und Nordraak war vielleicht zu wenig Schweigsamkeit. Edvard in Beyers Zimmer. Psst. Psst. Nur die Geräusche von der Straße durch die dicken Fensterscheiben. Nur das Geräusch der Bücher auf den Regalen. Nur das Geräusch einer Pfeife, die auf dem Tisch liegt. Oder das Geräusch von schweren, dunklen Gardinen. Edvard und Beyer. Es gibt kaum etwas Schweigsameres.

Und der Sand in meinem Stundenglas rieselt lautlos zu dem Punkt meiner Geschichte, wo der Behälter voll ist, oder leer, und das Glas umgedreht werden muß.

Es könnte Mittsommer sein. Nina und Edvard gleiten den Kristianiafjord hinaus, fahren an der norwegischen Küste entlang bis zum südlichsten Leuchtturm Lindesnes und dann an der Westküste entlang nordwärts. Die Küste Norwegens ist wie eine Haut, trennt zwei Welten, oder sie ist wie eine Schale, die wir Zivilisation nennen. Gesundheitskontrollen, Volkszählungen, Raucherabteile, Zündholzfabriken, Straßenpflaster, Banken, Teegesellschaften, Spaziergänge, Krinolinen, schriftliche Einladungen, Cafés, weiß gekachelte Läden, in denen aufgeschnittene Tiere verkauft werden.

Norwegens nach Europa gewendetes Gesicht, jetzt glüht es aus Freude über das Fest des Lichts, über den Tag des Jahres, an dem die Dunkelheit am weitesten weg ist. Edvard und Nina stehen auf dem Vordeck und sehen all die Feuer an Land, an den Stränden und auf den Schären, wo sich die Menschen versammelt haben und wach bleiben. So viele Mittsommerfeste habe ich in meinem Vaterland gefeiert und kann mich nicht an Wind und Regen erinnern.

Gedankenverloren legt er den Arm um sie. Er möchte sein Leben in die Hand nehmen, und die Mittsommernacht wird zu einem Symbol für seinen inneren Zustand: allzuviele Feuer, Lichtpunkte in einer dämmrigen Landschaft, in der die Schiffslaternen, die Navigationszeichen und die Freudenfeuer mit gleicher Kraft leuchten. Während das Schiff langsam die Nacht erobert, setzen sie sich zu den anderen Passagieren auf das Hauptdeck und betrachten das Fest. Eine weißgekleidete Dame erkennt Edvard, kommt zu den tiefen Deckstühlen, in denen sie sitzen und erzählt begeistert, daß sie ihn einmal in Kopenhagen gehört hat. Andere Passagiere werfen ihnen lange, neugierige Blicke zu, sie sind das merkwürdige Künstler-Ehepaar, das irgendwo in der Welt erfolgreich war, vielleicht auch in Norwegen. Edvard, der Komponist des a-Moll-Konzertes und der Musik zu Peer Gynt und für einige: der Komponist der g-Moll-Ballade.

Danach werden sie nicht mehr gestört. Ich möchte über die Stille zwischen ihnen schreiben, ein Ausdruck der Vertrautheit oder der Unfähigkeit, miteinander zu reden?

Nina, ich verstehe deine Unsicherheit, aber warum folgst du ihm an einen Ort Norwegens, wo er sich nur selbst finden will? Das Schiff hat Lindesnes hinter sich, die Nacht ist vorüber, ein gewaltiger, goldener Morgen steigt auf, und es gibt, glaube ich, nichts Herrlicheres als ein Schiff, das vom Meer kommend in einen Fjord hineingleitet.

Der Hardangerfjord, ein Spalt, eine Öffnung zwischen den Bergen, ein Abgrund und eine Kathedrale. Wie gut diese Landschaft in meiner Geschichte die Elemente erklärt. Wenn ich über Norwegen schreiben will, muß ich über die Fjorde schreiben, nicht über Inseln, die Meerengen bilden oder über Städte, sondern über die tief eingeschnittenen Wege hinein ins Gebirge, die Gewalt des Meeres über das Land, das Nachgeben des Steines, die dauernde Spannung zwischen dem Beweglichen und dem Festen. Hier drinnen gibt es unterirdische Strömungen, obwohl die Wasseroberfläche tot und leblos erscheint. Die

Schatten der Berge legen sich auf das weiße Schiff, als es hineindampft in den Fjord. Nina fröstelt:

„Edvard, es ist kalt."

Aber er schüttelt den Kopf, will nichts wissen von ihren Gefühlen. Er spürt einen tiefen Frieden, als er die Felswände hinaufstarrt, an der sich Pflanzen festkrallen. Das Geräusch der Schiffsmaschinen hallt zwischen den Bergen. Der Rauch aus dem Schornstein verweht nicht, bleibt mitten im Fjord stehen, sieht aus wie die Wolke, von der er einmal geträumt hat.

„Wie weit ist es noch?"

Ninas ängstliche Stimme. Er antwortet nicht, weiß es nicht, drückt sie aber näher an sich, verschließt seine wilde Sehnsucht nach Einsamkeit. Diese Landschaft gehört ihm, nur ihm, und sie wird das nie begreifen.

Der Fjord hat Arme, die weit ins Land reichen und deren Ende er nicht sehen kann. In großen Ruderbooten kommen die Menschen aus dem Schatten, liegen einen Augenblick in der Sonne und werden wieder von dem Schatten verschluckt. Das Licht ist scharf, die Kontraste sind stark, wie im Traum. Ein Obstgarten zieht sich vom Berg hinunter. Noch grüne Pflaumen, Äpfel, Birnen und Kirschen. Wie soll ich es beschreiben? Goldene Felswände und fruchtbare Gärten. Nina deutet begeistert:

„Schau' mal, die Menschen unter dem Obstbaum. Sie feiern!"

Er blickt sie an, verwundert über ihre Freude, er nennt das ihre Fähigkeit zu vergessen. Ist sie vielleicht doch nur ein Kind! Ist sie imstande, Katastrophen zu vergessen und an ein neues Leben zu glauben? Er versucht, wie sie zu sein, aber die Menschen da unter dem Obstbaum gehen ihn nichts an. Er will sich nicht mit ihnen freuen. Er will mit ihnen nichts zu tun haben. Sie schaut ihn an, auf einmal traurig:

„Habe ich etwas Falsches gesagt?"

Nein, er beruhigt sie, nichts Falsches. Es sind einfach so viele Eindrücke. Der Schatten eines riesigen Berges fällt auf sein Gesicht, und das Stundenglas, *mein* Stundenglas, rieselt wieder.

In einem kleinen Kahn sitzt er mitten im Fjord. Er hat die Angelschnur dabei, aber die Fische beißen nicht, nur manchmal bleibt er mit dem Haken am Grund hängen, ruckt und zerrt, bekommt ein Gefühl von Panik, obwohl er weiß, daß er nur die Schnur mit dem Messer kappen braucht.

Er müßte im Schulhaus sitzen und komponieren. Stattdessen rudert er auf dem Fjord herum. Hier ist der einzige Ort, wo er sicher sein kann, alleingelassen zu werden. Die vorbeifahrenden Boote halten sich in respektvollem Abstand. An den undeutlichen Gesichtern sieht er, daß sie ihn für einen Fremden halten, aber manchmal zieht er doch einen Dorsch heraus. Einmal, das weiß er, wird er hier gemeinsam mit Beyer fischen, und sie werden kein Wort sprechen.

Zum Mittagessen rudert er an Land, voll innerer Unruhe und davon überzeugt, daß Nina hinter den milchigen Fenstern des Hauses steht, in dem sie wohnen, und ihm mit den Augen folgt. Der Hof Børve, hier gibt es Käse, Obst, Heu und Schafwolle. Nina hält sich drinnen auf. Ihre Haut verträgt nicht so viel Sonne. Sie holt mit einer der Töchter des Hofes Wasser am Bach, redet höflich und respektvoll über Sitten und Gebräuche und was man mit dem Fleisch im Herbst, mit dem Obst im Winter und mit den Schafen im Frühjahr macht. Die ersten Stunden des Tages benutzt sie zum Singen, dann kocht sie für ihren Mann.

Auf Børve im Sørfjorden ist Sommer, die Bergwanderer kommen mit dicken Rucksäcken die Hardangervidda herunter, mit einem Fläschchen in der Tasche und in guter Laune unterbrechen sie die Arbeit des Bauern mit tausend Fragen. Auch Edvard ist jetzt ein Tourist im eigenen Land. Nach dem Mittagessen ruht er sich eine Stunde aus, betäubt von dem schweren, selbstgebrauten Bier. Er macht Wanderungen mit Nina, und er macht Wanderungen alleine.

„Hier sind alle Symbole der Dichter versammelt", sagt er zu ihr. „Der Himmel, die Tiefe, der Berg, das Tal und das Meer."

„Aber nicht der Wind", sagt sie schnell. „Und außerdem sind wir keine Dichter."

Da wird er zornig. Unvermittelt wird er zornig auf sie, zum erstenmal in diesem Sommer. Erregt, laut, und danach umso unglücklicher.

„Du hast gesagt, ich soll dir das Land zeigen, oder? Was hast du denn erwartet? Eine Straße mit Brasserien und Bierkneipen? Einen Konzertsaal mit Säulen und Marmor?"

Er merkt selbst, wie ungerecht er ist. Er schlägt sich an die Stirn, blickt sich mit verzweifelten Augen um:

„Herrgott Niske, du mußt Nachsicht mit mir haben."

Die Landschaft ist unbarmherzig in ihrer monumentalen Größe. Er ist an einem Ort, wo er sich nicht mehr selbst belügen kann. Keine Schüler stören ihn, weder Bekannte noch Unbekannte fordern etwas von ihm, keine Restaurants locken ihn. Børve zwischen dem Hardangerfjord und dem Gebirge der Hardangervidda. Er beobachtet die Bauern, die an den steilen Hängen mit der Heuernte oder mit den Obstbäumen beschäftigt sind und wagt nicht, sie anzusprechen, obwohl er sonst nie Probleme hat, sich mit Leuten zu unterhalten. Ihm wird klar, daß Bjørnson eines an diesem Land nicht begriffen hat ...

Die Schweigsamkeit. Er errötet bei den scheuen und trotzdem beharrlichen Blicken, die ihm und Nina folgen, wenn sie unterwegs sind. Manchmal bleibt er stehen, macht einen Versuch:

„Ist heuer ein gutes Obstjahr?"

„Was?"

„Ein gutes Obstjahr ... die Kirschen ... werden sie gut?"

Ein junger Bursche klettert vom Baum herunter, sonnenverbrannt, nickt freundlich:

„Ja, die Kirschen sind gut."

Mir ist, als hörte ich Nina kichern. Solche Situationen erträgt Edvard nicht. Da ist er zu stolz. Einmal, bei den Puddingen in Leipzig, hat man ihn gehänselt. Er meint, ziemlich viel auszuhalten, aber hänseln läßt er sich nicht.

Nina und Edvard gehen weiter. Sommer in Børve. Spaziergänge am Fjord entlang. Einmal geht er alleine nach Ullensvang. Drei Kilometer davon entfernt weitet sich der Fjord. Er bleibt stehen, der Geruch nach Obst steigt ihm in die Nase, er sieht die Äpfel an den Bäumen reifen. Weit droben in dem steilen Garten bemerkt er eine Frau. Sie ist groß und blond, gekleidet in die zugleich strenge und reich verzierte Volkstracht, die auf eigenartige Weise die Linien des Körpers versteckt und gleichzeitig betont. Er steht am Wegrand und betrachtet die Frau, wie sie von Baum zu Baum geht, ein paar Äpfel pflückt, oder sind es Kirschen, ohne auf die Umgebung zu achten, ohne sich beobachtet zu fühlen.

Edvard rührt dieses absolute Fehlen jeder Eitelkeit, und er wird an seine eigene Verzweiflung erinnert. Er liebt Ninas natürliches und unberechenbares Wesen nicht mehr. Gerade ihre gedankenlose, früher so bezaubernde Hingabe hat sie auseinander gebracht. John. John. John. In seinem tiefsten Innern weiß er, daß auch Hardanger nicht der Weg zurück zu ihr sein kann.

Brita Utne zwischen den Obstbäumen. Diese fruchtbare Fülle und die Farben, rot, grün, gelb und blau, mir wird ganz schwindlig beim Schreiben. Jetzt bemerkt sie ihren Beobachter, dreht sich um. Edvard kann diesem Augenblick nicht widerstehen. So viele Mythen drängen sich plötzlich auf. Sie ist eine von Wagners Frauen, und auch wieder nicht. Sie ist die Tochter der nordischen Götter, mit norwegischem Namen, eine Person aus der Oper, die er im Kopf hat. Denn so ist Wagner in Edvards Leben, der Meister steckt hinter seinen undurchführbaren Träumen. Bereits jetzt ist Brita Utne ein undurchführbarer Traum, Mutter Norwegen zwischen den Früchten der Bäume, die Sonne vergoldet ihr Haar unter dem weißen Kopftuch. So wie sie da steht, ist sie kein Mensch. Sie ist Mittelpunkt in der ersten Szene einer ungeschriebenen Oper. Jetzt geht sie den Hang herunter zum Weg. Er errötet über seine Träume.

„Sagen Sie ... ist das Ihr Obstgarten?"

Sie lächelt leicht, so als wisse sie alles:

„Sie sind doch Edvard Grieg, nicht wahr? Ich habe mir immer gewünscht, Ihnen zu begegnen."

Er malt vor Schreck Blumen in den Sand.

„Ich habe nicht gedacht, daß man mich in dieser Gegend kennt."

Sie reicht ihm die Hand. Er nimmt sie, spürt ihre Kraft. Reif, denkt er. Er schämt sich nicht. Er hat sich lange danach gesehnt.

Brita Utne.

Ihr Name flößt ihm Ehrfurcht ein, ein Gefühl von Schicksal, plötzlich Angst, da blökt unten am Fjord ein Schaf und unterbricht seine Phantasien.

„Sie und ihr Mann betreiben doch das Hotel am Fjord?"

Sie nickt, lächelt die ganze Zeit, während er redet, nicht belustigt, sondern wissend. Was weiß sie über Edvard, das ich nie erfahren werde? Sie macht mich wahnsinnig mit ihrer selbstsicheren Ruhe. Sie ist wie ein Teil der Natur. Ich kann mit solchen Menschen nichts anfangen. Sie haben nicht einmal Angst vor dem Gewitter. Sie erröten nie, es sei denn aus Freude über ein Kompliment, das sie dann allerdings als durchaus berechtigt ansehen. Wie kann sie, Brita Utne, sich erdreisten, mit meinem Edvard über das Kopenhagener Musikleben zu reden, nachdem sie sich gerade ein paar Minuten kennen? Sie war doch nie dort? Wahrscheinlich war sie noch nie in ihrem Leben in einem Konzert, und falls doch, dann höchstens bei einem der Strickzeug-Virtuosen in Bergen.

Sie gehen in der Sonne, sie ist groß, groß, und er ist klein, schief, aber benimmt sich wie der kleinste der Ziegenböcke Bruse im Märchen, wagt sie aber nicht anzusehen, denn er weiß nicht, was ihr Lächeln bedeutet.

Das ist nicht Norwegen, das ist *Mutter* Norwegen, ein Mensch, versöhnt mit seiner Natur. Sie hat von jeher an diesem Fjord gelebt. Ich weiß nicht sicher, ob sie groß ist. Aber sie muß einfach groß sein. Sie reckt sich, um über die Berge sehen zu können. Und es ist eine Tatsache in Norwegen, daß man in die engsten Täler gehen muß, wenn man *weitsichtige* Menschen treffen will. Das, was die steile Bergseite von dem tiefen Abgrund des Fjordes trennt, ist ein schmaler Streifen Obstbäume.

Und ein Hotel.

Sie ist stehengeblieben und deutet hinüber auf das Gebäude. Edvard bleibt ebenfalls stehen.

„Ich würde Sie und Ihre Frau gerne als unsere Gäste begrüßen. Was gedenken Sie im Winter zu tun? In dieser Umgebung haben Sie die Ruhe, die Sie zum Arbeiten brauchen."

Sie sagt das so einfach. Ich kenne sie nicht. Ich weiß nicht, was sie denkt. Ich bin auf einmal eine winzigkleine Frau mit einer Feder in der Hand. Was will ich eigentlich schreiben?

Diese Frau, nicht nur Mutter Norwegens, sondern auch Hotelchefin.

Sie muß ihre Träume von den Reisenden haben. Ich habe das Gefühl, daß sie mehr über Paris weiß als *ich* selber.

Ihre Stärke liegt nicht in ihrer Größe, in ihrer robusten Gesundheit, in ihrem Vertrautsein mit Gletschern und unwegsamen Routen über das Gebirge. Ihre Stärke liegt in ihrem Einfühlungsvermögen: sie kennt ihn bereits, den kleinen Mann in dem dunklen Samtanzug, dem Hut und dem Stock, der neben ihr geht und nervös über Schumann redet.

Vielleicht hat sie selbst Schumann gespielt, hat die Träumereien eingeübt, auf einem edlen, handgearbeiteten Klavier aus Sachsen, mit dem Dampfschiff an Norwegens Westküste gelangt. Es würde mich nicht wundern, wenn sie sich auch Sprachen angeeignet hätte, Deutsch, Französisch, Englisch, wenn sie kluge Gespräche mit Pastor Christie führen würde, einem Freund von ihr und ihrem Mann, dem Hotelbesitzer und Kaufmann Hans Utne. Sie führen sicher eine gute Ehe, es ist ein gutes Heim, ohne bedrohliche

Stille, ohne Streit und Türenknallen. Verzeihung, ich tue ihr unrecht. Auch *sie* hat ihre Geheimnisse, aber der Schlüssel hängt sozusagen sichtbar an ihrer Schürze. In ihrer Welt ist alles möglich.

Edvard schaut sie an, muß zu ihr hinaufschauen, erzählt, daß er Volkslieder sammelt, daß er gerne Spielmänner treffen möchte.

„Die besten haben sich auf den großen Höfen verdingt. Wir könnten sie einmal mitnehmen dorthin."

„Würden Sie das tun? Kennen Sie viele Melodien aus dieser Gegend? Würden Sie vielleicht für mich singen?"

Sie blickt ihn wieder mit einem seltsamen Lächeln an. „Ein andermal", sagt sie. „Sie und Ihre Frau müssen uns besuchen kommen. Aber jetzt sollten sie umkehren."

Er errötet leicht, beschämt über das Selbstverständliche ihres Wesens, über das Fehlen jeder Heuchelei. Sie hat ihn heimgeschickt zu Nina. Er geht den Rückweg nach Børve tief in Gedanken versunken. Sieht nicht mehr die Natur, die er in den höchsten Tönen pries. Mein Edvard ist nie ein Augenmensch gewesen. Er benutzt andere Sinne.

Er hört Nina nachts weinen. Sie weint lautlos, um ihn nicht zu wecken. Er liegt auf der Seite, dreht ihr den Rücken zu, tut so, als schliefe er.

Er sieht das blaue Licht beim Fenster hereinkommen. Er hört das Geräusch von langsamen Ruderschlägen auf dem Fjord. Da ist jemand unterwegs von einem Hof zum anderen. In dunklen Kammern ist geflüstert worden. Menschen haben geliebt. Die Liebe ist heimlich. Die Liebe ist nicht für alle und jeden. Er sehnt sich nach der Liebe. Er hört Nina weinen. Endlich dreht er sich um, zieht sie an sich.

„Was ist denn, kleine Niske."

„Nichts."

„Doch, da ist etwas. Sag' es."

Sie sagt es nicht. Er weiß, was es ist. Ein Schlafzimmer in der Strandgate. Eine Wahrheit, die ... unaussprechlich ist. Stille, Stummheit und Verschweigen, das verbindet sie jetzt.

Er vertont ein Gedicht des Norwegischen Dichters, diesem Mann, der über Berge und Täler gewandert ist, der in den abgelegensten Winkeln und in den größten Städten gewesen ist und der das andere, neue Norwegisch findet, Aasmund Olavsson Vinje. Das Gedicht heißt „Unten am Bach". Und ich nenne ihn Den Norwegischen Dichter, weil er mit offenen Ohren durch das Land gewandert ist, und Norwegen hört sich anders an als es aussieht: Weil zwischen Birken und Büschen im Frühling ein Rätsel ich fand, schien die Flöte, die ich schnitzte, beim Blasen zu weinen in meiner Hand.

„Vardo, die Vinje-Gedichte sind alle so schön, so traurig."

Er weiß nicht, was er antworten soll. Der ganze Sommer, den er arbeiten wollte, ist verschwunden, hat sich in Traumbilder aufgelöst. Wenn sie versucht, es zu singen, ist er bewegt. Gemeinsam sitzen sie in dem Schulhaus und klammern sich an die Musik.

Aber die Musik ist eine schwächliche Sprache. Flehend bittet sie ihn:

„Schreibe mehr, sei so lieb und *schreib'*, Vardo." Noch stellt sie sich Opern, Symphonien, Konzerte vor, all das, wovon er gesprochen hat. Stattdessen gibt er ihr kleine Liedchen, wie dünne Buschwindröschen, wie perfekte Rosen ohne Duft.

Und er nimmt sie mit zu Brita und Hans Utne. Nina wird ergriffen von Britas starker Persönlichkeit, spürt wie Edvard, daß die Stärke nicht äußerlich ist, denn diese große, blonde, in Tracht gekleidete Frau mit dem Silberschmuck auf der Brust besitzt das Land, bewacht das Gold, kennt den Weg.

„Wollt ihr Kaffee haben?"

Edvard und Nina nicken wie Konfirmanden, ziehen an Schleife und Mieder, fahren sich mit der Hand kämmend durchs Haar, achten darauf, aufrecht zu sitzen, während Britas Mann sie ausfrägt über die Hotels draußen in der Welt.

Brita Utne aus dem Geschlecht der Aga, einmal Mutter von fünfzehn Kindern, weiß sie, was sie tut, als die den Kaffee in die feinen, dänischen Porzellantassen einschenkt und Nina fragt, ob sie nachher die Lieder ihres Mannes singen möchte? Nina nickt willenlos. Edvard sitzt erstarrt auf einem alten Bauernstuhl und glaubt, er habe endlich, endlich das Land *entdeckt*.

„Gefällt es euch hier?" In Brita Utnes Augen wird es nie Abend. Sie strahlt, sie bewacht das Gold, ich würde nie wagen, sie zu malen. Ich male nur die Wohnstube, in der sie sitzt, ihre Silhouette dort im Schatten, während Edvard stottert und stammelt und zugibt, daß es schwierig ist, mit der bäuerlichen Bevölkerung in Kontakt zu kommen.

Ich male das Bild eines Sommerabends und einer Unterhaltung, Ninas glattes Haar, ihre großen, verwunderten Augen, ihr städtisches Aussehen, trotzdem nicht affektiert, sondern vollkommen im Lichte von Brita Utnes volkstümlicher Tracht mit einem Silberschmuck, der aussieht wie ein Drache oder ein Sonnengott, und den blendet, der zu lange hinstarrt. Ich male einen Kamin, die blockhausartig gezimmerten Holzwände, das Gewimmel der Kinder auf dem Fußboden, Edvard sitzt neben Nina und doch mit dem Rükken zu ihr. Sie spricht ihn an. Er antwortet abwesend und höflich, dann erheben sie sich beide und führen ein Lied vor, wie Marionetten auf einem Rummelplatz, wie die siamesischen Zwillinge mit den Stephen-Foster-Melodien.

Brita und Hans Utne sitzen ganz still da und lauschen.

Danach holt Hans den Branntwein. In seinen Augen ist ein eigenartiges Glitzern. „Brita hat erzählt", sagt er, „daß ihr beabsichtigt, im Winter zu uns zu kommen?"

Es ist ein Quartett, ein Streichquartett, auch dieses in g-Moll, und ein Quartett hat immer vier Punkte. Ich liebe die erste Violine, weil sie anführt, weil sie das Thema findet, dem die anderen folgen müssen, weil sie Ordnung schafft, weil sie sich zum Licht streckt. Und ich liebe die zweite Violine, weil sie sich unterwirft, weil sie immer das erste Thema beantwortet, weil sie vertieft, prägt und nach Harmonie sucht, weil sie die Kunst der Zweistimmigkeit beherrscht. Ich liebe die Bratsche wegen ihrer Verletzlichkeit, weil sie so leicht eifersüchtig wird, weil ihre Töne so sanft und dabei so leidenschaftlich sind, weil sie sich nie entscheiden kann und sich mal für eine Violine, mal für ein Violoncello hält, weil sie nicht weiß, daß sie eine Bratsche ist. Und ich liebe das Violoncello, das einsame, selbstbewußte Cello. Es weiß, daß es der größte Liebhaber unter den Instrumenten ist, es weiß, daß es der Nacht angehört und den Adagio-Sätzen, und es ist ein bißchen eingebildet, weil es das Geheimnis des „Schmerzensreichen" kennt, aber deshalb seine Liebeskunst auch mit tiefstem Ernst ausübt.

Brita Utne zeigt Edvard die Komponistenhütte, wo er arbeiten kann. Sie liegt ein Stück oben am Berghang. Brita schließt die Tür auf, ein Schlüssel unter hundert anderen an einem Schlüsselbund. Diese Frau ist nicht wie die meisten Frauen. Diese Frau redet freundlich mit den Mäusen und entfernt behutsam die Spinnen, wo sie im Wege sind. Edvard betrachtet sie überwältigt und hilflos, während sie ihm den kleinen Raum zeigt, alles ist vorbereitet, das Klavier steht an seinem Platz. Sie streicht mit ihrer kräftigen und bestimmten Hand darüber. Sie ist schwanger. Ihre Fruchtbarkeit ist maßlos. Er dienert wie ein kleiner Junge, als sie ihn verläßt, ihn allein läßt mit einer Lawine von Gefühlen, Widersprüchen, Wunden, die er noch leckt und die ich für geheilt ansah. Nina und Edvard sind in Bergen gewesen, John und Marie haben ein Fest für sie veranstaltet, und Edvard hat zwei Konzerte gegeben und sich im übrigen mit den Frischvermählten, Marie und Frants Beyer, die in die Stadt gekommen waren, getroffen. Jetzt ist Edvard wieder in Hardanger, in der Komponistenhütte, allein mit all den Bildern, die sich zwischen ihn und die Notenblätter drängen. John, Marie und die Kinder, die Familie als Betrieb, eine Jahresbilanz, Johns strenge Pedanterie, die proportional zunimmt mit der übertriebenen Geselligkeit unter den Kaufleuten und den Musikfreunden. Nina starr vor Angst, Marie verloren an ihre Kinder und wieder schwanger, Gespräche, die nie tief und ernst werden, immer begleitet von lärmendem Gelächter. Und danach: Marie und Frants, eben angekommen von der Hochzeitsreise. Frants, verläßlich und gesund mit dem Arm um seine Frau gelegt. Rein im Herzen, rein in der Liebe.

Edvard in der Komponistenhütte, Komposten, wie die Leute sagen, plötzlich kurze und unwillige Briefe an Beyer. Er könne einfach nicht verstehen ... *Wer* kann verstehen?

Denn es ist ein Quartett, ein Streichquartett, und zwar in g-Moll und beginnt aufgeregter als jedes andere Musikstück, das ich kenne, so als würde der Boden nachgeben, so als müsse alles auf einmal gesagt werden, so als würde jedes Instrument seinen eigenen Weg gehen und sich nicht einordnen. Vier Himmelsrichtungen! Vier Möglichkeiten! Menschen in seinem Leben. Einmal spät in der Nacht hat John seine Hand ausgestreckt, mit vom Alkohol verschleiertem Blick. Er hat sie nicht genommen. Er hat getan, als würde er sie nicht sehen. Auch bei den Bitten in Ninas Gesicht tut er so, als würde er sie nicht sehen. Auch Beyer gegenüber tut er so, als würde er ihm die Wahrheit über Hardanger nicht erzählen können, weil er sie doch nicht verstehe.

Norwegen. Mutter Norwegen, die starke, vertrauensvoll lächelnde Frau. Wie sieht sie aus, wenn sie liebt? Edvard spürt die Nerven wie eine Krankheit. Er kann jetzt mit niemandem zusammensein. Er sitzt in der Komponistenhütte und schreibt das Quartett in g-Moll, aufgeschreckt von seinen Gefühlen, von Wunden, die wachsen, von Gedanken, die ihn vertreiben, fort von allem, von dem er weiß, daß es Liebe ist. Er liest verzweifelt Beyers lange, herzliche und vertrauliche Briefe: „Wir zwei, Edvard, brauchen doch keine Geheimnisse voreinander zu haben."

Nun beginnt er zu ahnen, wer er ist. Nun spürt er den eisigen Blick des Seltsamen Dichters im Nacken. Das einzige was ihm sein Selbstvertrauen zurückgeben kann, ist das

Quartett. In der *Musik* muß er sich bewähren. Sonst ist alles vergebens. Sonst wird alles unwirklich.

Menschengesichter kleben am Fenster. Die Bauern halten schützend die Hand über die Augen und glotzen. Sie wollen sehen, wie der Komponist arbeitet. Sie drücken ihre Nasen an der Scheibe platt. Die Lippen verzerren sich zu Grimassen. Edvard sitzt am Klavier und sieht sie, zuerst ein Schatten am Fenster und danach ein häßliches, schiefes Gesicht. Eines Tages kommt ihm das Gesicht bekannt vor. Große, graue Augen. Nina!

Er geht nicht zur Tür, läßt sie nicht herein. Stattdessen öffnet er das Fenster. Sie steht dort draußen und schreit nach ihm, endlich hat sie den Mut, die Angst ist zu groß geworden, er ist herzlos, herzlos, man kann nicht ständig so stumm, so abwesend, so vergeßlich sein. Jetzt weint sie, obwohl keine Tränen kommen. Sie zittert, sie sagt:

„Eines Tages nimmst du ein Schiff, fährst den Fjord hinaus und bist fort."

Er schüttelt den Kopf, fühlt sich elend und schwach:

„Was denkst du da, Nina? Ich will doch nur hier sein."

„Und *warum* willst du hier sein?"

„Weil ich hier Ruhe habe, um zu arbeiten."

„Du wolltest mir Norwegen zeigen. Jetzt weiß ich, was Norwegen ist. Herzlose Ruhe."

„Niske, wenn du glaubst, daß ich wirklich so ruhig bin ..."

Sie läuft davon. Es wird zu gefährlich. Lange steht er da und blickt ihr nach. Dann geht er zurück zum Klavier, zum Streichquartett, zur Tonart g-Moll, mit der er wütet und kämpft. Draußen blinzelt wieder ein fremdes Gesicht durch das Fenster zu ihm herein.

Mein lieber Frants! Lieber Bjørnson! Mein lieber Gottfred Matthison-Hansen! Weiß Gott wem er alles schreibt, er schreibt Briefe, und er arbeitet. Arbeit ist Medizin. Ist demnach das *Leben* eine Krankheit? Man kann nicht über Norwegen schreiben, ohne über die Jahreszeiten zu schreiben.

Man kann nicht über Edvard schreiben, ohne über Gespaltenheit zu schreiben.

Die Winter in Hardanger, Edvards und Ninas Winter sind gnadenloser als an anderen Orten. Die Natur, die Edvard nicht sieht, beeinflußt ihn doch. Hardanger ist nicht so mild und regnerisch wie Bergen, aber auch nicht so kalt und schneereich wie Kristiania. Hardanger ist weder Trost noch Flucht. Jeden Tag geht Edvard hinunter zum Fjord, blickt über das reglos zwischen den Bergen liegende Wasser, ahnt nur schwach die unterirdischen Strömungen.

Vielleicht hat er Nina mitgenommen. Sie unternehmen gemeinsam Touren. Er bemüht sich, zu ihr freundlich zu sein, er bittet sie oft, zu singen. Manchmal lachen sie gleichzeitig. Manchmal faßt er sie um die Schulter, dann lehnt sie ihren Kopf an seinen. Sie sind alleine. Keine Brita Utne schaut ihnen aus dem Fenster nach. Sie hat mehr als genug mit dem Hotelbetrieb, der Post und den Kindern zu tun. Edvard gibt *ihr* seine Briefe an Beyer.

Die Abende verbringen Nina und Edvard unten im Hotel. Ein Pastor kommt, Pastor Christie, er ist nicht wie die anderen Pastoren. Er unterhält sich mit Edvard über die großen Dinge des Lebens. Edvard verspürt einen starken Drang in sich, vor ihm niederzuknien und zu beichten, befreit zu werden. Er hört Christies vertrauenerweckende Stimme, er sieht das Lächeln in Brita Utnes Gesicht. Das Leben ist dazu da, gelebt zu werden.

Ein Winter ist eine lange Zeit. Mehrere Winter sind eine Ewigkeit. Tag für Tag erwachen Edvard und Nina in dem grauen Winterlicht. Er hustet, die Luft ist rauh. Nina sagt:

„Das Klima hier ist nichts für deine Gesundheit."

Da schüttelt er heftig den Kopf, erzählt ihr, daß die Luft hier besser ist als anderswo.

„Nirgends weht ein frischer Wind, es modert", sagt sie ungerührt mit einem kleinen Teufel in den Augen.

Täglich kommen Briefe aus dem Ausland in dieses enge Tal. Brita und Hans Utne händigen sie Edvard aus. Hans ist neugieriger als seine Frau. Wirft einen Blick auf den Absender:

„Aha, Leipzig. Ist das eine schöne Stadt?"

Er liest die Briefe Nina laut vor. Von zufälligen Bekannten, mit denen sie Tage und Abende verbracht haben. Nina hört mit großen Augen zu, hört liebe Worte und Gedanken, formuliert in weit entfernten Städten. Die Wohnstube, in der sie sitzen, ist zwar nicht kalt, aber kühl. Merkt Edvard, daß er von Ibsen eingeholt wird? Von schwermütigen Familiendramen in engen Fjorden?

Dann kommt der Frühling. Für ein paar kurze Wochen wird Hardanger ein Blütenmeer. Weiß und rot. Die Obstbäume blühen. Nina spaziert frohgestimmt zwischen den Bäumen und bricht einige Zweige. Edvard weist sie zurecht:

„Niske, das ist etwas zum *Essen.*"

Sie erwidert unfolgsam:

„Sie sind nicht für den Mund, Vardo, sondern fürs Herz."

Sie drückt die Zweige an sich, Blüten, die sie von ihm nicht bekommt. Auf einmal sieht er ihre Schönheit. Ist überwältigt. Ist aber nicht fähig, das Bild festzuhalten. Sie läuft wie ein Kind von Baum zu Baum, den Hang hinauf, fast ganz den Berg hinauf. Er steht ratlos da und schaut ihr nach.

Die Sonne ist zurückgekommen. Die Tage werden heller und dann die Nächte.

„Es wird Sommer, Vardo. Jetzt können wir weg von hier."

Aber sie können nicht weg. Er will bleiben. Sie umfaßt ihn, möchte ihn zwingen. Da sagt er nur:

„Du bist frei, du kannst hingehen, wohin du willst."

Für ihn ist alles zusammengestürzt, und trotzdem ist er auf einer Spur, die alten Intervalle ziehen ihn magisch an. Die Welt der Kindheit war grausam. Diese Welt ist ebenso grausam. Er kann darüber reden, auf seine Art. Brita Utne lächelt ihn an. Sie lockt ihn, wie eine Elfe aus dem Märchen. So anders. Was hat sie mit ihm vor? Er geht in ihre

Küche, schließt die Tür hinter sich, ist allein, weiß, daß sie kommen wird. Ich kann ihn nicht sehen, ich weiß nicht, was geschieht. Nur dieses unergründliche Lächeln von ihr, als sie beide wieder herauskommen. Er ist leichenblaß, erschüttert. Er geht hinunter zur Komponistenhütte. Ich werde nie erfahren, was sich zwischen ihnen abgespielt hat. Das wollte er mir nicht erzählen.

Edvard in der Komponistenhütte. Er ist allein. Er sitzt am Fenster, blickt hinunter zum Fjord, spiegelblank liegt er da, nur ein kleines Kräuseln dort, wo es am tiefsten ist: unterirdische Strömungen.

Da klopft Nina an. Da läßt er sie herein, stürzt auf sie zu, möchte sich in ihrem Kleid verstecken, unter ihrem Arm, an ihrem Hals, aber sie ist klein, und sie kennt nicht das Gefühl, auf der Flucht zu sein. Sie lebt dort, wo sie hingesetzt wird. Meint nicht, eine Gefangene zu sein. Sie ist die freieste Frau, der ich jemals begegnet bin. Deshalb tut sie jetzt nichts, um ihn zu verstecken. Sie schiebt ihn ein bißchen weg von sich, die Augen, die ihn anschauen, sind müde. Sie kennt ihn, vielleicht kennt sie ihn trotzdem besser als jeder andere, braucht seine Vertraulichkeit nicht, um ihn zu verstehen.

„Was ist los mit mir, Niske. Ich ... ich ... was ist los mit mir?"

„Du hast ein gutes Jahr gehabt", antwortet sie, und ich glaube, ihre Stimme ist plötzlich kalt. „Du hast komponiert wie nie vorher, du hast ein Streichquartett beendet, du erhältst Briefe aus der ganzen Welt, Brita und Hans fragen dich um Rat, wenn es um ihren Hotelbetrieb geht, Pastor Christie legt Wert auf deine Meinung zur Kirche, vermutlich spielt man gerade jetzt irgendwo auf der Welt deine Musik. Ich weiß nicht, was mit dir los ist, Edvard. Ich glaube nicht, daß ich dich verstehe. Reiß dich jetzt zusammen. Vergiß das ganze. Sollen wir uns eine Flasche Wein genehmigen? Oder sollen wir von hier aufbrechen?"

Er bleibt. Er ist ein unsteter Mensch, aber er kann auch beharrlich sein. Außerdem hat er seine geliebte Arbeitsruhe. Außerdem ist er der Ansicht, Norwegen gefunden zu haben.

Marie und Frants Beyer kommen aus Bergen. Die Obstbäume blühen noch. Der Duft ist betäubend. Sie sehen so frisch vermählt aus! So verliebt. Er ein bißchen verlegen. Sie ein bißchen vernünftig, die Ausgaben für Silberzeug, Bettwäsche und Haushaltsgeld im Kopf. Sie sind tüchtig, sie leben genügsam. Nachdem Edvard und Nina ihnen das Dorf gezeigt und ihnen diejenigen Bauern vorgestellt haben, mit denen sie zu reden wagen, setzen sie sich und reden über Haushaltsangelegenheiten. Marie fragt Nina, ob es teuer ist, in Hardanger zu wohnen, was sie hier essen und ob sie sich nicht nach der Stadt sehnt, nach einem bequemeren Leben.

Oft reden sie gleichzeitig, ich kann die Worte nicht mehr unterscheiden. Edvard und Frants sind auf der anderen Seite des Tisches dabei, Pläne zu schmieden. Große Pläne. Das Orchester der Musikgesellschaft *Harmonien* als voll ausgebaute Philharmonie. Bergen als Weltstadt! Frants Beyer fühlt sich wohl in Bergen. Edvard betrachtet den Freund, saugt ihn förmlich auf wie eine Medizin. In einem solchen Moment schlägt er vielleicht vor, gemeinsam schwimmen zu gehen. Edvard will weg vom Tisch und den Frauenthemen. Er will Beyer für sich haben. *Dieses* Bild möchte ich malen. Zwei erwachsene Männer gehen schwimmen. Der robuste Beyer und mein schmächtiger Edvard. Jetzt gleiten sie ins Wasser, zerteilen die spiegelglatte und unwirkliche Oberfläche, spüren, wie die kalten unterirdischen Strömungen nach ihren Füßen greifen und nach unten ziehen, nach unten, sie müssen vorwärts schwimmen, vorwärts. Weit hinter ihnen rufen ängstlich die Frauen:

„Schwimmt nicht zu weit!"

Aber sie schwimmen weiter als ihre Kräfte reichen. Edvard wird schwindlig. Die hohen Berge spiegeln sich im Wasser. Der Himmel wird zu einem Abgrund. Er japst:

„Dieser Fjord ... ist grundlos."

Beyer zieht ihn näher zum Ufer, packt ihn fest am Arm.

„Bist du verrückt geworden, Edvard. Wolltest du ..."

Er spricht den Gedanken nicht aus, schaudert bei der bloßen Vorstellung. Sie sind an Land gekommen. Die Sonne wärmt, sie zittern, aber sie frieren nicht. Edvard hustet wie ein kleiner Junge. Dann fassen sie sich bei den Händen, verwirklichen eine Sehnsucht, die sie immer in ihren Briefen ausgedrückt haben.

„Frants. Ich muß dir alles erzählen."

Sie werden vertraulich. Er erzählt, was er zu erzählen wagt. Er erzählt von Nina, die er hier eingesperrt hat, ohne Rachegedanken, er erzählt von dem Norwegen, das er entdeckt hat, von seiner eigenen Sprache, die er gefunden hat und die ihm das Gefühl vermittelt, ein Mensch zu sein. Da sitzen sie, die Freunde, fast nackt, und reden stundenlang. Weit entfernt hören sie die Frauen rufen. Sie rufen zurück:

„Wir kommen gleich!"

Und als sie endlich kommen, mit nassen Haaren, wie zwei Wesen aus der Unterwelt, hat Beyer ihn zurückgewonnen. Vielleicht sieht Nina es von ihrem Platz am Gartentisch aus: er gehört so vielen, ihr gehört er, wenn sie singt.

Sie mag nicht mehr singen. Sie unterhält sich mit Marie über Küche und Kochen.

Sie verbringen den Abend mit Brita und Hans Utne, vielleicht ist Pastor Christie da. Ein Sommer vergeht. Ein Sommer in Hardanger. Und Brita Utne lächelt, wie ein alter, asiatischer Mönch, sie trägt eine Weisheit in sich, die verlorengegangen ist, die kein Tageslicht verträgt.

Der erste Herbsttag kommt und mit ihm der Wind, er fährt vom Berg herunter zum Fjord, und der Fjord schaudert. Manchmal poltern große Steine die Hänge herab und werden von der Tiefe verschluckt. Edvard sieht Nina an, daß sie nicht länger hierbleiben kann. Nachts wird er von seinem eigenen Husten wach. Jeden Tag steht die Sonne wieder ein Stück tiefer am Himmel.

Ich glaube nicht, daß sie immer bei Utnes sind. Ich glaube, sie haben ein Zimmer mit einem Kamin, wo sie, jeder in seine Arbeit vertieft, sitzen. Manchmal begleitet er sie, wenn sie lustlos singt.

Sie sind wie kleine Ecken in einem Menschenhaus. Er liest Briefe aus dem Ausland, drei Verleger buhlen um seine Gunst. Wenn er sie um Rat fragt, antwortet sie gewissenhaft und ohne Hintergedanken.

Die erste Hardanger-Periode ist vorbei. Das wissen sie beide. Das Streichquartett ist geschrieben, jetzt verfolgt ihn nur noch Brita Utnes Lächeln. Zu Nina sagt er:

„Ich bin völlig leer, völlig ausgetrocknet, und der Fjord erschreckt mich."

Ich weiß nicht, was sie antwortet, ich weiß nur, daß sie einer Zeit entgegengehen, wo man sie in Hotels, Pensionen, dem Schloß eines Verlegers oder der Wohnung eines Bekannten antreffen kann. Noch sitzen sie in einem Haus an einem norwegischen Fjord und lesen Neuigkeiten aus Europa: Rumänien, Serbien und Montenegro werden unabhängig. Österreich besetzt Bosnien und die Herzegowina. Auf Kaiser Wilhelm I. wird ein Revolverattentat ausgeübt, und die Idee des Sozialismus breitet sich allmählich über die Landesgrenzen aus.

Edvard senkt den Blick. Ich weiß, daß ein freies und selbständiges Europa ihn betrifft. Aber in seinem Herzen ist er auch Europäer, Reisender von Land zu Land. Jede Stadt hat ihren eigenen, geistigen Ausdruck. Er redet mit Nina ohne sie anzusehen:

„Erinnerst du dich an Bergen, an die ersten Jahre deines Lebens? Erinnerst du dich an den Hafen? An Tyskebryggen? An die Schiffe und die Warenspeicher? An die vielen fremden Sprachen, die neuen Sitten, die der Handel mit sich brachte? Meinst du, daß mich das so rastlos gemacht hat, Niske? Wir sind Vetter und Kusine, wir sind mütterlicherseits miteinander verwandt. Von väterlicher Seite gab es keinen, der sich in Ruhe an einem Ort niederließ. Ich weiß, daß John sich in Bergen wie ein Tier in einem Käfig fühlt. Wogegen kämpfe ich eigentlich? Ich habe doch das Norwegen, das ich mein ganzes Leben suchte, gefunden. Und jetzt sitze ich hier und denke ans Gewandhaus, an bayerisches Bier, an verrückte französische Symphoniker, an die Parks in Berlin, an Wiener Kaffeehäuser."

Sie lächelt und nimmt seine Hand. „Aber genau danach sehne ich mich auch, Vardo! Du nennst mich dänisch, aber ich *bin* aus Bergen, der Hafenstadt. Seit ich mich erinnern kann, wollte ich dorthin fahren, wo die Seeleute herkamen."

Er blickt weg, weg vom Kaminfeuer, begegnet ihren flüchtigen Augen, hält sie fest:

„Werden wir denn nie ein Zuhause, ein *Heim*, haben?"

Einige Wochen danach reisen sie ab. Brita und Hans Utne stehen an der Anlegestelle vor dem Hotel, mit allen Kindern, und schauen ihnen nach. Hans hebt den Arm und winkt vorsichtig. Brita steht mit verschränkten Armen da, ruhig und lächelnd, überzeugt, daß sie zurückkommen werden. Edvard geht mit Niske auf das Vordeck. Der Wind nimmt zu. Wird stürmisch. Sie müssen ihre Hüte festhalten. Salziger Schaum spritzt herauf. Sie lachen sich mit blassen Gesichtern an. Ein frohes Lachen. Ein irres Lachen.

Nina und Edvard in Europa. Die Grenzen haben sich verschoben. Die Städte haben sich verändert. Wo früher Äcker waren, deutet Edvard auf einen Fabrikschornstein. Wo früher eine Blumenwiese war, ist ein Gefallenenfriedhof. Er ist mit seinem Streichquartett unterwegs nach Leipzig.

Eine endlose Reise, die Tage sind ebenso schön und nutzlos wie Perlen an einem Halsband. Sie halten sich bei den Händen, um die Einsamkeit zu verbergen. Sie reden über Musik, Tonarten, die künstlerische Darbietung. Eines Tages stehen sie vor einer schwarz gekleideten Clara Wieck, einst Schumanns Frau, jetzt angebetet von Johannes Brahms, der ihr aus der Hand frißt und sie nie bekommen wird. Edvard wird von der Vergangenheit eingeholt, von alten Träumen und Geschichten. Noch einmal sieht er Schumann aus dem Rhein steigen und Nordraak in einem armseligen Zimmer in Berlin Schleim husten. Er sieht den großen, schwerfälligen Vogel Deutschland und weiß, wie rasch der Tod kommen kann. Er sehnt sich nach Italien, aber noch wird er nicht dorthin reisen. Edvard nimmt in Leipzig die Verehrung des Publikums entgegen, im Gewandhaus. Ein Konzertsaal ist ein Zuhause, ein Ort, wo Menschen zusammenleben, wenn auch manchmal auf unwirkliche Weise. Nina und Edvard wohnen im Schloß eines Verlegers, im Hotel eines Herzogs und in Feddersens Haus. Ein ganzes Jahr ohne eine selbst geschriebene Note, nur eine neue zweite Stimme zu Mozart, eine Flut von Briefen, Visitenkarten und Treffpunkten. Er lebt mit altbekannten Gefühlen, spielt das a-Moll-Konzert mit Hustensaft in der Brusttasche, und Nina wird immer unsichtbarer, wenn sie fremden Besuchern ihre zarte Hand hinstreckt. Er redet von ihr in der dritten Person, auch wenn sie anwesend ist. Er ist gereizt und aufbrausend und übt nicht genug auf dem Klavier. Von böswilligen Kritikern fühlt er sich tödlich gekränkt. Er vergißt Beyer zu schreiben, so ist die Anatomie des Reisens, jede neue Umgebung kämpft gegen eine alte. In Gesellschaft von Cognac und Kollegen oder Freunden geht er völlig im Hier und Jetzt der Situation auf. Ich weiß, daß es verrückt ist, aber er fängt an, über Norwegen zu reden. *Jetzt* hat er Norwegen entdeckt, er beschwört das Lächeln einer Frau in einem Hotel in Hardanger, sie hütet das Gold und die Weisheit. Europas Unruhen machen *ihn* unruhig. Ständig neue Menschen schenken ihm Vertrauen, jeder ein bißchen. Er kümmert sich um große Betten für Nina, wo sie schlafen kann, während er in Musiklokale oder zu Verlegerfreunden geht. In späten Nachtstunden erörtert er Nordraaks Schicksal. Wie weit wäre er mit seinem Norwegertum gekommen? Er, der Europa dringender als jeder andere brauchte, der dauernd Landesgrenzen überschreiten mußte, um mit sich fertig zu werden. Edvard und Nina an Grenzstationen. Er hat ihr eine lange Reise versprochen. Nach ein paar Monaten nimmt er sie mit zurück nach Norwegen.

Auf dem Landungssteg vor Lofthus steht Brita Utne und lächelt.

Ich kann das nicht erklären, ich kann es nur erzählen. An Edvards Geburtstag kommt Ole Bull nach Hardanger. Er trägt die Volkstracht, er küßt Brita Utne die Hand, ohne ein Wort zu sagen. Er nimmt Ninas Arm und macht mit ihr einen langen Spaziergang, danach sind ihre Wangen rosig. Er schickt einen Boten zu Spielmann Ola Mosafinn, Mäher bei Pastor Irgens in Ullensvang. Edvard solle sich schämen, daß er ihn nicht schon früher geholt hat, um ihn spielen zu lassen.

Das Ganze wird eine herrlich lebendige Oper im Stil des Großen Dichters, und gleichzeitig ist es ein schönes, fast konventionelles Bild, auf dem alle Mitwirkenden wie Maskottchen aussehen. Edvard wirkt auffallend blaß vor Schlaflosigkeit, wie er da in allzu gewollter Staffage in der Sonne sitzt und den Arm des Zaubermannes, des Virtuosen auf seiner Hand spürt und seinem begeisterten Redeschwall lauscht, was alles in Zukunft mit Norwegen geschehen wird. Dazu spielt Ola Mosafinn; die Quinten und vergrößerten Quarten des Spielmanns zerschneiden die Blumenluft wie frisch geschliffene Messer.

An solchen Tagen passiert es, an solchen Tagen kommen Unglücksbotschaften, von Erdrutschen, Leichenfunden, Havarien. Es muß ein solcher Tag gewesen sein, an dem Edvard einen Brief von John aus Bergen bekommen hat, in dem steht, daß der Bruder zusammengebrochen ist.

John, einmal bist du den Berghang zum Gipfel des Ulriken hinaufgekrochen. Du hast gewunken, du hast gelacht, du hast gerufen: „Komm, komm!" Du hast immer so stark gewirkt, aber von uns beiden warst wahrscheinlich *du* derjenige, der mehr Angst hatte, verlassen zu werden und allein sein zu müssen. Hast du deshalb so viele Kinder um dich geschart? Ich weiß, daß es manchen Menschen so geht, sie können nur eine Liebe schenken, die verpflichtend ist. Denn sie sind gewohnt, nehmen zu müssen. Sie sind gewohnt, übersehen zu werden.

Edvard und Nina, wieder in dem Zimmer in der Strandgate, in den Wänden der Geruch nach Kindern und Seife, nach schmutziger Wäsche und Arzneien, nach gesalzenem Fleisch und Jahrgangswein.

Das Bild, das ich jetzt malen will, ist brutal: John auf dem Sofa, groß und schwer wie ein getroffenes Tier, der Tod sitzt in seinem Blick, obwohl die Augen leben. Holländische Maler können so etwas darstellen. Sie sind Spezialisten für Jagdszenen, und dies ist eine Jagdszene, hinter weißen Gardinen und Fensterbrettern mit Geranien. Ich höre Johns schweres Atmen und erschaudere. Denn der Jäger ist unsichtbar. Die Kinder stehen um ihn herum, stumme Augenzeugen der schweren Stunden im Leben. Marie steht steif an der Wand, hält krampfhaft ein Taschentuch fest. Edvard und Nina unsicher in der Tür. John flüstert:

„Laßt mich in Frieden."

Die Augen flehen alle an zu bleiben. Was ist geschehen? Vielleicht ist garnichts geschehen. Aber ein Mensch ist zusammengebrochen, und Edvard und Nina sind nach Bergen gekommen.

„Dich will ich sehen, Edvard."

Das Bild löst sich auf. Die Statisten verschwinden. Nur Edvard bleibt, setzt sich auf die Sofakante, ist erschrocken über das an John, was er an sich selbst kennt.

„Wenn du da bist, Vardo ... habe ich keine Angst mehr ... ich kann dir gar nicht sagen, was das für ein ... Gefühl ... ist ... Herrgott ... und die Kinder ... und Marie ... und das Geschäft ..."

John versucht, sich aufzurichten. „Nein, ich komme schon wieder auf die Beine ... morgen ..."

Nina horcht an der Tür. Dann ist es ja doch nie um *sie* gegangen, sondern um Johns und Edvards persönliche Reise durch Zeit und Raum. Edvard nimmt eine Dirigentenstelle bei dem Orchester der Musikgesellschaft *Harmonie* an. Als John wieder auf den Beinen ist, ziehen Edvard und Nina in ein Haus auf Engen.

John, immer wenn du in der Nähe bist, kann Edvard komponieren. Dann ist er eingeschüchtert, eingeschüchtert von deinem dunklen Wesen. Bald wird er dir eine Cello-Sonate widmen.

Im gleichen Herbst stirbt Ole Bull. Edvard und Der Große Dichter geleiten ihn zu seiner letzten Ruhestätte.

Er spielte seine Norwegischen Tänze vierhändig zusammen mit Nina. Ich kenne nichts Schöneres als Nina, wenn sie musiziert. Dann wird es ein Trio. Nina und John und Edvard gemeinsam auf dem Podium. Ich sehe die Falten, die gebeugten Rücken. John und Edvard beginnen alt zu werden. Nina ändert sich nicht. Mein erstes Bild von ihr ist das gleiche wie jetzt. Nach dem Konzert in der Garderobe reden sie miteinander wie alte Geschwister, John regt sich auf über einen Zeigefinger, der das Cis nicht fand. Edvard tröstet ihn mit einem Schnaps, versucht seinerseits heimlich, einen chronischen Magenkatarrh damit zu betäuben. John ist immer noch groß und beeindruckend mit seinem Cello. Nina vermeidet ängstlich, mit ihm zu reden, aber wenn sie es tut, dann wie eine erwachsene, kleine Schwester. Er hört ihr zu und nickt zu allem, was sie sagt. Er ist blaß, mitgenommen, aber hält sich verbissen aufrecht. Bald gibt er wieder Gesellschaften für angereiste Künstler und Kaufleute. Er fürchtet die Stille im Haus in der Strandgate. Deshalb tut er alles, damit die Zimmer erfüllt sind von Kindergeschrei und Gläserklirren. Ich sehe ihn plötzlich allein, gezeichnet von Rauch und Alkohol sitzt er morgens um vier da und umklammert krampfhaft sein Cello. Er spielt eine Bach-Sarabande als sei es ein Trauermarsch.

Ich muß zugeben, daß er mich durch seinen Charme anzog. Wir kannten uns ja von Kindesbeinen an. Beide in Bergen aufgewachsen. Aber ich hatte keine konkrete Vorstellung von ihm. Jeden Frühling, wenn ich von Paris nach Hause kam, fiel es mir erneut schwer, mich an den Lebensrhythmus zu gewöhnen, mir fehlten die Cafés und die zufälligen Treffpunkte, hier war ich auf das verpflichtende Zusammensein in Privathäusern beschränkt. Ich erinnere mich an das erste Bild von ihm, ich glaube, es war auf dem Fischmarkt, sein Gesicht war noch blaß vom Winter. Er fragte mich, wie es mir mit dem Malen dort unten in Paris ginge, wahrscheinlich hatte er Kitty Kielland und Harriet Backer[9] einmal getroffen. Ich habe vermutlich das übliche geantwortet, daß es trotz allem leichter ist als Frau in einer Großstadt, weil man sich seinen Kreis aussuchen könne. Er lächelte wissend und fragte mich, ob ich Bergen für zu eng hielte, unterbrach sich aber und fing an, von seinem Bruder zu erzählen und den Prüfungen, denen er in dieser Stadt ausgesetzt gewesen sei und wie er sich abgemüht habe, um die Zügel abzustreifen. Ich werde nie vergessen, wie sehr er Edvard pries, dazu die Freude in seinem Gesicht, als er erzählte, daß Edvard jetzt in der Stadt wohne und *Harmonien* dirigiere, wo er selber spiele und sich gewaltig einsetze für Norwegen und das norwegische Musikleben und daß ihn die Geschichte später einmal dafür belohnen werde. Ich nickte, lächelte, sagte, ich würde Edvard nur flüchtig kennen, als kleiner Steppke an Tanks Schule. Ansonsten – und ich weiß nicht, ob ich das nur gesagt habe, um ihm zu schmeicheln – wäre ich letzten Winter leider einen Tag zu spät nach Leipzig gekommen, um ihn spielen zu hören, und eine meiner Freundinnen auf der Kunstakademie habe alles, was von Grieg an Noten erschienen sei, und die g-Moll-Ballade sei ihr Lieblingsstück. Er war nicht imstande, weiterzugehen, er hörte mir zu, als würde ich über *ihn* und nicht über seinen Bruder reden. Er kam mir schön vor mit seinem markanten Gesicht, den ängstlichen Augen und dem herben Zug um den Mund. Es überraschte mich nicht, daß er viel zu viele Kinder hatte.

Dann lud er mich zu einer Art Künstlerfest für den nächsten Tag ein, auch Edvard und Nina sollten kommen. Ich erinnere mich, daß ich hin und her überlegte, eigentlich hatte ich eine Verabredung mit ein paar gut verheirateten Freundinnen in einer Villa bei Haukeland, aber John Grieg hielt mein Nein nicht für eine Absage. Er fing an, über meinen Bruder, den Opernkomponisten[10], zu reden. Ausführlich und belehrend erzählte er von dessen letztem Werk, und das fand ich seltsamerweise nett und nahm schließlich die Einladung an.

Das Haus in der Strandgate war anders, als John Grieg es dargestellt hatte, kleiner und nicht so luxuriös. Die Griegs zählten von jeher zu den Wohlhabenden der Stadt. Jetzt sah ich deutliche Anzeichen, daß es mit der Firma bergab ging.

Ich befand mich in einer komischen Stimmung, war ausgelaugt von den Familien, vom Tratsch mit den Freundinnen über deren Kinder, über das Sodbrennen der Vettern, die Sehschwächen der Großmütter und die Gemüsepreise auf dem Markt. Mein Leben in Paris war dagegen etwas völlig Fremdes. Ich war noch jung und schwärmerisch, ich war nicht bereit zu akzeptieren, daß Menschen sich freiwillig beschränkten und sich zu einem Rädchen in einem Produktionsprozeß machten. In meinen Augen hatte das Familienleben, das mir meine Freunde und Freundinnen vorführten, überhaupt nichts mit Liebe zu tun. Jedes Jahr, wenn ich heimkam, erschien mir die Stadt als ein Gefängnis voller kleinmütiger Menschen, die unfähig waren, ihr eigenes Leben zu gestalten und ihre innersten Gefühle auszudrücken, die nicht den Mut hatten, ihr eigenes Denken ernst zu nehmen, denen jede Großzügigkeit fehlte. Ich hatte ständig das Gefühl, Menschen zu treffen, die Angst hatten, zu verlieren, wahrscheinlich, weil sie nie besessen haben. Sie lebten als falsche Persönlichkeiten, angetrieben von finanziellen Notwendigkeiten und Interessen. In meiner konservativen Familie war es natürlich unmöglich, darüber zu reden, und das deprimierte mich sehr. Ich wurde eine Fremde, zweifelte an meiner Normalität, hatte eine Todesangst vor den Jägerblicken der Männer, die versuchten, mich einzufangen, die mich zu einem Frauenkörper und einer Haushälterin machen würden, eine Kombination, für die ich nie das geringste übrig hatte.

Daß ich recht hatte, davon haben mich die Männer überzeugt. John Grieg unterhielt sich galant mit mir über die Rechte der Frauen und stellte mir dabei Marie vor, einen völlig abgerackerten Menschen, dessen Selbstbestimmung durch Kinderkriegen und Kinderaufziehen zunichte gemacht wurde sowie durch das Aufräumen nach Festen und der Vorbereitung von neuen. Es war noch früh am Abend, ich hatte mein bestes Kleid angezogen, ein etwas gewagtes Stück, und ich beschloß, mich vollaufen zu lassen.

Als Nina und Edvard kamen, stieg mir buchstäblich ein schimmliger Geruch in die Nase. Das konnte natürlich mit den vielen Reisen zu tun haben, bei denen die Kleidung in Koffern verpackt ist. Nina starrte mich mit großen, ausdruckslosen Augen an, hinreißend in ihrer weißen Zartheit. Sie sprach höflich über eines meiner Bilder. Edvards Blick war neugierig, der Händedruck war nicht so fest wie erwartet. Der schiefe Körper faszinierte mich. Ich erinnere mich an ein Gefühl übersteigerter Vitalität, nicht geschaffene Werke, nicht gelebtes Leben, unsteter Blick, die Finger gierig das Glas umklammernd, unzufrieden. Er sprach über Paris, Freunde, die er hatte, berühmte Personen, er prahlte nicht mit ihnen, er erwähnte sie mit aufrichtigem Interesse. Nina verschwand aus dem Gesichtsfeld. Ich schmeichelte ihm mit der g-Moll-Ballade, erzählte ihm von meiner Freundin, die sich die Noten besorgt hatte. Er wurde ungehalten, hatte keine Lust, über sich und seine Berühmtheit zu reden. Aber ich war jung und lebte in einem Milieu, wo Namen nun mal etwas bedeuten und wo Edvard Grieg von einigen als Genie betrachtet wurde, ein Vorläufer dessen, was wir später Impressionismus nennen sollten, auch in der

Musik. Er wollte das Neueste über meinen Bruder hören, schmeichelte mir, indem er ihn lobte, hatte ein schlechtes Gewissen wegen eines nicht geschriebenen Briefes. John rief uns zur Tafel, und den restlichen Abend unterhielt ich mich mit weniger interessanten Leuten. Ich ging früh nach Hause und fühlte mich innerlich ganz anders als vorher.

Eine Weile sah ich ihn nicht, hatte auch nicht erwartet, von ihm zu hören, obwohl er an dem Abend irgendetwas erwähnt hatte, das ich meinem Bruder bringen sollte. Aber eines Tages traf ich John wieder. Das Cello, das er unter dem Arm hatte, glich einem Tier oder einer Frau. Ich sagte ihm das. Er fragte mich, warum ich nicht Musiker oder Orchester malen würde. Ich gab zu, daß das eine faszinierende Idee sei. Damals war eine Zeit, wo man neue Motive ausprobierte, und die Kriterien, was Kunst ist, wurden auf den Kopf gestellt. Ich begleitete ihn zu einer Nachmittagsprobe in die *Harmonie*. Er betrat mit mir den Saal, aber sobald er seinen Bruder auf der Bühne erblickte, war es, als würde ich nicht mehr existieren. Er forderte mich auf, irgendwo Platz zu nehmen, und vergaß mich.

Ich setzte mich in die Mitte der vierten Reihe. Beyer war ebenfalls im Saal. Ich erinnere mich, daß er Grieg zuwinkte, der sich vom Dirigentenpult herunterbeugte und dem Freund, während sie miteinander redeten, die Hand auf die Schulter legte. Diese Geste wirkte intim. Ich hatte gehört, daß es sich um eine ungewöhnliche Freundschaft handeln solle. Sie schienen sich zwar nicht ähnlich zu sein, waren aber auf eigenartige Weise von rührender Kindlichkeit. Ich war mir sicher, daß sie Geheimnisse miteinander teilten, für deren Formulierung die Sprache nicht ausreichte.

Die Probe begann. Grieg dirigierte mit schwungvollen Bewegungen, stampfte auf den Boden, unterbrach hektisch, als hätte er zu wenig Zeit, wies die Bratschen zurecht, nannte sie Idioten und zwinkerte ihnen kurz darauf zu und parodierte dabei seinen Bergenser Dialekt. Ich glaube, es war Beethoven. Er schrie sie an, das sei eine erschütternde Musik. Das wiederholte er mehrmals, erschütternd, erschütternd. Ich erinnere mich noch an diesen Augenblick, Johns große, ernste Augen, die hinter dem Cello zu ihm hinaufstarrten.

Dann dirigierte er. Beyer setzte sich zwischen das Orchester. Grieg brüllte und sang mit, übertönte das Orchester, „lauter! lauter!" John strich wild sein Instrument, tat alles, um den Anweisungen des Bruders gerecht zu werden. Ich hatte einen Skizzenblock bei mir. Ich holte ihn aus der Tasche.

Nach der Probe kam Edvard herunter zu mir.

„Leis Schjelderup", sagte er. „Ihre Anweisenheit ist unangenehm."

Ich wollte wissen warum.

„Das hier ist intensives Arbeiten", erklärte er. „Würde es Ihnen gefallen, wenn ich Sie in Ihrem Atelier beobachten würde?"

Ich weiß nicht, was in mir vorging. Ich sagte ja.

Da entdeckte ich die Schwermut in den blauen Augen. Den Schatten.

„Sie dürfen mich nicht falsch verstehen", sagte er. „Aber ich möchte gern mein Bestes geben, wenn Sie in der Nähe sind."

Er starrte mich an, konnte nicht weiterreden. Beyer rief nach ihm. Er ging. Ich wußte, daß ich ihm bald wieder begegnen würde.

Ein paar Tage später sah ich ihn auf dem Markt. Er stand verkrampft und hilflos zwischen plaudernden Menschen, die ihr Musikwissen zur Schau stellten, gut situierte Kaufleute, die ihre Töchter und deren Czerny-und-Clementi-Spiel in den höchsten Tönen priesen. Er hatte diese blauen Kinderaugen, denen ich mich nie entziehen konnte. Als er mich erblickte, schien er zu erschrecken, befreite sich aus der Gruppe und kam zu mir.

„Fräulein Schjelderup", sagte er, „habe ich Ihnen kürz-

Angst gemacht? Ich werde so nervös in dieser Stadt. Verzeihen Sie mir. Sie dürfen natürlich zu den Orchesterproben kommen, so oft Sie wollen. Es ist mir eine große Ehre, zu wissen, daß Sie anwesend sind."

„Ich würde Sie gerne malen", sagte ich. Wir gingen gerade Richtung Nordnes. Er habe eine halbe Stunde Zeit bis zur nächsten Verabredung. Jetzt dachte er darüber nach, was ich gesagt hatte. „Gefällt Ihnen die Idee nicht?" fragte ich.

Er blickte starr vor sich hin.

„Eine Photographie", sagte er, „ist eine Entlarvung, solange man bereit ist, sich entlarven zu lassen. Aber ein Gemälde ist eine Studie, da wird ein Mensch auf eine Weise bloßgelegt, vor der er vielleicht nichts ahnt. Bis jetzt haben mich nur männliche Künstler gemalt. Sie waren eher höflich, aber Sie als Frau ...?"

Ich lachte. Er lachte ebenfalls. Ein Lachen, das in Husten überging. Er schien nicht gesund zu sein. Ich wollte ihn nicht drängen. Nebeneinander gingen wir durch eine Stadt, die uns nur allzu bekannt war, eine Stadt, die sich merkwürdigerweise nicht durch Impulse der Außenwelt, fremde Sprachen oder neue Denkweisen beeinflußen ließ.

„Wann fahren Sie zurück nach Paris?" fragte er mich nebenbei. Ich weiß nicht mehr, was ich antwortete. Damals lebte ich ein sehr spontanes Leben. Vielleicht sagte ich ihm, ich hätte keine festen Pläne. Er trat mir in den Weg, packte mich plötzlich am Arm:

„Sie strahlen genau die Freiheit und Selbständigkeit aus, nach der ich mich sehne", sagte er. „Verstehen Sie mich nicht falsch, aber ich bin in alle möglichen Rücksichten eingebunden. Mein ganzes Leben lang hatte ich einen Plan. Erzählen Sie mir von Ihrem Leben in Paris."

Ich erzählte ihm von meinem Alltag, von dem gleichermaßen großzügigen wie herzlosen Milieu, in dem ich lebte. Er hörte mir aufmerksam zu, so als würde es ihn selber betreffen. Mehr war es nicht. Wir gingen bis hinauf zur Klostermauer. Von dort schauten wir über die Stadt. Wir sprachen kein Wort miteinander, bis er vorsichtig die Uhr herauszog und sagte, jetzt müsse er gehen.

Ich traf ihn irgendwo draußen in Europa. Der Name der Stadt spielt keine Rolle. Wir trafen uns, weil das früher oder später geschehen mußte. Ich erinnere mich an das Licht. Es war grau. Es kam durch die Fenster des Hotelzimmers, traf sein Gesicht mit fast brutaler Stärke. Ich wußte, daß er hergefahren war, um mich zu sehen. Er stellte das auch gar nicht in Abrede. Er sagte, er sei gekommen, weil ich nicht verlangt habe, daß er es tue, weil ich nicht versuchen würde, Macht über ihn auszuüben, weil ich ihn, durch meine bloße Anwesenheit, daran erinnert hätte, daß er ein freier Mensch mit freiem Willen sei. Ich erwiderte, ich wüßte nicht, was wir gemeinsam hätten, vielleicht garnichts. Aber ich liebte seine Musik, sie sprach mich an, wirkte ebenso eindringlich auf mich wie meine nächtlichen Träume.

Man verlange nicht von mir, daß ich mich in etwas einfühle, was ich selbst gelebt habe. Ich kann mich nur in etwas einfühlen, dem ich äußerlich gegenüberstehe. Ich bin Malerin. Ich bestimme selbst das Format meiner Bilder. Er war ja so scheu, als er sich mir zuwandte und sagte:

„Sie sollen mich malen. Sie dürfen erzählen, wer ich bin." Er war anders als die anderen Männer, denen ich begegnet bin, und trotzdem war er mir vertraut, und ich nahm ihn auf wie einen verlorenen Bruder. Das war 1883, dem Jahr, in dem Richard Wagner, der Gestalter germanischer Mythen, und Karl Marx, der Begründer des historischen Materialismus, starben. Das war in dem Jahr, in dem eine Reihe von Malern ihre eigene, neue Ausdrucksform fanden. In diesem Jahr entwickelte Gottlieb Daimler seinen ersten Verbrennungsmotor. Das Europa vor der Jahrhundertwende, alt, verbraucht und faltig, aber mit einer neuen Jugend. Woher kam sie? Hatte sie etwas gemeinsam mit der wachsenden Großindustrie? Oder mit den neuen Schlachtfeldern? Ich erinnere mich an diesen Sommer. Ich erinnere mich an das intensive Grün des Grases. Ich erinnere mich an das im Wind wogende Korn, an die am Himmel dahinfahrenden Wolken, an den Geschmack nach frischem Obst und neuem Wein. Edvard kam mit dem Regen. Er kam wie ein unheilvoller Wolkenbruch, und er wußte nicht, wer er war.

Anfangs redeten wir nur, leise Gespräche wie sie Kinder an heimlichen Orten führen. Vertraulichkeit braucht ein Versteck. Vertraulichkeit ist schüchtern. Er hatte Angst, zu sterben, nicht vor dem Tod an sich, wo die Seele den Körper aufgibt, sondern vor dem Verfaulen der eigenen Gefühle, vor dem Zerfall seiner Seele in tote Stücke, so wie die Aussätzigen zu Hause in Bergen zerfielen. Er kam mit fieberndem Blick zu mir, und draußen regnete es. Wir tranken Cognac aus großen Gläsern. Er müsse alles erzählen, sagt er. Er warf sich in meinen Schoß und verbarg sein Gesicht als schäme er sich. Er sagte, daß er Nina verlassen habe.

„Ich liebe dich, aber nicht, weil du norwegisch bist", sagte er. Ich wußte nicht, daß er versuchte, Brita Utne zu vergessen. „Für mich bist du grenzenlos, und weit und breit ist niemand, der dich besitzt."

Ich wollte ihm das Ganze realistischer darstellen und sagte:

„Als Norweger sind wir die Stiefkinder Europas. Wir sind unter der Vormundschaft von Fremden. Unsere Sehnsucht nach Freiheit ist unsere Sehnsucht, zu wissen, wer wir sind."

„Daran glaube ich nicht, Liebling. Ich glaube nicht an Peer Gynt, der zurückkehren mußte, ehe er begriff."

„Du hast selbst gesagt, daß sich das Alte nicht vererbt."

Da sank seine Stirn an meine, und er flüsterte: „Ich habe alle Brücken hinter mir verbrannt. Ich habe mein Leben in deine Hände gelegt."

Voller Ernst antwortete ich: „So wie Nina ihr Leben in deine."

Er fröstelte. Die Stimme war die eines Kindes: „Aber du wirst nie weggehen von mir?"

Ich wußte, was ich antwortete, als ich sagte: „Nein, Edvard, ich werde nie weggehen von dir."

Er weinte, er lachte. Noch verstand er nicht, was wir einander eigentlich gesagt hatten. Er hatte alle Brücken verbrannt. Trotzdem war es nur eine Zeitfrage, wann er zurückmußte, und das hieß, hinunter in einen Abgrund und an der anderen Seite wieder hinauf. Wegen ihm weinte ich in dieser Nacht. Ich lag wach und weinte für uns beide.

Ich wußte, daß wir nicht viel Zeit hatten, obwohl ich mir gerne vorgemacht hätte, daß er das, was er getan hatte, wirklich begriffen hatte. Muß ich über unsere Liebe schreiben? Sie war schön. Wir waren Kinder. Und wir waren nicht frei und gelöst von der Besitzgier des Verlangens, aber unsere Hingabe war gleichwertig.

Tagelang redeten wir, einer ließ den anderen nicht zu Wort kommen. Wir tranken unseren neuen Wein, und wir bissen uns fest an unseren Schultern wie Tiere, wenn sie lieben. Dann redeten wir nichts mehr.

Wir verlebten einen Sommer im Herzen Europas. Wir verlebten einen Herbst. Ich erwachte nachts und vernahm ein schwaches, eigentümliches Säuseln. Ich dachte, es sei der Wind. Er schlief mit dem Kopf auf meinem Arm. Sie rief nach ihm aus weiter Ferne. Ich wußte noch nicht, daß ich mein Stundenglas umgedreht hatte und daß ich nicht das Säuseln des Windes vernahm, sondern das Rinnen des Sandes, der zur Erde rieselte.

V

In Trasevere scheint die Sonne, obwohl schwere, fast braune Wolken aus Umbrien ihre Schatten über das dunkle, uralte und tiefgefurchte Gesicht dieses Stadtteils werfen. Die Farbe spiegelt sich sofort auf Frants Beyers blassem, offenem Gesicht, als er seine Frau den Gianicolo hinaufbegleitet.

„Hallo. Edvard, Nina! Wartet! Ich glaube, es fängt gleich an zu regnen."

„Was sollen wir tun?"

„Wir haben ja gerade erst zu Mittag gegessen."

„Wir können nochmal essen."

„Nina, *du* darfst jedenfalls nicht naß werden."

„*Ich* weiß, was ich tue."

„Wir werden betrunken, werden umfallen und lallen."

„Hinein in seidene Betten!"

„Das können wir uns nicht leisten."

„Kommt ... diesen Weg ... eine Droschke mit Verdeck!"

Ihre Worte dringen von weit weg zu mir. Ich werde schläfrig als wäre ich selber mit einer Flasche Frascati in der glühenden Sonne gesessen und hätte den Kindern in den Straßen Roms beim Spielen zugeschaut. In dieser Stadt sind die Kinder von einer fast unwirklichen Schönheit, vielleicht deshalb, weil sie als Symbol neuen Lebens nicht zu meiner Vorstellung von Rom passen. Für mich ist es eine Stadt der Toten und der Skelette, die ich überall sehe, wie Reste einer untergegangenen Kultur.

Ich habe ihn verloren. Jetzt ist er zurückgekehrt in diese Schönheit, die weder verspricht noch fordert. Rom, die

Stadt der Resignation. Und Nina lächelt Frants und Marie zu, wissend, obwohl sie nichts weiß. Egal wie ich dieses Bild male, die Gesichter werden einfach nicht deutlich. Die Farben sind zu naß, sie verlaufen nach allen Seiten. Meine Hand ist nervös, die Technik unsicher, und meine Eifersucht ist drückend und einsam.

Die Zeit holt mich ein, ich bekomme Schwierigkeiten mit der Chronologie. Was lebe ich, und was habe ich schon gelebt? Ich habe das Gefühl, als stünde ich selber an einem kalten Wintertag auf dem Bahnhof von Leipzig. Ich war vorausgefahren nach Paris, und ich wartete, obwohl ich mir wenig Hoffnung machte. Edvard sagte zu mir, er brauche Einsamkeit. Das war ein Echo auf das, was ich ihm erzählt hatte, und als ich ihm das sagte, bemerkte ich Angst in seinen Augen, so als würde ihm in der Einsamkeit eine fürchterliche Begegnung mit sich selbst bevorstehen. Über Weihnachten blieb er bei seinem Freund, dem Komponisten und Pianisten Julius Röntgen in Amsterdam. Erst in diesem Jahrhundert sollte ich die Ironie dieses Namens voll verstehen. Diese grausamen Wochen. Ich fühle, wie mir beim Schreiben übel wird. Ich schreibe mit bleiernen Händen, mit versteinertem Kopf, der Magen dreht sich um. Von Amsterdam aus fahren täglich mehrere Züge nach Paris. Es gehen Nachtzüge, Frühzüge und Mittagszüge mit Speisewagen. Ich lief durch die Straßen und sah, wie man Plakate für sein Konzert aufhängte. So ist es immer. Man hält das Leben eines andern in seiner Hand, ohne es zu wissen. Und man wird gehalten.

Frants und Marie Beyer stiegen mit Nina zwischen sich aus dem Zug. Die beiden müssen sie ihm hingehalten haben, wie man in anderen Kulturen attraktive Frauen anbietet. Und sie war nach wie vor attraktiv, ernst in ihrer Liebe, von zierlichem Äußeren, blasser, als der Winter sie werden ließ.

Und jetzt, in Trastevere, wo die Menschen behaupten, sie seien die wirklichen Römer. Für sie ist Norwegen ein unverständliches Land, falls sie überhaupt davon gehört haben. Norwegen gehört zu Europa, aber Europa kümmert sich nicht darum. Wenn Beyers und Griegs in zufälligen Gesprächen mit Römern erzählen, woher sie kommen, fangen die Römer zu lachen an. Sie schütteln die Köpfe, schlagen sich auf die Knie und begreifen nicht, wie man *so* weit fahren kann. Für sie hört die Welt in Venedig auf, oder in Sizilien. Ihr Bild von Norwegen ist vage und undeutlich, wie eine Sage vom Anfang der Zeiten. Sie haben von den Gletschern gehört, sie fassen lächelnd an die Brust der Norweger, um zu fühlen, ob ihre Herzen gefroren sind.

Italien im Leben meines Edvard. Das Land des Verrats und des Vergessens. Er sieht, wie Marie und Nina in die Pferdedroschke steigen, elegant, in neuen Gewändern, gekauft auf dem Corso. Er hält Beyer auf dem Trittbrett zurück, ruft den Damen zu: „Fahrt ins Hotel und ruht euch aus. Wir kommen bald nach."

Beyer lacht über seinen Einfall, zwinkert Marie zu, die die Stirn runzelt. Die Droschke fährt bereits, als Edvard noch Nina nachruft:

„Manche Männer sind nicht für die Siesta geschaffen."

Mit großen, ausdruckslosen Augen entschwindet sie seinem Gesichtsfeld.

Frants und Edvard allein in Rom, allein unter Tausenden. Edvard schnauft wie nach einem Dampfbad. Dann faßt er den Arm des Freundes, geht ein paar Schritte, bleibt stehen und umarmt ihn mit aller Macht und murmelt:

„Ich weiß ein Lokal."

So ist Europa. Zu bestimmten Zeiten des Tages sehe ich nur Männer, zusammengepfercht in kleinen, verräucherten Cafés. Worüber reden sie? Wer sind sie? Was denken sie über ihre Frauen? Ihre Kinder? Wie lieben sie ihre Frauen? Sofort, als Frants und Edvard allein sind, verändern sie ihre Sprache. Sie werden nicht laut, so wie die Männer an der Theke. Sie finden einen kleinen Tisch in einer dunklen Ecke. Edvard schnappt nach Worten, hat Angst, sie zu verlieren, verzichtet auf schöne Formulierungen, auf Zartgefühl. Und trotzdem ist er verlegen, weil er weiß, daß er einmal nicht aufrichtig war. Wieviel wird er diesmal erzählen?

Ich kann mir vorstellen, warum er zu Nina zurückgegangen ist. Einmal hat er den sterbenden Rikard Nordraak in einem Zimmer in Berlin verlassen. Dort in Trastevere, in einer ungemütlichen Männergesellschaft zusammen mit Beyer, sieht er nochmal all die Gläser mit Schleim, die ihn hinaustrieben ins Leben.

„Frants, mein ganzes Leben lang bin ich von Todesschatten gejagt worden. Dabei fürchte ich nicht den Tod, viel mehr fürchte ich den Verrat."

Frants sehe ich nur undeutlich. Ich weiß nur, daß er zuhört. Ich traue seinen ängstlichen, stets hingebungsvollen Augen nicht. Denn in dem Blick ist Widerstand. Ich habe mir oft überlegt, daß nicht ich Edvard verloren habe. Frants Beyer hat ihn mir genommen. Vielleicht sagt Edvard die Wahrheit, aber im tiefsten Innersten bezweifle ich, ob er die Wahrheit über mich erfahren hat, weil Edvards Gefühle für Frants denen, die er einer Frau geben konnte, so ähnlich waren. In Rom, allein mit ihm, sagt er vielleicht nur:

„Ja, Frants. Ich bin zu ihr zurück ... zurück, verstehst du? Ich bin zu *dir* zurück."

An so einem Tag werden es viele Frascati. An so einem Tag werden die Droschkenrechnungen teuer, und aus einem späten Abend wird ein früher Morgen. An so einem Tag gehen zwei Männer aus einem Land der Gletscher durch die Straßen Trasteveres und hindern sich ausgelassen und lärmend gegenseitig daran, im Tiber ein Bad zu nehmen. Ein Tag ohne Worte und Glockenschlag, doch nicht für die, die hinter den geschlossenen Türen eines kleinen Hotels warten, darauf warten, daß zwei Männer mit den ersten Brioches des Tages hereinpoltern.

Ich folge ihnen mit meinen weißen Papierbögen, Tag um Tag wie in einem Dämmerzustand. Sie stärken sich gegenseitig, achten auf die gegenseitige Erholung. Vier Menschen reden anders miteinander als zwei. Edvard war nie glücklich in Rom. Jetzt sagt er, daß er glücklich sei, und er lügt nicht. Freundschaft besitzt eine eigene Sinnlichkeit. Nina schlüpft unter Edvards Arm und Marie unter den von Frants. Sie erinnern mich an Stare, die das jährliche Nest vorbereiten. Marie und Frants haben es bereits in Næsset gefunden. In Rom versprechen Edvard und Nina, daß auch *sie* bauen werden, so nahe wie möglich. Ich werde von ihrer Freude und ihren begeisterten Gesprächen mitgerissen. Sie laden sich immer gegenseitig ein. Sie lassen die Sektkorken knallen und finden ständig neue Anlässe, miteinander anzustoßen. Edvard erzählt vom alten Liszt, der ihm seinerzeit in Leipzig zuhörte ... als *ich* im Saal saß. Hinterher hatten sie über Ole Bull gesprochen, und Edvard hatte ihn nach einer Frau gefragt, die er ebenfalls kenne und die er auf die Wange geküßt habe. Liszt konnte sich nicht an sie erinnern. Mit einer Handbewegung wischte er sie aus der Unterhaltung. 'Es kommen so viele.' Edvard kann endlos erzählen, nicht über mich, aber von einer langen Konzerttournee oder von Brahms, den er noch einmal getroffen hatte. Nina saugt die Geschichten auf. Bald ist es, als hätte sie alle miterlebt. Edvard ist anstrengend mit seinen endlosen Plänen und seiner sprudelnden Phantasie, ein energischer, kleiner Mann am Kaffeetisch, im Konzertsaal, vor den Bildern der Auferstehung im Museum. Sein Haar fängt an, grau zu werden. Er ist eine reisende Apotheke und hat für beinahe alles ein Mittelchen. Nina hat Probleme mit der Stimme. Frants hat Probleme mit dem Magen, und Marie ist vermutlich auch eine gewöhnliche Sterbliche. Sie sind rührend besorgt umeinander, wecken einander nicht am Morgen, wachen trotzdem gleichzeitig auf. Sie sind zu viert, und sie planen ein gemeinsames Leben. Ihre Vertraulichkeit hat deutliche Grenzen, aber sie ist nicht zu übersehen.

Und ein Abschied steht bevor. Der letzte Nachmittag, plötzlich der Abreisetag. Die Nacht davor ist lang gewesen. Die leeren Weinflaschen stehen in der Küche des Restaurants. Nina und Edvard haben kaum geschlafen. Durch die

Wand hören sie das Geräusch von Koffern, die zugeklappt werden. Mit geschlossenen Augen liegen sie da und wissen, daß es keinen Aufschub gibt.

Edvard, ich muß weinen, als du auf dem Rückweg vom Bahnhof Termini den Arm um deine Nina legst, während Marie und Frants Beyer im Zugabteil sitzen, sich bei der Hand halten und nicht wissen, was sie reden sollen. Warum ist es für sie so wichtig, dieses Zusammensein? Diese Freundschaft verwirrt mich und der Unterschied zwischen den Geschlechtern. Ich begleite Edvard und Nina in das erstbeste Café, wo Kisten aufeinandergeknallt werden und jemand zu laut redet. Fast ein Jahr ist vergangen. Er sieht, daß sich das Alter endlich auch in ihrem Gesicht bemerkbar macht. Die letzten Wochen haben ihr gut getan. Sie redet angeregt, lacht nervös, sagt, sie würde am liebsten heulen. Noch sind sie nicht allein. Aubert[11] und Fanny Riis sind da, noch ist es nicht Ernst, nichts ist ernst. Sie gehen zusammen in ein kleines Varieté, zwei Zwerge treten auf.

Ich habe zu viele Bilder. Das bedrückt mich. Ich zerschneide sie im Geiste. Heute will ich nicht mehr schreiben. Wie alt war Edvard Munch, als er den „Schrei" malte? Das g-Moll-Quartett wird in Rom gespielt. Edvards wahnsinniger Schrei, von den gefühlsmäßig ungehemmten Italienern mit Jubel aufgenommen. Wieder ist er allein in Rom. Allein mit Nina.

Aber diesmal muß es anders sein. Er kann sich nicht immer wieder auf die gleichen Lügen zurückziehen. Das Verlangen hat viele Gesichter. Ich möchte über das Leben eines Menschen schreiben, über den Zyklus des Verlangens in einem Menschen, über die wilde Reise der Gedanken zwischen Ideen und Gefühlen, über unser Ich-Bewußtsein, das uns von den Tieren unterscheidet, das uns grausam macht.

Die Kunst ist nicht ironisch, aber sie schöpft das Schöne aus schrecklichen Ereignissen. Aus einem möglichen Selbstmord wird ein großer Roman, ein geistiger Zusammenbruch wird zur g-Moll-Ballade und quälende Eifersucht wird zu einem schönen Portrait von zwei liebenden Menschen.

Ein Schatten fällt auf Roms Straßen. Wieder ist es Der Seltsame Dichter. Edvard fröstelt. Ibsens Gedichte sind in Lieder verwandelt worden. Ihn verbindet etwas mit diesem Mann. Jetzt nimmt Ibsen Ninas Hand und küßt sie mit kalten Lippen. Dann wendet er sich Edvard zu und blickt ihn an. Es sieht so aus, als würde er lachen. Mir wird heiß bei dem Blick, die Verlegenheit, mit der Edvard nicht zurechtkommt. Sie reden über Peer Gynt, sie reden über die Ereignisse daheim in Norwegen. Die Abneigung des Seltsamen Dichters für Den Großen Dichter ist wie die einer Katze, würdevoll, aber voller Verachtung. Norwegen ist ein Land mit Bergen, Fjorden und Gletschern. Die Norweger sollen sich nicht aufführen wie die Latiner, was die Leidenschaft ihrer Gefühle angeht. Gefühle ohne Kultur sind ... sind ... Sie diskutieren ein bißchen. Grieg weist auf Ole Bull, auf den Norwegischen Dichter, hin. Kultur ist Bewußtsein.

„Ja, und das norwegische Volk ist immer noch bewußtlos."

Ein stiller Frühling in Rom, Hornmusik in der Sonne und winkende Prinzessinen in schweren Galakutschen. Die Pinien sind dunkel, fast schwarz, der Himmel heller als anderswo. In der Skandinavischen Vereinigung riecht es nach Zigarren und alten Büchern. Eine kulturelle Baronesse aus Dänemark hält eine Soiree. Ein schwedischer Kunstmaler stirbt an einem Blutsturz. Edvard schaut Nina an und lächelt vorsichtig. Jetzt kann ihr niemand mehr gefährlich werden. Jetzt wird sie schön. Sie streckt ihm die Arme entgegen. Von Lenbach hat sie gezeichnet: die kurze, schlichte Frisur, die großen, grauen Augen, die nicht länger verwundert, sondern wissend sind, und das Lächeln, das so vorsichtig ist und trotzdem so verlangend. Sie singt Ibsen-Lieder, und Ibsen ist im Saal. Alle sehen es. Er, nur er, *kennt* das Leben, *kennt* die Menschen. Auch wenn er einsam ist mit seinem Wissen. Er blickt zu Boden. Edvard sitzt am Klavier. Nina hat eine Hand auf dem Instrument, ihre weißen Finger streichen über den schwarzen Lack. Sie können *einander* nie alles sagen, was sie gelebt haben, was ihre Augen gesehen haben. Aber sie können es einem Publikum erzählen. Der Seltsame Dichter erkennt seine eigenen Worte in ihrem Lied. Er ist allein mit seinem Wissen, und er starrt auf einen Punkt auf dem Boden, denn in dem Wissen steckt seine ganze Einsamkeit.

Nina und Edvard auf dem Rückweg durch Europa. Heimwärts. Heim. Ein Wort, das sie für so viele Orte benutzt haben, manchmal war damit nur ein Bett in einem fremden Zimmer gemeint. Jetzt ist damit Næsset gemeint, das Heim von Frants und Marie. Pfingsten kommen sie dort endlich an, und da ist noch Frühling. Der norwegische Frühling, weniger leidenschaftlich, aber geheimnisvoller als der vor einigen Monaten in Italien erlebte.

Nina und Edvard bei Frants und Marie. Die Bücher, früher achtlos in einer Studentenbude verstreut, stehen säuberlich geordnet in einem Regal. Die Pfeifen haben einen Ständer bekommen, die Teller stehen aufgereiht, das Silber liegt in der Schublade, das Bettzeug im Schrank, der Wein hat seinen Keller, und die Butter steht in der Speisekammer. Marie und Frants, kinderlos, alternd, führen ihre Freunde mit stolz geröteten Gesichtern herum.

„Man kann", sagt Frants, „Zimmer für die Liebe bauen. Ganz konkrete Zimmer, verstehst du!"

Marie und Frants, sie haben die Stürme des Lebens kennengelernt. Jetzt setzen sie Grenzen. Jetzt braucht sie das Unbekannte nicht mehr zu beunruhigen. Hier werden sie ihr Leben verbringen, in diesem Bett, in dieser Küche, an diesem Flügel, in diesem Salon. Edvard späht hinüber zur anderen Seite des Fjords. Was sieht er? Ein Pferd? Ein schwarzes Pferd? Es weidet friedlich, wirft ab und zu den Kopf, um die lästigen Mücken zu verjagen. Dann wendet er sich vom Fenster ab und nimmt die Wohnstube von Frants und Marie in Augenschein. Der Wein, der schon auf dem Tisch steht, vier perfekte Gläser, eine blankpolierte Messingvase, Bilder an den Wänden, geschätzte Verwandte. Ist eine solche Ordnung im Sinne des Menschen oder im Sinne der Liebe?

Es wird Abend, und es wird Nacht. Draußen auf der Veranda entzündet Frants ein Licht. Es spiegelt sich in dem Wasser. Zwei Paare sitzen sich am Gartentisch gegenüber. Eine Flasche Hennessy. Die Stille wird von einem großen Vogel, der aus einem Wald auffliegt, unterbrochen. Ninas Augen sind auf Edvard gerichtet. Für einen kurzen Moment begegnet er ihrem Blick. Ich weiß nicht, was er sieht. Aber danach sagt er:

„Ich will hier bauen. *Hier*. Direkt neben euch."

Ich folge Edvard und Nina in das Gästezimmer, sehe sie, wie sie sich ausziehen, wie sie ordentlich die Kleider in den Schrank hängen, die Bewegungen sind langsam, müde, und sie reden leise.

„Edvard, ich weiß, was du denkst. So etwas haben wir noch nie probiert. Ein Heim *wollen*. Und du willst es wirklich? Für *uns beide*?"

„Mir hat John einen solchen Schrecken eingejagt", antwortet er. „Für mich ist eine Familie etwas Fürchterliches, wie ein Deckel auf ... der Wahrheit, ein Stück, in dem keiner seine Rolle gestalten kann, weder im Guten noch im Schlechten ... Mit Marie und Frants ist es anders. Sie haben keine Kinder, kleine Wesen, die man besitzt und nach seinem Bilde formt ... mein Gott, was rede ich da ..."

„Sag' es nur, Edvard. Ich möchte, daß du es sagt. Es ist mir wichtig, das zu hören. Wo ich doch schon schwanger war mit dem Tod."

„Nein Niske! Sag' so etwas nicht. Niemals!"

„Aber verstehst du denn nicht? Ich habe ebensoviel Angst gehabt wie du. Als hätten Madre und Padre von mir verlangt, daß ich wenigstens Mutter werden sollte."

„Adelina!? Sie hat mit deinem Leben nichts zu tun. Sie lebt ihr eigenes herzlos genug."

„Nein, Vardo, nicht herzlos. Nachdem sie nun nach Norwegen zurückgekehrt sind und merken, daß sie alt werden, scheinen sie sich zu ergeben, nicht nur der Resignation, sondern auch der Liebe."

„Und das geschieht auch mit uns, glaubst du? Auch wir ... würden uns ... ergeben, würden resignieren, uns um der Geborgenheit willen opfern?"

„Nein, nein! *Du* denkst so. Das Leben ist nicht so! Sich ein Heim wünschen, etwas eigenes, nicht nur von einem bankrotten Geschäftsmann verlassene Zimmer ... sogar der ärmste Mensch auf der Welt hat ein Gefühl dafür."

„Du hast recht. Und außerdem, mit Marie und Frants ..."

„Wir werden nie einen Augenblick für uns allein haben."

„Wir werden die Nächte haben."

„Nicht einmal *die*, Vardo."

„Was willst du damit sagen?"

„Nichts. Du weißt ... du weißt, wie sehr ich sie brauche, was ich ihnen schuldig bin. Wie Frants dich besitzt, Vardo. Aber er hat auch *mein* Vertrauen gewonnen. Ich kann ihm nach all dem nichts abschlagen."

„Du redest so wissend. Als hättest du einen Plan."

„Pläne hast immer nur *du*, mein Freund. Dein ganzes Leben lang hast du dich danach gerichtet."

„Und ich habe sie mißbraucht. Ich bekomme eine Künstlergage, Niske. Jeder in diesem Land bezahlt sie mit seiner Steuer, damit ich ihnen *ihre* Musik geben soll, wie Wagner den Deutschen die seine gegeben hat oder Dvořák den Tschechen oder wie Horneman versucht ..."

„Hör auf, Vardo, von *ihm* zu reden. Er scheitert doch mit allem, was er tut."

„Jeder scheitert auf seine Weise. Vielleicht ist das eigene Heim nur die letzte Lüge."

„Zwischen uns? Oder zwischen dir und deiner Arbeit?"

Er antwortet nicht. Er ist müde und trotzdem erregt. Aus dem Nebenzimmer hört er ein leises Murmeln. Frants und Marie reden miteinander. Es ist früher Morgen. Die Sonne steht hoch am Himmel. Bald schlafen alle vier.

Er sucht eine Zukunft für sein Leben und mit seiner Musik eine Vergangenheit. Was treibt ihn zurück nach Lofthus? Ich weiß, daß Gerüchte im Umlauf sind, aber ich glaube nicht daran, will nicht daran glauben, nicht einmal jetzt, so viele Jahre später.

So ist Norwegen. Da steht eine hochgewachsene Frau auf einer Anlegebrücke und lächelt. Sie hat ihre Hand unter den Arm des Ehemannes gesteckt, aber als die Fähre anlegt, löst sie sich von ihm und hilft Nina und Edvard beim Aussteigen. Der Fjord ist spiegelblank. Deutlich bilden sich in seiner Tiefe die weißen Gipfel der Berge ab. Nina bietet dem Ehepaar Utne ihre kalten Wangen. Dann ist Edvard an der Reihe. Er begegnet Britas Augen ausweichend und dabei trotzig. Dann umarmt er Hans und stellt ihm unzählige Fragen über den Hotelbetrieb. Nina ist in aufgeräumter Stimmung, diesmal wirkt die Natur nicht bedrükkend auf sie. Eine hektische Röte im Gesicht verrät sie. Sie nimmt Hans beim Arm und stolpert fast über ihre eigenen Worte:

„Weißt du Hans, daß wir hierhergekommen ... gekommen sind, um ein eigenes Heim zu planen."

1884. Ein Norwegen, aufgeteilt zwischen den Konservativen, bald den rechten Parteien, und den Linksparteien. König Oscar II. ist ein König der Rechten. Daran besteht kein Zweifel mehr. Der König von Schweden und Norwegen ist politisch nicht neutral. Er will nichts mit dem anderen Norwegen zu tun haben. Während seiner Besuche in den Städten sieht er nur das, was er sehen will.

Ich will schreiben über die Angst vor dem Unbekannten, über die Erschütterungen eines Landes bei seiner Selbstfindung. Edvard und Nina sind in ein Norwegen zurückgekehrt, das unruhiger ist als bei ihrer Abreise, ein Norwegen mit einer nationalen Volksbewegung, die Versammlungen abhält. Ein Ole Olsen steht plötzlich auf einem Podium in einem Gemeindehaus und spielt Slåtter[12]. Er ist nüchtern und anständig gekleidet. Edvard, der im Saal sitzt, erkennt ihn beinahe nicht wieder, aber jetzt flüstert er Nina aufgeregt zu:

„Das ist er! Ole-Olsen-i-Dalen!"

„Wer ist Ole Olsen?"

„Der Spielmann natürlich!"

„Welcher Spielmann?"

„Der Spielmann aus meiner Kindheit!"

Nach der Versammlung, nach den politischen Reden, nach der Debatte über den Sprachenstreit, aber vor dem Servieren des Kaffees geht Edvard nach vorne und sucht nach seinem entfernten Freund, sieht, daß er sich mit dem Vorsitzenden der Linkspartei von Ullensvang unterhält, die Fele hat er in der Hand, und Edvard begreift zum ersten Male, daß das Instrument eine Waffe ist. Er verliert ein bißchen von seinem Selbstvertrauen, bekommt nicht sofort Augenkontakt. Da tritt er noch näher heran, und Ole Olsen erkennt ihn schließlich.

Es ist eine merkwürdige Begegnung.

„Ah, ist das nicht Edvard Grieg? Er soll ja weltberühmt geworden sein!"

Edvard lächelt, nickt, weiß nicht, was er sagen soll. Sie schauen sich für einen Moment in die Augen und dann zur Seite.

„Er ist jetzt aus dem großen Ausland zurückgekommen, was?"

„Ja." Edvard voller Eifer. „Und ich werde bleiben."

Er weiß nicht, warum er das sagt. Ole-Olsen-i-Dalen auf einer Versammlung der Linken in Hardanger im Jahre 1884. Draußen scheint die Sonne auf die Kirschbäume. Oben unter den steilen Bergwänden grast ein schwarzer Hengst. Edvard verschwindet im Schatten des Rednerpultes. Mit verstohlenen Blicken schaut er ihn an. Sie sagen nichts. Edvard versucht sich zu erinnern, wie er war. Die grünen, flackernden Augen. Immer noch ist sein Blick ausweichend, aber das Gesicht ist ausgeglichener, und die Volkstänze, die er gespielt hat, klangen wie tausend heulende Teufel. Edvard zögernd:

„Darf ich die Melodie niederschreiben?"

„Ja, jederzeit."

Sie prüfen sich gegenseitig. Wo Ole Olsen steht, ist eindeutig. Aber Edvard, auch ein Mann der Linken, hat das Gefühl, unbedeutend und fremd im eigenen Land zu sein. Egal, was er sagt, es klingt irgendwie zu glatt. Ole Olsen ohne Branntwein und ohne Pferd. Er unternimmt einen neuen Anlauf:

„Wie steht es mit dem Pferd?"

„Das alte ist tot. Das neue habe ich überall bei mir."

Das neue Norwegen. Das andere. Das nüchterne. Das ernste. Das trotzige. Das den Rechtsweg gegangen ist, um einen konservativen Staatsminister zu überprüfen, als dieser meinte, sich über das Storting und das Grundgesetz hinwegsetzen zu können, und es bekam Recht.

In diesem Jahr 1884 muß König Oscar widerwillig zusehen, daß eine Links-Regierung die Macht im Lande übernimmt. Ein Spielmann aus der Gegend um Bergen steht in einem Gemeindehaus und redet mit dem Komponisten Edvard Grieg. Er war ein Jahr fort gewesen. Er hat sich seinen Gefühlen ausgeliefert. Jetzt steht er einem Mann gegenüber, der sich nie mehr umwerfen lassen will. Sie versuchen es mit einem Gespräch, nicht über Volksmusik, sondern über das, was die Menschen am schnellsten auseinanderbringt, Schwester und Bruder, Mann und Frau, Vater und Sohn, und das uns trotzdem verbindet. Sie versuchen es mit einem Gespräch über Politik.

Ja, ich will schreiben, über die Angst vor dem Unbekannten.

Ganz hinten im Saal, an der Tür, steht Brita Utne und lächelt gelassen.

Am selben Abend sucht er Ninas Nähe, will mit ihr allein sein. Sie haben ein Zimmer im Hotel. Fröhliche Laute dringen von unten aus dem Gastraum herauf. Die Abendsonne kommt herein in den Fjord und bildet lange Schatten. Die Landschaft wirkt wie ein Traumbild.

„Warum ist es mir nicht gelungen, mit ihm zu reden?" Edvard hat Ninas Hand genommen. Sie sitzen am Fenster, auf dem Tisch zwischen ihnen steht französischer Cognac.

Nina fragt zögernd: „Habt ihr jemals miteinander geredet?"

„Nein, so nicht." Edvard ist wieder in Landås. Der bedrohliche Berg, der sich im Fjord spiegelt, ist auf einmal seine Kindheit. Die Tiefe wirkt schwindelerregend. Der Abgrund bodenlos. „Aber wir stehen auf derselben Seite, Niske. *Ich* unterstütze doch auch Sverdrup als unseren ersten Staatsminister der Linken. Und Sverdrup hat sich ja auch für mich und Svendsen[13] eingesetzt, als wir ein Stipendium haben wollten. Was habe ich *damit* gemacht?"

Die Worte hängen in der Luft. Er denkt an Spielmänner, die er getroffen hat, vielleicht sagt er:

„Bei ihnen besteht kein Konflikt zwischen Musik und Leben. Die Musik entspringt mit einer Echtheit ihren Gefühlen, die *ich* wahrscheinlich verloren habe. Wie ich ihn beneide, diesen Ole Olsen. Hast du ihn spielen gehört? Als würde der ganze Saal aus einem Winterschlaf erwachen. Und er ist nur ein ganz gewöhnlicher Spielmann. Während Bjørnson und ich große Opern über längst gestorbene Könige geplant haben, stürzen diese Menschen heute beinahe den König und jagen ihn zurück nach Schweden, wo er hingehört. Im Programm der Links-Parteien wird die völlige Auflösung der Union gefordert. Wer hätte das vor zehn Jahren für möglich gehalten? Da sind wir auf den Monte Pincio spaziert und haben uns vor Prinzessinnen verneigt. Soll ich zu einem Fremden im eigenen Land werden?"

Sie tröstet ihn, beschwichtigt seine Argumente, steht auf seiner Seite, und dabei kann sie mit einer einzigen geäußerten Ansicht seine ganze Welt zerstören. Er ist müde, reibt sich die Augen. Er arbeitet an der Musik für ein zweihundertjähriges Jubiläum. Spürt er, daß das der letzte Kraftakt sein wird vor einer längeren Periode des Zweifels und des Stillstandes? Die Holberg Suite. Air. Diese Töne bringen mich wieder in Kontakt mit ihm, geben mir den

Glauben zurück, daß ich ihn verstehen und mit meinen Bildern sein Leben darstellen kann.

Das Alter kann ganz plötzlich kommen. Eines Morgens kann es da sein, nach einer Nacht, in der fast nichts gesagt wurde. Das Alter kann kommen wie ein Stich in der Brust, ein Schmerz im Rücken; man wird nicht wach, bis es wieder Abend ist.

Edvard mit seinen Arzneien. Nina paßt unauffällig auf. Wenn er seine tägliche Medizin vergißt, holt sie die Flasche vom Regal. Dann brummt er gereizt, wie ein alter Mann. Sie sagt ihm das, dann lachen sie beide.

Sie sitzen in einem Hotel in Hardanger und planen ihr eigenes Heim. Sie haben ein Grundstück gefunden, nicht neben Frants und Marie, sondern auf der gegenüberliegenden Seite des Fjordes. Da können sie sich nachts mit Lichtern und tagsüber mit der Flagge Zeichen geben. Edvard ist voller Unruhe:

„An die Wände sollen keine Tapeten!"

„Warum nicht?"

„Diese affektierten Blümchenmuster. Das können meinetwegen die Franzosen und die Engländer machen. Und es soll doch norwegisch werden, oder? Was ist norwegischer als eine Bauernstube? Rohe Dielenbretter an den Wänden und ein weißgescheuerter Fußboden!"

„Und Torf auf dem Dach?"

„Nein, *das* nicht. Das wird zu umständlich."

„Alter Spinner."

Aber er meint es ernst. Er denkt in Symbolen. Er hat die Begegnung mit Ole Olsen nicht vergessen. Er weiß, daß der Kampf um Norwegen nicht nur ein Kampf um Gedanken und Haltungen ist, dieser Kampf ist allumfassend.

Von Utne werden sie zu einer Mahlzeit oder zu einem Schnäpschen heruntergerufen. Sie gehen nur widerwillig. Zum erstenmal in ihrem Leben haben sie genug mit sich zu tun. Sie planen ein eigenes Heim. Brita Utne sitzt wie eine Königin in den Räumen des Hotels. Sie ist der lebendige

Ausdruck seiner Mythen über Norwegen. Aber in Ole Olsens Augen, im grünen Blick des hitzigen Links-Politikers hat er ein anderes Land gesehen. Edvard weiß, daß die schöne Frau in der Hardanger-Tracht ihn bei sich haben möchte, in der Nähe eines Fjords, in der Nähe eines schwindelnden Abgrunds. Aber inzwischen ist er zu alt, zu müde. Nina und Edvard brechen zeitig auf. In ein paar Tagen werden sie abreisen. Sie steckt ihren Arm unter seinen, als sie die Treppe hinaufgehen in ihr Zimmer. Die Nächte sind schlaflos. Einer, der eine Air geschrieben hat, kann nicht schlafen. Einer, der eine Air geschrieben hat, horcht auf die Geräusche der Nacht, überläßt sich der Natur, überläßt sich ihr, die neben ihm liegt und auf ein Zeichen wartet. Jedesmal, wenn ich sie mir liebend vorstellen soll, fällt mir ein, daß sie Vetter und Kusine sind. Sie sind vom selben Blut, und sie werden einander immer fremd sein.

Erst spät im Herbst ist die Holberg Suite fertig. Als sie Hardanger verlassen, ist es November. Brita Utne hat sie mit einem Haus in unmittelbarer Nähe des Hotels locken wollen, aber Troldhaugen hat schon seinen Namen bekommen und befindet sich im Bau. Ohne daß er es merkt, zieht es ihn zurück nach Bergen. Er träumt von seinem neuen Heim und will nicht über das, was gewesen ist, reden.

Das Schiff von Hardanger nach Bergen braucht nur ein paar Stunden. Edvard steht an Deck, obwohl Nina ihn hereinholen wollte in den warmen Salon. Er ist nervös und aufgeregt. Wieder Bergen, aber diesmal aus einer neuen Perspektive. Troldhaugen, dieser Name ist Nina eingefallen, als sie eines Sonntags mit Frants und Marie auf dem Bauplatz saßen. Als sie den Namen aussprach, fuhr ein Schatten über ihr Gesicht. Er suchte nach ihrem Blick ohne ihn zu finden, und die Sonne verschwand zwischen den Laubbäumen.

Plötzlich ergreift ihn ein unangenehmes Gefühl, als er sieht, daß John am Kai steht, um sie abzuholen. Sie sind noch Schatten, konturlose Silhouetten, als sie sich zuwinken. Bereits ehe sie an Land gehen, spürt Edvard die Melancholie des Bruders. Nina umarmt ihn zur Begrüßung mit der Aufmerksamkeit der Schwägerin. Alles, was einmal zwischen ihnen war, ist verschwunden. Edvard blickt in die Augen des Bruders, sie glänzen fiebrig, das Lächeln ist starr, an manchen Tagen nimmt er das Leben so schwer, dann ist er ohne jeden Halt und sinkt, sinkt, bis er schließlich den Rand des Abgrundes von unten sieht, wie einen unerreichbaren Himmel.

„John, wie geht es dir denn?"

Er antwortet das Übliche, mit langsamer, monotoner Stimme: daß es Marie gut gehe und den Kindern ebenfalls, daß das Geschäft gut gehe und daß er an diesem Abend ein großes Fest gebe, zu Ehren der Heimkehr von Nina und Edvard.

„Aber John, wir haben versprochen, zu Marie und Frants nach Næsset zu kommen!"

Edvard weiß, daß es unmöglich ist. John würde es nicht verstehen:

„Bei Marie und Frants? Aber Edvard ... bei denen bist du ja ... dort kannst du doch immer sein!"

Johns Augen. Der schwarze, unergründliche Blick. Das Fieber. Edvard nimmt einen fremden Geruch an seinem Körper wahr. Nicht nur Alkohol und Medikamente, ein aufdringlicher Geruch nach Parfüm, verspritzt auf ungewaschene Kleidung. Er hat die Koffer genommen, trägt sie steif und mechanisch, ohne auf das Gewicht zu achten. Er hätte tausend Kilo an jeder Hand tragen können. Es hätte ihm nichts ausgemacht.

„Können Frants und Marie nicht zu uns kommen, Edvard? Natürlich kommen sie zu uns!"

Das ist ein Befehl, aber die Stimme ist ängstlich. Edvard blickt seinen Bruder an, dringt aber nicht vor zu ihm, er spürt Ninas leichte Hand unter dem Arm, ihre Versicherung, daß es nichts ausmache und sie John zuliebe ein oder zwei Nächte in der Strandgate bleiben könnten.

Edvard ist stillschweigend einverstanden und weigert

sich trotzdem. Er will John nicht durch Mitleid demütigen. John zählt auf, wer auf das Fest kommen wird. Die höheren Beamten der Stadt, ein Bischof und ein interessanter Pastor, eine reisende Baronesse aus Dänemark, die Geld für einen guten Zweck sammelt, ein Waldbesitzer aus Kristiania, der sein eigenes Gewicht in Gold wert ist, außerdem eine junge bemerkenswerte Sopranistin aus guter Familie und, wenn das Glück ihm hold sei, ein Minister der Regierung von Ministerpräsident Sverdrup.

Sie haben sich in eine Pferdedroschke gesetzt und fahren zur Strandgate. Edvard schließt für einen Moment die Augen und erkennt die Laute seiner Kindheit wieder, das Knallen auf dem Kopfsteinpflaster, das Rauschen der großen Bäume droben auf dem Hügel beim Kloster.

„John!" ruft die Kinderstimme. „John!"

Er öffnet seine Augen wieder. Nina und John schauen ihn an. Was ist geschehen? Er war fünfunddreißig Jahre zurückgegangen und meinte, er sehe einen Leichenzug. Ein schwarzer Hengst auf dem Weg zum großen Markt.

„Edvard, was ist los, Edvard?"

Eine Halluzination oder nur ein Zurückversetzen in eine andere Zeit. Er greift sich verwirrt an den Kopf, kennt John nicht wieder. John ist so alt, so wunderlich geworden, sieht aus wie die verknöcherten Beamten in seiner Kindheit, mit Bäuchen, die aus den Hosen quollen, Lippen wie dicke, blutige Würste, Nasen wie Kokosmakronen und Haare wie Reisigbesen.

„John", sagt er jetzt, „es wird sehr schön werden."

Johns Gesicht heitert sich auf.

„Ich bin draußen auf Troldhaugen gewesen und habe mir den Bau angeschaut. Ihr könnt beruhigt sein, alles läuft nach Plan, das Haus wird wunderbar, wunderbar ... das muß äh ... schrecklich teuer sein?"

„Wir *haben* es finanziert, John. Mit eigenem Geld."

Eine neue Müdigkeit überfällt Edvard. Nur mühsam hält er die Augen offen. Sie steigen aus der Pferdedroschke.

Marie und die Kinder empfangen sie an der Tür. Nina hat für alle Geschenke. Edvard muß die Kleinsten hochheben, spürt den Geruch nach Milch und Seife, nach junger, straffer Haut. Sie sind so verschieden, seine Nichten und Neffen, alle bereits selbständige Individuen, verknüpft durch das Band des Blutes. Marie lächelt angestrengt und dankt an Stelle der Kinder für die Geschenke. Sie werden von einer Warenlieferung aus den besten Geschäften Bergens unterbrochen. Frische Austern, lebender Hummer aus dem eigenen Lager, glasierte Schinken, ganze Forellen, angerichtet mit Mayonnaise, deutsche und französische Weine in Kisten, Käse und Desserts.

„Aber John."

John schiebt den Bruder zur Seite. „Geht nur hinauf in das Gästezimmer. Dort ist alles wie immer und erwartet euch."

„Aber wir können doch in der Wohnstube schlafen, oder im Hotel?"

„Edvard."

Johns vorwurfsvoller Blick. Keiner sagt etwas. Die Stimmung ist gedrückt. Dann schlägt er plötzlich mit der Hand gegen die Wand, lacht laut und gellend, holt die Uhr heraus und entschuldigt sich, weil er jetzt Cello üben müsse.

Er verschwindet in seinem Zimmer. Nina und Edvard allein mit Marie. Sie steht mit den Kindern um sich herum und bringt keinen Ton heraus. Edvard fragt vorsichtig:

„Ist er schon länger so?"

Sie nickt, verfällt buchstäblich vor ihnen, während die kleinsten Kinder in den Falten ihres Rockes Verstecken spielen. Im Zimmer nebenan übt John auf dem Cello. Edvards Cello-Sonate. Allegro Agitato.

Er hört nicht auf zu üben. Die ersten Gäste sind eingetroffen. Marie ist drinnen bei ihm. Draußen im Gang hört Edvard, wie sie auf eine Wand aus Musik einredet. John spielt wie besessen. Marie kommt wieder heraus. Edvard weiß, daß nun er an der Reihe ist. Er hat Angst, hat jedesmal

Angst davor, was er in Johns Gesicht sehen wird. Die Musik, die er hört, tut ihm in der Seele weh. John hat eine gute Technik, aber die scheint er jetzt vergessen zu haben, er kämpft um den richtigen Ausdruck, rutscht von Thema zu Thema als könnten seine Finger sich nicht auf dem Griffbrett halten, als suche er nach etwas in der Musik, was nicht existiert. Edvard erkennt seine Musik wieder, er hat jede Note geschrieben, und trotzdem ist es nicht seine Musik. Er öffnet die Tür. John hinter dem Cello, gebeugt und mit gespreizten Beinen. Undeutlich hört Edvard, daß neue Gäste eintreffen. Edvard schließt die Tür hinter sich. Der Bruder hört auf zu spielen.

„Hör' mal zu, John."

Ich weiß nicht, wie ich dieses Bild ausführen soll. Ich möchte nicht zu weit gehen, möchte aus dieser stillen, zurückgezogenen Situation kein schwulstiges, lautes Drama machen. Aber Johns Finger sind blutig. Das *muß* ich malen, damit man diesen Mann verstehen kann, der da sitzt und sich selber bestraft, der sich mit scharfen Tönen zerstükkelt. Kontrolliert und bewußt. Der Bogen als Waffe. Die Haare sind fast alle ausgegangen. Jedesmal, wenn sich eines löst, reißt er es mit einer Gewalt ab, wie sie Edvard noch nie an einem Menschen erlebt hat.

„John. John."

Jäh hört der Bruder auf zu spielen. Verwundert hebt er den Kopf:

„Edvard?"

Edvard lächelt. Da lächelt John auch, ein freundliches, entspannendes und dankbares Lächeln. Er saugt sich das Blut von den Fingern, als sei das ein alltägliches Ritual und nicht der Rede wert. Er legt die Noten zusammen, achtet darauf, daß die Blätter nicht blutig werden. Dann sagt er:

„Eine schöne Musik hast du da für mich geschrieben. Ich bemühe mich, täglich zu üben, denn ich rechne damit, daß wir die Sonate im Laufe des Winters hier in Bergen spielen werden! Sie verdient doch eine öffentliche Aufführung, findest du nicht?"

Edvard ganz behutsam: „John, die Gäste sind gekommen."

Johns Gesicht heitert sich auf:

„Ach ja, die Gäste! *Die* hätte ich beinahe vergessen. Arme Marie. Jetzt *feiern* wir, Edvard! Tu' dir bitte keinerlei Zwang an. Du weißt, du bist bei uns immer zu Hause. Und wenn du auch noch so viel da draußen auf Troldhaugen baust, so wirst du doch *hier* daheim sein. Ist das nicht ein guter Gedanke? Darauf trinken wir. Marie? Marie! Wo bleibt der Champagner?"

Sie verlassen das Zimmer, mischen sich unter die Gäste. Beide verschwinden jetzt rasch zwischen den festlich gekleideten Personen, und ich kann sie nicht mehr sehen. Ich entzünde ein Licht auf dem Tisch, auf dem ich schreibe. Vor meinem Fenster ist es dunkel. Ich ziehe die Vorhänge zu. Das Feuer im Ofen ist ausgegangen. Ich müßte hinausgehen und Holz holen, wage es aber nicht. Ich habe Angst.

Als der Frühling kommt, ziehen Nina und Edvard hinaus nach Troldhaugen. Das Haus liegt etwa zehn Kilometer außerhalb von Bergen, am Nordåsvannet, einem kleinen Fjord. Frants und Marie empfangen die beiden. Es ist ein Haus mit Turm, Aussichtspunkt hinüber nach Næsset und hinaus in die Welt. Innen hat es hohe Räume, Edvard hat Angst, daß er zu wenig Luft bekommt. Auf dem Papier ist es prachtvoll, Edvards Skizzenblock ist voll von begeisterten Entwürfen, aber die Arbeitspläne von Architekt Schack Bull bringen alles auf ein vernünftiges Maß. In dieser Gegend sind derartige Häuser nicht so selten, hierher kommen die Seefahrer mit Burgen im Kopf, die sie auf der anderen Seite des Meeres gesehen haben. So ist das Haus mehr von der Phantasie als von der Tradition geprägt, eine Burg, eine Hütte, eine Schiffstonne, eine Höhle oder ein Klub. Ein viktorianisches Monstrum.

Edvard und Nina betreten langsam und erwartungsvoll

ihr Traumschloß. Sie stellen fest, daß alles berücksichtigt wurde, der Salon ist bereit für Abende mit Freunden und Kartenspiel, der Flügel steht bereit für neue Kompositionen, die Küche für fremde Gerichte.

Frants Beyer, du verwöhnst deinen Freund mit deinen Gefälligkeiten, wenn du seine Zettel voller Wünsche und Anordnungen entgegennimmst. Edvard merkt es nicht, wie er verhätschelt wird. Er war sein Leben lang ein Kind, das jeder liebte und das mehr Liebe bekam, als man bewältigen kann, und trotzdem hast du irgendwo in den Pupillen das Brandmal des Verrats.

Jetzt weint er. Er weint immer so leicht, wenn Frants in der Nähe ist, aber fast nie im Beisein von Nina. Er ist umringt von Freunden und Nina, alle will er mit seinen kurzen Armen umfassen. Er deutet auf ein Bild an der Wand, Alexander, der Vater. Gemeinsam mit John im Rosengarten. Nina folgt seinem Blick und weiß, was er sieht. Ninas Freude, Ninas Zorn, Ninas Angst. Sie steht in ihrem ersten eigenen Heim seit ihrer Kindheit, seit sie in ständig kleinere Zimmer gezogen ist. Aber sie weiß nicht, ob sie es wagen soll, daran zu glauben. Das Haus liegt abseits. Niemand kann sie stören. Nur Frants und Marie auf der anderen Seite des Fjordes. Jetzt sind sie alle vier versammelt, und Frants, der die Winkel und Ecken des Hauses besser als jeder andere kennt, der fast täglich auf der Baustelle gewesen war und die Arbeit überwacht hatte, er holt Gläser in der Küche und zaubert eine Flasche Champagner hervor.

Die Freude ist groß, lautstark und nervös. Schließlich sinken sie auf die Stühle im Salon, erleben, wie die Holzwände in der Nachmittagssonne erglühen, wie das Licht abnimmt, wie die Dämmerung kommt. Ruhig, als würde sie seit fünfzig Jahren in diesem Haus wohnen, geht Nina herum und zündet die Lampen an.

„Ein eigenes Heim."

Edvard wiederholt die Worte, läßt sie auf der Zunge zergehen, lacht, trinkt, prostet Frants und Marie zu, lobt Nina, weil sie ausgehalten hat, hütet sich vor Übertreibungen, trinkt wieder, trinkt zuviel. Auch Marie und Frants werden beschwipst und ergehen sich in Lobpreisungen des gemeinsamen Glücks. Da fordern sie Nina auf, zu singen, die Akustik soll erprobt werden. Edvard hat sich schon erhoben, zieht sie vom Stuhl hoch, fällt auf den Flügelhocker, brüllt militärisch:

„Aufstellung!"

Und ihre wissenden Augen lächeln ihn an, sind nachsichtig, als er beim Vorspiel patzt und die Finger nicht folgen können, und er zu lachen und zu husten anfängt, daß es an den Wänden widerhallt.

„Was ist denn los, Edvard?"

Sie blicken ihn an, ängstigen sich wegen seiner Aufgedrehtheit, befürchten, Johns gewaltsames Wesen in dem zarten Körper zu erkennen. Ich weiß nicht, was in ihm vorgeht. Ich wage keine Deutung, nicht jetzt, als er bis an seine äußersten Grenzen geht, ohne irgendwo einen Ruhepunkt zu finden, als die Verzweiflung und der Alkohol mit gleichstarken Händen nach ihm greifen, als nicht einmal die Anwesenheit von Frants und Marie mildernd wirkt. Er sieht das Erschrecken in Frants' Gesicht, möchte ihn nicht kränken, will nicht, röchelt wie ein Ertrinkender:

„Ich ... bin ... so ... glücklich ... so ... glücklich."

Nina legt den Arm um ihn.

„Mein Junge", sagt sie. „Mein Junge."

Gemeinsam mit Beyer hilft sie ihm hinauf in das obere Stockwerk und packt ihn ins Bett, versucht *ihn* zu beschützen gegen das, dem wir alle so schutzlos ausgeliefert sind.

Er erwacht. Der erste Morgen im eigenen Haus. Nina schläft neben ihm. Er fühlt und er weiß, daß sie alleine sind, daß Frants und Marie zurückgerudert sind nach Næsset. Er versucht sich zu erinnern, was passiert ist, wie er ins Bett kam, aber in dem Moment fährt ihm der Schmerz in die Brust, und er muß sich auf das Notwendige besinnen: die Mixtur, die Fläschchen und Pillen. Das Licht vor dem Fenster ist kalt. In den Bäumen hängt der Nebel, die Luft, die durch die Ritzen im Holz dringt, ist rauh. Das Haus wurde als Sommerhaus gebaut, aber noch kann sich der Frühling gegen den Winter nicht durchsetzen. Edvards erster Morgen in seinem Heim. Er weckt Nina mit leichten, vorsichtigen Küssen. Sie erwacht, ist auf einmal anwesend mit großen Augen, gleicht einer Braut. Er ist gerührt, spiegelt sich in ihr, erkennt sein Alter, sein blasses, verbissenes Gesicht, die ernsten Augen. Er probiert ein Lächeln. Er fragt:

„Frierst du?"

Sie prüft und nickt kräftig. Jetzt wissen sie es. Troldhaugen ist ein kaltes Haus. Sie haben geplant, gezeichnet und geträumt und mit allem gerechnet. Nur nicht mit dem Klima. Nur nicht mit unbekannten Personen, die zu Besuch kommen.

Es klopft. Edvard zieht den Schlafrock über, geht barfuß hinunter, öffnet die Tür. Der erste neugierige Nachbar ist da.

In einem südlichen Land würde sein Kommen wie ein Geschenk sein. Hier, im Gletscherland, ist er ein lästiger Eindringling. Das ist die unglückselige Gleichung des Norwegers: je größer das Gefühl der Einsamkeit, desto mehr Angst vor den anderen.

Ich schreibe, um mir die Zeit auf Distanz zu halten. Ich will nicht sterben, ohne eine Geschichte zu hinterlassen. Die Geschichte des Lebens. Es gibt Legenden, und alle haben dieselbe Handlung.

Ich möchte über diesen Sommer schreiben, über das friedliche Heim, über den scheußlichen Regen draußen, über das bleiche Licht in Küche und Eßzimmer, über die kalten Möbel, über die rauhe Luft und über plötzliche Augenblicke von Sonne und Sommer, wenn Edvard und Frants hinausrudern, um in der Tiefe zwischen Næsset und Troldhaugen zu angeln. Ich möchte über Menschen schreiben, die mit Geschenken zu dem Haus kommen, Freunde aus der Ferne, die genug Wein bei sich haben, daß der Kater am nächsten Tag nicht ausbleibt.

Edvard komponiert nicht. Edvard starrt auf die Äste in der Holzvertäfelung. Edvard hißt die Flagge und winkt hinüber nach Næsset. Edvard unternimmt lange Spaziergänge mit seiner Frau. Edvard schreibt sorgfältige Einkaufszettel und bestellt Waren in der Stadt. Seine norwegische Bauernstube ist eine viktorianische Villa, die gähnt, knarrt, sich reckt, sich langweilt. Manchmal versucht er sie zu überlisten, schmeichelt ihr mit alten Klavierstücken, übt ein paar Lieder mit Nina, aber das Haus läßt sich nicht beeindrucken. Das Haus hat bereits seine Gewohnheiten. Das Haus will keinen geruhsamen Alltag mit Zeitungsrascheln und stillen Gesprächen am Frühstückstisch. Das Haus erträgt nicht den Anblick von weichgekochten Eiern. Das Haus will Feste und Geselligkeit, da müssen die Champagnerkorken knallen. Das Haus will dunkle Nächte und viele Menschen in den Räumen, Leben und Spektakel und heimliches Schwärmen im Mädchenzimmer und in der Dachkammer. Das Haus spiegelt sich in den Bildern ausländischer Berühmtheiten. Warum kommt Franz Liszt nicht? fragt das Haus. Und dieser Ole Bull mit der Fele, das wäre doch ein toller Kerl gewesen? Das Haus erträgt nicht das Geräusch des Notenschreibens und des Briefeschreibens. Das Haus wird beim geringsten Anzeichen von Nebel oder Regen krank und schlaff. Dann geht es zum Angriff über auf die Lebensmittel in der Speisekammer, geht auf die Marmelade und den Käse los, bläst Schimmel unter die Wachsränder und das Einwickelpapier, schämt sich nicht, einige Flaschen des besten Weines eiskalt zu zerbrechen. Zerstreuung! ruft das Haus. Frants und Marie! Das Haus *liebt* Frants und Marie, knarrt vor Freude, sobald es das vertraute Geräusch der Ruderschläge hört, wenn die Beyers übers Wasser näherkommen. Dann saust die Flagge wie von selbst die Stange hinauf. Dann ertönt die Reveille und die Fanfare. Das Haus ist eigensinnig. Das Haus mag keine Leute, die schlafen, es weckt jeden mit seinem Ächzen, Seufzen und Stöhnen. Das Haus liebt es, Leute zu erschrecken, aber Nina erschreckt das Haus nie.

Nina sieht hier eine Zukunft. Sie sieht Blumen in den Fenstern und draußen vielleicht sogar einen kleinen Rosengarten. Manchmal, wie ein scharfer Stich: der Gedanke an ein Kind. Marie und Frants haben davon gesprochen, eines anzunehmen.

Zwei Ehepaare. Kinderlos. Jedes auf seiner Seite des Wassers. So viel gegenseitige Fürsorge. So viele versteckte Zärtlichkeiten, so viele gemeinsame Pläne.

Sie sitzen auf Troldhaugen, Abend für Abend. Edvard holt ständig neue Flaschen aus der Kammer. Nach Mitternacht wird Frants unruhig. Er muß zeitig in die Stadt, in seine Kanzlei. Aber Edvard nagelt ihn mit den Augen fest. „Nur noch eine halbe Stunde", bitten sie stumm. „Nur noch eine kleine halbe Stunde."

Das Haus mit seinen dunklen Ecken bewacht ihn.

Und in dieser Stille, in dieser beinahe unerträglichen Freiheit wird ihm auf einmal klar, daß er keine Kräfte zu vergeuden hat, daß er nicht lügen kann. Er stützt den Kopf auf die Hände und sagt:

„Ich muß weg von hier."

Nina nickt gefaßt, sie hat es lange gewußt. Wo sind die für Frauen so charakteristischen bitteren Sorgenfalten? Wo versteckt sie ihre Trauer? Was macht sie mit all ihren unbenützten Träumen?

Sie weiß, daß er es ernst meint, aber sie weiß auch, daß dieser Ernst nicht unwiderruflich ist. Er wird zurückkommen. Egal wo auf der Welt er sich befindet, weiß er doch genau, wie weit er von ihr weg ist.

Das erfüllt mich mit einem plötzlichen Entsetzen: Daß sie die ganze Zeit gewußt hat. Als wir uns viele Jahre später begegneten, wir waren beide alt und einsam, da habe ich sie umarmt als sei sie meine Ismene, eine lang entbehrte Schwester.

Und wenn sie weiß, haßt sie ihn. Dann ist ihr Zusammenleben ein Schlachtfeld von Grausamkeit. Dann zerschlägt sie das Geschirr, rauft sich die Haare, rennt nackt hinaus in den Wald, auch *das* ist möglich. Denn er sagt, mit trotzigen, bösen und tief unglücklichen Augen:

„Ich muß allein sein mit Frants."

Vierzehn Tage im Gebirge, auf Jotunheimen. Nina schaut ihn mit ausdruckslosen Augen an:

„Welcher Troll treibt dich fort? Edvard, Vardo, vor *was* flüchtest du?"

„Ich flüchte nicht, Nina. Versteh' doch ... ich versuche zu finden." Sie sitzen auf den Plüschsesseln, in diesem Sammelsurium einer Wohnstube, in der aus der ganzen Welt zusammengetragene Teile etwas Ganzes bilden sollen, wo jedes Ding einsam dasteht, wie in sich abgekapselt. Draußen scheint die Sonne, schafft es aber nicht, die große Wohnstube zu erhellen. Es ist ein verrückter Tag, an so einem Tag kommen Adelina und ihr Mann. Adelina ist eine alte Hexe, eingetrocknet und voller Runzeln. Ihr Rücken ist gebeugt, und ihren Stock setzt sie so hart auf, daß er Spuren hinterläßt. Sie schnappt den letzten Satz auf, Herman Hagerup ist nur noch ein armseliger Lakai zwei Schritte hinter ihr:

„Finden? Was möchtest du finden?" keift sie mit Hexenstimme.

„Einen festen Punkt. Nur ein paar Tage für mich selbst."

„Nein!" ruft Nina wie ein verbitterter Backfisch. „Zusammen mit Frants!"

Adelina beschwichtigt mit einer Handbewegung. Das sei ja ganz einfach.

„Selbstverständlich", sagt sie, „muß Edvard für sich sein. Und männliche Gesellschaft ist für einen Künstler inspirierend. Künstler brauchen Gleichgesinnte ihres Geschlechts. Muß ich daran erinnern, daß meine wahrscheinlich beste Freundin Frau Heiberg war? Eine der beiden großen Schauspielerinnen Dänemarks?"

Nein, *daran* braucht sie keinen erinnern. Sprachlos starren sie die Alte an. Edvard will die Argumente seiner Schwiegermutter nicht ausnützen. Er weiß, daß es Hexengeschwafel ist. Jetzt hat sie sich hingesetzt. Sie beabsichtigt, über Nacht zu bleiben. Sie habe einen schlechten Magen. Sie verlangt Fischpudding in Milch verrührt und zerdrückte Kartoffeln. Dazu zwei Flaschen Wein.

Als sie einen Augenblick mit ihrem Schwiegersohn allein ist, fragt sie lauernd:

„Edvard? Du mußt ziemlich reich sein, wenn du so ein Haus bauen kannst. Dein Schwiegervater, der arme Kerl, kann sich nicht einmal ein Haus in der Stadt leisten. Das ist doch wirklich eine Schande, oder?"

Die Hexe ist geschäftstüchtig. Sie hat keine Angst mehr vor Ansteckung.

Muß ich erwähnen, daß Edvard sie mag? Die Habichtsnase, der selbstüberzeugte Zug um den Mund, der verhätschelte Körperausdruck. *Sie* ist zu allem fähig. Deshalb fühlt er sich ihr ähnlich.

Die ganze Nacht sind sie wach, und immer wieder versichert er Nina, daß er zurückkommt, daß es nur eine Bergtour ist, hinauf zu den Gletschern, hinauf nach Jotunheimen, der Heimstatt der Götter.

Und er wird wiederkommen, und er wird wieder losziehen, jedesmal mit dem gleichen Ziel: die Berge und die in den Wolken versteckten Gipfel. Manchmal bleibt er stehen, meint Johns Stimme zu hören, die ruft:

„Edvard? Edvard!"

Als er die Augen öffnet, sieht er nur Frants Beyers schräges Lächeln, das von einem Backenbart eingerahmte Gesicht, stets ganz nahe. Er versteckt sich hinter Steinen und ruft: „Komm."

„Was hast du, Edvard?"

Edvard ist stehengeblieben.

„Mir ist so schwindlig geworden. Mir ist ein Ereignis aus meiner Kindheit eingefallen."

„Was denn?"

„Ich und John. Wir wollten ein Hirschgeweih suchen. Er hatte es im Vorjahr oben auf dem Gipfel versteckt. Behauptete er jedenfalls."

„Hirngespinste. In *dem* Alter besteht kein Unterschied zwischen Einbildung und Wahrheit. Komm schon!"

Sie gehen Seite an Seite, helfen sich gegenseitig an den steilsten Stellen. Beyers trockene, verläßliche und warme Hand. Danach lassen sie sofort los, plötzlich verlegen über die Berührung.

Jotunheimen ist nicht nur ein Gebirge, es ist ein Sturm, der erstarrt ist. Hier, wo die Natur wild und grotesk ist, wo jeder Berggipfel ein Schrei zum Himmel und jedes Tal eine Verdammnis ist, hier findet man Frieden, Ruhe und Gelassenheit. Skogadalsbøen, Glittertind, Juvasshytta, Valdresflyi, Gjendesheim, Vinstervatn, Kalvåhøgda, Knutsholstind. Jeder Name bedeutet gleichzeitig Schrecken und Verlockung. Hier oben gibt es Gletscher mit kilometertiefen Spalten. Weit drunten in den Spalten liegen Menschen aus anderen Jahrhunderten, noch vom gleichen Aussehen wie zu ihren Lebzeiten, mit Jagdwaffe oder Gletscherstange fest in der Hand.

„Da liegen sie, Frants, weit unter uns."

„Bist du dir da so sicher?"

„Aber denk doch nur an all die am Berg Verschollenen, die man nie gefunden hat ... Vorsicht! Hier trägt der Schnee nicht! Merkst du die Spalte? Ist da ein Loch?"

Sie sind durch ein Seil verbunden. Sie stapfen, jeder eine Stange in der Hand über den Styggebreen-Gletscher und stochern nach Spalten. Der Schnee hat sich wie ein Leichenhemd über das Eis gebreitet.

„Frants, ist das nicht fürchterlich, nicht sterben zu dürfen, nur da unten im Eis liegen und darauf warten, daß es irgendeinmal in Tausenden von Jahren schmilzt."

„So stellst du dir das vor? Aber man ist doch tot, wenn man tot ist, oder?"

„Ich weiß es nicht. Komm her, nimm meine Hand. So. Der Tod ist das Unbekannte. Einmal habe ich davor Angst gehabt. Jetzt würde ich am liebsten ... aufgeben, vermodern, mich nicht an ein Leben klammern, das ... Herrgott, Frants, was rede ich da eigentlich?"

„Ich weiß es nicht. Schau mal, der Vogel dort. Was ist das für einer?"

„Fragst du *mich*? Davon habe ich doch keine Ahnung."

„Rentiere, Edvard! Wir könnten um den See herumgehen und ihnen den Weg abschneiden, damit sie an uns vorbeimüssen."

„Und uns niedertrampeln, meinst du?"

„Rentiere treten nie auf Menschen. Was *weißt* du überhaupt von der Natur?"

Frants Beyer, der Gebirgsmensch. Sein weiches Lächeln, wenn er eine Rentierherde oder einen unbekannten Vogel sieht, der um eine Bergspitze kreist. Der Frieden erscheint in seinem Gesicht, wird sichtbar.

Edvard blickt den Freund mit zärtlichen Augen an. Sie umrunden einen See, sie wollen eine Rentierherde erschrecken. Sie befinden sich weit über der Baumgrenze. Hier gibt es keinen Busch, nur das Heidekraut, das in der Nachmittagssonne errötet.

„Schau Edvard! Jetzt werden sie unruhig. Jetzt haben sie uns gewittert!"

„Das sind aber viele."

„Mindestens zweihundert."

„Sind sie wild?"

„Nein, normalerweise wohnen sie in Bergen, du Nachtwächter."

„Sie kommen auf uns zu. Frants, ich habe Angst!"

„Psst. Jetzt mußt du ruhig stehenbleiben. Ganz ruhig."

Die Herde hat sich in Bewegung gesetzt. Die fremden Eindringlinge haben sie aufgeschreckt, aber sie sind eingesperrt zwischen Gletscher und See. Der Instinkt sagt den Tieren, daß sie auf die weite Ebene hinauslaufen müssen. Sie laufen direkt auf das zu, vor dem sie sich fürchten. Edvard sieht die unzähligen braunen Rücken, wie ein Donnern hören sich die über Steine und Heide trampelnden Hufe an. Die Tiere nähern sich, rennen geradewegs auf ihn zu, er ist davon überzeugt, daß sie ihn zu Tode trampeln werden. Er starrt in die braunen, gefühllosen Tieraugen, meint plötzlich, daß sie denen von Nina ähneln. Sie haben Schaum vor dem Maul. Er spürt die Hand von Frants auf seinem Arm.

„Um Gotteswillen, Edvard! Bleib ruhig stehen!"

Die Herde wälzt sich auf sie zu wie eine Woge und teilt sich, verliert an Wucht, rauscht vorbei in schäumender Ohnmacht, wie eine Flutwelle, die sich auf den Sandstrand geworfen hat, wo sie sich nicht festhalten kann und deshalb zurückgleitet ins Meer, dem sie entrinnen wollte. Edvard spürt die ihn streifenden Tierkörper wie ein Schaudern. Dann sind sie vorbei. Der Donner dröhnt hinaus auf die Valdresflyi. Edvard erwacht aus einem Trancezustand. Frants Beyer lächelt ihm zu.

„Hast du Angst gehabt?"

„Nein."

„Glaubst du, ich wollte dich allein lassen? Komm, gehen wir auf den Berg dort."

Sie steigen hinauf. Es ist nur ein Höhenzug. Aber von dort können sie Galdhøpiggen, den höchsten Berg, sehen.

„Paß auf Edvard. Da, schau!"

Frants deutet in das Heidekraut. Da liegt direkt vor ihnen ein Geweih.

„Von einem Ren", sagt Frants. „Ein richtiger Kronhirsch."

„Ein *Hirsch*?"

„Ja, das Ren ist ein Hirsch, hast du das nicht gewußt? Hier ist das Geweih, von dem du erzählt hast. Sollen wir es John mitbringen? Aber Edvard, was ist mit dir? Habe ich etwas Falsches gesagt?"

„Nein Frants, nichts Falsches. Ich brauche nur dringend einen Schnaps. Ich glaube, wir lassen das Geweih liegen. Bitte rühre es nicht an!"

„Bist du abergläubisch, mein Lieber?"

„Frants ... das Geweih gehört John .... ich kann dir das nicht erklären ... wir müssen es liegenlassen ... wie es ist."

Sie kommen aus einem Tal heraus, umrunden einen See, hinauf auf eine Anhöhe und dort, in der untergehenden Sonne, liegt eine Alm, die Frants kennt.

„Hier können wir übernachten. Was hältst du davon?"

Edvard ist einverstanden. Ein Duft von Honig steigt aus der Heide. Die Sonne schmilzt weit im Westen, hinein ins Meer. Die Berggipfel stehen als scharfe Kontraste vor dem brennenden Himmel, wie eine erstarrte Explosion. Auch das ist ein Heim. Jotunheimen, das Heim der Götter, die in der Luft, in den Bergen, in der Heide und in den Gletschern wohnen. Hier leben die Mythen, die Richard Wagner in einer kleinen deutschen Stadt in Pappmaché und Musik verwandelt hat. Auf einen Fremden wirkt die Landschaft trist und kahl, für einen Eingeweihten offenbart sich eine in ihrer Fülle kaum faßbare Flora und Fauna. Da wachsen geheimnisvolle Blumen, da liegen Skelette ausgestorbener Tierarten. Edvard ist müde und zerschlagen, als er in einer Schrittlänge Abstand hinter Frants den letzten Abhang hinuntergeht zu der Alm. Ein Geruch nach Schafen und Kühen kitzelt die Nase, Frants bleibt unvermittelt stehen.

„Horch, Edvard!"

Jenseits der Alm, auf einem Hügel, steht die Silhouette einer jungen Frau. Sie hat die Hände zum Mund erhoben und ruft die Kühe heim zum Stall. Ich liebe das Bild. Die zwei mittelalterlichen Männer auf dem Steig hinunter zu einer Alm, die Sonne, die ins Meer schmilzt, der Duft nach Honig, der Geruch nach Kühen und Schafen, der Lockruf der Sennerin, als würde sie ihr menschliches Wesen abschütteln und zum Tier, zu einem Vogel werden, unbestimmbar und unsichtbar für den Uneingeweihten, mit einem Lied, das kein Lied ist, einer Sprache, die keine Sprache ist:

„Ku-bååååååå-na. Ku-bååååååå-naaa."

Edvards Blick glänzt im Abendrot. Er schaut hinüber zu ihr. Er sieht, wie die Tiere von der anderen Seite angetrabt kommen. Er sieht den Anfang der Zeiten und ihr Ende. Er sieht, daß der Mensch das erste Zeugnis des Lebens ist.

Sie läßt die Hände sinken und geht, die Tiere hinter sich, zurück zur Alm. Lautes, ungeduldiges Muhen unterbricht die Stille. Jetzt erblickt sie die Fremden. Sie grüßt furchtlos und fängt dann laut zu lachen an über den komischen Anblick dieser zwei mittelalterlichen Männer, der eine klein und schief, Schulter an Schulter, beide mit großen, neugierigen Augen.

Sie heißt Susanne. Sie ist groß und blond. Sie ist Sennerin auf Skogadalsbøen.

Sie ist meine Schwester. Sie ist all das, was ich nicht bin. Sie kommt mit warmer Milch in großen Eimern, mit dickem Rahm obendrauf, sie sollen trinken. Sie lächelt mit weißen, starken Zähnen, und wenn sie lacht, klingt es wie eine frühlingstolle Geiß, und sie riecht auch so. Sie hat goldenes Pferdehaar. Edvard erinnert sich an ein Fjordpferd aus seiner Kindheit. Er wünscht sich, ein schwarzer Hengst zu sein. Sie haben ein Feuer angefacht. Der beißende Rauch hält die Mücken ab. Kari, die ältere Sennerin, ist neugierig auf den französischen Cognac, den die Wanderer bei sich haben, aber Susanne, meine Schwester, lacht über den scharfen Geschmack und trinkt lieber ihr frisch gebrautes Bier, das stärker ist als alles, was Edvard bisher probiert hat.

Edvard und Frants auf Skogadalsbøen. Die beiden Frauen bringen ihnen zu essen, wenn sie hungrig sind und zu trinken, wenn sie durstig sind. Aber das geschieht ohne Unterwürfigkeit. Gibt es in ihrem Leben keine anderen Sehnsüchte als die, die das Leben auf der Alm befriedigt? Ihr lautes Lachen klingt bis nach Dänemark, wo ich vierzig Jahre später ihre Geschichte aufschreibe. Ein glückliches Lachen. Sie arbeiten den ganzen Tag, schlafen fast nie, wissen kaum, was Geld ist. Der *Bauer* verdient an ihrer Stelle. Das stört sie nicht. Edvard und Frants erzählen von Rom. *Rom*!? Wer fährt denn so *weit*? Wo der Papst wohnt? Nein, hat man so etwas schon mal gehört. *Rom*?! Das muß ja so weit weg sein, daß alle Menschen schwarz und verbrannt von der Sonne sind, oder?

Susanne hört zu und lacht so, als sei nichts von dem, was sie erzählen, wahr. Ein Pianist in Mönchskutte, mit einem Harem schöner Frauen? Eine Kirchenkuppel, zweihundert Menschen hoch und innen bemalt? Wie soll das denn gehen? Ausgerollter Teig, mit Öl bestrichen und mit Käse und Tomaten! So ein dummes Gerede! So ein Quatsch! Das kann man doch nicht essen! Nein, dieser Grieg und dieser Beyer, das sind zwei komische Käuze.

Die Kühe haben sich hingelegt. Sie schlafen. Die Götter schlafen. Der Mond steigt auf. Die Stimmen um das Feuer vermengen sich mit der Nachtluft, mit der Stille. Ein Rebhuhn flattert plötzlich nicht weit von ihnen auf. Heimliches Leben in einer Welt, in der es fast keine Verstecke gibt. Ich wäre so gerne dabeigewesen.

Am nächsten Morgen brechen sie zeitig auf. Sie wollen über einen Höhenzug, den Beyer nicht kennt. Sie brauchen einen Führer, aber auf der Alm ist kein Mann. Kari und Susanne kommen mit, und Susanne hat ein Bockshorn in der Hand, ein Instrument, ein Warnsignal, mit drei Tönen.

Sie umrunden einen schwarzen See, nicht einmal der blaue Himmel kann die Oberfläche färben. Der See ist ein Auge. Edvard bleibt stehen. Johns Auge. Neben einem Stein liegt das Skelett eines Rentieres.

Die Sonne scheint ihnen ins Gesicht. Sie sind warm und leicht, haben zu wenig geschlafen. Edvard betrachtet die Frauen, die vor ihm gehen. Die alte und die junge. Wünscht er sich Frauen so? Stark und unbefangen? Wenn solche Frauen lieben, birst die Erde. Ihre Sexualität ist Freude und Fortpflanzung. Vielleicht haben sie viele Freunde, viele Liebhaber. Aber haben sie einen richtigen *Freund*? Einen richtigen *Liebhaber*? Ich weiß nicht, was ich schreiben soll. Ich sehe sie mit meinen Augen, von einer weit entfernten Stadt aus. Dabei sind sie droben in den Bergen, wo die Natur über den Menschen bestimmt. Wo das Wetter den Menschen daran hindern kann, auch nur einen Schritt zu gehen. Diese Frauen sind mit einem freien Willen zur Welt gekommen, aber sie haben keine Wahl. Edvard hat das Gefühl, daß es bei ihm und Nina umgekehrt ist. Sie mußten immer wählen, sie haben immer geglaubt, daß das Leben noch mehr ist, daß es an einem anderen Ort anders ist. Im Gebirge treffen Edvard und Frants die Frau, nicht wie sie ist, aber wie sie ihren Träumen entsprechend sein müßte.

Sie haben den höchsten Punkt erreicht. Kari und Susanne sind stehengeblieben. Die Reste eines Gletschers rinnen in einen See. Sie lassen sich nieder, trinken Cognac und Schmelzwasser. Ihre Unschuld ist grenzenlos.

Etwas später erheben sie sich. Der Abschied ist nicht schwer und tränenreich. Sie haben einen gemeinsamen Tag verbracht. Einen ganzen Tag. Jetzt treten sie in einen neuen Zeitabschnitt ein. Die Frauen müssen hinunter zur Alm und die Kühe rufen. Sie sagen Lebwohl.

Edvard und Frants folgen ihnen mit den Augen, zwei Silhouetten am Rande des Berges, kleiner und kleiner, bis sie plötzlich vor einer schmelzenden Sonne stehenbleiben und Susanne das Horn an die Lippen setzt.

Sie bläst. Ein G.

Ich habe, es ist viele Seiten her, gesagt, daß die Romantik mit dem Donner über Nordseeland vorbei war. Das trifft zu. Was jetzt geschieht, gehört zu dieser Welt:

Susanne und Kari sind verschwunden, das Echo des letzten Tones hängt noch zwischen den Bergen. Edvard und Frants sind allein. Endlich wenden sie sich einander zu. Ich weiß nicht, was passiert, aber ihre Augen sind voller Tränen, und sie überschreiten eine Grenze.

Es gibt einen Troldhaug. Es gibt einen Berg. An einem Sonntag Morgen kommen Edvard und Frants von Løvstakken herunter. Edvard kann hinüberschauen nach Landås. Aber dorthin wollen sie nicht. Sie wollen hinunter in die Stadt, in Beyers Kanzlei, oder in eine Kneipe, wo sie ein Bier trinken können. Da hören sie das Geläut der Kirchenglocken. Bergen läutet zum Gottesdienst. Der Ton einer Stadt, deren Gesicht zum Himmel gerichtet ist. Edvard hört die Quinten, sie klingen in seinen Ohren wie das Versprechen nach Auferstehung. Beyer steht neben ihm und sagt:

„Ich weiß, was du denkst, Edvard. Du willst raus, weg von allem, was nach dir greift. Wer hat dir diese Angst eingeimpft, daß das Leben eine Falle ist? Ich werfe dir nichts vor. Ich wünschte, ich könnte mit dir kommen. Stattdessen muß ich lange vor Morgengrauen aufstehen, in meine Kanzlei fahren, die Lampe anknipsen und dir schreiben, dich an mich erinnern, damit du keinen Grund hast, mich zu vergessen."

„Frants, sag nicht so etwas. Du bist alles, was ich habe."

„Hier bin ich."

„Ja, und trotzdem bist du so weit weg."

„Ich weiß, daß du keine Wahl hast. Du mußt reisen. Aber ich möchte keine Briefe von dir bekommen, in denen du nur praktische Fragen erörterst. Verstehst du? Ich möchte nicht der Hausmeister in deinem Leben sein. Und trotzdem weißt du, daß ich alles für dich tue. Den Hausmeister kannst du Herrn Pettersen nennen. Ich garantiere, daß er erledigt, worum er gebeten wird."

Edvard erwidert nichts, obwohl er jedes Wort des Freundes hört.

In ihm sind zwei Wege. Und er muß beiden folgen. Es ist, als würde das Leben nie wirklich werden. Troldhaugen ist ein Zuhause. Ein Ort, nach dem er sich von anderen Orten aus sehnen kann.

„Wir sind kinderlos, Frants. Glaubst du, daß nach uns alles stirbt?"

Jetzt ist es Frants, der nichts erwidert. So oft findet der eine für den anderen einen Pfad, und sie rufen: „Schau!" Aber manchmal finden sie nichts, da wissen sie nicht, was sie rufen sollen. Da stehen sie nur, Hand in Hand, und staunen über die Natur, die sie gefangen hat.

Es gibt Nomaden, die wandern zu einem Wasserloch, trinken es leer und wandern weiter bis zum nächsten, lassen ihr Vieh auf ständig neuen Weiden grasen, weil die Erde karg ist oder weil ihnen die Unruhe im Blut steckt.

Edvard und Nina in Deutschland. Der Vogel schlägt mit seinen großen, unheimlichen Schwingen im Wald. Eines Tages unternimmt der entmündigte König Ludwig von Bayern einen Spaziergang mit seinem Leibarzt. Man findet sie beide ertrunken. Edvard sieht, wie das Deutsche Reich Platz nimmt in den Herzen der Menschen. Kaiser Wilhelm ist fast neunzig Jahre alt und wird bald sterben. Das Reich braucht einen neuen Vater. Der Staat ist groß und mächtig. Die Menschen sind klein und arm. Wir schreiben das Jahr 1886.

Edvard sucht in den Straßen der Stadt nach Czerny und Clementi, aber die waren immer so klein, und jetzt sind sie ganz verschwunden. Edvard ertappt sich dabei, sie zu vermissen. Einst hat er sich vor ihnen gefürchtet. Jetzt tun sie ihm leid.

Sie hatten nur den Wunsch, ihr Leben so schmerzlos wie möglich zu führen, und sie glaubten nicht an Götter.

Aber der große Vogel ist ein verkleideter Gott. Er krächzt die Menschen an, die noch unter den Bäumen stehen, hetzt sie auf mit dem Schlag seiner Schwingen. Edvard kommt nach Leipzig und steigt die Treppen zum Konservatorium hinauf. Er erkennt sie wieder, die Puddinge in den Gängen, schnüffelt den vertrauten Geruch. Jemand wispert. Sie haben ihn erkannt, grüßen respektvoll, verschwinden hinter Türen. Edvard weiß, was nun passiert: man wird seine Musik spielen, ihm zu Ehren, aus seinem Übungsraum, er wird die Instrumente nicht sehen. Er bleibt stehen, lehnt den Hinterkopf gegen die Wand, weiß plötzlich nicht mehr, ob die Töne Wirklichkeit sind oder nur eine Einbildung seines verwirrten Kopfes, Geraden, die er nicht zu Ende gezogen hat, eine Ganzheit, die er nie erkennt, nur diese Brocken, diese Fragmente ... Artigkeiten. Lange steht er so. Dann packt ihn die Angst, er geht einige Schritte weiter, reißt eine Tür auf. Da drinnen sitzt in einem großen Raum eine junge Frau an einem Flügel und übt. Er hört Schumann, er hat eine Hallizunation, er geht zu ihr, fragt:

„Halten Sie mich zum Narren?"

Sie hört auf zu spielen, schaut ihn ängstlich mit großen, erschreckten Augen an. Er schüttelt den Kopf, zieht sich zurück.

„Sie müssen wirklich ... entschuldigen ... Aber Sie ähneln so sehr Clara Wieck, das schwarze Kleid ... steht Ihnen ... würden Sie vielleicht ... mit mir essen gehen?"

Da erwacht er. Er errötet. Sie errötet ebenfalls. Er versucht eine Erklärung ... daß er ständig verwechselt ... daß nichts im Leben das ist, was es zu sein scheint. Er fragt sie, ob sie Louis Plaidy kenne. Sie hat nie von ihm gehört. Er ist naß vor Schweiß, hat das Gefühl, daß ihn die Beine nicht mehr tragen. Er fragt sie, ob er sich ein bißchen setzen dürfe, sie möge nur weiterüben.

An ihrer Aussprache hört er, daß sie keine Deutsche ist, sie muß aus Osteuropa stammen, vielleicht aus Bulgarien. Sie beginnt wieder zu spielen. In scharfen, farbigen Bildern sieht er ihr Leben, Tochter aus wohlhabendem Hause, verwöhnt, das dunkle Haar fällt über den Hals, ihr Kleid hat sicher eine reiche Mutter für sie ausgesucht, Mozart und Kandelaber, kleine Hauskonzerte, Virtuosen auf Tournee mit scharfem Auge für schöne Geschöpfe, verheißungsvolle Versprechen. Er schließt die Augen, sein eigenes Verlangen verwirrt ihn. Schumann. Er und Nina, als sie sich verlobten. Er erhebt sich unbemerkt, verläßt sie, bevor er sich lächerlich macht, bevor er sie fragt, ob sie wisse, wer er sei und ob sie nicht vielleicht auch das a-Moll-Konzert ...

Er ist wieder draußen auf dem Korridor. Im Schein der niedrigen Herbstsonne schweben die Staubkörnchen. Er bleibt am Fenster stehen, sieht die Bäume. Hoch oben am blauen Himmel ein Ballon, bewegungslos über Leipzig. Er stellt sich die Menschen dort oben vor, sie sind frei, aber sie können ihr Dasein nicht steuern, müssen den Winden folgen, sind der Natur preisgegeben, haben nur eine Wahl: Tod oder Flucht.

Er schwitzt. Er will nicht gehen. Er will hier bleiben in dieser Vergangenheitsstimmung, ein Leben, das gelebt ist, während die Jungen, die noch nicht gelebt haben, für ihn spielen. Sein Verlangen verwirrt ihn. Er will zu ihnen hinein, bei ihnen sitzen, ihren Träumen zuhören, sie einladen zum Essen, einen nach dem andern, ihnen erzählen, daß er, auch *er* geliebt hat.

Es ist spät. Er kennt eine Nische und einen Vorhang. Dorthin geht er und bleibt stehen, sieht, wie sich die Türen öffnen, wie Schüler und Professoren herauskommen, der tägliche Mißbrauch, das falsche Wissen, sie streichen an ihm vorbei ohne zu ahnen, daß er hier steht, wie ein Gespenst, wie ein Spuk. Er hört ein Cello, Beethovens g-Moll-Sonate. Johns Strich, das unverkennbare Vibrato, das „Schmerzensreiche", er stürzt aus seiner Nische, quer über den Korridor zu dem Raum, aus dem die Musik dringt, reißt die Tür auf, „John!"

Da sitzt er! Das gleiche Kinn! Der gleiche Blick! Die Haare wie ein Gedankenchaos abstehend. Und trotzdem ist er es nicht. Es ist dreißig Jahre zu spät. Da sitzt ein anderer. Noch einer, der das Leben mißbraucht.

„Verzeihung ... ich muß mich geirrt haben ... ich wollte Sie nicht ... stören."

Er geht zurück in die Nische, stellt sich hinter die Gardine. Da kommt Reinecke, oder ist es Herr Wenzel, der alte, liebenswürdige Pedant, der nie etwas übersah, der jetzt Edvard nicht übersieht. Unmöglich, sich in der Vergangenheit zu verbergen. Errötend tritt er hervor.

„Ah, Herr Grieg, wie nett! Was machen Sie hier? Und was haben Sie uns mitgebracht?"

„Nichts ... ich bin verzweifelt, ich komponiere fast nicht mehr."

„Was sagen Sie? Nicht mehr komponieren? Was wollen Sie mir da einreden? Ihre Kompositionen sind auf einem Siegeszug um die Welt. Und da haben Sie nicht vergessen, daß hier einmal alles angefangen hat, stimmt's? Daß das bißchen Wissen, das wir zu geben haben ..."

Zusammen schlendern sie aus dem Gebäude. Die grelle Sonne. Die kalte Luft. Der Professor lädt ihn zu einem Konzert im Gewandhaus ein. Edvard verspricht zu kommen. Der Professor, genau wie immer. Er kümmert sich nicht um Kaiser, Landesgrenzen oder Stundenlöhne. Sie verabschieden sich an der nächsten Ecke. Ich folge Edvard durch die Straßen, vierzig Jahre später gehe ich direkt hinter ihm. Er bemerkt mich nicht. Er ist in Gedanken versunken. Nur ab und zu dringt ein Bild der äußeren Wirklichkeit zu ihm, das besondere Photoalbum des Deutschen Reiches: die armen Kinder mit ihren bösen Augen am Ufer der Weißen Elster, die rauchenden und Kaffee trinkenden Kommunisten hinter den Fenstern des Bräuhauses, der beleibte Baron mit dem Monokel, ein enger Freund des Königs, inspiziert reitend seine Besitztümer in der Stadt, und Handwerker, überall die sächsischen Handwerker, jeder in seinem Haus, jeder mit seinem Werkzeug, klopfend, nähend, schneidend für das große Deutschland, nicht Schrauben, Metall und Öl, sondern Knochen, Haut und Blut.

Sie wohnen in der Härtelstraße. Nina wartet auf ihn, ängstlich wie eine alte Mama. Als er endlich kommt, fällt sie ihm um den Hals und schmiegt sich wortlos an ihn.

„Verzeih, Niske ... ich war nur auf einen Sprung ... im Konversatorium."

„Ich habe versucht, uns etwas zu kochen ... ich glaube, es ist nicht ganz mißglückt."

Ein Topf auf einem Spirituskocher. Suppe aus Libby's Fleischextrakt, um sie herum die gemieteten möblierten Zimmer. Sie will das einmal Erreichte nicht aufs Spiel setzen. Ein eigenes Heim. Sie sagt, daß ihm die Atmosphäre im Restaurant nicht guttut, der Rauch, die Ansteckungsgefahr, zu viel Bier, zu viel Hennessy. Sie ist stark, erfinderisch, trotzig. Sie macht jeden Morgen Gymnastik. Jetzt sitzen sie am Tisch, er spürt ihre Knie an seinen, und essen die dünne Fleischsuppe mit Klößchen, und sie erzählt ihm die Tagesneuigkeiten, wer seine Visitenkarte dagelassen hat, welche Briefe ihn erwarten, welche Briefe er schreiben sollte, es folgen Betrachtungen über den schweigsamen

Sinding[14] und den netten Halvorsen[15], die ebenfalls in der Stadt sind und sie zum Billard eingeladen haben.

Er schaut sie beim Reden an. Sie ist perfekt. Sie lernt ununterbrochen, paukt deutsche Redewendungen, fragt ihn über Musik und Musiker aus, verwebt ihre Welten miteinander, spricht mit seinen Freunden, als seien es ihre Freunde. Sie ist weit weg von Norwegen, von Fjorden mit stillen Wassern und in Volkstracht gekleideten Frauen mit unergründlichem Lächeln. Hier, zwischen geliehenen Möbeln in einer provisorischen Wohnung findet sie eine Form, entwirft sich eine Hausordnung, kümmert sich darum, daß er eine Suppe und alle Klößchen bekommt. Er sagt:

„Du paßt hierher ... nach Deutschland .. in diese Vernunft, die so knapp an den Wahnsinn grenzt."

Er küßt sie sanft und brav auf die Wange. Er sagt, daß er ein Mittagsschläfchen machen möchte. Sie sagt, man solle doch lieber einen Spaziergang machen.

Wenn er alleine ist, fängt er an zu schwitzen, genauso wie bei einem Auftritt vor dem Publikum. Jetzt läuft er durch diese langen, ihm so bekannten Straßen, durch den Park, an der Thomaskirche vorbei. Der Verleger, von dem er Nina erzählt hat, daß er ihn treffen wolle, der heruntergekommene Franzose, hat nie existiert. Aber in der Zeitung, die er sich in die Manteltasche gesteckt hat, steht eine Adresse.

Der Hausbesitzer heißt Hauch. Er wohnt im finstersten Viertel der Stadt, wo die Straßen eng sind und der Schatten immer die Sonne besiegt, wo sich der Geruch nach Kohl mit dem Geruch nach schimmeligen Mauern vermischt, wo die Ratten wohlgenährt und mit glänzendem Fell über das Pflaster in den Rinnstein huschen. Edvard geht an einer Hausmauer vorbei, an der einmal das Schild „Pension" hing. Er wirft einen Blick durch das Fenster, dort war einmal eine Rezeption. Der Tisch ist verschwunden. Eine Frau kommt durch die Hintertür heraus, wo einmal der Hund Lodl stand und ihn anstarrte. Sie trägt ein Nachtgewand, hat einen großen, geblümten Schal um die Schultern geschlungen, das Haar wallt rot um den Kopf, das Gesicht ist alt und schmutzig. Sie zwinkert, murmelt:

„Na Väterchen? So früh auf den Beinen?"

Empört wendet er sich ab, der Schweiß läuft ihm in Strömen den Rücken hinunter. Er hat eine Adresse aus einer Zeitung. Er geht eine Ecke weiter und klingelt an einer anderen Tür. Hauch. Der Hausbesitzer. Kleine, mißtrauische Augen in einem Türspalt.

„Ich bin hier, um mir dieses Zimmer, das Sie zu vermieten haben, anzusehen."

Der Türspalt wird weiter. Der Mann ist untersetzt, mit grauen, strähnigen Haaren, der Hemdkragen erwürgt ihn beinahe, die Jacke hat er offenbar lange nicht mehr ausgezogen.

„Es ist vor allem für Studenten, Herr ..."

„Vogel. Paul ... Vogel."

Hauchs Hand ist weiß und ohne Wärme. Edvard wird eingelassen. Die Tür schließt sich hinter ihnen.

„Wieviel können Sie bezahlen? Ich habe gute Mieter an der Hand ... sehr gute Mieter."

„Ich gebe Ihnen zehn Mark mehr."

„Pro Jahr?"

„Pro Monat. Ich brauche das Zimmer nur einige Monate. Bis April."

„Ich vermiete nur jahresweise."

„Dann bezahle ich für ein Jahr ... im voraus."

Edvard spürt den Blick des Hausbesitzers an der Stirn, im Nacken, es ist, als würde er sich in den Schweißtropfen spiegeln. Edvard zieht ein Taschentuch aus dem Mantel.

„Es ist ... ziemlich warm."

Hauch blickt ihn unfreundlich an. „Heute Nacht hatten wir beinahe Frost. Haben Sie das nicht gemerkt? Sind Sie krank?"

„Ich bin so schnell gelaufen. Ich hatte es ... eilig."

„Wohnen Sie in einer ... Pension?"

„Nein, privat. Bei einem Bekannten."

„Sie müssen mir die Adresse geben."

„Muß das sein? Ich habe das Geld bei mir."

Jetzt lacht er. Hauch. Er beißt sich mit einem gelben Zahn auf die Lippe, zählt das Geld, das Edvard ihm gibt. Ein verschwörerisches Lachen, ein vertrauliches Lachen. Aber Edvard möchte keinerlei Vertraulichkeit.

„Dann zeigen Sie mir das Zimmer", verlangt er kurz.

Hauch bedeutet ihm zu folgen. Sie steigen eine Treppe hinauf. Er hört immer noch das Lachen, jetzt leiser, aber umso wissender.

„Hier wohnen nur respektable Mieter", sagt er. „Polizisten, Rechtsanwälte, sogar ein Pfarrer. Was ist ihr Beruf?"

„Ich habe eine Agentur ... Beinprothesen. Ich bin hier, um die Entwicklung eines neuen Modells zu verfolgen."

Hauch hat aufgehört zu lachen, mustert ihn erstaunt. „Treiben Sie mit so etwas keinen Spaß. Ich hatte einen Sohn, der ist mit so einem Stumpf zur Welt gekommen." Hauch deutet die Größe mit den Händen an. Edvard unterbricht ihn: „Bitte keine Diskussion. Zeigen Sie mir das Zimmer. Ich muß ein paar Minuten allein sein."

„Aber Herr Vogel, das Zimmer steht ja nun zu Ihrer Verfügung. Lassen Sie sich nur Zeit."

„Wohnen Sie selbst in diesem Haus?"

„Nein, ich bin nur morgens da. Zur *Kontrolle*, wissen Sie. Zur Zeit kann man keinem über den Weg trauen."

Das Zimmer ist scheußlich grün, mit Schrank, Tisch, zwei Stühlen und einem Bett. An der Wand hängt der König von Sachsen.

„Gefällt es Ihnen?"

„Genauso habe ich es mir vorgestellt."

„Fein." Hauch blickt sich um. Überprüft, ob alles in Ordnung ist. Dann läßt er Edvard allein, mitten im Zimmer, in Schweiß gebadet. Er fällt auf das Bett, krallt sich fest wie an ein Floß auf hoher See.

Ich sehe eine Kanzlei. Ein früher Wintermorgen. Im Laufe der Nacht hat es geschneit, aber der Wind hat sich gedreht, es ist mild und dunstig-feucht. Frants Beyer. Der lange Weg von Næsset bis in die Kanzlei. Er zündet die Schreibtischlampe an. Er wirft einen Blick auf die Wanduhr. Noch drei Stunden bis zum Beginn des Arbeitstages, drei Stunden bis zum Morgengrauen. Er setzt sich hin und schreibt an Edvard in Leipzig. Er schickt ihm sechs Lieder. Er schreibt, daß er davon träume, Musiker zu werden, zu studieren, hinauszukommen in die Welt. Er schreibt von einem Kind, das er adoptieren muß, der Junge eines Bekannten, plötzlich verstorben, ein Stall voll Kinder, er hat sie alle untergebracht mit Ausnahme des Jungen, Sverre. Er schreibt von dem Augenblick oben auf Friken, als Susanne das Horn blies, er schreibt von Troldhaugen, das auf der anderen Seite des Nordåsvannet verlassen dasteht, er schreibt, daß er auf einen Brief wartet.

Edvard und Nina in Leipzig, zusammen mit Sinding, Halvorsen und dem Hardangervidda-Mann. Außerdem Tschaikowski und Brahms. Der Hardangervidda-Mann heißt Delius und liebt Norwegen. Viermal ist er auf der Hardangervidda gewesen. Mit zurückhaltender Poesie beschwört er das Land im Norden, das schlüpft hinein in Edvards und Ninas Gedankenwelt und macht sie unruhig.

Nina singt, für Sinding, Halvorsen und den Hardangervidda-Mann. Sie nimmt das Zimmer in Beschlag, weiß seine Größe, seine Tiefe und Breite. Jedes Wort legt sie behutsam den lauschenden Männern in den Schoß. Mein weißer Schwan, du stummer, du stiller, nichts ließ deine Singstimme ahnen. Angst beschützte die Elfe, die schlief, immer lauschend bist du herangekommen.

Lauschend sitzt Edvard am Klavier. Er hört, daß sie nichts weiß, daß sie arglos ist. Und trotzdem kann sie erzählen. Sie legt die Töne um die Nacken der Männer, ihre Köpfe neigen sich. Der Hardangervidda-Mann weint. Es ist der lange Winter in Leipzig, in gemieteten Zimmern, in heimlichen Zimmern, sie lassen die Musik sprechen. Edvard geht mit Beyers Liedern zu seinem Verleger, sagt, er solle sie herausgeben. Bald beginnt ein neues Jahr, bald stirbt ein Kaiser. Und zu Hause bei Brodsky sitzt Nina zwischen Tschaikowski und Brahms, er hat sich ein Glas Marmelade geschnappt und sagt: „Ich bin so nervös!" Weil sie innerlich ohne Halt sind, weil sie nicht die sind, für die sie sich ausgeben. Sie sprechen nicht, sie brummen Themen, husten, versuchen einen Akkord zu singen, nennen eine opus-Nummer, eine Zahl, eine ganze Darstellung, eine Seeschlacht oder eine Schöpfung in A-Dur, oder in Fis. Edvard lauscht, Edvard singt, Edvard prostet Nina zu. Er fühlt sich jetzt stärker. Er macht jetzt auch jeden Morgen Gymnastik. Er lädt seine Freunde für nächsten Sommer nach Troldhaugen ein, sie sind jederzeit willkommen. Der Hardangervidda-Mann schaut ihn mit merkwürdig fernem Blick an. Sieht er schon seine Erblindung? Sieht er voraus, daß man ihn viele Jahre später hinauf in die norwegischen Berge tragen wird, damit er den Sonnenuntergang wie eine warme Hand auf den erloschenen Augen spüren könne? Sinding, der schweigsame Sinding, fleht Nina an, noch mehr zu singen.

London ist notwendig. London bedeutet Pfund. London bedeutet sechshundert Mark für ein Konzert. Nach all der Kammermusik denkt Edvard mit Angst an das a-Moll-Konzert. Er hat das Gefühl, einen Ringkampf mit sich, mit seiner Jugend, bestehen zu müssen. Als er das a-Moll-Konzert schrieb, hatte er ein Kind, war er fruchtbar. Damals war er unter Freunden, es war der Sommer in Dänemark, Søllerød Kro.

Edvard im Schlafzimmer am Morgen, im Hemd, bei der Gymnastik. Er schlägt mit geballten Fäusten gegen die Blumentapete, er hört sein Herz hämmern wie einen deutschen Schmied. Nina beobachtet ihn von der anderen Ecke des Zimmers. Er weiß, daß er eitel ist. Er steht länger vor dem Spiegel, als ein heller Schnauzbart es erfordert. Es ist ein Kampf gegen die Zeit und gegen das a-Moll-Konzert.

Als sie Deutschland verlassen, ist es Frühling. Hand in Hand rollen sie in einem Zugabteil hinaus aus dem Kaiserreich, in Gesellschaft ihres Verlegers, Dr. Abraham. Edvard hat die letzte Violinsonate herausgegeben und mehr verkauft als Brahms. Er schickt 9 000 Mark zur Verwahrung an Beyer.

Und trotzdem braucht er mehr.

Europas Inseln. Großbritannien, das Findelkind, das Kuckucksei, das Land mit den grausamen Taten, den bestialischen Morden. Ursprung der Griegfamilie, Heimat des Nebels und der Flußleichen, das Imperium, in dem selbst sadistische Mörder höflich ihren Tee trinken. Die Engländer. Ab und zu hat Edvard einen von ihnen getroffen, wandernd auf Jotunheimen oder in einem Fluß stehend mit einem Lachs in der Faust. Er kann nichts mit ihnen anfangen. Er konnte nichts mit seinem Vater anfangen. Ein Volk, gleichzeitig verschwenderisch und geizig, ein Land von Meer umgeben und preisgegeben dem Wind, ein Volk, über den ganzen Globus verstreut, in weißen Anzügen und Shorts. Ein sportliches Volk mit schwächlichem Aussehen.

Aus seiner Jugendzeit erinnert sich Edvard vage an London. Jetzt liegt der Kanal windstill vor ihnen. Die Segelboote an der Küste vor der Normandie warten ungeduldig auf Wind. Edvard und Nina gleiten hinein in einen Dikkens-Roman, in dem alles möglich ist und doch nicht wahr, wo die Welt barmherzig und doch verbrecherisch ist.

Ich sehe das völlig klar, ein blaugraues Bild mit viel Weiß. Obwohl sie in Chapham unter grünen Zedern wohnen, Bäume, deren Harz sich zum Balsamieren eignet. Die Luft ist feucht. Es ist Frühling, und Großbritannien duftet. Nina sitzt unter den Nadelbäumen und unterhält sich mit dem ältlichen Dr. Abraham, der allem, was sie sagt, aufmerksam zuhört und aus einer großen, geblümten Tasse Tee trinkt. Drinnen in dem großen Haus sitzt Edvard hinter einem Mason & Hamlin und merkt, wie die schweißnassen Hände auf den Elfenbeintasten ausrutschen. Er übt die Kadenz am Ende des ersten Satzes, kommt mit den Griffen nicht zurecht, hat keine Kraft, hört selbst, daß er zuviel in die Pedale geht. Dann versucht er es wieder, aber die Arme sind bleischwer. Das Licht vom Fenster blendet ihn, er sieht die Noten nicht, er kennt seine eigene Musik nicht mehr.

Edvard in London. Edvard und Nina. Sie liegen in einem großen Bett mit kalten Laken. Den ganzen Abend lang hat ihr Gastgeber, Peters-Agent Augener, über Großbritannien und Amerika als einem neuen Markt geredet. Edvard ist nicht mit diesem Wort vertraut, weiß nicht, was er sagen soll. An einem anderen Abend ist er zu Hause bei dem Vater des Hardangervidda-Mannes gewesen, der nicht will, daß der Sohn Komponist wird, und hat ihn überredet, Frederic Delius freizugeben, ihn selber seinen Weg gehen zu lassen, auch wenn er geradewegs in die Hölle führen sollte; nichts ist fürchterlicher als ein Mensch, der nicht die Verantwortung für sein Leben tragen darf.

So viele seltsame Gedanken in ihm. Und so viel Angst. Er hört an ihrem Atmen, daß sie noch nicht schläft. Er flüstert:

„Nina? Kleine Niske?"

„Ja?"

Sie antwortet sofort mit hellwacher Stimme.

„Kannst *du* nicht schlafen?"

„Nein."

„Was denkst du?"

„Ich habe darüber nachgedacht, daß es mir gut geht, Vardo. Mir fehlt Troldhaugen nicht, wie ich zuerst gemeint habe."

„Du bist ein Kind Europas und nicht Norwegens, Niske. Ich habe dich beobachtet. Wie selbstverständlich du dich überall einfügst. Du bist eine Kaiserin, oder eine Kokotte. Aber du bist von absoluter Reinheit, von einer, zum Teufel, herzzerreißenden Arglosigkeit. Ich möchte, daß du hier singst, in London, für diese merkwürdigen Menschen, diese Brüder und Schwestern des Hardangervidda-Mannes. Sie werden dich lieben."

„Wir wollen zuerst sehen, wie das a-Moll-Konzert ankommt", sagt sie sachlich. Und dann, wesentlich leidenschaftlicher: „Ach ja, und im übrigen will ich sehr gerne singen."

Da ist so vieles, was Edvard ihr sagen möchte und nicht herausbringt. Ihr heller, unbeschwerter Sopran, ihr einfacher Vortrag, die sparsamen Gesten. In der Musik ist sie weder Kaiserin noch Kokotte. Jahr für Jahr gewinnt sie, was er mehr und mehr verliert. Er spürt, daß er älter wird, er fürchtet sich nicht vor dem Tod, aber davor, am Wegrand zu liegen und die anderen vorbeifahren zu sehen, er fürchtet die Resignation. Der Kampf mit dem a-Moll-Konzert ist ein Kampf gegen all die mißbrauchten Tage, die er mit einem guten Bordeaux, bei Austern und Hase hinuntergespült hat.

Sie reden nicht mehr. Edvard schließt die Augen, merkt, wie der Schweiß kommt. Da streckt sie die Hand aus, streicht ihm über den Kopf, sanft, wortlos. Er wirft sich herum, und sie erstickt fast in seiner Umarmung.

„Nina, du darfst nie mehr von mir weggehen. Ich bin nichts, *nichts* ohne dich."

In der Künstlergarderobe steht das Mineralwasser neben den Mixturen. Wie Diebesgut liegen die Tablettendöschen über den Tisch verstreut. Der Raum hat keine Fenster. Nina kühlt Edvards Stirn mit einem nassen Handtuch.

„Soll ich hier bleiben oder im Saal sein?"

„Bleib' um Gotteswillen *hier*. Du mußt bereit stehen, damit wir, falls alles schief geht, sofort verschwinden können."

Seine Nervosität erschreckt sie. Er ist selbst vor Schreck wie gelähmt, als er hört, wie oben auf dem Podium der St. James Hall das Royal Philharmonic Orchestra die Instrumente stimmt. London ist das Fremde, das Unbekannte. Edvard und Nina wurden von einem schwarzen, unruhigen Hengst hergefahren. Es ist eine Stadt voller Versprechungen, voller Möglichkeiten, aber niemand sieht, daß Edvard mit seiner eigenen Vergangenheit kämpft, daß sein physischer und mentaler Schwächezustand sich in Klang- und

Harmoniepassagen abzeichnet. Das a-Moll-Konzert. Geschaffen, als Freunde um ihn waren. Jetzt klammert er sich an Nina, hat Angst, sie beim Sturz mißzureißen.

Die Künstlergarderobe. Das Wartezimmer. Der Geruch nach Parfüm und Staub. Die Wassergläser. Die Visitenkarten. Die Buketts auf dem Tisch. Wie bei einem Begräbnis: das Kondolenzbuch ist aufgeschlagen. Der Dirigent, das Schweinegesicht Cowans, hält sich klugerweise mehrere Räume entfernt auf. Bei den Proben war es ihm nicht gelungen, das Orchester zum Klingen zu bringen. So klingt es nur, wenn allzu selbstbewußte Menschen spielen, Menschen, die außerdem verdorben sind durch Mehlspeisen und dunkles Bier.

Vielleicht sitzt der Hardangervidda-Mann im Saal.

Edvard spürt Ninas Handtuch und faßt sie dankbar am Handgelenk.

„Genug, Niske. Gleich ist es soweit. Die Hinrichtung. Ein ausverkaufter Saal wird den Gang eines Menschen bis zu seinem Tode miterleben, vom schwindelnden Übermut der Jugend bis zu den Gichtkrämpfen des Alters."

Er erhebt sich. Das Schweinegesicht guckt bei der Tür herein und teilt mit, daß alles bereit ist. Edvard spürt den Schweiß bis zu den Fingerspitzen. Er trinkt einen letzten Schluck Wasser. Dann geht er auf das Podium.

Ich versuche einen Menschen zu beschreiben, der sich selbst fremd geworden ist, der vergeblich einen festen Punkt finden will, der in einem Gewimmel von Persönlichkeiten die eigene Person sucht. Zuerst reagiert er nicht auf den jubelnden Beifall. Er meint, es müsse die Akustik im Saal sein, und als er endlich all die Rufe hört, blickt er hinüber zum Orchester, um festzustellen, ob eine berühmte Person anwesend ist.

Das Erkennen seiner selbst trifft ihn wie ein Schlag. Er sieht nur Fragmente: die geöffneten Münder, die seinen Namen schreien, ein besinnungsloser Jubel, fast wie Weinen, weil er da ist. Er begreift nicht, daß diese von ihm in dunklen, staubigen Räumen geschaffenen Töne, die so unlöslich mit seiner Welt verknüpft sind, so vollkommen zu diesen Fremden gelangt sind. Sein Name wird undeutlich. Er hat plötzlich den Eindruck, als würden sie nicht mehr nach Grieg schreien sondern nach Brot. „Bread! Bread! Bread!"

Er tritt ein paar Schritte nach vorn. Das löst einen Beifallssturm aus. In solchen kurzen Augenblicken wird die Musik sichtbar, wenn sie sich der Menschen bedient und ihre Macht zeigt.

Es ist ein schrecklicher Augenblick. Und es ist ein ergreifender Augenblick. Sie kennen ihn. Tausend Menschen kennen ihn bis ins kleinste. Obwohl man sich nie begegnet ist. Er wird den Kampf mit seiner Jugend zusammen mit ihnen kämpfen. Er weiß, daß er verlieren wird, aber er weiß auch, daß sie auf seiner Seite sein werden.

Er setzt sich wieder, kraftlos, mühsam. Jetzt hat er den Mut, es zuzugeben. Das Schweinegesicht hat die Arme erhoben. Edvard merkt, wie der Schweiß von der Stirn tropft. Sie glauben, er weint. Aber er blickt nur seinem eigenen Tod in die Augen.

Ich sehe ihn irgendwo in Europa am Pult stehen. Er dirigiert „Der Frühling", es sind sechzig Streicher, es klingt wie der Septemberwind, wenn er durch die großen Laubwälder fährt. Resignierend.

Ich höre Nina an einem anderen Ort. Sie singt die Ibsen-Lieder. Die Stimme ist klein, aber sie füllt den Raum.

Man jubelt dem kleinen Mann und der kleinen Frau zu. Das Zusammenleben hat sie zwar nicht gleich, aber doch jedenfalls voneinander abhängig gemacht. Seiner Gestik entspricht ihre Zurückhaltung. Man meint, *ihn* zu kennen und wundert sich, wer *sie* war.

Sechs Jahre in Ninas und Edvards Leben. Auf meinem Schreibtisch liegen alte, vergilbte Zeitungsausschnitte. Ich gehe in die Bibliothek, wo die intimen Briefe, in späten Abendstunden beim Bordeaux geschrieben, in Schubläden verwahrt sind.

Er ist berühmt für das, was er war. Für ihn ist das Publikum wie eine Priesterschaft, die eine Weisheit verwaltet, die die Menschen verlassen haben, um ohne sie auszukommen.

Er kommt ohne Ruhm aus, aber nicht ohne Geld.

Nina und Edvard, Nomaden in Europa, fliehend oder suchend, ich weiß es nicht. Da fällt ein Schatten auf mein weißes Papier. Wie kräftig muß ich schreiben, daß die Schrift leserlich wird?

Sommer auf Troldhaugen. Er hat eine Komponistenhütte unten am Fjord. Eine rauhe und kalte Hütte. Für die Musik und für den Husten. Sie liegt versteckt unter großen Bäumen. Nina wagt sich fast nie dorthin.

Ein Vormittag. Nina ist hinübergerudert nach Næsset. Juni. Fast kein Wind. Nur ein schwaches Kräuseln auf dem Wasser, ein verschlafenes Säuseln in den Bäumen. Edvard bei den Intervallen. Das Klavier ist nicht gestimmt. Lyrische Stücke. Stimmungsfragmente. Eine Bearbeitung. Er schreibt Noten auf das Papier, probiert aus und verwirft. Er bemerkt den Schatten nicht, der in den Raum fällt. Er sieht das Gesicht am Fenster nicht. Johns Gesicht. Wie lange steht er so und starrt auf seinen Bruder? Mich fröstelt. Edvard fährt zusammen, das Gefühl kommt eine Sekunde vor der Gewißheit. Das Notenblatt fällt ihm zu Boden, er steht vom Klavier auf.

„John! Warum kommst du nicht herein?"

Er geht zu ihm hinaus. Der Bruder wirkt steif, die Augen starren ins Leere, als würde er nichts auffassen.

„Was machst du hier, John? Warum hast du nicht gesagt, daß du kommst? Nina ist drüben auf Næsset und ..."

John legte einen Finger auf den Mund. „Psst."

„Warum psst?"

„Ich wollte ... ich wollte dich nicht stören. Ich bin nur vorbeigegangen."

„In Gottes Namen, so komm doch herein."

Edvard führt den Bruder in die Hütte. Der gebeugte Rükken, die langen Arme, etwas Selbstaufgebendes und gleichzeitig Aggressives. John blickt sich um, hebt das Notenblatt vom Boden auf.

„Etwas Neues?"

Edvard ist verlegen. „Ja, aber noch nicht fertig."

John stellt das Blatt auf das Klavier. Spielt das Thema stehend, mit einer Hand.

„John, bitte ..."

„Aber Edvard." Der vorwurfsvolle Blick des Bruders. „Du erzählst ja nie, was du machst. Ich erfahre es immer nur von anderen. Deine Erfolge in Paris, in Kopenhagen, in Genf, in London."

Johns Stimme ist leise und betrübt. Edvard setzt sich auf den Klappstuhl, John am Klavier.

„Du hast gewußt, daß Nina nicht zu Hause ist, oder?"

Edvard hat Angst. John ist das Unbekannte. Jetzt sitzt er plötzlich in dieser Hütte, die stets nur ihm vorbehalten war und deren Schwelle Nina nur mit geschlossenen Augen überschreitet. Das Sommerlicht vor den Fenstern läßt die Wände dunkler wirken als sie sind. John in der Hütte. Man meint, er würde nach allen Seiten Schatten werfen. Er sagt:

„Darüber kann ich nur mit *dir* reden, Edvard. Ich möchte, daß du mich mitnimmst auf deine Konzerte, so wie du es mit Nina gemacht hast. Ich möchte, daß du mehr Musik für mich schreibst. Warum kein Cello-Solo, wie Bach es getan hat? Du weißt doch, daß ich das schaffe, oder nicht?"

Edvard wagt nicht ihn anzuschauen, was soll er antworten, er sagt:

„Und was wird aus Marie und den Kindern? Du hast acht Kinder."

„Haakon zählt nicht. Er ist geistesgestört. Er wohnt nicht bei uns."

„Aber er ist dein Kind."

Das Gespräch stockt. Keiner sagt etwas. Edvard spürt, wie er sinkt. John zieht ihn nach unten. Er hat sie auch in sich. Diese Verzweiflung. Endlich sagt John:

„Aufgereiht stehen sie da und ... *erwarten* etwas von mir.

Sie bestimmen, wer ich bin. Sie wollen mich so, wie sie mich kennen. Vielleicht streng. Oder möglicherweise ungerecht. Aber sie wollen es. Du hast einmal auf einem Fest etwas gesagt, erinnerst du dich? Beim letzten Mal, als wir zusammen gespielt haben. Du hast gesagt, du bist Unitarier, weil bei ihnen die christlichen Dogmen in Frage gestellt werden. Soweit ich mich ... äh ... erinnere, hast du gesagt, eines der Grundprinzipien des Christentums bestehe darin, die ... äh ... Persönlichkeit zu unterdrücken. Und die Familie ist ja eine Art von Kirche, wenn du verstehst, was ich meine. Sie läßt keinerlei ... äh ... Selbständigkeit zu ... nur Abhängigkeit."

„Möchtest du mir sagen, daß du eine Scheidung willst?"

John reagiert auf Edvards Blick mit einer erschreckten Falte auf der Stirn. „Nein, keineswegs ... es ist ja nicht ihre Schuld. Aber die ... Unstetigkeit in mir, die ich immer für eine Krankheit gehalten habe ..."

„Bitte, sprich' weiter."

Aber es kommt nichts mehr. Vielleicht hat dieses Gespräch nie stattgefunden. Aber ich möchte es gerne so haben. Ich möchte, daß John und Edvard, ein einziges Mal, in der Komponistenhütte ... Herrgott, ich weiß nicht, was ich da schreibe. Meine Geschichte ist in sechs Abschnitte aufgeteilt, das hier ist der vorletzte. Ich hasche nach den Wörtern, damit sie mir nicht entschlüpfen, ehe ich ihr wahres Wesen erkannt habe. John in der Komponistenhütte, so im Dunklen tappend, so entsetzt über seine Gedanken, weil er weiß, daß sie der Wahrheit entsprechen.

Edvard horcht. Edvards Haß auf die Kirche ist grenzenlos. Diese Kirche, die die Menschen bekämpft, sie ihrer Moral beraubt und ihre eigene mißbraucht, die Kirche, die belehrt, die Angst verbreitet, die verachtet, die Kirche, die nur einen Feind hat: das Leben. Sie bringt die Menschen dazu, sich vor dem Leben zu verstecken, hinter Klostermauern, abgeschirmt vor der irdischen Ansteckung. Die Kirche, unersättlich nach Menschen, mit Wahrheiten aus der Vergangenheit. Die Kirche, Feindin der Kunst und des suchenden

Menschen. Die San Marco Kathedrale, aus Gold, Blut und Religion. Oder der Petersdom. Erbaut von einem heimlichen Tyrannen. Die Kirche, die ewige Inquisition, die die Menschen anklagt und von vornherein verdammt.

Wissen, Verwunderung und Liebe. Wie könnte ich die Nacht vergessen, in der er das gesagt hat. Als er meinen Kopf zwischen seine Hände nahm und *seine* Tränen über *meine* Wangen liefen. Ich hatte gesagt, er sei Zwilling. Er wurde zornig. Ihn astrologisch festzulegen bedeute, ihn zu reduzieren, ihn bis in seine tiefsten Tiefen kennen zu wollen.

„Niemand, nicht einmal du, soll glauben, mich so zu kennen."

„Was steckt denn so viel in uns?" fragte ich.

„Alles. In uns steckt *alles*. Jeder ist sich selbst mit all seinen Möglichkeiten."

John ohne Möglichkeiten. In einer kleinen Hütte unten am Nordåsvannet. Ich wage nie mehr ihn Zwilling zu nennen. Auch Edvard nicht. Wie können Worte uns das erklären, was uns das Leben selbst erzählt? John erhebt sich vom Klavier. Edvard begleitet ihn hinaus. Da stehen sie und blicken über den Fjord. Nina kommt von Næsset herübergerudert. Will er zum Essen bleiben?

„Nein, ich muß zurück in die Stadt ... ich ... so viel Arbeit im Büro zur Zeit."

Edvard nickt. Er kann zuhören, trösten und verstehen. Aber er kann ihn nicht umarmen. Zu vieles verbindet sie. Er begleitet den Bruder hinauf nach Troldhaugen, Nina zieht die Ruder ein.

Die Tage auf Troldhaugen sind sehr einsam. Wenn weder der Hardangervidda-Mann noch andere zu Besuch sind, geht er hinunter zur Komponistenhütte, weiß, daß er nichts anderes zu tun hat als an die Wand zu starren. Frants ist in der Kanzlei. Nina ist im Haus. Er ist allein mit den Intervallen. Die verminderten und die vergrößerten. Er spielt auf dem Klavier. Einzeltöne, die nicht zusammenfinden, einsam wie Sterne am nächtlichen Himmel. Lichtjahre sind es von einem Ton zum anderen. Bilder stehen zwischen ihm und dem Notenpapier. Er sieht Teile aus seinem Leben. Die Haugtussa-Zeit[17]. Die Gedichte des Gefährlichen Dichters. Edvard sucht Zuflucht bei Veslemøy[18], wird hineingezogen in ihre Dunkelheit, tritt ein in ihre Liebe.

Mein Edvard in den neunziger Jahren, ein Liebhaber in der Eremitage. Plötzlich stehen die Lieder auf dem Papier, fast ohne Mühe, glaube ich. Er holt sie aus der Luft, genauso wie bei mir ein einziger Strich der richtige ist, ich weiß, daß er stimmt, lange bevor das Bild fertig ist. Ein Strich, ein Ton, ein Wort ist für die Spannung ausschlaggebend.

Die Gedichte sind in Landsmål geschrieben, später wird man diese andere Sprache als Neunorwegisch bezeichnen. Es ist auch die Sprache des Norwegischen Dichters, Aasmund Vinje. Er spürt, daß diese Sprache seinen musikalischen Ideen viel stärker entgegenkommt als das dänisch geprägte Riksmål. So als würde man sich von einer leeren Hülse befreien. Von der letzten Bindung an eine starke und beschützende Kraft. Landsmål, die Sprache, die nie einer fremden Macht unterworfen war. Die Sprache als gefährlichste Waffe eines Volkes im Kampf um seine Freiheit.

Ich schreibe über ein Land, eine Sprache und einen Komponisten. Ich weiß nicht, wie die Geschichte ausgeht, und ich kenne nicht ihren Anfang. In mir sind so viele Bilder, ich kann sie nicht alle malen, obwohl meine Nächte schlaflos sind und ich voll innerer Unruhe bin.

Ich bin eine alte Frau. Ich fühle, daß Nina in der Nähe ist, nur ein paar Kilometer von dem Ort entfernt, an dem ich sitze und schreibe. Wir begegnen uns jetzt nie. Sie weiß nichts von mir. Sie erinnert sich an mich nur als an einen Namen unter Tausenden. Ich gehe nicht hinaus in die Natur. Ich finde sie ... zu anstrengend.

Geboren werden ist der Anfang eines langen Abschieds vom Leben. Ich hasse das Wort: zu spät. Vor dem Grefsen

Sanatorium stehen die Birken in prallem Frühlingsgrün. Der warme Südwestwind kitzelt sie, und sie lachen weich und voller Hingabe.

Das große Holzgebäude des Sanatoriums liegt etwas versteckt oben in den Hügeln. Von der Veranda aus sieht man über Kristiania und den Fjord, beinahe an dem Sund vorbei hinunter bis Europa.

Wie soll ich in einer Jahreszeit wie dieser kranke Menschen malen? Junge Mädchen schlendern gemütlich mit aufgespannten Sonnenschirmen den Berg hinunter nach Sandaker. Pferdedroschken fahren gemächlich die Allee hinauf, Menschen gehen Arm in Arm, einige spielen Ball. Ein verliebtes junges Mädchen redet in ein Telefonrohr, dieser Apparat überträgt die Stimme auf weite Entfernungen, und Menschen, die nicht im gleichen Zimmer, ja nicht einmal im gleichen Haus oder in der gleichen Stadt sind, können miteinander reden.

Das alte Norwegen flirtet mit dem neuen Norwegen. Dem lasterhaften Norwegen. Wie ein Teenager am Tag vor der Konfirmation, der bereits hinter die Heimlichkeiten der Erwachsenen gekommen ist, der das Leben kennt, ohne es gelebt zu haben, der eine helle Zukunft vor sich hat. Vergessen sind die dunklen Schatten, die sich über eine Kindheit legten, vergessen der Spuk fremder Stimmen in der Nacht vor dem Schlafzimmerfenster.

Aber die kranken Menschen auf der Veranda ... bewegungslos wie Gegenstände, bereit, von den Pflegern weg- und aufgeräumt zu werden, um am nächsten Morgen wieder hervorgeholt zu werden. Die meisten haben sich in den Schatten der Sonnenschirme begeben. Ich sehe einen Mann. Der Mund ist nur ein Strich in einem Bart. Er öffnet ihn nie. Die Augen sind tot, obwohl die trotzige Farbe noch nicht verschwunden ist. Der Seltsame Dichter. Ibsen in Norwegen, im Grefsen Sanatorium, in dem Land, das er einst verlassen hat und das er verachtet.

Eine Krankenschwester läuft zu ihm, flüstert ihm ein paar freundliche Worte ins Ohr. Er schüttelt gereizt den

Kopf, schickt sie weg. Niemand wagt mit ihm zu reden. Er sitzt da und schaut die Birken an, fällt sie im Geiste mit einem Stock.

Grefsen Sanatorium, der Tag, an dem Edvard und Ibsen sich begegnen. Edvard erkennt ihn zuerst nicht wieder. Der Bart. Das Gesicht. Wie vergessen. Ein irgendwohin verschwundener Ausdruck.

Da erblickt er Edvard, meinen Edvard, der auf der Treppe stehengeblieben ist, außer Atem von der Anstrengung. Er wagt es nicht, näher zu treten. Bis Ibsen lächelt. Das resignierte Lächeln eines alten Mannes an einen Sohn oder eine Geliebte. Als wäre ihm entfallen, daß sie sich nie richtig gekannt haben, geschweige denn geliebt. Jetzt versucht er sich vom Stuhl zu erheben. Edvard eilt auf ihn zu, ergreift seine Hand, spürt, daß sie kalt ist. Ibsen schaut ihn an wie ein blinder Bettler, bereit, jedes Almosen anzunehmen, jedes Zipfelchen Leben.

Sie wankt. Sie fällt. Grelle Sonne. Krankheit. Eine Klaue krallt sich in ihren Rücken, der Schmerz fährt quer durch die Nieren, wie ein Schuß aus der Pistole. Sie wankt, und er ist zu langsam, sie aufzufangen. Sie bleibt auf dem Boden liegen, bewußtlos. Er schreit nach ihr. Er beugt sich über den zarten Körper; die geschlossenen Augen, die kreideweiße Haut, und er ruft, ruft in einem Hotelzimmer in Kopenhagen. Sein ganzes Leben hat er sich nach Einsamkeit gesehnt. Jetzt ist allein der Gedanke daran unerträglich.

Sie kommt zu sich, schlägt die Augen auf wie nach einem tiefen Schlaf. Einen Augenblick ist das Gesicht ganz ruhig. Er will sie küssen, stürzt aber, als sie ihm die Arme in den Bauch rammt, besinnungslos vor Schmerz, ein neuer Anfall, sie windet sich wie ein Wurm am Boden, möchte sich unter dem Bett verkriechen wie ein gejagtes Tier.

Er ruft um Hilfe, aber die Tür ist verschlossen. Jemand klopft von außen. Er merkt es nicht, ruft um Hilfe, zerrt sie aus dem Bett, sie krümmt sich vor Schmerz, und er schreit in einer Todesangst, wie er sie nie verspürt hat, die ihn ansteckt, er hämmert mit seinen Händen gegen ihren Kopf. Sie wird wieder bewußtlos. Da öffnet er die Tür. Fremde Menschen drängen herein. Er ist davon überzeugt, daß sie stirbt.

Sie bekommt ein großes, weißes Bett im Krankenhaus. Sie hat viele Tage in einem Dämmerzustand verbracht, besänftigt durch Morphium. Sie lächelt:

„Weißt du, daß es die Nieren waren? Zu viel Salzbrunner Kronenquelle. Und ich dachte ... daß Mineralwasser so gesund ist. Warum hast du mich nicht überredet, mehr Hennessy zu trinken?"

Er lacht, das helle, ängstliche Knabenlachen. Man sieht ihm an, daß er übernächtigt ist. Er hat ein Mansardenzimmer gemietet. Jetzt sagt er:

„Alt werden, das bedeutet ... verlieren ... Ich war so sicher, dich zu besitzen."

Sie unterbricht ihn, lächelt ein wissendes Lächeln. Vetter und Kusine. Sie ist seine kleinen Geschenke gewöhnt, sein fehlendes Verlangen. Was weiß sie von ihm? Sie kennt nicht seine heimlichen Zimmer, seine Geliebten, sein Leben mit Beyer. Und trotzdem ... ich könnte ihr das alles erzählen, und ihr Gesicht würde keine Bewegung zeigen. Ich glaube, das ist, mehr als alles andere, die Liebe.

Er sitzt bei ihr. Er arbeitet fast nichts. Er betrachtet sie, während sie schläft, beugt sich über sie, mustert die feinen Fältchen, die sich auf der weißen, fast wachsartigen Haut abzeichnen. Er spürt den Blumengeruch ihres Haares. Wie achtsam sie ist, auch wenn die Krankheit sie umwirft. Die langen Wimpern zittern, zeichnen Diagramme von ihren Träumen. Sie lächelt plötzlich, stöhnt kurz darauf. Er meint, sie würde erwachen, aber sie fällt nur in einen tieferen Schlaf.

Er hat sie schlafend gesehen, so viele Nächte. Er versucht, die Nächte zu zählen. Er erinnert sich an die Reisen, an die fremden Betten, ihr plötzlicher Jubel an einem Fenster, als sie irgendwo in Norditalien einen Blumenflor im Morgentau erblickt. Er kennt sie in dunklen Schlafzimmern, in die er sich nach lebhaften Abenden im Freundeskreis schlich. Er kennt sie in der Wohnstube in Troldhaugen, nachdem man die letzten Gäste zur Gartenpforte gebracht hatte und sie, mit Köpfen voll Sand, im Salon saßen, noch nicht soweit, um ins Bett zu gehen, sie geheimnisvoll mit einer Flasche Cognac, die sie unbemerkt versteckt gehalten hatte. Er kennt sie über die Noten gebeugt, begeistert die Melodie eines jungen, unbekannten Komponisten summend, und ihr selbstsicheres Urteil, wenn sie sich zu ihm umdrehte und sagte: „Du Vardo, das ist wirklich *gut*!" Er kennt den Duft ihres Körpers, frisch gewaschen nach ihrer Abendtoilette, ihr blitzsauberes Nachthemd, ihre rasche, verlegene Art zu gähnen. Er kennt ihren Blick auf den Podien von Europas Konzertsälen, glänzend vor Freude, nachdem ihr Lied den ganzen Saal erfüllt hat. Er kennt sie nervös und erregt in Gesellschaft mit Menschen, die sie nicht versteht, in Lofthus unter fanatischen nationalistischen Norwegern, Auswüchse der Landsmålbewegung und der Linkspartei, Leute, deren Blick nie weiter reicht als bis zum nächsten Berg, die allem skeptisch gegenüberstehen, was ihnen am Leben fremd und merkwürdig vorkommt. Ja, er kennt sie und sieht, daß ihr Leben auch das seine ist. Da liegt sie nun und ist ihm so vertraut. Aber wie er ihr schlafendes Gesicht betrachtet, kommt er ihr gleichsam *zu* nahe, und sie wird eine Unbekannte, eine Fremde. Sie wird zu einem Menschen, dem er noch nicht begegnet ist.

Edvard und Frants in der Wohnstube auf Troldhaugen, einem Europa im kleinen, eingerahmt von den Wänden einer norwegischen Bauernstube. Auf dem Tischchen des Salons: Eine Vase aus der Via Condotti. In einem Regal: Teller aus der Rue Notre Dame des Champs. An einer Wand: eine Kohlezeichnung der Großen Friedrichstraße, auf dem Flügel: ein Porzellanprinz aus Dänemark.

Die Männer sind allein. Die Männer haben große Mägen, gefüllt mit fettem Essen und Sodawasser und Schnaps.

Herrenmägen. Die Frauen sind in der Stadt. Marie – mir fällt es schwer, ihren Kosenamen Majken zu nehmen für jemanden, der einmal Marie Smith geheißen hat – ist Gott weiß wo, und Nina ist bei Adelina und Herman, der Hexe und ihrem Mann, inzwischen geschrumpft zu harmlosen Madre und Padre.

„Als Nina krank war", sagt Edvard zu seinem Freund, beide mit roten Gesichtern vom Lampenlicht und vom Alkohol, „als ich glaubte, ich würde sie verlieren, wurde sie plötzlich für mich eine Unbekannte. Ich dachte an all das, was wir erlebt hatten, an all das an *ihr*, das ich so gut zu kennen meinte. Aber im Krankenbett wurde sie mir völlig fremd. Ich wußte wirklich nicht, wer da lag. Ist es dir mit Majken auch schon so gegangen? Ich hatte das Gefühl, als hätte sie eine Maske auf, als wäre sie ein Wesen, unterwegs von einer Ewigkeit zur anderen. Alle ihre Züge waren neu. Ich war völlig unsicher ihr gegenüber, ich versuchte ihren Namen zu sagen. Aber es wurde nur ein unverständliches Gestammel. So ist es mir auch einmal mit Gesine, meiner Mutter, gegangen. Sie stand in der Türe daheim in der Strandgate. Ich glaube, sie weinte. Sie ... sie wurde mir völlig fremd, sie hat sich für einen Augenblick vor meinen Augen verwandelt. Von da an war ich ihrer Liebe nie mehr ganz sicher. Ich weiß noch, daß ich glaubte, sie würde verschwinden, daß ein unbekannter Kapitän sie holen würde, sie uns wegnehmen würde. Irgendetwas an diesem Gedanken hat mich begeistert, stärker begeistert als alles andere."

Frants Beyer, ich weiß nicht, was du antwortest, aber ich sehe, daß du zuhörst. Das ist die Zeit, in der du und Edvard die große Höflichkeit zwischen Männern aufgeben und es wagen, euch wahre Geschichten zu erzählen, auch wenn ihr das oft in Legendenform tut. Ihr seid allein auf Troldhaugen, und das Haus gleicht euch, schmeichelt euch mit seiner schweren, vertraulichen Stille. Es ist Nacht. Draußen in den Bäumen kündigen die Stare das erste Morgengrauen an. Ihr erhebt euch und tretet ans Fenster. Im Angesicht zu Angesicht mit der Natur findet ihr nie Worte.

Wieder und wieder spielt er seine Jugendwerke. Jedesmal ein neues Publikum, das ihn so liebt, wie er einmal war. Nachts erwacht er und sieht Rikard Nordraak im Schlafzimmer sitzen, vor sich ein bereits halbvolles Glas mit Schleim, in das er spuckt. Nina wird nicht wach. Er denkt, daß Menschen, die *so* ruhig schlafen können, sehr erfahrene Sünder sein müssen.

„Rikard, warum kommst du hierher? Warum kommst du gerade *jetzt*?"

„Weil ich dein Gewissen bin."

„*Du*? Dabei hast du aus mir immer etwas gemacht, was ich nicht war. Du hast mir Worte in den Mund gelegt, die nie meine waren. Das Gewissen ist so abstrakt und ... herrschsüchtig. Ich möchte, daß du gehst, Rikard."

„Wie soll ich das anstellen? Du siehst doch, daß ich krank bin!"

„Ich weiß nicht, wie du hierhergelangt bist. Ich will es auch nicht hören. Du hast meine Liebe gefordert. Du hast mir nie eine Wahl gelassen. Deshalb war meine einzige Chance, dich zu verlassen."

„Du hast mich verraten."

„Ich weiß nicht mehr, was ich versprochen habe."

„Mit mir nach Italien zu fahren."

„Du hast mich nach Italien *eingeladen*."

„Spitzfindigkeiten, Edvard. Du machst es dir zu leicht. Du bist auf deiner ewigen Flucht weltberühmt geworden."

„Bin ich das? Ich habe noch nie das Gefühl gehabt, mir so nahe zu sein?"

„Du bist geflohen, Edvard, vor mir."

„Weil ich nicht um deinetwillen sterben wollte."

„Dann hast du mich nicht geliebt."

„Nein, ich habe dich die ganze Zeit gehaßt."

Edvard im Bett, mit weit aufgerissenen Augen. Nina ist erwacht.

„Vardo? Was *ist* mit dir, Vardo?"

„Nichts, Niske." Er versucht sie zu beruhigen, blickt sich dabei immer noch um. „Jetzt ist er ... weg."

„Wer?"

„Rikard. Nur Rikard."

Nina wirft ihm vom Kissen her einen ernsten Blick zu.

„Alle deine Freunde aus dieser Zeit", sagt sie, „sind zu deinen Gespenstern geworden. Weil sie dich besitzen wollten. Weil du zusammen mit ihnen nie du selbst sein konntest."

Er denkt nach über das, was sie gesagt hat, legt sich wieder hin, kann nicht schlafen. In all diesen Jahren stand er im Briefwechsel mit Horneman. Er hat böse Briefe, verletzende Briefe, vorwurfsvolle Briefe bekommen, weil er Edvard Grieg ist, weil er nicht so ist, wie Horneman will.

In diesem Sommer lädt er seine alten Freunde nach Norwegen ein. Das Angebot ist großzügig, aber ich ahne einen Trotz: er will ihnen Fjell und Fjord zeigen, will ihnen zeigen, wer er ist. Horneman kann krakeelen so viel er will, aber die Natur ist ein Faktum, und sollte er sich mit der *Natur* anlegen wollen, hat er dort oben, im Reich der Götter, genug zu tun.

Doch es sind alte Männer, denen Edvard da nach Kristiania entgegenfährt. Matthison-Hansen, Winding und Horneman mit ihren Frauen. Er hat jedem von ihnen 1 000 Kronen für die Reise geschickt. Schon bevor sie das Dampfschiff verlassen, entdeckt er die Kränkung in Hornemans Augen. Ein Almosen für die Armen, angenommen mit murrendem Dank, weil er nun mal nicht anders kann.

Ankunft. Wo gibt es soviel Melancholie wie bei einer Ankunft? Sommersonne über Kristiania. Acht Menschen am Kai. Horneman möchte wissen, welche Sprache sie eigentlich in der Hauptstadt sprechen. Die Stadt liegt ja nicht weit entfernt von der schwedischen Grenze.

Die vier Männer reden. Die Frauen mit geschlossenen Mündern und aufgespannten Sonnenschirmen hinter ihnen. Sie schlendern hinauf zum Hotel, wo man die erste Nacht verbringen will. Neugierig betrachten die Dänen diese Stadt, die einmal von ihrem Land beherrscht wurde. Sie gehen durch das schlafende Vergnügungsviertel zum

Studenterlunden mit Bäumen, Zelten und Restaurants. Edvard deutet auf Gebäude und erzählt von Menschen, die dort wohnen oder von Dingen, die dort einmal geschehen sind. Jedesmal, wenn er nach Kristiania kommt, fällt ihm auf, daß die Stadt gewachsen ist und daß ihr die neue, verkommene Selbstsicherheit, verbunden mit ein bißchen Tolpatschigkeit, gut steht. Im Hotel mustert er die Freunde, die verschwitzt und erschöpft von der Reise sind. Er lächelt ihnen zu, wie sie dasitzen, so als würden sie einem mystischen Klub mit geheimen Statuten angehören. Horneman, Matthison-Hansen und Winding, das fast Brutale, Lärmende und das Zurückhaltende, Feine. Horneman spuckt, wenn er redet, ächzt mit seinem dicken, klotzigen Körper, berichtet zornig von den äußeren Unannehmlichkeiten der Reise, von dem aufmüpfigen Dienstmann am Kai in Kopenhagen. Edvard hört zu, nickt, lacht ab und zu aus Höflichkeit. Horneman aus der Leipziger Zeit. Ist das wirklich Horneman? Edvards Horneman? Der so empfindsam über Schuman weinen konnte? Jetzt ist er mit dem norwegischen Bier beschäftigt, mit dessen Geschmack. Er hat sich gründlich aber widerwillig vorbereitet.

Edvards Norwegen, Edvards Fjorde, Edvards Fjell. Von seinem Haus in Kopenhagen aus hat er ihn beobachtet. Dabei ist er alt geworden, hat als äußeres Zeichen seiner Mißbilligung Falten bekommen. Er ist ungestüm in seinen Bewegungen, aufbrausend gegenüber seiner Frau. Matthison-Hansen und Winding nippen am Champagner, dem Willkommenstrunk und blicken sich befremdet um. Am nächsten Tag packen sie Norwegen an. Sie fahren durch Täler, über Berge, sie übernachten in kleinen Bauernhöfen, sie laufen über Gletscher und sehen Wasserfälle. Als sie das letzte Mal beisammen waren, vor so langer Zeit, haben sie über die Zukunft gesprochen, über das, was sie machen wollten. Jetzt gibt es so vieles, worüber Edvard nicht zu reden wagt. Eine falsche Bemerkung, eine Andeutung ... das Leben ist ... anders geworden. Edvard und Horneman, jeder auf einer Seite der Waage. Matthison-Hansen und Winding stehen sicher in der Mitte. Beim Vøringsfossen bleibt Horneman stehen, will nicht weitergehen. Die enorme Fallhöhe des Wasserfalles, die schäumenden Wirbel. Ein Strom, den man einfach nicht stoppen kann. Ein unaufhörlicher Fall. Die anderen sind auf dem Rückweg zu den Pferden. Nur Horneman steht noch vor dem Wasserfall. Als sich Edvard wieder zu ihm gesellt, wagt er nichts zu sagen. Der tosende Abgrund. Horneman betrachtet einen Fall, der nicht stehenbleibt, der sich in allen Phasen erneuert. Zu Edvard sagt er:

„Die Natur ist so verschwenderisch, du kleiner Norweger. Wie sie sich verschleudert ... so großzügig."

Edvard merkt, daß er weint. Einmal hat er eine Oper komponiert. Aladdin. Er wollte so gerne, daß sie aufgeführt wird. Sie ist magisch, hat er gesagt. Sie würde die Opern-Literatur revolutionieren, völlig neue Normen schaffen, hat er gesagt. Aber Wochen, Monate und Jahre vergingen, und die Oper kam nie zur Aufführung. Trotzdem schien sie mit den Jahren immer genialer zu werden. Das ist Aladdin. Reine Magie. Endlich ein Theater, das nachgegeben hat, das die Oper aufgeführt hat, schwuppdiwupp. So lange hatte er daran geglaubt. Er wollte nicht begreifen, daß etwas schief gehen könnte. Magie. Reine Magie.

Er steht an einem Wasserfall. Er weiß, daß von Aladdin nur eine verstaubte Partitur im Keller eines Theaters übrig geblieben ist. Der Schaum des Wassers setzt sich als nasser Staub in sein Haar. Edvard faßt ihn behutsam am Arm. Dann gehen sie zurück.

Das ist Edvards Norwegen. Edvard erzählt ihnen, wer er ist. Edvard auf Troldhaugen, der Wein ausschenkt und Mahlzeiten auftischt. Die Frauen bleiben für sich. Matthison-Hansen und Winding sind so still. Nur Horneman wird betrunken. Er bleibt wach bis zum frühen Morgen und erzählt Edvard, was er alles im Leben falsch gemacht hat, welche Lieder er nicht schrieb, welche Orchesterwerke er hätte schreiben sollen.

„Ich mag dich so gern", sagt er weinend, wenn er merkt, daß er zu weit gegangen ist.

„Nein", erwidert Edvard. „Du magst nur den, der ich für dich sein sollte."

Sie umarmen sich. Sie wissen beide, daß dies ihre letzte Begegnung als Freunde ist.

Es kommt eine Zeit der Jubiläen. Silberne Hochzeiten, fünfzigste Geburtstage, sechzigste Geburtstage. Edvard spielt für Königin Viktoria von England. Die alte Dame sagt, sie liebe seine Musik und überreichte ihm eine Medaille. Dann reist er weiter. Ein neues Jubiläum. Der Festabend. Einmal ertrug er es nicht mehr. Einmal saß er in einer dänischen Musikgesellschaft, und man pries ihn wegen seiner norwegischen Art. Da stand er auf und rief den Dänen ihre vierhundertjährige Besetzung Norwegens ins Gedächtnis. An diesen Abend erinnert er sich plötzlich mit einem Stich von Wehmut. Er ist gerade in Wien, in Gesellschaft der Komponisten Brahms, Bruckner und Dvořák. Ein Deutscher, ein Österreicher, ein Tscheche und ein Norweger. Sie unterhalten sich über das Nationale in der Musik und über nationale Selbständigkeit. Es ist eine Zeit des Kampfes und der Übertreibungen, der kleinste Zwist kann zum großen Krieg werden in einem Europa, wo die mächtigsten Nationen sich in einem wahnsinnigen Streit um neue Länder in Asien und Afrika befinden, wo Königin Viktoria die Goldküste erobert.

Wer hütet das Gold?

König Oscar II. reitet und vertraut darauf, durch ein Bündnis mit Deutschland *seine* Königreiche behalten zu können.

Man kann Länder kolonisieren, aber man kann auch Menschen kolonisieren, kann sie zu Aussiedlern ihres Eigentums, ihres Lebens machen. Ein Jahrhundert neigt sich seinem Ende zu, und mein Edvard ist auf der Reise. Wie soll ich die Landschaften beschreiben, die er sieht? Ich weiß ja kaum, in welche Augen er blickt. Er hat ein heimliches Leben. Ebenso wie sich ein Teil Norwegens nicht von Dänen und Schweden besetzen ließ, hat er Zimmer, in die niemand einen Fuß setzen darf.

Ich träume von diesen Zimmern. Ich möchte wissen, ob er dort nur neue Frauen trifft oder ob ihm sein eigenes Gesicht aus dem Spiegel entgegenstarrt.

Ich vergesse Menschen zu erwähnen, ich vergesse, Bjørnson zu erwähnen, Den Großen Dichter, mit dem er so viele Pläne gemacht hat, den er aber nur bei Festessen trifft.

Genauso wie meine Konzentration nachläßt, wenn ich mich der Beendigung eines Bildes oder eines Kapitels nähere, kann ein Land eine Sekunde vor dem Erreichen der Freiheit erlahmen.

Und ein Jahrhundert neigt sich dem Ende zu, versinkt in Ratlosigkeit.

Sie gehen in altvertrauter Umgebung durch altvertraute Straßen, jeder mit seinem Stock, seinem Hut, seinem langen Mantel. Sie lassen sich nicht mehr Seite an Seite fotographieren. Die Bewohner der Stadt bleiben ehrfürchtig stehen, wenn sie vorbeigehen, fast ein bißchen ängstlich wie Kinder, wenn sie Fremden begegnen.

Aber Edvard und John sind keine Fremden. Sie kennen jede Ecke auf Tyskerbryggen, wissen, wo hier unten am Hafen der Wein gelagert wird und die Heringstonnen stehen, wissen, wo die Reichen wohnen und wo die Armen, wo die Aussätzigen sich verstecken und die frisch Verlobten sich zeigen. John hebt den Stock und weist finster auf Tanks Schule. Er sagt, fast befriedigt:

„Die haben mir Disziplin beigebracht. Ich mache bis heute meine tägliche Gymnastik."

„Du hast eine ausgezeichnete Kondition, John. Ich habe mir immer gewünscht, wie du zu sein."

Es ist ein Vormittag im Oktober, und ich weiß nicht, warum Edvard und John spazierengehen, aber ich sehe sie deutlich in der gelben Sonne. So weit im Norden ist der Abschied der Laubbäume vom Sommer und vom Leben lang und intensiv. Die Hügel droben sind überreich vergoldet, eine von Schönheit pralle Natur.

Sie bleiben bei einem Haus stehen. Ich höre Johns Stimme:

„Hierher gehe ich jeden Tag, um Papiere und Rechnungen in Ordnung zu bringen. Erinnerst du dich an Arentz? Der immer im Keller saß und seine holländische Mischung qualmte? Inzwischen ist ein neuer gekommen, mit anderem Namen und anderem Aussehen. Aber sonst ist er genauso. Auch er zählt neun und neun zusammen, damit es achtzehn wird. Merkwürdig, findest du nicht? Merkwürdig, wie sich so etwas wiederholen kann, Tag für Tag. Offenbar gibt es Dinge, die ... äh ... unveränderlich sind. Findest du nicht, daß ich jetzt unserem Vater ähnlich sehe, daß ich die gleichen verkniffenen Augen bekommen habe wie er? Wenn ich hinunter in das Lagerhaus gehe und die Hummerkisten ... äh ... kontrolliere, sehe ich genau die gleichen Wesen, wie ich sie aus meiner Kindheit kenne. Sie sind vielleicht schon hunderte von Male gekocht worden, aber sie kommen wieder, gehen in die gleichen Reusen, fressen denselben, vergammelten Fisch, und lassen sich fangen. Die Preise sind gestiegen und doch irgendwie gleich geblieben ... wie die Preise für ... äh ... Hemden. Und genau die gleichen Menschen wie eh und je schimpfen, daß er zu teuer ist. Ich diktiere das dem neuen Arentz, der es in die Bücher überträgt und sagt, daß es vierhundertdreiundvierzig Kronen und fünfzig Øre ausmacht. Er hat jetzt seit dreihundert Jahren Hummer verkauft, aber er hat nie einen probiert. Ich glaube, daß er jeden Tag in der Mittagspause drei Scheiben mit Schimmelkäse ißt und dazu ein und eine halbe Tasse Tee trinkt. Den Rest kippt das Bürofräulein für ihn weg. Dann knüllt er das Einwickelpapier mit der immer gleichen Bewegung zusammen und wirft es in den gleichen Abfallkorb. Jeden Dienstag läßt er, glaube ich, seine Wäsche waschen, es beunruhigt mich nur, daß ich nicht weiß, wo. Wir sprechen nicht viel miteinander. Wir haben das lange genug getan, es gibt nichts mehr zu reden, das ist unser Leben, und unser Leben ist nichts, worüber man reden könnte. Ich würde mich allerdings freuen, wenn du beim Examensfest meines Sohnes Ole Bull Grieg anwesend sein könntest. Er war ja einmal ein sehr berühmter Geiger, willst du Edvard?"

„Ja natürlich, John."

„Deine Stimme klingt so steif, Vardo. Du denkst sicher, ich wäre verrückt. Aber das stimmt nicht, keiner kann ... äh ... mein Wissen über das Wesen der Gene bestreiten. Ich weise nur daraufhin, daß alles Gewesene wiederkommt. Als die alten Griegs aus Aberdeen übers Meer segelten, erlitten sie mehr oder minder Schiffbruch in Bergen. Sie liefen auf Grund, Vardo, da war keine Tiefe, kein Abgrund, da gab es nur ein Kontor mit einem Buch für Einnahmen und Ausgaben. Ich schreibe bis heute in dieses Buch, das sie vorfanden, als sie an Land gespült wurden, ich wohne im selben Haus, fülle dieselben Kisten mit denselben Tieren."

„Das ist eine wichtige und interessante Arbeit, John."

„Natürlich ist es ... hm ... wichtig und interessant, diese Tiere zu essen. Dadurch bekommen wir gesunde Körper, und diese Gesundheit ermöglicht uns, länger zu leben als vor zehn Jahren. In zehn Jahren werden wir also vier Monate länger leben als vor zwanzig Jahren, und in vierzig Jahren leben wir acht Monate länger. In sechzig Jahren haben wir *ein Jahr* länger zu leben, stell dir das vor, Vardo! Und wenn wir fleißig Hummer essen, werden wir sehr gesund sein. Gesunde Körper, wie Gill in den Turnstunden gesagt hat. Ich möchte, daß du mitkommst hinaus nach Landås. Willst du, Edvard? Den gleichen Weg, den wir gegangen oder besser gelaufen sind, als wir klein waren. Du bist so viel im Gebirge, du müßtest den Weg noch schaffen, wenn ich dir helfe. Marie hilft *mir*. Sie ist eine äußerst aufmerksame Ehefrau. Sie ist die Mutter von ... äh ... wieviele sind es denn jetzt, neun glaube ich, neun Kinder. Sie stammt aus Deutschland, sie hat Disziplin und Maßhalten gelernt. Würde sich ganz Europa wie Deutschland verhalten, wären wir in kürzester Zeit ein Kaiserreich, in dem es keinerlei Abweichung gäbe, wo alle in das vorgegebene Raster hineinpassen. Das alleine würde bereits unsere Lebenserwartung beträchtlich erhöhen, wie alt wurde der erste Wilhelm? Einundneunzig Jahre, glaube ich. Marie wird glaube ich auch *furchtbar* alt, Vardo. Ich freue mich darüber. Ich freue mich für *sie*. Sie hat mir im Grunde das Wesen der Liebe nahegebracht."

Sie gehen Richtung Haukeland. Sie gehen Richtung Landås. Edvard hört seinem Bruder zu, sieht, wie dieser rhythmisch mit seinem Stock auf das Pflaster klopft. Er sieht das Profil, die nach allen Seiten stehenden Augenbrauen, düster und wild, wie ein starkes Kopfweh. Er kann sich nicht erinnern, wann er den Bruder das letzte Mal weinen hat sehen. Das müssen nur kurze Momente gewesen sein ... vor allem erinnert er sich an seine Wutausbrüche, wie ein Tier im Käfig, das sich nie mit der Unüberwindlichkeit der Gitterstäbe abfinden kann, das täglich mit neuer Kraft dagegen anrennt.

Er erinnert sich an Geräusche, er erinnert sich an eine Kinderstimme, und er erinnert sich an einen Korb voller Essen. Er erinnert sich an Knabenknie mit Mückenstichen. Er erinnert sich an Schürfwunden, an Blut, Dreck und Haut.

Sie gehen an einer Gartenpforte vorbei, auf der ein Mädchen sitzt und die nackten Beine baumeln läßt. Sie blickt die Männer mit großen, ernsten Augen an. Abwartend, bereit, wegzulaufen und sich zu verstecken, falls es notwendig werden sollte. John geht hin und redet mit ihr. Edvard bleibt stehen. Er hört nicht, was der Bruder sagt, aber er sieht, daß das kleine Mädchen lacht. John, der alte Mann, hebt plötzlich den Stock wie einen Zauberstab. Sie faßt ihn an und gibt ihn errötend zurück. Dann gehen sie weiter. John sagt nichts mehr. Sie schreiten durch das Tal der Kindheit. Und das ist grün, mit vergoldeten Bäumen am Fuße des Berges. Sie gehen unterhalb des Ulriken und hören das Geräusch von fallendem Wasser.

Man hat das Gefühl, als würden sie jahrelang gehen. Ihre Schritte sind langsam, der Wind ist kalt. Ab und zu bleiben sie stehen und betrachten einen Baum oder einen Busch oder entdecken einen Stein, den sie einmal als Kopfkissen benutzt haben, um in den Himmel zu starren. Sie gehen die Anhöhe nach Landås hinauf, verschmelzen miteinander, werden ein Auge, ein Zeuge eines Tatortes, an dem sich die Natur mit dem Geschehenen versöhnt und es ausgelöscht hat, ausgelöscht und wieder eingebunden in ihren Kreislauf, in dem es kein Bewußtsein gibt, sondern nur Dasein. Der Rosengarten: genau wie früher.

„Siehst du die roten, Vardo?"

„Ja."

„Und die gelben und die weißen? Er wählte mich für das Geschäft, weil er gesehen hat, daß ich genausogut wie er Rosen schneiden kann."

„Eine Wahl stand doch nie zur Debatte, John."

„Aber das Beschneiden. Man wählt die schlechten Zweige aus und schneidet sie ab, damit die starken wachsen können und ... vollkommen werden."

Sie gehen nicht näher heran. Es ist ein fremdes Haus geworden. Nur ihre Rituale sind die gleichen geblieben. Edvard wendet sich talwärts, sieht die Sonne und die Wolken, die dunklen Schatten, die weite Bereiche bedecken. Er hält Ausschau nach dem Haus von Ole-Olsen-i-Dalen. Dem Spielmann. Er findet es nicht. Dort, wo er es vermutete, ist ein Lindenwäldchen. Aus der Größe der Bäume schließt er, daß es schon lange da sein muß.

„Was ist bloß mit meinem Gedächtnis los, John? Ich halte Ausschau nach dem Haus von Ole-Olsen-i-Dalen. Dem Spielmann. Ich finde es nicht."

„Ole Olsen? Von *ihm* habe ich nie gehört. Gab es hier einen Spielmann?"

„Ja. Erinnerst du dich nicht? Du hast Fugen mit ihm gespielt. Jeder hinter seinem Fenster. Beethoven und Slåtter. Und ich stand in der Mitte. Ich hatte das Gefühl, als ... als müßte mir der Kopf zerspringen."

„Aber Vardo, *hier* gibt es keinen Spielmann. Hat es in diesem Tal nie gegeben."

„Ein Kleinbauer, John. Mit einem Pferd."

„Nein. Spielmänner sind Knechte, das weißt du doch."

„Jetzt ist er ein Mann der Linkspartei. Ich habe ihn in Hardanger getroffen. Ich bin mir ganz sicher."

„Trotzdem Vardo, du täuschst dich. Er hat nie existiert."

„Doch! Da unten, wo die Bäume stehen."

„*Die* Bäume? Die stehen schon immer da."

Sie gehen zurück zur Stadt. Edvard spürt, daß die Beine schwer sind wie Blei. Johns Augen sind glänzend und in unbestimmte Fernen gerichtet, es scheint, als würden seine Füße den Boden nicht berühren.

Viel hat sich in der Stadt verändert, aber die Stadt ist die gleiche geblieben.

Das ist ein Satz, bei dem mir heiß wird. Ich mag nicht weiterschreiben. Ich lege die Feder beiseite, um einen Moment später ungeduldig wieder nach ihr zu greifen. Ich sehe das Tal, ich sehe die Stadt, ich sehe die Inseln, und ich sehe das Meer. Ich sehe die Wolken, sie treiben ostwärts, glaube ich. Ich sehe die Sonne, sie steht niedrig und wirft lange Schatten. Dann redet John wieder. Er sagt:

„Ich werde heute Abend ein Fest geben. Nur wenige Gäste. Was könnten wir feiern? Daß du und Nina hier in der Stadt seid. Wir können zusammen spielen, so wie früher, willst du? Ich habe in letzter Zeit viel geübt. Ich weiß jetzt, was an meinem früheren Spiel verkehrt war. Ich habe nicht den Mut gehabt, mich loszulassen."

Sie spielen im Schein flackernder Kerzen. An den Wänden zieht es. Draußen auf der Straße klirren die im Winde schwankenden Laternen. Ein Sturm braut sich zusammen. Die sieben Berge behüten die Stadt wie große, strenge, ernste Schatten. Der Mond dringt nicht durch die Wolken.

Edvard sitzt am Klavier und webt seine Töne in die seines

Bruders. Er betrachtet ihn. Johns Augen glänzen. Sie starren in den Raum, ohne einen bestimmten Punkt zu haben.

Auf dem Sofa sitzen Beyers und Nina. Johns Frau Marie steht in der Küchentür.

Danach wirkt John glücklich. Er sitzt gemeinsam mit seinem Bruder an einem reich gedeckten Tisch und macht Pläne über Konzerte, die sie geben könnten. In Aberdeen, der Stadt ihrer Vorfahren.

Ein neues Jahrhundert hat begonnen. Ein neues Jahrhundert, das neue Möglichkeiten verspricht. Wir schreiben den Oktober 1901. In diesem Herbst hat John Grieg sich das Leben genommen, ist im Meer versunken oder aufgestiegen in die Unendlichkeit.

Ich weiß nicht, wie er es gemacht hat.

Ich weiß nur, daß er allein gewesen ist.

Ich sehe Edvard und John im Speisezimmer in der Strandgate. Der letzte Abend. Die Musik. Das warme Licht. Das Lachen. Und die Laternen, die draußen im Winde klirren.

VI

IV

Ich habe jedes Zeitgefühl verloren. Jetzt folge ich meinem Edvard durch Tage, in denen jede Stunde wie ein Jahr erlebt wird oder in denen die Wochen dahinschwinden, wie gleichgültig verrinnende Sekunden. Ich folge ihm zurück nach Kristiania, der Tigerstadt, die mit den Smaragdaugen des Raubtiers kümmerlich ihr Dasein fristet, mit abwartender und falscher Unschuld. Dauernd sehe ich Ninas Arm, sie steckt ihn unter seinen, sie sperren sich ein in ihrem Zimmer im Hotel Westminster, die Tasche gefüllt mit Arzneien. Edvard hustet. Das Licht ist grau. Nina hilft ihm wie eine erfahrene und unsentimentale Krankenschwester. Der Nebel vor dem Fenster spiegelt sich in ihrem Gesicht, in seinen blauen Augen, die etwas blasser geworden sind. Ein merkwürdiges Ehepaar, kleinwüchsig und zart, wie Menschen aus einer anderen Zeit, wie Wesen aus Märchen und Sagen, wie Trolle.

Jedesmal, wenn ich sie so sehe, ist ein Konzert in der Nähe, ein Auftritt für dreitausend Arbeiter in einem Missionshaus oder eine private Soiree für den deutschen Kaiser Wilhelm II., der in dem nördlichen, abseits liegenden Europa mit dem Schiff zu Gast ist. Schweden hat seine Verbindungen zu Deutschland verstärkt, aber Norwegen hat seine Beziehungen zu England intensiviert. Deshalb kommen plötzlich Kaiser und Könige zu Besuch, um das Heer und die Marine zu inspizieren, um einen Nationalkomponisten zu hören, der zusammen mit seiner Frau seine eigene Musik darbietet. Aus tiefen roten Plüschsesseln wird getuschelt, eine weiße Hand vor dem bleichen Mund: „Schau mal, er ist genauso klein wie sie."

Mein Edvard im Hotelzimmer, gereizt über Nina, verärgert über sich bei dem Gedanken an seine eigenen Violinsonaten, die er wieder einmal einüben muß. Sie öffnet die Tasche, holt die Medikamente von der Apotheke heraus, mustert mit großen, grauen, gefühllosen Augen die Etiketten. Sie wendet sich ihm, der am Fenster steht und in den Nebel starrt, zu. Es ist Frühling.

„Nimm eine von diesen", sagt sie mit einer weißen Tablette in der Hand. Verdrießlich greift er danach, schluckt sie ohne Wasser, hustet wieder.

„Ich muß an Frants schreiben", sagt er mit einem Blick auf den kleinen Sekretär. „Ich bin ihm einen Brief schuldig. Und den Franzosen und Abraham und Bjørnson. Jetzt, nachdem er von allen Seiten angegriffen wird, sind wir nicht zur Stelle. Wo sind wir die ganze Zeit, Nina?"

Sie schüttelt den Kopf, will nicht antworten. Sie sind immer unterwegs, auf der Flucht, irgendwohin. Sie legt sich auf das Bett. Kurz darauf setzt er sich zu ihr, wirft einen bösen Blick auf den Cognac, den er eigentlich nicht trinken darf, höchstens ein paar winzige Schlückchen jeden Nachmittag.

Hotel Westminster. Das braune Zimmer mit den schmierigen, verstaubten Lampenschirmen, genauso ein Zuhause wie Troldhaugen. Die Reisekoffer stehen bereit. Der Frack und Ninas Konzertkleid hängen im Schrank. Vom nächsten Restaurant ist ein Menü gebracht worden. Fischpudding. Hähnchen. Reisbrei. Sie haben bereits Bescheid gesagt, was sie wünschen.

Solche Bilder haben meine Freundinnen an der Akademie in Paris zu Dutzenden gemalt. Braun, ziemlich schwer, ein Augenblick wird festgehalten, die Schweigsamkeit zwischen Mann und Frau, eine verknautschte Bettdecke, die nicht glattgezogen wurde. Ich kann auf dieses Bild nicht verzichten. Nina und Edvard, ein alterndes Paar, in einem neuen, eben angefangenen Jahrhundert.

Sie hören jemanden rufen. Es kommt aus dem Nebenzimmer, der Schreckensschrei einer jungen Frau. Der

Nebel vor dem Fenster scheint noch düsterer zu werden, das Zimmer noch dunkler. Es ist Nachmittag. Edvard erhebt sich vom Bett. Nina macht keinen Versuch, ihn zurückzuhalten. Sie kennt ihn zu gut.

Ich möchte ein Zimmer malen, das Nebenzimmer, in dem ein Mann auf dem Boden liegt, in dem sich ein Dienstmädchen immer noch vom Tode erschreckt die Hand auf den Mund preßt, eine Leiche, die so friedlich und verkrümmt auf dem purpurroten Teppich liegt. Edvard kommt als letzter. Vor ihm in der Schlange stehen feiste Herren mit imponierenden Bäuchen und Pfeifen im Mund. Es sind Kaufleute, Advokaten, Handelsreisende. Der vorderste bringt das Dienstmädchen aus dem Zimmer. Als sie vorbeischlüpft, spürt Edvard den muffigen Geruch ihres Haares.

„Er ist schon so dagelegen, als ich kam ... ich bin in der Apotheke gewesen ... Herrn Wahlström ging es nicht gut ... und dabei war er so ein *netter* Mensch ..."

Das sagt sie mit trotzigem Unverstand, als könne sie nicht glauben, daß *so* nette Menschen sterben müssen. Der tatkräftige Kaufmann bringt sie aus dem Zimmer.

Edvard, zusammen mit den anderen Männern und der Leiche. Wahlström. Der Feisteste warnt:

„Rührt ihn nicht an! Er kann ermordert worden sein."

„Angesteckt, meinen Sie wohl?"

„Ein Schwede, dieser Wahlström. Er wohnt hier schon verdächtig lange. Ich glaube, er hat sich einen Tag nach mir angemeldet."

„Was hat er gearbeitet?"

„Was die Schweden machen, weiß man nie so genau, he, he."

„Nun äh, wir müssen vorsichtig sein ... er kann sowohl ermordet wie angesteckt worden sein ..."

„... angesteckt von der Russenangst!"

„Vielleicht *ist* er gar nicht tot? Die Schweden sind eine verdammt zähe Rasse."

Spielen mir meine Erinnerungen einen Streich? Der Schwedenhaß kam nicht unerwartet, aber trotzdem plötzlich und mit Macht, wie wenn ein Bruder einen anderen jahrelang gequält hat, immer seiner physischen Überlegenheit gewiß, bis der kleine Bruder zurückschlägt, den Kampf gewinnt und jetzt seine Kräfte nicht mehr beherrschen kann. Edvard zwischen den imposanten Männern, umringt von ihren Gerüchen. Sie sind genauso krank wie er, ebenso kaputt an Lunge, Niere und Leber. Der eine hebt den Fuß und wälzt die Leiche auf den Rücken. Das sieht brutal aus, wie ein Fußtritt, und die Männer lachen.

Edvard zieht sich zurück. Er kann nichts tun. Das sind seine aufgeklärten, gutsituierten Landsleute. Auch *sie* hat der Schwedenhaß ergriffen, wie ihn Edvard spürte, als er für König Oscar II. und dessen Familie spielte, aber er wollte den Haß hinunterschlucken, wollte ihn verdrängen, bis er dem arroganten Blick des Kronprinzen begegnete. Da bekam er das Gefühl, ein kleiner Untertan zu sein, im Besitz und unter der Vormundschaft von Menschen, die ihn nicht mochten, die die Maskerade nur aufrechterhielten, weil es ihnen Vergnügen bereitete. Die Union, eine raffinierte Weise, sich ein anderes Land zu unterwerfen.

In diesen Tagen begann man, die norwegischen Festungen an der südlichen Grenze nach Schweden zu errichten.

Edvard geht langsam mit kraftlosen Schritten zu Nina zurück. Er hört die Stimmen im Nebenzimmer, hört, wie die Bemerkungen immer grober, die Lacher lauter werden, aber nicht so laut, daß es den Männern gefährlich werden könnte. Sie warten auf die Polizei. Sie bleiben stehen, bis der Schwede weggebracht wird.

Nina schaut ihn an, zuerst glaubt er, sie lächle, bis er ihren wissenden Ausdruck bemerkt. Hohn. Dieses Wort hat sie von ihrer Mutter gelernt, der Schauspielerin, der Hexe. Sie hat es auf den Podien deutscher Konzertsäle gelernt, wo die Kritiker von ihren Plätzen im Publikum aus spöttisch sie und Edvard betrachtet haben. Diese Leute haben es nie ertragen, das Nationale, das Andere, die Lieder, die sie sang, einfach und ohne übertriebenes Pathos.

Edvards Gesicht ist zu grau, um vor Aufregung zu erröten, vor Wut, vor Hilflosigkeit.

„Du brauchst nichts zu sagen, Vardo."

„Aber diese Menschen ..." sagt er stockend, „dieser gemeine ...", er findet keine Worte, „Pöbel ohne jede Lebensart, die den Nationalismus zu einer Frage der eigenen Rechtschaffenheit machen, die unsere Sehnsucht nach Freiheit verraten. Ein Mensch, der keine Achtung vor seinem Bruder hat ..."

Er fängt an zu weinen. Sie bettet sein Gesicht in ihren Schoß. Das war in letzter Zeit oft nötig, und keiner von ihnen will das leugnen. John. John. Der Verlust eines Menschen, der sie einmal getrennt hat, verbindet sie. Die Briefe, die Edvard an seine Freunde schreibt, handeln von Versöhnung, von Vergebung.

Vielleicht bin ich zeitlich zurückgesprungen. Edvard wird älter, und es wird zunehmend schwieriger, ihm zu folgen, obwohl er jedes Jahr mehr zur öffentlichen Person wird. Er wird Der Große Komponist, obwohl er äußerlichen Ruhm immer mißbilligt hat. Nina flüstert, was ich selbst sagen würde:

„Mein kleiner Vardo."

Er entgleitet mir, ist auf dem Weg zu sich. Eines Tages bin ich ihm begegnet, irgendwo in Europa. Die Situation kam unerwartet. Er war mit Nina zusammen. Ich wußte, daß er neulich vor zwei Königinnen gespielt, vier Jubiläen gefeiert und sieben Auszeichnungen bekommen hatte. Ich wußte, daß die Menschen in dem Land, das wir beide besuchten, ganz wild waren auf ihn und Nina, daß man sie nicht vom Podium ließ, daß ihr Hotelzimmer vor lauter Blumen aussah wie ein Königsbegräbnis. Ich habe ihm einmal versprochen, ihn nie zu verlassen. Jetzt saß ich hier mit meinem neuen, jungen Liebhaber, der mich mit seinen falschen, schnell erworbenen Erfahrungen über die Liebe und die Frauen amüsierte. Er wollte sich mit mir über den Impressionismus in der Malerei unterhalten. Er probierte seine Worte wie Erdbeeren, war überzeugt von seinem Geschmack. Ich hatte ihn auf einer Vernissage getroffen. Jetzt saßen wir in einem fremden Restaurant und langweilten uns mit den ausgeklügeltsten und feinsten Methoden. Er hatte Champagner spendiert, obwohl seine Augen erzählten, daß er sich das nicht leisten konnte.

Als Edvard und Nina das Restaurant betraten, trafen sich unsere Augen. Er war umringt von Musikverlegern, Violinvirtuosen, Schriftstellern und mittelmäßigen Dichtern, die kulturelle Elite in all ihrer Verlorenheit, der künstlerische Hof. Ich wußte, daß er mich wiedererkannte, obwohl er sich nicht so benahm, als treffe er eine entfernte Freundin an einem unerwarteten Ort. Er machte keine Miene, mich zu begrüßen. Er setzte sich mit seinem Hofstaat, war höflich zu Nina und sarkastisch den Violinvirtuosen gegenüber, das sah ich seinem Mund und seinem Blick an, obwohl ich seine Stimme nicht hörte. Das geschah ganz selbstverständlich. Ich behielt ihn von meinem Platz aus im Auge, ebenso wie ich ihn in all den vergangenen Jahren im Auge behalten hatte. Er wußte, was ich wußte. Wir vermieden Höflichkeitsfloskeln. Ich hob mein Glas und starrte meinen jungen Liebhaber an, sanft protestierend über eine Behauptung, mit der er Monet abstempeln wollte. Edvard nur zehn Meter von mir entfernt. Unerreichbar. Genauso unerreichbar war ich für *ihn*. Und trotzdem gehörten wir einander. Jedes Wort, das er zu Nina oder dem feisten Violinvirtuosen sagte, der es nicht lassen konnte, mit seinen dicken, nervösen Fingern in der Luft zu üben, entsprang dem Bewußtsein von meiner Anwesenheit. Ich konnte mich jederzeit umdrehen und ihm in den Nacken starren. Wir saßen im eitlen Europa, im Herzen eines Imperiums, eines der ersten, das sich die Menschen jenseits mehrerer Meere unterworfen hat. Wir saßen da, um uns der Schleier der leichten, unwirklichen Konversation. Ich tauschte Platz mit meinem Liebhaber, damit ich ihn besser sehen konnte. Ich war verzaubert von dem Alter, das sich in seinem Körper festgesetzt hatte, ja sogar die Kleidung, die er trug, prägte. Also auch er, obwohl er solche Ängste hatte, durch Alter und Erfahrung zu vermodern. Er hatte die Musik seiner Jugend im ersten Musiksaal der Stadt gespielt. Ich spürte seine Selbstverachtung, als er mit Menschen anstoßen mußte, die lautstark verkündeten, wie sie ihn liebten und dabei Rotwein auf weiße Tischtücher schwappten.

Er speiste Austern. Und er trank Champagner.

Ich suchte nach Zeichen zwischen ihm und Nina. Sie war erhitzt, festlich gestimmt. Ich wartete auf kurze, kontrollierende Blicke. Ich wußte nicht, daß John tot war, aber ich erkannte die Vergebung wieder, das Mitgefühl, wenn er ihr leicht eine Hand auf die Schulter legte und ihr etwas wiederholte, was der auf der anderen Seite sitzende Violinvirtuose geäußert hatte.

Sie war schön. Sie war frei. Denn sie war zu einem untrennbaren Teil von ihm geworden.

Ganz plötzlich erhob sie sich und kam zu mir herüber.

„Aber Sie sind doch Leis Schjelderup?" sagte sie. „Sie müssen an unseren Tisch kommen und Edvard begrüßen. Er wird sich sehr freuen."

Sie lächelte mich an, ihre Anmut war Ausdruck einer anderen Zeit. Sie war, ich finde kein besseres Wort, unverdorben. Ich erhob mich, blaß, peinlich berührt, stellte ihr meinen Begleiter vor, fühlte mich alt. Sie nahm mich am Arm, erzählte von dem Konzert, das sie eben hatten. Ich fragte sie, wie es gewesen sei, ich hätte leider keine Zeit gehabt ... sie zuckte die Schultern. Für sie war das alles gewohnter Alltag. Ob wir nicht über etwas anderes reden könnten? Sie wollte von meinen Bildern hören. Was ich zur Zeit in Arbeit hätte? Ich antwortete, ich würde Portraits malen, keine Körper, nur Gesichter und deren Ausdruck.

Wir wurden von seinem Blick unterbrochen. Er schaute mich an, für einen Augenblick ohne Zurückhaltung, mit einer wehmütigen Resignation, die alles akzeptierte.

„Leis Schjelderup", sagte er. „Wenn das keine Überraschung ist. Früher oder später mußten wir uns ja begegnen. Möchten Sie sich uns nicht anschließen?"

Er lächelte, während er das sagte, und ich beantwortete sein Lächeln. Mein junger Liebhaber stand direkt hinter mir. Edvards Blick streifte ihn mit einer plötzlichen Trauer.

„Ich kann nicht", sagte ich. „Ich muß heute Abend mit dem Zug weiterfahren."

Ich nannte den Namen einer Stadt, wußte, daß ihn das an etwas erinnern würde. Dann war es vorbei. Ich drehte mich um und ging zurück zu meinem Tisch, damit er sich, ungestört von *unseren* Heimlichkeiten, seinem offiziellen Leben widmen konnte. Ich möchte über Edvards Alter schreiben, obwohl er nicht sehr alt wurde. Aber ich möchte über ihn schreiben, wenn er ankommt.

Ein Lachen weckt mich im nächtlichen Dunkel. Es ist Gjendine. Sie ist Sennerin auf einer Alm in Jotunheimen. Gjende. Gjendevann. Gjendebu. Sie wird alt werden. Ich weiß, daß sie jetzt dort droben ist, in der dünnen Luft, während ich in Dänemark sitze und schreibe. Sie liegt auf einer Wiese mit winzigen Blumen. Sie schläft, ein glückliches Lächeln spielt um ihren Mund, und eine Mücke sitzt auf ihrer Lippe und saugt ihr Blut.

Sie lacht und weckt mich. Sie lacht über Edvard.

„Verdammt ... Au! Wo ist sie hin?"

Jetzt sehe ich die drei Männer im Dunkeln eines Alkoven. Edvard, Beyer und Julius Röntgen, in verschmutzten Wanderhosen und einer Flasche Schnaps, die überschwappt. Edvard fuchtelt mit den Armen.

„Gjendine, hörst du mich?"

Erneutes Lachen. Draußen vor dem Fenster muht eine Kuh. Röntgen auf deutsch:

„Achtung! Die Kuh ist nirgends zu erblicken."

„Kari? Susanne? Wo ist denn Gjendine geblieben?" Beyers Stimme ist bittend.

„Du siehst aus wie ein Schaf, das sich verlaufen hat!"

„Paß auf, Edvard. Sonst erzähle ich deinen Schwestern, daß du nachts hinter leckeren kleinen Sennerinen her bist."

„Und was ist mit Majken? Soll ich ihr von Sigrid vom Eidsbugarden erzählen?"

„Wehe, wenn du das tust. Das war ein reiner Augenblick in meinem Leben."

„Und das hier ist ein lächerlicher!"

„Sprecht deutsch! Ich verstehe nichts!"

Edvard wird von einem Lachen verfolgt. Sie hat sich im Dunkeln hinter einer Tür versteckt, und das Lachen klingt, als würde jemand Perlen auf den Boden fallen lassen.

„Ich tu dir nichts, Gjendine, und außerdem *bin* ich kein Schauspieler. Ich möchte nur, daß du singst, verstehst du?"

Da steht er mit der Schnapsflasche, plötzlich drückt er sie Röntgen in die Hand. Dann geht er hinaus in die Spätsommernacht, hält Ausschau nach einem Mond, der noch nicht erschienen ist. Schwach bimmeln die Glocken der schläfrigen Tiere, wenn sie die Fliegen abschütteln. Direkt nebenan schlafen zwei englische Wanderer. Sie erforschen Norwegen mit wissenschaftlicher Genauigkeit und vergeuden ihre Zeit nicht mit nächtlichen Ausschweifungen.

Jotunheimen um die Jahrhundertwende, bis jetzt nur etwas für Eingeweihte oder für besonders Rastlose, die bis in das Herz Norwegens vordringen. Hier steht Gjendine und versteckt sich hinter einer Tür. Vielleicht erst siebzehn Sommer alt. Ich glaube, sie ist dunkeläugig. Ich glaube, Utgards-Loki[19] verbirgt sich in ihren Haaren und Thor mit dem Hammer in einer Pupille. Sie melkt mit kleinen, schnellen, geschickten Händen. Ich glaube, ihre Haut wird im Sommer nie braun, dafür bekommt sie Sommersprossen auf der Nase und wird bei jedem Wort rot. Ihre Jungmädchenwelt erstreckt sich von einem Tal zu einem Berg. Jedes Frühjahr zieht sie mit den Kühen hinauf auf die Alm. Jeden Herbst kommt sie mit den Tieren wieder herunter. Als sie ihrem Vater zum erstenmal vorsang, hat er sie auf den Arm genommen und dort wie einen Vogel sitzen lassen. Jetzt steht sie hinter einer Tür und will nicht singen. Der komische Schauspieler und seine seltsamen Freunde treiben ihren Spaß mit ihr. Sie lacht. Und niemand kann sehen, daß sie errötet.

Dieses Lachen, es klingt wie Ninas Lachen einst im Buchenwald. Mäuschenstill steht Edvard an der Tür, hört das Schnarchen der Engländer, hört das muntere Rufen von Beyer und Röntgen. Da steht sie auf einmal neben ihm, guckt ihn an wie ein ängstliches Tier und ist trotzdem neugierig, ohne Erfahrung über das Böse in der Welt und nicht sicher, ob es das Gute gibt. Sie streckt eine Hand aus und im nächsten Augenblick ist sie verschwunden.

Es soll eine Geschichte des Alters sein, über das, was zu spät ist, über die vergeblichen Einsichten des Schicksals, die immer erst im Nachhinein kommen. Sie können das Leben nie korrigieren, aber sie können dessen wahre Geschichte schreiben.

Edvards alter Körper, die schiefe Schulter als ewige Erinnerung an Leipzig, er trinkt einen Schluck seiner Medizin, spürt es wie ein kurzes Aufflammen in der Lunge, hustet den Schleim aus.

Später sitzen sie beim Fenster, die drei Sennerinnen, die drei Männer. Röntgen hat einen Schinken aus Amsterdam mitgebracht. Susanne findet, er schmecke genausogut wie der Schinken aus dem Vorratshaus daheim in Lom. Röntgen zwinkert mit lustigen Augen hinter den runden Brillengläsern und erzählt von holländischen Bauernhöfen, die keine Almen haben, weil es keine Berge gibt. Edvard übersetzt, und Gjendine lacht laut und herzlich. Keine Berge? So etwas Komisches hat sie noch nie gehört.

Susanne und Kari sind älter, haben sich mit Touristen unterhalten und Bücher gelesen. Sie wollen mehr wissen über Holland. Edvard erzählt von einem Konzertsaal, der fast genauso groß ist wie der See, an dem sie sitzen, dessen Decke so hoch ist wie der See tief. Aber die Fische schwimmen dort nicht frei herum. Sie sitzen auf Stühlen und lauschen der Musik. Edvard erzählt von zwei Königinnen, die eine wäre bei einem Konzert in Amsterdam beinahe eingeschlafen. Edvard erzählt von Kuchen und Kanälen, er erzählt von Windmühlen. Gjendine schaut ihn mit wachen Katzenaugen an. Ihre Haut ist so weiß, und wenn sie lacht, bekommt sie ein Grübchen am Hals. Das Haar ist leicht gewellt. Sie schüttelt es durcheinander und sagt:

„Ich würde auch gerne einmal die weite Welt sehen. Ich würde auch gerne Schauspieler sein."

Beyer möchte ihr klarmachen, daß Edvard ein Komponist ist, aber Edvard unterbricht ihn, reicht ihr stattdessen die Flasche, sieht sie trinken, gierig mit vorgestrecktem Kinn, wie ein Kalb. Er will gerne der Schauspieler für sie sein, will die Rollen übernehmen, um die sie ihn bittet, möchte ihr gefällig sein. Er will hinein in ihre Welt, kann sich nicht helfen, auch wenn Beyer ihn bekümmert und wie aus weiter Ferne anstarrt. Ihre Unschuld hat es ihm angetan, ihr spontanes Leben. Morgens läuft sie die Bergweide zum See hinunter. Abends stimmt sie ihr weiches Lachen an und hält damit alles Fremde von sich fern.

Er trinkt. Er legt sich schlafen. Beyers Hand streift seinen Arm als wolle er sagen: „Schlaf nur. Ich paß auf dich auf." Röntgen hat die englischen Touristen geweckt und ein Gespräch über gemeinsame Bekannte in Westminster begonnen. Kari und Susanne blicken starr in die Flammen. Droben im Gebirge ist es Nacht, und Gjendine lacht nicht mehr.

Jeden Sommer kommen sie hierher, ich glaube, zehn Jahre lang. Der Holländer und die beiden Bergenser. Sie kommen zu der Alm, auf der Gjendine ist. Ich habe so viele Geschichten von ihnen gehört. Wer wollte als erste um sie freien? Sie kommen daher wie die drei Ziegenböcke Bruse im Märchen, verspielt und außer Atem, mit einem Lachen, das umschlägt in Husten und immer das Fläschchen mit der Arznei in Reichweite hat. Sie erwachen frühzeitig an diesem überklaren Gebirgsmorgen und haben Nierenstechen. Sie baden mit Kopfweh und vergessen, die Brillen abzunehmen. Sie schlucken Tabletten gegen Sodbrennen. Sie werfen Susanne, Kari und Gjendine lange Blicke zu, die auf einem Steinblock sitzen und lachen.

Edvard, mein treuloser Edvard. Er sucht nach einer Melodie. Der letzten und gleichzeitig der ersten. Von der alle Töne ausgehen. Die einmal ein G war in einem Bockshorn. Die vereinen kann, nicht nur Mann und Mann, sondern auch Mann und Frau. Die ihn nach Leipzig gelockt hat und hinter der er von Anfang an her war, ohne sie je zu finden. Die sich in Schumanns Harmonien verbarg und nie herauskam. Die Nordraak zu besitzen meinte, die sich aber nie aufschreiben ließ. Die ein paar Mönche in Rom mit einer Sexte bezeichneten. Die ihn in Septimen und vergrößerte Quarten hineintrieb. Die John immer hörte und die ihn verrückt machte, weil sie ihm nicht gelang. Die Melodie, deren Klang Nina kannte, aber nicht deren Rhythmus und deren Tonfolge. Die Melodie, die Brita Utne zu kennen vorgab. Die ich selber gerne malen würde. Jetzt glaubt er, daß Gjendine sie hat, daß sie sich hinter ihrem Lachen verbirgt, hinter ihrer Freude, weil er sie in ihren Augen bereits sehen kann. Susanne sagt:

„Niemand kann so singen wie Gjendine. Sie kennt so viele Melodien."

Er streckt die Hand nach ihr aus, seine Stimme ist flehend:

„Sing' für mich, Gjendine!"

Sie lacht, daß sie sich den Bauch halten muß.

Aber wenn sie Käse macht, vergißt sie sich. Er sitzt vor der Hütte und hört sie summen. Da stürzt er zu ihr hinein, Beyer und Röntgen hinter sich. Sie bricht jäh ihren Gesang ab, kichert, wirft den Kopf zurück:

„Heute Abend gibt es Käse, ihr Leute."

Susanne wischt sich den Schweiß von der Stirn, verscheucht eine Fliege und wirft Edvard einen hoffnungslosen Blick zu.

„Du kannst aber auch alles verderben."

Da machen die drei Freunde eine Tour, ihnen ist nach Gletscher, nach Abkühlung. Edvard und Frants wedeln mit den Stöcken und singen die fröhlichen Knabenlieder des Großen Dichters. Bei einem Wegzeichen essen sie die Käsebrote. Röntgen findet im Käse ein Mädchenhaar. Da fängt Edvard erregt an, über den Unionsstreit zu debattieren. Eine Stunde später baden sie im Gletschersee.

Drei nackte Männer, fast wie Steinzeitmenschen, die unartikulierten Laute beim Kälteschock. Danach liegen sie mit dampfenden Kleidern in der Sonne und schlafen.

Erst spät am Abend kommen sie den Hügel herunter zur Alm. Die englischen Touristen sind weg, sie haben vor, einen jungfräulichen Berg zu besteigen. Die drei spüren den Geruch nach Käse und Kühen, die Heideblumen duften nach Honig. In der Ferne singt jemand. Als sie später beim Feuer sitzen, scherzt Edvard nicht mehr. Er erzählt von Musik, die sich nicht einfangen läßt, die er so gerne aufschreiben würde.

„Wir haben mit Gjendine geredet", sagt Kari plötzlich. „Sie will für dich singen. Alle Melodien, die *sie* kennt. So etwas findest du auf der ganzen Welt nicht nochmal."

„Ich kann singen ... aber nicht hier."

„Wir können in die Hütte gehen."

Edvard und Gjendine zusammen in der Alm. Die Sonne ist untergegangen. Edvard ist blaß, müde von zuviel Cognac, von dem langen Ausflug zum Gletscher. Er hustet leise und holt einen Block heraus, zieht die fünf Notenlinien und zeichnet einen G-Schlüssel. Beyer und Röntgen stehen in der Tür. Keiner von ihnen scherzt. Alle drei haben sie nach der Melodie gesucht. Gjendine steht mitten im Raum, knüllt in der Hand ein Kopftuch. Ihr Gesicht ist halb abgewandt. Sie ist ein siebzehnjähriges Mädchen, und die Lieder, die sie singt, hat sie in der Wiege gelernt. Aber bis jetzt hat sie nur den Mund geöffnet. Röntgen, Beyer und Edvard. Sie bewegen sich nicht. Auf Beyers Stirn sitzt eine Biene, aber er rührt sich nicht.

Da wirft Gjendine plötzlich den Kopf in den Nacken. Seufzt:

„Nein, alle in diesem Raum, das geht nicht."

Edvard schnellt vom Stuhl hoch. „Du kannst in den Alkoven gehen! Ich höre dich durch die Wand!"

Sie nickt, errötet, läuft in den anderen Raum. Edvard wartet mit Bleistift und Block. Was erhofft er sich? Er sitzt da, hält den Kopf leicht schräg. Wagt es nicht, den Blicken von Beyer oder Röntgen zu begegnen. Das ist kein Bild. Das ist ein Laut. Der Wind draußen. Die entfernt muhenden Kühe. Ein Bussard. Eine surrende Hummel.

Das ist alles. Mehr kommt nicht. Ein paar Minuten vergehen. Schließlich erhebt sich Edvard, wirft seinen Freunden einen verwirrten Blick zu. Er öffnet die Tür zum Alkoven. Sie sitzt auf dem Boden, puterrot, und versucht, ihr Lachen zu unterdrücken.

Diese Tage im Gebirge. Diese Jahre. Ich will sie nicht loslassen, obwohl sie längst vorbei sind. Die Tage mit der Cognacflasche, mit den langen Gesprächen. Edvard, Beyer und Röntgen, Pilger ohne Ziel. Sie fallen vor einem Rebhuhn im Heidekraut auf die Knie. Sie bitten um schönes Wetter und weniger Nebel.

Unten an der Küste, in den Städten, sitzen wartend ihre Frauen. Sie haben ihnen Arzneien für alle erdenklichen Krankheiten mitgegeben, sie haben ihre Kleidung kontrolliert. Sie haben ihnen verboten, im Gletscherwasser zu baden. Sie wissen nicht, was da oben auf der Alm passiert. Ich weiß es auch nicht, ich sehe sie nur als plötzliche Bilder, zusammen mit Gjendine, Kari und Susanne.

Und eines Tages singt Gjendine für Edvard.

Sie singt mit einem Grübchen am Hals. Sie singt, um die Kühe heim zu locken. Ist das die Melodie, nach der Edvard sucht? Ich weiß es nicht, kann es nicht wissen, will es nicht wissen, denn das Verlieben kann so raffiniert, so falsch sein. Aber Edvard schreibt geheimnisvolle Zeichen auf einen Block. Aus Gjendines Lied wird eine Skizze. Er legt den Block auf ihre Schulter, sie beugt den Kopf. Sie kann sein Alter nicht sehen. Sie kann nicht sehen, daß er weint, aber als sie sich schließlich zu ihm umdreht, sieht er, daß er sie haben kann, er sieht das uralte, menschliche Verlangen, den unstillbaren Hunger der Geschichte. Und ich glaube, er weicht zurück, ich glaube, er spürt, daß er sich bereits zu oft wiederholt hat, daß die Lieder, die er einmal geschrieben hat, zur Grimasse geworden sind.

„Das hier ist von meiner Großmutter."

Sie singt. Die drei Männer sind verlegen. Das ist Gjendines Welt, sie ist zart und zerbrechlich, denn sie ist glücklich. Drei alternde Männer mit heimlichen, schwarzen Gedanken, die um Seitensprung und Scheidung kreisen. Ihr Gesang läßt die Gedanken verschwinden. Sie gibt sich ihnen hin und macht sich unnahbar. Keiner von ihnen würde es wagen, *sie* zu lieben. Keiner von ihnen würde es wagen, glücklicherweise.

Aber ich glaube, Edvard findet die Melodie. Er findet sie und schreibt fieberhaft die glockenreinen Intervalle der Mädchenstimme auf. Er findet sie, und Kari und Susanne hören mit dem Käsen auf und mustern ihn zweifelnd, wie Angehörige einen Kranken. Er findet die Melodie und sieht zum erstenmal die Eifersucht wie eine hilflose Farbe in Beyers Augen. Er geht zu ihm hin, legt ihm den Arm um den Hals als wolle er ihm beteuern, daß sie aufs neue den Ton G gehört haben, den Ton, der sie beide verbindet. Röntgen versteht das falsch und drängt sich in die Umarmung, möchte dazugehören. Gjendine kichert. Komische Männer. Sie sieht nicht, was sie mit ihnen macht. Sie sieht nur, daß ihnen ihr Lied gefallen hat.

Am nächsten Morgen setzen die Männer ihre Wanderung fort. Susanne hat ihnen von einem Tal erzählt, in dem fast keine Menschen leben und die, die dort leben, haben entweder eine Rinde angesetzt oder sie sind versteinert. Zwei neue Engländer stören den Abschied. Es sind ältere, distinguierte Herrn mit einem Zwinkern in den Augen. Beide blinzeln Gjendine, der Jüngsten, zu, lachen und geben ihr eine Tafel Schokolade. Locken sie, als sei sie ein Tier in einem Zoo.

Gjendine lacht, nimmt die Schokolade und ißt sie, umringt von fünf Herren.

Edvard, mein Edvard, schnürt seinen Rucksack, die Augen bergwärts gerichtet. Beyer räuspert sich verlegen, will sich verabschieden. Röntgen starrt in die Luft, lobt auf englisch die wunderbare Berglandschaft. Die Neuankömmlinge antworten höflich, berichten von einer stürmischen Überfahrt von Hull.

Dann gehen sie, Edvard, Beyer und Röntgen. Sie gehen ein paar hundert Meter, drehen sich um und winken. Gjendine, Kari und Susanne winken zurück. Edvard sieht keine Einzelheiten. Er sieht nicht, daß Gjendine weint, bis ihr die Engländer eine neue Tafel Schokolade zustecken und sie zum Lachen bringen. Edvard, der erste der Gruppe, geht ein paar hundert Meter weiter über einen Höhenzug. Jetzt sehen sie die Alm nicht mehr. Der Nebel senkt sich von oben herunter und hüllt sie ein. Edvard singt Gjendines Wiegenlied, holt den Notizblock aus der Tasche und kontrolliert, ob er richtig singt. Diese Melodie wird ihren Platz unter den anderen Klavierstücken finden. Eine Melodie, die er schon verloren hat. Beyer und Röntgen hören ihm ehrfürchtig zu. Edvard unterbricht sich, seufzt, klopft mit dem Stock gegen einen Stein, starrt mißmutig die Freunde an:

„Das war es nicht. Das kann es nicht gewesen sein, nicht schon wieder."

Beyer faßt ihn am Arm.

„Wir werden langsam alt, Edvard. Das müssen wir nun mal akzeptieren. Gut, daß wir aufgebrochen sind, bevor wir ... bevor wir ..."

Er findet keinen Schluß. Der Nebel hat sie eingehüllt. Sie sind unterwegs zu einem Tal, in dem versteinerte Menschen leben sollen. Ab und zu rasten sie und trinken aus einer Flasche. Man kann sie immer schwerer erkennen. Der Nebel wird dicker. Jetzt sehe ich sie nicht mehr.

Als er nach Troldhaugen zurückkommt, will er nur schlafen. Beyer ist wieder bei Majken, und Röntgen ist zurückgefahren nach Amsterdam. Edvard öffnet die Tür und riecht Ninas Duft, bevor er sie sieht. Sie kommt auf ihn zu, mit Augen wie ein verschmitzter Backfisch. Er weiß, was sie vorbereitet hat, Austern, Kalbsbraten, Dessert mit Sahne. Er stellt den Stock in die Ecke und bekommt einen Hustenanfall, der ihm für einige Minuten den Atem raubt. Sie zieht ihn in die Wohnstube, bettet ihn auf das Sofa, setzt sich zu ihm, sucht in seinen Taschen nach Medizin, kennt jedes seiner Verstecke, findet das Notizbuch mit den Gjendine-Liedern. Als er sich beruhigt hat, summt sie sofort die Melodien, er liegt mit geschlossenen Augen auf dem Sofa und hört zu. Auf einmal ist sie da, die Verzauberung. Ihre Stimme. Eine andere Stimme. Eine Stimme ohne dazugehöriges Gesicht, eine Kehle, ein Mund, zwei Augen. Eine Stimme, die sich für einen Moment sogar ein Tier aneignen kann, ja sogar eine Maschine ... Er liegt auf dem Sofa und phantasiert. Er streckt ihr eine Hand hin und fleht:

„Du darfst nicht lachen. Bitte! Nicht lachen."

Die Wiederholung spielt ihm einen Streich. Er vermag nicht mehr zu unterscheiden. Er geht plötzlich mit Nina durch die Stadt und sieht einen schwarzen Hengst. Im nächsten Augenblick sitzt er in einer Konditorei in Kopenhagen und ißt Kuchen. Dann ist er in Deutschland. Er sieht ein großes, schwarzes Piano. Er hat eben „Schmetterling" gespielt. Er hat die Hände im Schoß liegen. Aber das Instrument spielt weiter. Die gleichen Töne, der gleiche Rhythmus. Die Klaviertasten bewegen sich auf und ab, ohne daß er einen Finger rührt. Das ist geheimnisvoll. Eine unbekannte Person kommt mit einer Rolle auf ihn zu.

„Die Musik ist hier", sagt er und deutet auf die Rolle.

„Da?" Edvard deutet auch.

„Ja, hier."

Edvard betrachtet die Rolle. Nicht eine Note. Nur ein paar kleine Punkte, wie Mäusedreck.

„Das ist keine Musik", sagt er. „Das ist Mäusedreck."

„Nein, das ist ein Pianola", entgegnet der Mann. Er trägt eine viereckige Brille und hat ein Gesicht wie aus Wachs. „Sie können die Rolle überallhin mitnehmen. Sie brauchen dadurch nur einmal zu spielen."

„Einmal?"

„Ja, nur einmal. Auf die Rolle. Danach spielt die Rolle für den Rest ihres Lebens für Sie, und auch noch, wenn Sie tot sind."

„Nina, ich habe Halluzinationen, wo ist meine Medizin?"

„Nein, Vardo, der Mann hat recht. Das ist ein Pianola."

„Dann möchte ich das a-moll-Konzert hören."

„Das haben Sie nicht eingespielt. Sie können „Schmetterling" hören."

„Also gut."

Das Piano spielt „Schmetterling".

„Das bin ich. Das gleiche Tempo. Aber das ist ja so kraftlos."

„Das hängt mit der pneumatischen Tonauslösung zusammen. Das sind zwei rotierende Walzen, verstehen Sie? Die Papierrolle hat Löcher, um die Luft durchzulassen, die durch mehrere Luftkanäle strömt. Man kann natürlich das Tempo variieren. Das mache ich mit den Beinen."

„Ich dachte, meine Finger spielen."

„Das war einmal, jetzt bin ich es."

„Spielen Sie 'Schmetterling' mit den Beinen?"

„Ja, aber ich kann nichts an der Tonstärke ändern. Die ist leider festgelegt."

„Das ist katastrophal. Die Dynamik ist das wichtigste."

„Nein, da irren Sie, Herr Grieg. Sie ist überhaupt nicht wichtig. Das ist die neue Zeit. Man kann nicht erwarten, daß jeder das versteht ..."

„Bringt mich weg von hier."

„Aber Vardo!"

„Hörst du, Niske. Ich will weg."

Die Wiederholung spielt ihm einen Streich. In anderen Momenten ist er völlig klar, fürchtet, etwas nicht zu verstehen und auf der Strecke zu bleiben, während die Weltgeschichte davoneilt, *ohne* ihn.

Nina ist mit ihm.

Wir befinden uns zwischen zwei Jahrhunderten. Ich weiß nicht, wo das eine endet und das andere anfängt. Erst, als John tot ist, fängt Edvard mit ihm zu reden an. Das sind die langen Nachmittagsstunden auf Troldhaugen. Er hat durch Johns Schwiegersohn Johan Halvorsen einige Slåtter von Knut Dale zugeschickt bekommen. Jetzt versucht er, sie in eine Klavierstimme zu übersetzen. Er spreizt die Hand, setzt vergeblich dazu an, ein Intervall zu greifen, zwei Oktaven zwischen kleinem Finger und Daumen. Es knackst in den Gelenken, und er hat Magenweh. Als er von der Komponistenhütte heraufkommt, setzt er sich in die Wohnstube, dorthin, wo ihn die Sonnenstrahlen nicht finden. Er murmelt wie ein Greis mit geschlossenen Augen vor sich hin. Bis Nina ihn anspricht. Da ist er vollkommen klar. Nina sagt:

„Frants und Majken kommen heute Abend."

Edvard reißt die Augen auf.

„Haben wir überhaupt Wein, Niske?"

Sie nickt, schnippt ihm fröhlich an sein Kinn. „Ja, wir haben heute aus der Stadt eine Lieferung bekommen. Du hast sie selbst bestellt. Gestern."

„Ach ja, richtig." Er tut so, als erinnere er sich undeutlich, will sein Vergessen mit Verwirrung überspielen. Auf dem Schreibtisch warten Stöße unbeantworteter Briefe auf ihn, viele von Menschen, mit denen er sich duzt und an die er sich nicht mehr erinnert.

In diesen Tagen steht er oft da und starrt auf einen Punkt im Wald. Das kann ein Baum oder ein Busch sein, fragt ihn aber jemand, *was* er sieht, antwortet er: „Nichts."

Frants tritt hinter ihn, legt ihm den Arm um die Schulter und sagt: „Komm', gehen wir ein Stück."

Ich weiß nicht, worüber sie reden. Ich sehe nur, daß sie

langsam gehen, daß sie endlos Zeit haben. Die Luft ist feucht. Es hat jede Nacht geregnet. Die Bäume sind naß. Vielleicht reden sie über Reisen. Edvard hat Angebote für Konzerte in Rußland und für Konzerte in Paris.

Um das zu erzählen, muß ich zeitlich zurückgehen.

Zurück zu einem Wasserfall. Dem Wasserfall des Großen Dichters, drinnen in seinem Haus, droben in einem Tal. Er strömt mit gewaltiger Kraft aus einer Wand. Bjørnson geht täglich in den Wasserfall. Das Wasser ist eiskalt. Da steht er lange.

An diesem Tag steht auch Edvard darunter. Vielleicht ist es der letzte Herbsttag des alten Jahrhunderts, der Tag, an dem sich das gesamte offizielle Frankreich zusammenrottet und Dreyfus zum zweitenmal verurteilt, mit Hilfe falscher Beweise. Als Edvard und Bjørnson aus dem Wasserfall herauskommen, hat Edvard einen Vortrag über das Verabscheuenswürdige erhalten. Er wird ihn nicht vergessen. Denn alles hat seine Zeit. Plötzlich scheint es, als würden die Worte des Großen Dichters zutreffen. Edvard ist bis jetzt immer vor der Großartigkeit zurückgewichen, jetzt hört er, daß die Worte wichtiger geworden sind, einen schärferen Klang haben. Sie schwirren in seinem Kopf herum, als das Gespräch längst beendet ist. Sie schwirren in seinem Kopf herum, als er zurückkommt nach Kristiania und aus der Zeitung von den Absichten der Politiker aller Länder erfährt.

Er bekommt aus Frankreich das Angebot, ein Konzert in Paris zu geben und sagt nein.

All das geschah ein paar Jahre vorher. Jetzt geht er neben Beyer, der von neuen Konzerten in Frankreich, in Paris, redet, und irgendwo im Hinterkopf dröhnt das Echo eines fernen Wasserfalles. In solchen Augenblicken wird Edvard nicht von Halluzinationen oder Zeitverschiebungen geplagt. In solchen Augenblicken geht Edvard zurück zu Nina und bittet sie, seinen Koffer zu packen. Als der Herbst kommt, verlassen sie Troldhaugen und geben eine Reihe Konzerte in Kristiania, bevor sie weiterreisen nach Europa.

Ein Europa im Kampf zwischen Systemen, Kirchen und Rassen. Nina und Edvard kommen im April nach Paris, ich weiß, daß sie kommen, kann aber nicht zu ihnen. Ich lebe hinter der Glasscheibe meines Atelierfensters und sehe die hohen Bäume auf dem Boulevard, sie blühen und bilden sich auf meiner Leinwand mit einem intensiven Geruch nach Ölfarbe ab. Edvard und Nina in Paris, in einer brodelnden Stadt, in der die Menschen die Wahrheit noch nicht hören wollen, daß Dreyfus unschuldig ist, daß der Rechtsstaat korrupt ist. Was sind dagegen meine und Edvards Lügen? Edvard blättert in seiner französischen Zeitung und entdeckt gegen ihn gerichtete Annoncen. Der Veranstalter des Konzerts, Monsieur Colonne, ist nach Spanien geflüchtet. Ich horche, ob ich Schüsse höre, aber es ist nur mein betrunkener Hauswirt, der mit seinem Sohn streitet und ihn einen verdammten Juden schimpft. Mein geliebtes Frankreich, plötzlich nicht mehr logisch.

Und Edvard wird das Konzert ohne Nina geben, es singt Ellen Gulbranson, sie wird „Solveigs Lied", „Vom Monte Pinchio" und „Ein Schwan" singen. Edvard wird die Konzertouvertüre „Im Herbst" und die Orchestersuite „Peer Gynt" dirigieren. Ein Saal voller Franzosen, fast viertausend.

Wenn eine Lüge aufgedeckt wird und trotzdem weiterlebt, wird sie unerträglich. Unten im Aufenthaltsraum der Künstler hat Edvard Durchfall. Er verschwindet hinter einer Tür, da sitzt er, zusammengekrümmt vor Magenschmerzen. Nina versucht, zu ihm hereinzukommen, will ihm eine neue Medizin einflößen, ein türkischer Arzt schwört darauf. Er öffnet die Tür einen Spalt, streckt die Hand aus, schnappt sich das Fläschchen und trinkt es auf einmal aus. Ellen Gulbranson läuft aufgeregt zwischen Louis-seize-Möbeln hin und her, sie hängt an einem As fest. Nina hält sich abwechselnd die Ohren zu und öffnet Blumengrüße und Telegramme von treuen Freunden. Einer von Monsieur Colonnes Assistenten verkündet mit einem Lächeln voller Galgenhumor, daß der Saal vollbesetzt sei und eine Stimmung der Erwartung herrsche. „Wie vor einer Hinrichtung", ruft Edvard aus der Toilette und kommt einen Augenblick später mit Tropfen seiner Medizin im Bart und den Mund schwarz vor Kohle heraus. Nina wischt ihn mit einem Tuch sauber und gibt ihm Wasser zu trinken. Edvard spült sich den Mund aus, mag nicht länger warten, blinzelt Ellen Gulbranson heroisch zu, weiß, daß er alleine auf das Podium muß, um sich zu bewähren.

Man hört, wie das Orchester sich auf das A einstimmt.

Sobald die Franzosen ihn sehen, bricht der Applaus los. Edvard tritt auf das Podium mit dem heißen und hektischen Gefühl, hintergangen worden zu sein. Er weiß noch nicht, daß hier Politik und Gefühle aufeinanderstoßen und daß diese Kombination die unsicherste und gefährlichste ist, die man diesem Volk zumuten kann. Er weiß noch nicht, daß in einigen Sekunden das Pfeifkonzert anfangen wird, daß zwar jeder Mensch in diesem Saal seinen eigenen Willen hat, aber in der Masse willenlos wird, beraubt jeder Selbständigkeit, ohne es zu merken.

Viermal verneigt sich Edvard, bevor der erste Pfeifton irgendwo oben aus den Logen ertönt. Es wirkt wie ein Signal für den Wahnsinn. Sekunden später ist daraus ein haßerfülltes Gebrüll geworden. Edvard mit dem Taktstock auf dem Pult. Jetzt verläßt er es, stellt sich wartend daneben, beobachtet kalt die Gesichter, die ihm entgegenschreien, registriert die unartikulierten Laute aus den verzerrten Mündern. Er sieht, wie sie zu einem Organismus verschmolzen sind, und dieser Organismus ist krank, ist aus Einzelheiten zusammengesetzt, die ihre selbständige Funktion eingebüßt haben. In wunderbaren Augenblicken entsteht daraus Musik, aber da werden die Impulse von einem Individuum gesteuert. Wie es jetzt aussieht, gibt es kein einziges Individuum mehr im Saal, abgesehen von dem wartenden Edvard und dem stummen Orchester.

Der wartende Edvard, jemand hat mir erzählt, er habe, während die Rufe des Abscheus auf ihn hagelten, eine ganze Zigarette geraucht. Ich weiß nicht, ob das stimmt. Ich sehe ihn nur dastehen, klein und schief, ein künstlerischer Skandal, da hat sich einer in etwas eingemischt, was ihn nichts angeht.

Er hat eine ganze Gesellschaft vor sich, und dieses eine Mal ist Edvard ein Augenmensch: Er sieht die Frauen in der zweiten Reihe, in ausgefallener Garderobe, mit gewaltigen Frisuren. Jetzt wenden sie sich mit vorsichtigen, fragenden Gesichtern an ihre Männer, die keine Fragezeichen mehr zu kennen scheinen, die kläffend ihre Zähne fletschen, Bankiers, Rentiers, Direktoren, Journalisten, ein braver Photograph, ein blutarmer Organist, der immer der Meinung war, daß man Dreyfus unschuldig verurteilt habe. Jetzt schreit er die gleichen Wörter wie die Frauen mit den hohen Frisuren, jetzt schreit auch er die Worte des Abscheus, bewußtlos und haßerfüllt.

Edvard in Paris, zum letztenmal. Er wartet darauf, daß das Publikum zu brüllen aufhört. Er erkennt die Menschen dort unten wieder, einmal hat er mit ihnen Austern gegessen. Jetzt rufen sie nach ihm, aber es sind nicht ihre Stimmen. Und Edvard versteht plötzlich, wogegen er immer gekämpft hat: zu einem Nichts degradiert zu werden, Wahrheiten, die man nicht selbst ausprobiert hat, wie eine Krankheit annehmen, sich selbst verlieren, in einer anderen Persönlichkeit aufgehen, die stärker ist, raffinierter ist.

Er steht da und wartet, bis er an der Reihe ist. Einmal muß er an der Reihe sein. Sie können nicht endlos so weiterbrüllen. Früher oder später werden sie müde oder hungrig und gehen nach Hause. Er weicht keinen Zentimeter. Es sind viertausend, und sie versuchen, ihn aus der Fassung zu bringen. Sie sind wie ein brüllender Riese. Er steht da wie ein schiefer Krüppel, und er gibt nicht nach.

Als das Schreien allmählich abklingt – ich weiß nicht, wie lange es gedauert hat – betritt Edvard ruhig das Pult. Im nächsten Augenblick kollidieren die Kunst und der Riese. Die Schreie mischen sich mit den Celli, den Fagotten und den Becken. Ideen gegen Ideen. Edvards kleine Welt gegen die Dreyfus-Affäre. Seine vergrößerten Quarten gegen das Rechtswesen. Von einer solchen Situation träumen alle Künstler. Das Werk in der Bewährung des Lebens, die Freiheit in der Bewährung der Idee. Und das Ergebnis ist nicht aufsehenerregend. Es ist selbstverständlich, gesetzmäßig und historisch notwendig, egal wie stark der Riese, wie groß der Organismus, wie vorgeprägt die Unfreiheit. Edvard wirft einen einsamen Flötenton in den Raum und hört, wie die Stille angeplätschert kommt, wie die Bäche in seiner Kindheit, die den Ulriken herunter nach Landås rieselten. Die plätschernde Stille – sie dringt in die Sitzreihen, zuerst sporadisch, später wie ein Strom. Edvard ist schon weit in der Ouvertüre. Er hat Augenkontakt mit dem Orchester, den Fagottspielern, den Oboisten, den Paukern und den Streichern. Die Musik kennt keine Nationen, versteht ohne Schwierigkeit die vergrößerten Quarten, von denen Edvard einst glaubte, sie seien so norwegisch. Edvard hat nicht das Nationale in der Musik gefunden, aber vielleicht hat er das Musikalische im Nationalen gefunden. Und auf einmal sind die Franzosen auf seiner Seite. Die Musik ist eine neue Perspektive, eine neue Moral, ein neues Gefühl. Edvard, der so gerne seine Sympathie mit Alfred Dreyfus ausgedrückt hätte, vertreibt ihn mit seinen eigenen Intervallen.

Was vereint zu guter Letzt die Menschen in diesem Saal? Ich weiß es nicht. Ich würde ein paar Jahre meines Lebens opfern, um es völlig verstehen zu können. Aber andererseits würde im grellen Licht der Aufklärung die Zauberformel der Kunst vielleicht zunichte gemacht werden. Als Wissenschaft allein kann die Kunst nicht leben.

Edvard hat den Weg für Ellen Gulbranson bereitet. Sie kann hereinschreiten und „Ein Schwan" singen. Ich spüre nur die stumme Konzentration des Publikums. Sie machen mich so neugierig. Ich verstehe das nicht. Ich kann mir nicht vorstellen, daß ich zuerst einen Menschen verabscheue, den ich kurz darauf mit meiner Stille liebe.

Als die Peer-Gynt-Suite vorbei ist, lieben sie ihn ausnahmslos. Der Applaus will keine Ende nehmen. Er scheint die Nacht und die Einsamkeit auf Abstand halten zu wollen. Als wollte keiner den Saal verlassen, um wieder zum Einzelmenschen zu werden. Als wüßten alle, was sie erwartet: Klassengesellschaft, Kriegsdrohung, die fast rituellen Ereignisse in der Dreyfus-Affäre, das Zusammenleben, die Schlafzimmer, der stechende Schmerz in der Brust, die Fläschchen mit ihrem Vergessen, Vergessen, Vergessen.

Nina erwartet Edvard, als er vom Podium kommt. Sie nimmt ihn mit kleinen, festen Händen entgegen, entzieht ihn für einen Augenblick dem Strom der Gratulanten. An einem ruhigen Ort hält sie ihn für einen Augenblick fest, bevor er wieder ein Teil der Öffentlichkeit wird.

Ich versuche, die Geschichte von den Wegen eines Menschen zu erzählen, von Edvard, und bald ist er sie alle gegangen. Er ist so vieldeutig, so kompliziert, so geheimnisvoll und zugleich so bekannt, wie er dasteht und die Glückwünsche entgegennimmt von Menschen, die ihn erst anderthalb Stunden vorher voller Haß angebrüllt haben. Er lächelt mit dem bleichen Mund, den der Schnauzbart verdecken soll, aber die blauen Augen sind kalt, abwartend, stechend, bereit, jede Floskel und jede nachträgliche Entschuldigung abzuschmettern.

Edvard und Nina verlassen das Colonne-Konzert, das Dreyfus-Konzert, geschützt von einem doppelten Ring Gendarmen, die den Weg zu einem wartenden Wagen freihalten. Mein Edvard, plötzlich mögliches Opfer eines Attentats. Zusammen mit dem Großen Dichter hat er sich in die Dreyfus-Affäre in Europa eingemischt und dieses eine Mal hat Europa die Stimme aus Norwegen vernommen und ist wütend geworden.

Die Menschen um sie werden immer weniger. Bald sind Edvard und Nina ganz allein. Ein Zimmer im Hotel de Séze, mit Aussicht auf die Tuilerien. Auf einem Tisch stehen die Arzneifläschchen bereit, daneben die Blumen und der Wein. An diesem Abend bin ich eifersüchtig. Ich weiß nicht, was ich schreibe. Sie hat ihn, und sie liebt ihn am meisten, wenn er Erfolg gehabt hat. Sie tritt hinter ihn und legt die Hände auf seine Brust. Er steht am Fenster und beobachtet eine Pferdedroschke unten auf der Straße, die Richtung Place de la Concorde verschwindet.

Er hustet.

Bergen. Das er immer meidet. Zu dem er immer zurückkehrt. Troldhaugen, das Haus am Fjord, ein Heim, das seine Fenster im Winter schließt. Jetzt herrscht feuchtes, frühsommerliches Wetter, und Edvard und Nina stehen wieder da, nachdem sie den ganzen Winter auf Reisen waren. Was denkt das Haus? Und was denken die Menschen? Durch die Ritzen dringt der Geruch des Unbewohnten. Das Haus schmollt. Edvard und Nina, wie Eltern mit einem schlechten Gewissen. Jetzt kommen sie mit Kisten voller Essen und Mitbringsel, Kerzenleuchter aus Paris, einer neuen Porzellanfigur aus Kopenhagen. Widerwillig öffnet das Haus seine Türen, ist noch nicht besänftigt, knarrt und jammert. Erst als Nina den Wänden zuflüstert, daß ein großes Fest stattfinden soll, daß in allen Bäumen Lichter aufgehängt werden sollen und daß berühmte Menschen aus aller Welt zu Besuch kommen werden, vom Großen Dichter bis zum Hardangervidda-Mann, zeigt sich das Haus versöhnt. Jetzt können Frants und Majken kommen.

Meine Geschichte handelt von Edvard und von Norwegen. Ich kann das nicht mehr trennen. Ich erzähle von steilen Bergen und Tälern, von Flußläufen, von feuchten Birkenwäldern, Nebel und plötzlichem blauen Himmel, und ich meine, Edvards Gesicht dabei zu sehen. Ich erzähle von Falten, von einer Stimme, die explodiert, von plötzlichem Weinen und Händen, die über eine Bettdecke tasten, und ich meine, über ein Land zu schreiben.

In diesem Sommer wird Edvard sechzig Jahre alt. In diesem Sommer kommt er nicht hinauf nach Jotunheimen, dem Ort der Götter, wo Gjendine ist und für Susanne und Kari singt, während zwei neue, englische Touristen im Heidekraut liegen und das Land mit starkem türkischem Tabak preisen. In diesem Sommer muß sich Edvard mit Bergen und den sieben Hügeln begnügen. Er blickt hinauf zum Ulriken, groß und drohend steht er da, und hört plötzlich John rufen.

„Edvard! Hierher! Der Weg ist es. Beeil dich!"

Er sieht, wie John klettert, sich an das Heidekraut krallt und auf Steine tritt, die zu rollen beginnen.

„John! Paß auf!"

Aber John hört nicht. John ist auf *seinem* Weg, hinauf zu einem Hirschgeweih, das er im Vorjahr versteckt hat und das er sicher wiederfinden wird.

Edvard und Frants haben ihr Ziel erreicht. Sie stehen oben auf dem Løvstakken. Sie haben eine Stadt und viele Täler unter sich. Und sie können das Meer sehen.

„Was hast du, Edvard?"

Beyers Stimme ist sanft. Edvard reist fünfzig Jahre und hört den besorgten Unterton.

„Nichts, Frants. Ich war nur auf dem Ulriken. Zusammen mit John."

„Hörst du die Laute aus der Stadt?"

Edvard nickt. „Glockengeläut."

„Wie du geschrieben hast. So ... feierlich."

Sie stehen oben auf dem Løvstakken, Schulter an Schulter, und blicken hinunter auf Bergen. Im Hafen liegt das Amerikaschiff. Ein alter, verrosteter Kahn, der hinausfahren wird mit Menschen an Bord, die Trauer oder übermütige Erwartung in sich tragen.

„Seltsam, Frants. Daß sie fortfahren. So unwiderruflich. Daß sie hier kein Plätzchen finden?"

Frants lacht. „Und das sagst *du*, der von Stadt zu Stadt zieht und *nie* ein Zuhause findet. Der aus Hotelzimmern auf dem Kontinent begeisterte Postkarten und Briefe geschickt hat. Du Räuber. Du Nationalkomponist, der *immer* vor seinem Heimatland flüchtet, du ... nationsloser Kosmopolit!"

Edvard lacht über die Ironie des Freundes. Ein Schluck

aus der Cognacflasche versöhnt, obwohl Edvard nicht mehr viel verträgt. Er schnappt nach Luft.

„Genau das aber unterstützen sie, Frants. Die Fluchtversuche. Sie identifizieren sich mit mir, weil ich nie mein Zuhause gefunden habe. *Das* ist das norwegische Nationalgefühl, verstehst du, die Heimatlosigkeit!"

Er sagt es ernster als er es eigentlich meint. Er sagt es in dem Sommer, in dem Christian Michelsen in Hagerups Koalitionsregierung Minister wird. Er sagt es, als ein jäher Windstoß vom Meer heraufkommt. Aus der Vogelperspektive sieht er die Welt seiner Kindheit: das Haus in der Strandgate, die Anhöhe hinauf zum Kloster, der Armenfriedhof auf Nordnes. Dann folgt er mit den Augen dem Tal zwischen den Bergen bis Landås, dem kleinen Hügel am Fuße des Ulriken. Beharrlich sucht er auch jetzt nach dem Haus des Spielmanns mit den grünen Augen. Aber es ist verschwunden – für immer.

„Du lügst", sagt Frants plötzlich, nicht unfreundlich, aber trotzdem eigensinnig. „Du hast überall dein Zuhause gefunden. Ein Bett, ein Tisch, ein Klavier, mehr hast du nicht gebraucht."

Die Freunde schauen sich an. Es wird still zwischen ihnen. Vielleicht hat Frants recht. Vielleicht ahnt Edvard, daß Frants sein ewiges Heimweh nicht immer für echt hielt und darin den Wunsch entdeckte, verstanden zu werden und die Vertraulichkeit, ohne die er nicht leben kann, zu gewinnen.

Sie gehen den Berg hinunter, auf ungefährlichen Pfaden mit gutem Halt für die Füße. Und wenn trotzdem einer von ihnen rutscht, ist der andere sofort da, ihn zu halten, mit altgewohnter, leiser und stetiger Fürsorge.

Bjørnson auf Troldhaugen. Der Große Dichter, wie ein kleiner, böser Ziegenbock späht er über den Fjord nach Næsset. Ich sehe nur ihn zusammen mit Edvard, obwohl er zu einem Jubiläum gekommen ist, dem sechzigsten Geburtstag, der drei Tage lang auf Troldhaugen, dem Grand Hotel und auf Ulrikens Nachbarberg, dem Fløien, gefeiert wird.

Es ist die Zeit vor der großen Schlaflosigkeit. Edvard hat Paris noch im Blut, die Betrügerstadt. Jetzt fragt Bjørnson ihn aus über die dortigen politischen Verhältnisse. Ich weiß nicht, was Edvard antwortet. Sie sind nicht immer den gleichen Weg gegangen, Edvard und Bjørnson, aber mit den Jahren scheinen sie sich, auch äußerlich, ähnlich zu werden. Vielleicht überschattet jetzt der historische Ernst die individuellen Unterschiede, die daran schuld waren, daß sie sich nie auf eine Oper einigen konnten.

Möglicherweise war es in den Stunden nach den Festlichkeiten, nach all den Reden, nach der Flut der Geschenke, dem Champagner und den Austern, die die Bergenser zu Edvards großer Verzweiflung nicht mehr aus dem Meer holen. Möglicherweise war es, nachdem Johan Halvorsen, der eingeheiratete Verwandte, mit seinem ganzen Orchester nach Kristiania zurückgekehrt ist und die Zeitung der Stadt eine besondere Grieg-Beilage gedruckt hat. Auf all dies will ich nicht weiter eingehen. Das gehört nicht zu meiner Geschichte. Das gehört nicht einmal zu Edvards Geschichte, es besitzt keine Wirklichkeit für ihn, denn seine nächtlichen Halluzinationen, wenn er schlaflos im Bett liegt, sind intensiver als der Inhalt der Reden. Nach den Festlichkeiten gehen Edvard und Bjørnson ins Haus, das prall gesättigt und glücklich mit den Resten von Puddingen und halb geleerten Weinflaschen, Glückwunschtelegrammen und was weiß ich noch allem dösend und rülpsend daliegt wie eine alte Hure. Eine Korrektur der „Slåtter" liegt aufgeschlagen auf dem Flügel. Bjørnson setzt sich auf das Sofa. Die Musik, die er zu hören bekommt, ist seltsam. Es sind Töne aus Edvards Kindheit. Eine Mischung aus Ole-Olsen-i-Dalen und seiner Fele und Gesines Klaviervortrag in der tiefroten Wohnstube. Die beiden Kulturen prallen in einer Quinte aufeinander. Und Edvard streckt sich nach beiden Polen, ohne mittendurch zu reißen. In einem geheimnisvollen, nächtlichen Sommerlicht spielt er den „Norwegischen Brautzug". In der Küche sitzen Nina und Majken und ordnen die Telegramme, stecken sie in ein großes Kuvert. Frants schläft draußen im Garten auf einer Bank. Edvards Töne können ihn nicht wecken.

Die Schlaflosigkeit ist eine Vorwarnung, eine paradoxe Erinnerung an den Tod. Neben ihm im Bett liegt Nina und schläft. Und so hoch im Norden sind die Nächte einen Großteil des Jahres hell. Edvard geht mit seinem Bruder den Pfad hinunter zum Nordåsvannet. John setzt sich auf einen Stein. Er hat das Geweih auf dem Kopf. Dann wirft er es plötzlich ins Wasser. Er ist gereizt. Edvard sieht Marie zwischen den Büschen, Johns blasse, deutsche Frau. Sie reicht ihm eine Bürste. Er kämmt sich, aber auf einmal starrt er Edvard mit großen, fremden Augen an. Erst nach einer Weile begreift Edvard, daß der Bruder ihn mit einem Spiegel verwechselt. Er bleibt regungslos stehen, hat Angst, den Bruder in seinen Ritualen zu stören.

Dann kommt ein neuer Tag.

Er ist verschwitzt, hat keine Kraft, die Verdauung funktioniert nicht. Manchmal möchte er wissen, ob sich das Blut in ihm überhaupt bewegt. Wenn er seinen Arm anschaut, ist er rot, obwohl ihn alle als blaß bezeichnen.

Da stehen fremde Menschen an der Tür. Sie bitten um ein Autogramm und richten Grüße aus von einer Person aus Dresden. Edvard kennt den Namen nicht, muß aber lachen.

„Nordraak? Haben Sie Nordraak gesagt?"

Edvard geht zu Nina in die Wohnstube und fragt sie, ob sie einen gewissen Nordraak kenne. Nina läuft zur Tür, aber die Fremden sind schon gegangen. Kennt Edvard einen Nordraak?

Nina fragt: „Haben Sie einen Vornamen gesagt?"

„Rikard haben sie gesagt, Nina. Hast du es nicht gehört? Rikard Nordraak."

Nina wirft zwei Tabletten in ein Glas Wasser und gibt es ihm. Er trinkt widerwillig, erbricht sich, ohne daß das Wasser wiederkommt. Dann schläft er, mit weit geöffneten

Augen. Nina redet ihn an, bekommt aber erst nach einer Stunde Antwort.

„Ich *muß* zu Bella nach Kopenhagen", sagt er aufgeregt. „Sie soll meine neues Klavierkonzert uraufführen."

„Was redest du für Unsinn, Vardo." Nina blickt ihn ängstlich an, streichelt ihn beruhigend. „Du hast es ja nicht geschrieben. Du bist bei den Lyrischen Stücken."

Er unterbricht sie mit einer Handbewegung. „Immer diese kleinen Sachen. Ach Niske. Du hast meine Aufgabe nicht verstanden. Soll ich nur Zwerge gebären? Kleine, verkrüppelte Melodien? Neue Nationalhymnen?"

Sie streiten. Edvard sagt, er habe ein Klavierkonzert in b-Moll geschrieben. Er läuft rasch hinüber zum Klavier. Beginnt zu spielen.

„Nein", ruft Nina. „Das ist Tschaikowski, Vardo!"

Da zuckt er zurück, als hätte er sich verbrannt. Tschaikowski? Er zerbricht sich den Kopf über den Namen, gelangt in eine tiefere Bewußtseinsschicht, merkt, daß er halluziniert. Seine Augen suchen die von Nina, ein rascher, verlegener Blick.

„Rede ich Unsinn, Niske?"

Sie nickt, tritt neben ihn, wischt ihm den Schweiß von der Stirn.

Er sagt:

„Ich habe ... sechzehn Tage nicht geschlafen."

„Siebzehn."

„Woher weißt du das. *Du* schläfst doch."

Sie lachen beide.

„Leg' dich jetzt ein bißchen hin, Vardo."

„*Jetzt*? Nein, jetzt muß ich arbeiten. Ich habe Peters versprochen ..."

„Du schuldest ihnen nichts. Aber sie schulden *dir* eine ganze Menge."

„Darüber werden wir uns nie einigen."

„Hören wir auf zu streiten. Majken und Frants kommen heute Abend."

Sie hilft Edvard, sich wieder auf das Sofa zu legen. Ihm

geht eine Melodie im Kopf herum, die er abscheulich findet. Sie will nicht raus. Ich habe ihn in dieser Zeit einmal auf der Straße gesehen. Er ging wie immer mit Hohlkreuz, das Gesicht himmelwärts gerichtet. Er hat mich nicht gesehen. Er hat niemanden gesehen. Er murmelte vor sich hin, Nina ging an seiner Seite. Ein schwarzer Hengst wieherte uns allen von einer Straßenecke aus zu.

Kaiser Wilhelm II. ankert in der Bucht zwischen Tyskebryggen und Strandkaien. Ein Schiff aus dem fernen Deutschland, sein hoher Passagier geht an Land, die Champagnerkorken knallen, und die ersten Politiker der Stadt stehen vornehm gekleidet empfangsbereit. Die normalen Bürger winken unsicher, und die deutsche Flagge knattert im scharfen Südwestwind. Der Kaiser läßt seine Augen schweifen, zum Ulriken, zum Kloster, zum Meer. Er zwirbelt seinen Schnauzbart und sagt, daß er Norwegen liebe. Edvard Grieg, der Nationalkomponist, wird geholt, um ihn zu unterhalten.

Edvard, du bist auf einmal ein Rädchen im Spiel der großen Politik, und du weißt es. Bereits als Königin Viktoria bei deiner Musik eingeschlafen ist, haben deine Augen grün geblitzt. Bei den Herren und Damen des Hofes hast du dich nie wohlgefühlt. Sie erinnern dich zu sehr an die Musikabende auf Landås. Jetzt stehst du plötzlich an Bord des kaiserlichen Schiffes, verbeugst dich steif und wirst von Seiner Majestät leutselig aufgenommen. Redest du mit ihm über die deutsche Revolution, von der du überzeugt bist, daß sie kommen wird? Fragst du ihn nach den deutschen Arbeitern und ihrer Stellung im Kaiserreich?

Du spielst norwegische Musik. Eine Musik, die in Leipzig immer verrissen wurde und auf die die Deutschen trotzdem nicht verzichten wollen. Du weißt, daß die Deutschen Norwegen lieben, aber noch mehr lieben sie Schweden und König Oscar II. Auch die Engländer lieben Norwegen. Und die Dänen, auf ihre Weise.

Edvard, ich sehe dich auf einem deutschen Schiff an

einem Sommertag des Jahres 1904, und ich weiß, daß es dir nicht gutgeht. Du bist in Gesellschaft mit den prominentesten Norwegern. Nach dem Konzert redet ihr über alles, nur nicht über Norwegens Beziehung zu Schweden und Deutschland.

Als du wieder an Land gehst, ist es Abend. In der Dämmerung siehst du das Amerikaschiff. Du wirfst einen verstohlenen Blick hinauf zur Reling. Dort stehen sie zusammengedrängt, noch in dieser Nacht werden sie Norwegen verlassen. Plötzlich entdeckst du ihn, Ole-Olsen-i-Dalen. Ja, das muß er sein. Mit einem breitkrempigen Filzhut steht er da und schaut hinein in das Tal beim Ulriken. Das Gesicht ist bleich und ausdruckslos. Du läufst weg von Nina, die gerade in eine Pferdedroschke steigen will. Du rufst, bist erleichtert, weil er existiert, weil er kein Traum ist, wie John gesagt hat. Jetzt steht er mit seinem riesigen Amerikakoffer da und blickt dich an. Die grünen Augen sind auf dich gerichtet. Aber sie sind völlig ausdruckslos. Du bleibst stehen, sagst seinen Namen, rufst ihn, fragst, warum er wegfahre, warum in aller Welt er gerade *jetzt* das Land verläßt.

Da faßt dich Nina am Arm.

Vor dir liegt ein Schiff der Hurtigrute. Es geht nach Kristiania. Ratlos blickst du dich um. Das Deck ist fast leer. Ein einzelner Matrose grinst dich an, als er einen Abfalleimer ausleert.

Edvard, nicht nur du hast Halluzinationen. Ganz Norwegen träumt, befindet sich im Halbschlaf, ist im Stadium, endlich aufzuwachen.

Schweigend verläßt du mit Nina den Kai. An Bord des kaiserlichen Schiffes geht das Fest weiter. Ihr fahrt nach Troldhaugen, wo dich die Schlaflosigkeit erwartet, begleitet von rauschenden Bäumen und nächtlichen Vogelschreien.

Die Geschichte von Edvard ist auch die Geschichte von Norwegen zwischen England und Deutschland. Als Königin Viktoria starb, fragte England, ob Edvard nicht den Krönungsmarsch für König Edvard VII. komponieren könne.

Er hat es nie gemacht.

Meine Geschichte bewegt sich auf eine Jahreszahl zu, auf das Jahr 1905. Es ist die Ironie des Schicksals, daß Edvard und Nina das Jahr in Kopenhagen beginnen. Am ersten Januar steigen sie im Hotel Fønix in der Bredgade ab. Dem Hotel schräg gegenüber befindet sich ein Palais, in dem ein radfahrender dänischer Prinz wohnt. Nina und Edvard können ihn jeden Morgen von ihrem Hotelzimmer aus sehen, wie er sich, groß und mager, auf das Fahrrad setzt und davonfährt. Im Hotel wohnen Schweden. Am Abend im Restaurant, wenn der Branntwein sich wie blankes Glas auf die Pupillen legt, kommt es zu lautstarken Auseinandersetzungen zwischen ihnen und anderen, norwegischen Gästen.

Eine Union ist keine Freundschaft. Das ist eine Abmachung, ein schlau ausgedachtes Dokument aus Papier über die Beziehungen von Mächten, die nicht gleichwertig sind. Eine Union kann die letzte mögliche Lüge über ein Land sein.

Ich kenne nicht die Wahrheit über Norwegen, ich komme kaum mit meinen eigenen Lügen zurecht, und die Geschichte, die ich erzähle, ist eine Geschichte der Abhängigkeit. Jetzt lasse ich sie los, jetzt ist nur noch das letzte Stück zu gehen.

Politisch sieht es so aus: Der norwegische König ist nach wie vor Schwede, das gleiche gilt vom Außenminister. Der norwegische Ministerpräsident ist zweigeteilt. Es gibt eine norwegische Ausgabe für Norwegen und eine norwegische Ausgabe für Schweden. Der Sohn des Seltsamen Dichters, er ist gleichzeitig der Schwiegersohn des Großen Dichters, ist Norwegens Ministerpräsident in Schweden. Der schwedische Ministerpräsident heißt Boström und fürchtet sich vor den Russen, fürchtet sich schrecklich vor den Russen. Diese Furcht teilt er mit seinem König.

Furchtsame Menschen neigen dazu, sich verteidigen zu wollen, aber welche Verteidigung kann Schweden ohne Norwegen auf die Beine stellen?

Oberflächlich gesehen ist es ein Kampf um einen Außenminister und ein eigenes Konsulat. Im Ausland ist Norwegen gleichbedeutend mit Schweden, so wie es einmal gleichbedeutend mit Dänemark war.

Ich sitze in Kopenhagen und schreibe. Ein Frühling, ein Sommer und ein Herbst sind vergangen. Vor meinem Fenster sind alle Bäume entblättert und leblos. Nur eine Sache bleibt zu berichten. Hat Edvard es schon geahnt, als er nach einem langen Krankenaufenthalt sich wieder nach Norwegen aufmachte, in diesem ereignisreichen Frühling 1905?

Er versteht, daß er nicht, wie ursprünglich gedacht, wegbleiben kann. Einst ist er mit Horneman durch Leipzigs Straßen gelaufen, in neuem Anzug. Einst ist er nach Italien gefahren, einen flehenden Blick im Nacken. Beide Male hatte er das Gefühl, jemanden verraten zu haben. Diesmal wollte er zur Stelle sein.

Kristiania. Die Tigerstadt. Storting, das Parlament, liegt auf Løvebakken. Der Frühling ist von einem intensiven Grün. Die Möwen schaukeln leise und abwartend draußen auf dem Fjord. Die Verhandlungen mit den Schweden wurden abgebrochen. In einem Hotelzimmer in Kristiania liegt Edvard schlaflos im Bett, aber er weiß, daß er nicht halluziniert. Er weiß, daß Norwegen in einen Krieg verwickelt werden kann, der mit Deutschlands Hilfe das Land aufreiben würde. Er erinnert sich an die fremden Sprachen in seiner Kindheit daheim in der Strandgate. Er erinnert sich an die zwei Engländer im Heidekraut oben bei Gjendine. Er denkt an das Fremde, das in jedem Menschenleben und in jedem Land vorhanden sein muß, aber nicht als Bedrohung.

Am 18. Mai beschließt das norwegische Parlament das Gesetz über ein eigenes Konsulat. Knapp zwei Wochen später erklärt König Oscar II., daß er das neue Gesetz nicht anerkennt. Da reicht die norwegische Regierung ihr Rücktrittsgesuch ein, aber es wird nicht angenommen.

Christian Michelsens Zeit ist gekommen. Einmal hat er Edvard zufällig in Bergen getroffen. Da war Edvard bereits Student am Leipziger Konservatorium. Jetzt sitzt er im Parlament und greift nach der Feder. Es ist der 7. Juni.

„Nachdem sämtliche Mitglieder der Regierung ihre Ämter niedergelegt haben, nachdem Eure Majestät der König sich außerstande erklärt haben, dem Land eine neue Regierung zu geben und nachdem die konstitutionelle Königsmacht sozusagen unwirksam geworden ist, ermächtigt das Storting die Mitglieder der heute zurückgetretenen Regierung bis auf weiteres, als norwegische Regierung in Übereinstimmung mit dem Grundgesetz Norwegens und den bestehenden Gesetzen die dem König zugewiesene Machtbefugnis auszuüben – unter Beachtung der notwendig gewordenen Veränderung, daß die Vereinigung mit Schweden unter einem König als aufgelöst betrachtet wird, da der König aufgehört hat, als norwegischer König zu amtieren."

Die Union mit Schweden ist zerbrochen. Zum erstenmal seit vielen hundert Jahren steht Norwegen auf eigenen Beinen.

Edvard wälzt sich ächzend aus dem Bett. Er ist steif in den Schultern, die Gelenke schmerzen, hustend streckt er den Arm nach seiner Medizin aus. Die ganze Nacht hat er von John geträumt. Die ganze Nacht hat er davon geträumt, dort oben an den steilen Abhängen des Ulriken allein liegengelassen zu werden. Jetzt schaut er aus dem Fenster. Kein Militär in den Straßen. Kein deutsches Kaiserschiff unten bei der Festung Akershus. Er sagt, fast verwundert, zu Nina im Bett:

„Auch heute kein Zeichen von Krieg."

Und es kommt nicht zum Krieg. Die Kanonen auf den Festungen an der Grenze entlang bleiben unbenutzt. Schweden wagt es nicht, auf diesen trotzigen kleinen Bruder loszugehen. Eine Volksabstimmung im August führt zu einer hundertprozentigen Zustimmung zum Vorgehen der Regierung. Edvard geht zum Spiegel und betrachtet prüfend sein alterndes Gesicht.

In diesen Monaten wird Rikard Nordraaks Melodie zu Bjørnsons Gedicht. „Ja, vi elsker"[20] bei jeder Gelegenheit und überall, wo ein Orchester und eine Fahnenstange sind, gespielt. Edvard weiß, daß das von ihm vertonte Schauspiel „Sigurd Jorsalfar" im Archiv eines Theaters auf seinen König wartet.

Er verläßt Nina am späten Vormittag. Er sagt, er wolle sich mit einigen Politikern treffen. Er geht zu seinem heimlichen Zimmer. Ein solches hat er sich immer besorgt, gleichgültig wo auf der Welt er sich aufhielt. Zuerst der erniedrigende Handel mit dem Hauswirt, die Blicke, die Fragen, falls ihn einer wiedererkannte. In Kristiania hat er sich weit weg von der Gegend, in der die Kunstinteressierten verkehren, ein Zimmer gesucht. Vielleicht weiß Nina davon. Vielleicht hat sie es die ganze Zeit gewußt. Aber es bleibt trotzdem ein heimliches Zimmer.

Ich glaube, es hat schräge Wände. Ich glaube, es hat ein zum Himmel gerichtetes Fenster. Und ich glaube, er muß so viele Treppen steigen, daß er sich, sobald er es betreten hat, erschöpft und außer Atem auf das Bett legen muß.

Ich glaube, das Zimmer ist bräunlich-grau, fast farblos. Wie überall, wo Edvard gewohnt hat, sind helle Flecken an den Wänden, übriggeblieben von den längst abgenommenen Bildern. Als Edvard an diesem Tag in dem Zimmer auf und ab geht, starrt er auf diese Flecken.

Edvard in Kristiania, während das freie Norwegen dabei ist, seine Form zu finden. Erst vor ein paar Monaten hat er an den deutschen Kaiser und an den englischen König Telegramme geschickt mit der Bitte, alles zu tun, um einen Krieg zu verhindern. Den Krieg mit Schweden. Der Kampf mit John, zu dem er nie den Mut hatte. Aus Furcht, selber zerschmettert zu werden? Vernichtet zu werden?

Er sitzt auf dem Bett, den Kopf in die Hände gestützt. Er sucht nach einer Melodie, die er einmal gehört hat, ein siebzehnjähriges Mädchen hat sie gesungen, jetzt ist sie mit dem Wind verschwunden. Er hat Angebote für Konzerte in Finnland bekommen, getraut sich aber in der gegenwärtigen Situation nicht durch Schweden zu reisen. Schweden ist ein wütender großer Bruder, von Norwegen erschreckt und überrumpelt, im Stich gelassen, auf abscheulichste Weise verraten.

Edvard ist eingeschlafen. Wieder klettert er mit John steile Berge hinauf. Die dunklen Augen des Bruders sind unergründlich. Er steht über ihm, halb versteckt hinter einem Felsblock, und redet von einem Hirschgeweih. Er streckt die Hand aus, möchte Edvard das letzte Stück helfen. Er sieht, daß John lächelt. Er freut sich, greift nach der Hand und merkt nicht, daß der Stein zu rollen anfängt. Als er über ihm ist, erwacht er.

Ein heimliches Zimmer, aber Edvard weiß nicht, was er damit soll. Er läuft durch die Straßen Kristianias. Es ist Herbst geworden. Die Bäume oben auf den Hügeln, wo die Sanatorien sind, vergoldet von den niedrigen Sonnenstrahlen und der eigenen Chemie. Edvard bleibt stehen und schaut sich um. Eine große Schwäche überfällt ihn. Und Bilder überfallen ihn. Was soll er mit ihnen machen?

Edvard bei dem neuen König. Ich muß beim Schreiben lachen. Das Leben ist voller Kompromisse. Es ist der große, magere Mann, den sie vom Hotel Fønix in Kopenhagen aus gesehen haben, den hat man nach Kristiania geholt, um König von Norwegen zu werden. Eigentlich ist er Däne, aber sein Stammbaum läßt sich zurückverfolgen bis Harald Schönhaar. Jetzt sitzt dieser Radfahrer aus Kopenhagen mit seiner englischen Frau Edvard gegenüber und hebt das Glas. Im Raum befinden sich unter anderem der Ministerpräsident und Der Große Dichter. Edvard und Bjørnson. Jedesmal, wenn sie über Könige sprachen, haben sie zornig die Stirn gerunzelt. Jetzt schließen sie Frieden mit einem großen, mageren Radfahrer, der sich bereits in der Kunst der norwegischen Sprache übt. Vor zwei Tagen wurde „Sigurd Jorsalfar" im Nationaltheater aufgeführt. Ich sehe Nina und ihre großen, ausdruckslosen Augen. Ich sehe auf einmal alles, was sie gelebt und alles, was sie verschwiegen hat. Ich sehe sie, und der Blick gleitet über den Tisch und registriert genau jeden Gesichtsausdruck.

Es hätte ein Essen sein können wie so viele andere. Wie die zahllosen Soupers draußen in Europa, mit leeren Reden und fernen Erinnerungen, mit Alkohol, der sich wie ein Nebel über die Gedanken legt und Gefühle erzeugt, zu denen man am nächsten Tag nicht mehr stehen kann. Aber ich glaube nicht, daß es so ist. Es ist ein Essen, bei dem man für einen kurzen Augenblick das Künstlerische und das Politische nicht unterscheiden kann, wo ein König, ein Ministerpräsident, ein Musiker und ein Dichter verschnaufen und erkennen, daß sie die ganze Zeit, manchmal ohne es zu wissen, gemeinsam gekämpft haben. Jetzt beugt sich Nina über den Tisch und flüstert dem neuen König etwas zu. Sie warnt ihn. Sie bittet ihn, nicht zu sehr Majestät zu sein.

Feddersens Haus. Plötzlich steht es ganz klar vor mir. Das Haus, in dem alles möglich war. Es ist das Haus des Ministerpräsidenten, und es ist der erste Wintertag im ersten, freien Winter.

Der große, magere König verspricht Nina, daß er nicht zu sehr Majestät sein wird.

Erst spät abends betreten sie ihr Zimmer im Hotel Westminster. Im Nebenzimmer wohnen keine Schweden. Nur Norweger, von der übermütigen Sorte, mit einem brutalen Zug im Gesicht, mit lauten, gebieterischen Stimmen, Emporkömmlinge, die meinen, keine Grenzen mehr beachten zu müssen.

Ich kann ihn gerade noch sehen. Er hat die Tür seines heimlichen Zimmers verschlossen. Er ist zusammen mit Nina. Er wirft einen Blick auf den kleinen Sekretär, auf dem Stöße von Briefen aus aller Welt liegen. Er weiß, daß er eine europäische Persönlichkeit geworden ist, ein Maskottchen, selbstverständlicher Gast bei allen Festlichkeiten. Aber er kümmert sich nicht mehr darum. Er läßt den Briefstapel unbeantwortet liegen. Er setzt sich hin und schreibt an Frants.

An Frants.

Wegen seiner Stellung als öffentliche Person kann ich das wunderbare Privileg in Anspruch nehmen und diesen Brief in einem Buch, das Majken herausgegeben hat, nachlesen. Wegen seiner Stellung als öffentliche Person kann ich bei allen Essen dabeisein, wenn ich will, und seine Äußerungen für die Archive notieren.

Will ich aber im Dezember 1905 in einem Hotelzimmer in Kristiania anwesend sein, muß ich die Augen schließen.

Was sehe ich? Das Alter ist so verschwommen. Das Alter beinhaltet so viel Zeit. Edvard schreibt immer noch. Er schreibt an Julius Röntgen in Amsterdam. Er ist so beeindruckt von Frants und Edvard, daß er seine Söhne Frants Edvard und Edvard Frants nannte. Edvard lädt ihn zu einem Konzert nach Kristiania ein.

Hotel Westminster. Sie haben lange dort gewohnt. Vom Vergnügungspark herüber hören sie das hysterische Brüllen des Publikums bei den Ringkämpfen. Am Morgen lesen sie in der Zeitung, daß erneut ein betrunkener Schwede beraubt und halbtot geprügelt wurde.

Edvard und Nina unternehmen lange Spaziergänge in der Stadt und in den umliegenden Wäldern. Sie weichen den Langläufern aus, die in rasender Fahrt die Hänge herunterkommen. Sie weichen den Automobilen aus, die über das Kopfsteinpflaster rattern. Sie weichen schönen Frauen aus, bei denen die Gefahr besteht, daß es Sängerinnen sind, die gerne eine Widmung oder ein Autogramm wollen.

Die g-Moll-Ballade. Ein Schrei und ein langgezogenes Es. Eine Fermate. Eines steht Edvard noch bevor: das Komponieren von vier Psalmen. In meiner Geschichte fehlt nur noch ein Thema, das Unveränderliche, von dem ich ausgehen konnte und das sich hinter Variationen, Dissonanzen und gewaltigen Sprüngen verbarg.

Nina ist ihm jetzt so nahe. Sie zieht ihn zu sich, wenn er plötzlich einen schwarzen Hengst auf der Straße sieht, wenn er plötzlich vor einem fremden, rotbärtigen Mann stehenbleibt und fragt:

„Sind Sie Kapitän Woodsworth?"

Er führt Gespräche mit seinen toten Freunden, mit Nordraak und Horneman, mit Brahms und Tschaikowski. Er sieht Schumann aus dem Kristiania-Fjord steigen. Er ruft, will zu ihm laufen. Aber sie hält ihn fest. Sie zieht ihn jedesmal zu sich.

Er lebt inzwischen in seinen inneren Bildern. Er hört seine eigene, innere Musik. Eines Tages zeigt er Nina ein heimliches Zimmer.

Ein Bett, ein Tisch und ein Stuhl. Sonst nichts, aber das ist genug.

Wo ich schreibe, ist die Erde flach. Der Himmel ist hoch. Bei seiner letzten Tournee nach Deutschland kniete Edvard an einem Grab in Berlin. Ich weiß nicht, was er gemurmelt oder gedacht hat. Aber ich weiß, daß die Kritiker ihn diesmal nicht zerfleischten. Vielleicht haben sie ihn schon für tot gehalten.

So viele Arzneien, so viele Magenspülungen, so viele Flaschen mit stärkendem Sirup. So viele unbeantwortete Briefe.

Er fährt zurück nach Bergen. Er steht am Fuße des Ulriken und hört Cello-Töne aus einem offenen Fenster. Später besucht er seine Schwiegermutter Adelina, die ihn fragt, ob er neue Könige oder Kaiser empfangen hat. Sie betrachtet ihre Töchter Tony und Nina und überlegt sich, in welchem Stück sie die beiden einsetzen könnte.

Nun ist die Zeit für Frants gekommen. Frants und Majken und Nina und Edvard. Das letzte gemeinsame Essen auf Troldhaugen. Der Reihe nach werden sie hinaustreten ins Unbekannte. Edvard weiß, daß er der erste ist. Er nimmt

Frants beiseite, aber ich verstehe nicht, was er sagt. Die Stimme ist fast unhörbar.

Es gibt ein Bild, eines der letzten, aufgenommen im April 1907 in Kiel. Edvard mit Hut. Edvard, der alles weiß, was er gelebt hat. Der Blick ist feucht. Vor Tränen. Oder vor Fieber.

Er möchte zurück nach England. Er plant eine Reise, obwohl der Gesundheitszustand es verbietet. Er sieht seinen Vater im Rosengarten. Er denkt an all das, was er ihn zu fragen vergessen hat.

Als sie ihn ins Krankenhaus bringen, ist er fast nicht bei Bewußtsein.

Er hat Klavier gespielt. Er hat die Lyrischen Stücke geübt, die er so gerne auf einem Musikfest in Leeds spielen wollte.

Er hat keine Angst vor dem Tod.

Sie sitzt bei ihm, bis sie nicht mehr kann. Da ist er alleine. Eine Krankenschwester bleibt zu seiner Beobachtung im Krankenzimmer. Die ganze Nacht liegt er in einem Dämmerzustand. Am frühen Morgen geschieht es: er richtet sich im Bett auf.

Dann verbeugt er sich vor einem nicht vorhandenen Publikum.

Er ist allein, und nichts mehr, was geschieht, kann ihn erschrecken.

Bald füllt sich das Zimmer mit Menschen. Es ist hell. Er liegt mit geschlossenen Augen da und hat nichts zu verbergen. Alle kommen sie, aber sie können ihn nicht erreichen, können ihn nicht fangen, nicht einmal Brita Utne, die sich nach vorne drängt und auf sein Kissen weint. Er ist frei.

Fußnoten

1 Verwaltungsbeamter einer Landgemeinde mit polizeilichen Befugnissen.

2 Nationales Schauspiel des norwegischen Dichters Henrik Anker Bjerregaard (1792-1842).

3 Teil der Fußgängerzone „Strøget" in Kopenhagen.

4 Weg zum Peblinge-See in Kopenhagen.

5 Name der Stadt Oslo zu Griegs Zeit.

6 Der jüngste Bruder im norwegischen Märchen, dem alles gelingt.

7 Name des Platzes vor dem norwegischen Parlament (Storting) in Oslo.

8 Anfangszeile von Solveigs Lied in Henrik Ibsens dramatischem Gedicht Peer Gynt. „Vielleicht werden Winter und Frühling vergehen, und der nächste Sommer dazu und das ganze Jahr, aber einmal wirst du kommen, das weiß ich gewiß, und ich werde darauf warten, wie ich es versprochen habe."

9 Die bekanntesten norwegischen Malerinnen des 19. Jahrhunderts. Leis Schjelderup muß sie gut gekannt haben.

10 Gerhard Schjelderup (1859-1933), schrieb Musikdramen, Chöre und Lieder, wirkte meist in Deutschland (Dresden und Benediktbeuren).

11 Bekannter norwegischer Kunsthistoriker.

12 Volkstümliche, norwegische Tanzweisen.

13 Johan Severin Svendsen (1840-1911), norwegischer Komponist und Dirigent.

14 Christian August Sinding (1856-1941), norwegischer Komponist.

15 Johan Halvorsen (1864-1935), norwegischer Geiger und Dirigent, als Komponist Nachfolger Griegs, dessen Nichte er heiratete.

16 Frederick Delius (1862-1934), englischer Kaufmann, studierte in Leipzig, wurde von Grieg endgültig zur Musik geführt.

17 Gedichtzyklus des norwegischen Dichters Arne Garborg.

18 Gern benutzter Name für das Bauernmädchen „Haugtussa" in Arne Gaborgs gleichnamigem Gedichtzyklus.

19 Gott der nordischen Mythologie, der auf der Burg Utgard in Jotunheimen herrscht.

20 Beginn der norwegischen Nationalhymne.